KB188819

**결핍은 우리를
어떻게 변화시키는가**

— 부족함이 만들어 내는 선택과 행동의 비밀 —

결핍은 우리를
어떻게 변화시키는가

— 센딜 멀레이너선 · 엘다 샤퍼 지음 | 이경식 옮김 —

빌리버튼 billybutton

2부
결핍의 악순환

3장 | 짐 꾸리기와 느슨함

4장 | 결핍이 만든 전문가들

5장 | 끊임없이 빌리는 사람들

6장 | 결핍의 덫

7장 | 빈곤이라는 결핍

3부
결핍을 위한 설계

10장 | 일상 속의 결핍

개미가 그렇게 부지런한 일꾼이라고 하는데,
그렇다면 개미는 언제 소풍을 가죠?[1]

— 마리 드레슬러Marie Dressler(아카데미상 수상 배우)

우리가 이 책을 쓴 이유는 너무 바쁜 나머지 이 책을 먼저 쓸 수밖에 없었기 때문이다.

센딜은 전화로 엘다에게 투덜댔다. 주어진 시간에 비해 할 일이 너무 많다는 것이었다. 온갖 원고들의 마감 기한은 이미 지났고, 이제는 숨이 넘어갈 지경이라고 했다. 모든 약속을 다시 잡아야 했다. 그의 메일함에는 정신 똑바로 차리고 읽어야 할 메시지들이 넘쳐났다. 어머니에게 이따금씩 해야 하는 전화마저 하지 못했고, 그 바람에 상심해 있을 어머니의 슬픈 얼굴은 늘 그의 머리를 떠나지 않았다. 차량 등록도 말소되었다. 게다가 상황은 점점 더 나빠졌다. 비행기를 타고 훌쩍 떠나는 그 총회 참가 출장을 떠나는 것도 여섯 달 전에는 괜찮은 생각 같았다. 하지만 지금은 그렇지 않았다. 늦어지는 게 이제는 아예 악순환으로 자리를 잡고 말았다. 자동차를 등록하는 일이 해야 할 일 목록에 새로 추가되었다. 어떤 프로젝트는 이메일을 제때 확인하고 답장을 하지 않은 바람에 완전히 엉뚱한 방향으로 진행되고 있었다. 이걸 바로잡으려면 원래보다 훨씬 더 많은 시간과 노력을 기울여야 했다. 기한을 넘겨 버린 삶의 파일들이 높이 쌓이고 쌓여 이제는 금방이라도 쓰러질 것처럼 위태로웠다.

그렇지 않아도 부족한 시간을, 시간이 부족하다고 한탄하느라 낭비하고 있는 역설을 엘다는 잘 알았다. 그런데 정작 그 악순환에서 벗어날 계획을 설명하는 센딜은 그 역설을 부분적으로밖에 알아채지 못했다.

센딜은 우선 악순환의 고리를 끊을 참이었다. 예전에 했던 약속을 지켜야 했고, 새로운 약속은 만들지 않으면 되었다. 모든 요청이나 요구도 거부할 참이었다. 그리고 기존의 프로젝트를 꼼꼼하게 챙겨서 서둘러 끝냄으로써 더는 지연시키지 않을 생각이었다. 그러면 마침내 이런 긴축과 내핍(물자가 없는 것을 참고 견딤)이 결실을 가져다줄 것이라고 믿었다. 이렇게 하면 해야 할 일의 목록은 통제가 가능한 수준으로 줄어들지 않겠느냐는 것이었다. 새로운 프로젝트들은 그때 가서 생각하면 되었다. 물론 그때 가서는 예전과는 다르게 정말 신중하게 일을 처리할 것이었다. 무슨 일이든 간에 꼼꼼하게 따져 본 뒤에야 수락할 참이었다. 물론 쉽지는 않겠지만, 그렇게 해야 했다.

그런 계획을 세우자 기분이 좋아졌다. 당연한 일이었다. 볼테르가 오래전에 말했듯이 착각은 모든 기쁨 가운데 최고의 기쁨이 아니던가.[2]

일주일 뒤에 센딜이 다시 엘다에게 전화를 했다. 동료 교수 두 명이 미국 저소득층의 삶을 다루는 책을 쓰는데…….

"이건 정말 좋은 기회잖아요, 우리가 당연히 그 책의 한 장_章을 써야죠!"

엘다가 지금 돌이켜 보면, 그때 센딜의 목소리에서는 부족한 시간의 악순환에 빠진 사람의 역설을 조금도 찾아볼 수 없었다.

예상한 대로 그 장은 '놓쳐 버리기에는 너무 아까울 정도로 좋았고' 우리는 그 작업을 수락했다. 그리고 또 다시, 일찍이 예상한 것처럼 그 수락은 실수였다. 우리는 그 원고를 급하게 써야만 했고 또 마감 기한도 어겼다. 그런데 전혀 예상하지 못했던 사실은, 그 실수가 충분히 가치가 있는 실수였다는 것이다. 이것이 장차 이 책을 낳을 수 있는 예상치 못한 계기로 작용했기 때문이다.

우리가 원고를 쓰면서 준비했던 글 가운데 일부를 소개하면 다음과 같다.

클리블랜드에 사는 숀은 어떤 직장의 사무장인데 자신의 수입으로 지출을 맞추지 못해서 쩔쩔맸다. 연체된 청구서가 한 다발은 되었다. 신용 카드도 한도까지 다 썼다. 봉급은 금방 바닥이 났다. 숀은 이렇게 말했다.

"달마다 청구서는 왜 그렇게 금방 날아오는지 모르겠습니다."

한번은 자기 계좌에 돈이 더 있는 줄 알고 수표를 썼다. 의도치 않게 부도 수표를 쓴 것이었다. 22달러짜리 어떤 물건을 구입한 걸 깜박 잊었기 때문이다. 전화벨이 울릴 때마다 그는 바짝 긴장했다. 이번엔 또 어떤 사람이 돈을 달라고 독촉할까? 돈이 없다는 사실은 그의 생활 전반에 영향을 미쳤다. 동료들과 함께 식사를 할 때는 자기가 내야 할 몫을 다 내지 못하기 일쑤였다. 사람들은 이런 그를 이해하긴 했지만, 그렇다고 해서 이런 일이 썩 유쾌하지는 않았다, 숀에게도, 동료들에게도 말이다.

그런데 이런 답답한 상황이 언제 끝날지는 도무지 알 수 없었다. 끝이 보이지 않았다. 그는 블루레이 플레이어를 신용카드로 샀는데, 처음 여섯 달 동안 할부금을 한 푼도 내지 못했다. 그게 다섯 달 전의 일이었다. 그럼 다음 달에 또 청구서가 날아올 텐데 어떻게 갚지? 이미 점점 더 많은 돈이 예전에 졌던 빚을 갚는 데 들어가고 있었다. 부도 수표에는 마이너스 통장의 무거운 이자율이 따라붙었다. 연체된 청구서에는 연체료가 두둑하게 따라붙었다. 그의 재정 상태는 엉망진창이었다. 그는 빚의 깊은 늪에 빠져 있었다. 헤어나려고 해도 헤어날 수 없었다.

이런 상황에 놓인 사람들이 대부분 그러듯, 숀 역시 어떻게 하면 그 빚의 늪에서 빠져나올 수 있을지 이 사람 저 사람에게 물었다. 사람들이 하는 대답은 모두 비슷했다.

빚의 늪에 더 깊이 빠지지 마라. 돈을 그만 빌려라. 지출을 최소한으로 줄여라. 어떤 지출은 줄이기 정말 힘들겠지만, 그래도 어떻게든 방법을 찾아서 줄여야 한다. 빚은 될 수 있으면 빠르게 청산해라. 빚을 청산하고 나면 이제 수입과 지출의 균형을 맞출 수 있게 될 것이다. 빚을 다 갚은 다음에는 다시 또 빚을 져서 빈곤의 악순환에 빠져들지 않도록 조심해야 한다. 지혜롭게 지출하고 또 대출해라. 분수에 맞지 않는 사치는 피해야 한다. 꼭 돈을 빌려야 한다면, 그 빚을 모두 다 갚는 데 기간이 얼마나 걸리는지 분명히 인지하고 빌려야 한다.

숀에게 이 조언은 논리적으로는 와닿았다. 그러나 현실에서는 도움이 되지 않았다. 유혹을 뿌리치기는 매우 어렵다. 모든 유혹을 뿌리치기는 훨씬 더 어렵다. 그가 평소에 꼭 사고 싶다고 생각하며 눈여겨보던 가죽 재킷이 할인된 가격으로 나왔다. 딸의 생일이 다가오는데 선물을 생략하자니 어쩐지 마음에 걸린다. 이 외에도 계획보다 더 많은 돈을 쓸 일은 너무도 많았다. 그러다가 결국 숀은 다시 부채의 늪으로 빨려 들어간다. 더 깊이.

센딜의 행동과 숀의 행동 사이에 닮은 점이 있다는 사실을 깨닫는 데는 그다지 오랜 시간이 걸리지 않았다. 마감 기한을 맞추지 못하는 것은 내야 할 돈을 제때 내지 못하는 것과 매우 비슷하다. 같은 시각에 약속을 이중으로 잡는 것은 부도 수표를 쓰는 것과 같다. 그리고 바쁘면 바쁠수록 어떤 요구나 제안을 거절해야 할 필요는 커진다. 마찬가지로, 빚을 많이 지고 있을수록 물건 구매를 자제해야 할 필요성은 더 커진다. 이런 상황에서 벗어나고자 하는 계획은 사실 말만 그럴듯할 뿐 실천하기 어렵다. 그러려면 늘 신경을 바짝 곤두세우고 경계를 해야 한다. 무엇을 살지 혹은 어떤 제안을 받아들일지 꼼꼼하게 따져야 하기 때문이다. 하지만 긴장을 조금이라도 풀면 시간이나 돈에 관한 아주 작은 유혹이 스며들기 시작하고, 결국에는 더욱 깊은 늪으로 가라앉고 만다. 그래서 결국 숀은 도저히 감당할 수 없는 빚에 짓눌려 허우적거리고, 센딜은 수많은 약속에 깔려 숨도 쉬지 못하게 되었다.

숀과 센딜 사이의 이 닮은 점은, 두 사람의 환경이 전혀 다르기에 더욱 두드러지게 느껴진다. 우리는 대개 시간 관리와 돈 관리가 완전히 별개의 문제라고 생각한다. 우선 실패의 결과가 다르다. 시간을 잘못 관리하면 당혹스러운 일을 마주하거나 목표한 성과를 내지 못하게 된다. 반면 돈을 잘못 관리하면 연체료를 물거나 살던 집에서 쫓겨난다. 문화적인 맥락도 다르다. 눈코 뜰 새 없이 바쁜 전문직 종사자가 마감 기한을 지키지 못한다는 것과 저임금 노동자가 납입해야할 돈을 내지 못하고 연체한다는 건 전혀 다른 일이다. 이 두 사람은 살아가는 환경도 다르고 교육 수준도 다르다. 심지어 동경하는 것도 다를 수 있다. 하지만 이런 차이에도 불구하고 궁극적인 결말은 놀랍도록 비슷하다.

숀과 센딜에게는 한 가지 공통점이 있었다. 두 사람 다 결핍 효과effects of scarcity를 느끼고 있었다는 점이다. 우리는 이 책에서 결핍 scarcity을 무언가를 본인이 필요하다고 생각하는 것보다 적게 가지는 것이라는 뜻으로 사용하겠다.[3] 센딜은 곤경에 처해 어쩔 줄 몰랐다. 할 일을 모두 다 하기에는 시간이 너무 부족하다고 느낀 것이다. 숀은 지불해야 할 돈은 많지만 그 많은 돈을 모두 내기에는 가진 돈이 너무 적어서 쪼들린다고 느꼈다. 이런 공통점으로 두 사람의 행동을 설명할 수 있을까? 과연 두 사람이 비슷한 행동을 한 이유가 결핍이라고 볼 수 있을까?

모든 결핍에서 공통적인 논리를 찾아내는 데는 큰 의미가 있을 것이다. 결핍은 이런 개인적인 일화 차원을 훌쩍 넘어서는 넓은 의미의 개념이다. 예를 들어 실업 문제 역시 경제적인 결핍의 문제이다. 직업이 없으면 가계는 궁핍해진다. 주택 담보 대출 원리금 납입, 자동차 할부금 납입 그리고 일상적인 비용 등을 감당하기에는 수입이 지나치게 적기 때문이다. '혼자 볼링하기bowling alone'라는 로버트 퍼트넘Robert Putnam의 개념이 대변하는 사회적 고립의 증대 문제는 사람들이 사회적 유대 관계를 지나치게 적게 맺는 탓에 발생하는 사회적 결핍의 한 형태이다.[4] 비만 문제 역시 (앞뒤가 맞지 않는 것처럼 들릴지 모르지만) 결핍의 문제이다. 다이어트를 하려면 기존의 식사량보다 적은 양만 먹는다는 어려운 과제를 극복해야 한다. 그러니까 빠듯하게 주어진 칼로리라는 예산을 긴축적으로 운영해야 한다는 말이다. 전 세계의 빈곤 문제, 다시 말해서 하루 1달러 혹은 2달러만으로 살아가는 전 세계의 수백만 명이 겪는 비극은 경제적인 결핍의 또 다른 유형이다. 실직으로 인해서 어느 날 갑자기 그리고 일시적으로 지출을 줄여야 하는 상황과 다르게, 빈곤은 죽을 때까지 영원히 허리띠를 졸라매고 살아야 하는 문제이다.

결핍은 센딜의 문제와 슌의 문제를 연결하는 것보다 훨씬 더 많은 것을 연결한다. 다시 말하면, 결핍은 사회에서 일어나는 수많은 문제들의 어떤 공통적인 한 축을 형성하고 있다는 뜻이다. 이 문제들은 제각기 다른 문화, 경제 조건 그리고 정치 제도에서 일어나지만, 모두 결핍이라는 공통점을 가진다. 결핍에 대한 공통적인 논리, 사회의 다양한 배경을 가로질러 작동하는 공통적인 논리가 있을 수 있을까? 있다면 무엇일까?

▍사람의 마음을 사로잡는 결핍

결핍에 관심을 가진 뒤로 우리는 과거의 연구 성과들을 뒤지기 시작했다. 그러다 어느 날 오십 년도 더 지난 어떤 놀라운 연구서를 만났다. 이 연구서의 저자들은 본인들이 결핍을 연구한다고 생각하지 않았다. 그들은 굶주림을 연구했다. 하지만 굶주림은 결핍의 궁극적인 형태가 아닌가! 제2차 세계 대전 말기, 연합국은 한 가지 문제가 있음을 깨달았다.[5] 독일군 점령지를 탈환해서 진격하려는데, 수많은 사람들이 굶어 죽기 직전이었던 것이다. 그런데 문제는 식량이 아니었다. 식량은 해방지의 시민들을 모두 먹이고도 남을 정도로 넉넉했다.

해방군이 맞닥뜨린 문제는 보다 기술적인 차원의 문제였다. 오랜 기간 아사 직전 상태였던 사람들에게 음식을 어떻게 줘야 할까? 원하는 대로 실컷 먹게 해도 될까? 아니면 섭취량을 조금씩 늘려가도록 해야 옳을까? 아사 직전의 사람들이 가장 안전하게 건강을 회복하는 방법은 무엇일까?

당시의 전문가들에게는 해답이 거의 없었다. 그래서 미네소타대학교의 한 연구팀이 해답을 찾기 위해 실험을 하나 진행했다.[6] 하지만 문제가 되는 환경에 맞는 실험을 하려면 피실험자들을 굶겨야만 했다. 다행히 건강한 자원자들이 나타났고, 연구진은 이 사람들을 굶기기 시작했다. 피실험자들은 통제된 환경 아래에서 음식 섭취량을 조금씩 줄여 나갔다. 이 굶주림은 피실험자들의 신체가 영구적으로 손상되기 직전까지 진행되었다. 이런 과정이 몇 달 동안 진행된 뒤에 본격적인 실험이 시작되었다. 장기간 굶은 피실험자들의 신체가 새로 섭취하는 음식물의 양에 따라 어떻게 반응하는지 살핀 것이다. 이 실험에 자원해서 피실험자가 되는 일은 결코 쉬운 일이 아니었지만, 이 실험은 '정의의 전쟁'이었다. 그리고 총을 들고 전선에 나서지 않아 양심의 가책을 느끼던 사람들이 기꺼이 이 전쟁에 참가했다.

이 실험에 참가한 자원자는 총 서른여섯 명이었고 모두 기숙사에서 함께 생활했다. 그리고 연구자들은 이 사람들을 세심하게 관찰하며 행동 하나하나를 모두 기록했다. 비록 연구자들은 음식물 섭취와 관련된 부분에 가장 많이 신경을 썼지만, 굶주림에 따른 충격의 양도 측정했다. 그 결과 굶주린 사람들에게 일어났던 일들의 많은 부분이 매우 생생한 기록으로 남았다. 피실험자들은 오래 굶주리다 보니 엉덩이에 지방질이 빠져서 앉아 있는 것조차 고통스러웠다고 한다. 그통증이 얼마나 심했던지, 앉아 있을 때면 베개를 엉덩이에 받치고 앉아야 할 정도였다. 그런데 실질적인 체중 감소는 부종 때문에 복잡한 양상을 띄었다. 굶주림 때문에 몸에서 체액이 14파운드(6.35킬로그램)나 늘어났던 것이다. 피실험자들의 물질대사 수준은 정상 상태의 60퍼센트로 줄어들었다. 체력도 약해졌고 지구력도 약해졌다. 한 피실험자는 이런 현상을 다음과 같이 증언했다.

"샤워를 하면서 머리를 감을 때면 두 팔이 얼마나 약해졌는지 알수 있었습니다. 이 단순한 실험을 진행하는 동안 우리는 쇠약해질 대로 쇠약해졌습니다."

그런데 신체만 약해진 게 아니라 정신까지도 함께 변해 버렸다. 샤먼 앱트 러셀Sharman Apt Russell은 저서 〈굶주림Hunger〉에서 이 피실험자들의 점심 식사 장면을 다음과 같이 묘사한다.[7]

사람들은 배식이 늦어지기라도 하면 참지를 못했다. 또 자기 음식에 강한 소유욕을 드러냈다. 어떤 사람들은 자기에게 주어진 음식을 빼앗기지 않으려는 듯 두 팔로 식판을 거의 껴안다시피 했다. 대부분은 말이 없었고 오로지 음식을 먹는 데만 집중했다. (…) 순무 등 특정 음식을 꺼리는 편식 습관은 완전히 사라졌다. 사람들은 모든 음식을 조금도 남기지 않고 모조리 긁어 먹었다. 그리고 마지막에는 혀로 식판을 싹싹 핥았다.

바로 이런 게 사람들이 보통 굶주린 사람들에게 기대하는 모습이다. 하지만 이 사람들이 실험이 끝난 뒤에 보인 몇 가지 정신적 변화들은 전혀 예상치 못한 것이었다.

지역 식당에 있는 메뉴판이나 요리책에 집착하는 현상이 나타났다. 어떤 사람들은 이 신문 저 신문을 비교하면서 채소와 과일의 가격을 살피느라 몇 시간씩 보내기도 했다. 어떤 사람들은 본격적으로 농사를 지을 계획을 세웠다. 또한 몇몇 피실험자들은 식당 주인이 되겠다는 꿈을 꾸었다. (…) 어떤 사람들은 실험 이전에 학문적인 의지를 가지고 있었지만 그 의지는 잃어버리고 요리책에 훨씬 더 많은 관심을 가졌다. (…) 영화관에서 영화를 볼 때도 음식이 나오는 장면에만 관심을 가졌다.

그 사람들은 음식에 초점을 맞췄다. 물론 굶고 있는 상황이라면 식탐을 보이는 건 당연하다. 하지만 이 사람들의 정신이 음식에 초점을 맞추는 방식은 현실적인 이득을 초월했다. 식당 개업을 한다는 상상을 하거나 음식 가격을 비교하거나 요리책을 뒤적이는 행위는 배고픔을 누그러뜨리지 않는다. 거의 집착하다시피 음식을 생각하는 이런 행위는 오히려 배고픔의 고통을 더욱 강화할 뿐이다. 하지만 그 사람들은 자기 의지로 그런 행동을 선택한 게 아니었다. 미네소타대학교의 실험에 참여했던 한 피실험자는 음식을 끊임없이 생각해야만 했던 때의 좌절감을 다음과 같이 회상했다.

평생을 살면서 이 실험만큼 이제 그만 놓여나고 싶다는 생각을 하게 만든 일이 없는 것 같다. 육체적 불편함이나 고통 때문이라기보다는 (…) 그 경험으로 인해 음식이 사람의 인생에서 가장 중요한 것이 되었기 때문이다 (…) 한 사람의 인생에서 음식이 가장 중심적이고 유일하게 중요한 것이 되어 버렸다. 이러면 인생이 지루해진다. 무슨 말이냐 하면, 영화관에 가서도 남녀가 애정을 나누는 장면에는 전혀 관심이 끌리지 않는데, 웬일인지 등장인물이 음식을 먹을 때면 눈이 번쩍 뜨이고 그 사람들이 무엇을 먹는지 집중하게 된다.

배가 고팠던 사람들은 본인의 선택으로 영화의 줄거리보다 음식을 찾은 게 아니었다. 본인이 선택해서 음식을 최우선으로 생각하는 것이 아니었다. 배고픔이 그들의 관심과 생각을 사로잡은 것이다. 이런 행동은 오로지 미네소타대 연구의 주석에만 적혀 있었는데, 이런 내용은 연구진들의 관심거리가 아니었기 때문이다. 하지만 이런 행동들은 결핍이 사람을 어떻게 바꾸어 놓는지 우리에게 생생하게 보여 준다.

결핍은 정신을 사로잡는다. 배고픈 사람들이 오로지 음식만을 가장 우선적으로 생각했던 것과 마찬가지로, 우리는 어떤 종류의 결핍을 경험할 때마다 그 결핍에 흡수되어 버린다. 그리고 이때 정신은 충족되지 않은 그 필요를 자동적으로, 그리고 강력하게 추구한다. 배고픈 사람에게 그 필요는 허기를 달래 줄 음식이고, 바쁜 사람의 필요는 빨리 끝내야 하는 어떤 프로젝트이다. 그리고 돈에 쪼들리는 사람의 필요는 이번 달 방세일 수 있고, 외로운 사람에게는 마음을 함께 나눌 동반자 의식이다. 결핍은 어떤 것을 매우 적게 가질 때의 불쾌함 그 이상이다. 결핍은 사람이 생각하는 방식을 바꾸어 놓는다. 결핍은 사람의 정신을 그 자신의 무게로 무겁게 짓누른다.

단 한 차례의 연구에서 추론한 것치고는 매우 많은 내용이다. 굶주림은 극단적인 경우이다. 굶주림은 결핍을 포함할 뿐만 아니라 다른 많은 생리적인 변화들까지 포함한다. 미네소타대학교의 연구진이 대상으로 했던 사람은 서른여섯 명뿐이었다. 우리가 인용한 증거는 주로 배고픈 사람들의 투덜거림이었지 구체적인 수치가 아니다. 그러나 다른 많은 그리고 보다 정확한 연구들이 지금까지 동일한 결과를 입증해 왔다. 뿐만 아니라 이 연구들은 결핍이 정신을 어떻게 사로잡는지 정확하게 들여다볼 수 있는 창을 제공하기도 한다.

최근의 한 연구는 피실험자들에게 서너 시간 동안 아무것도 먹지 않고 점심 무렵에 심리 실험실로 오라고 했다.[8] 그리고 이들 가운데 절반은 식사를 하게 했고, 나머지 절반은 그냥 굶겼다. 그래서 이 피실험자들 중 절반은 배가 부르고 절반은 배가 고픈 상태였다. 실험에서 이들이 할 일은 간단했다. 그냥 화면을 바라보다가 어떤 단어가 나타났다가 사라지고 나면 그 단어가 무엇인지 알아맞히면 되었다. 예를 들어서 스크린에 'TAKE'가 나타났다 사라지면 자기들이 본 게 'TAKE(취하다)'인지 'RAKE(방탕하다)'인지 알아맞히는 것이었다. 보기에는 쉬울 것 같지만 쉽지 않았다. 단어는 0.033초라는 짧은 시간만에 사라지기 때문이었다.

당신은 이 실험에서 배고픈 사람들이 허기 때문에 지치고 집중하지 못해 많이 틀릴 것이라고 생각할 것이다. 하지만 그렇지 않았다. 이들은 배부른 사람들과 비슷한 정도로 단어를 맞혔다. 하지만 단 한 가지 영역에서는 그렇지 않았다. 배고픈 사람들은 음식과 관련된 단어를 맞힐 때는 배부른 사람들보다 훨씬 좋은 성적을 거두었다. 이들은 'CAKE(케이크)'와 같은 단어들에서 훨씬 정확한 답을 했다. 이런 과제들은 개인의 정신에서 현재 가장 위에 놓여 있는 개념이 무엇인지 파악할 수 있도록 정교하게 설계되어 있다. 어떤 개념이 우리의 생각을 차지하고 있을 때 우리는 그 개념과 관련된 단어들을 보다 빠르게 포착한다. 그래서 배고픈 사람들이 'CAKE'를 보다 빠르게 포착한다면, 우리는 음식이 그 사람들의 정신에서 우위를 차지하고 있음을 직접적으로 확인할 수 있다. 요리책을 뒤적인다거나 식당을 개업할 계획을 세운다거나 하는 특이한 행동이 아니더라도 그 사람들이 어떤 것에 집착하고 있는지 추론할 수 있다는 말이다. 피실험자들이 보이는 반응의 속도와 정확성을 보면 결핍이 배고픈 사람들의 정신을 어느 정도로 사로잡고 있는지 직접적으로 파악할 수 있다.

무의식 차원에서도 마찬가지이다. 위의 실험에서 0.001초 단위의 짧은 시간을 설정한 것은 피실험자들의 빠른 인지 과정, 의식적인 차원을 넘어서서 잠재의식적인 차원에서 반응이 일어나게 할 정도로 빠른 인지 과정을 관찰하기 위함이었다.[9] 현재 우리의 학문 수준은 이런 시간 단위가 무엇을 의미하는지 알 수 있을 정도로 높다. 복잡한 고차원의 계산은 0.3초 이상의 시간을 필요로 한다. 그보다 더 빠른 반응은 보다 자동적인 잠재의식적 과정에 의존한다. 그래서 배고픈 사람들이 'CAKE'를 더 빠르게 인식하는 것은 이들이 의식적으로 이 단어에 더욱 집중했기 때문이 아니다. 이 과정은 그 사람들이 의식적으로 어떤 것을 하겠다고 선택을 하는 것보다도 더 빠른 속도로 일어난다. 바로 이런 이유로 우리는 결핍이 정신에 초점을 맞추는 방식을 묘사할 때 '사로잡는다capture'라는 표현을 사용한다.

이런 현상은 배고픔에만 국한되지 않는다. 어떤 연구는 피실험자들이 목이 마를 때 '물'이라는 단어를 훨씬 더 빨리 (이번에도 역시 수백분의 1초 사이에) 인식한다는 사실을 확인했다.[10] 이런 경우에 결핍은 항상 무의식적으로 작동한다. 결핍은 정신의 주인이 원하든 말든 인식 대상을 빠르게 포착한다.

목마름이나 배고픔은 모두 육체와 관련된 갈망이지만, 육체적인 갈망과 관련성이 적은 다른 결핍들 역시 정신을 사로잡는다. 한 연구는 어린 아이들에게 1페니짜리부터 50센트짜리까지, 평소에 보던 여러 동전들이 얼마나 큰지 기억에 의존해서 추정해 보라고 했다.[11] 그런데 가난한 아이들이 이 동전들을 가장 크게, 실제보다 훨씬 크게 추정했다.[12] 25센트짜리나 50센트짜리 동전에 대한 왜곡은 가장 심했다. 음식이 배고픔에 초점을 맞추는 것과 마찬가지로 그 동전들이 가난한 어린이들의 주의를 사로잡았다.[13] 올라간 주의력이 동전들을 실제보다 커 보이게 했다. 가난한 아이들의 기억력이 부족하기 때문일 뿐이라고 할 수도 있다. 그래서 연구자들은 이번에는 그 동전들을 아이들 앞에 직접 보여 주면서 크기를 추측하게 했다. 이번 과제는 훨씬 쉬운 셈이었다. 그런데 이번에도 가난한 아이들은 자기 앞에 놓인 동전들의 크기를 실제보다 더 크게 보는 오류를 저질렀다. 실제 눈앞에 놓인 동전들이 기억 속의 추상적인 동전들보다 훨씬 더 강하게 그 아이들의 정신을 사로잡은 것이다. (아닌 게 아니라 주변에 동전이 보이지 않을 때는 아이들이 동전 대용의 카드보드를 실제 동전과 가장 비슷한 크기의 것으로 골랐다.)

주의력이 사로잡히면 경험도 변용된다. 예를 들어서 자동차 사고를 당한다거나 강도에게 돈을 빼앗긴다거나 하는 짧지만 고도로 (초점이) 집중된 사건들이 진행되는 동안에는 주의 집중력이 급격하게 증가해서, 연구자들이 '주관적인 시간 확장subjective expansion of time'[14]이라고 이름 붙인 어떤 느낌이 촉발된다. 주의력이 그만큼 많이 집중됨에 따라 그 사건이 실제보다 더 오래 지속되는 것처럼 느껴진다. 처리되는 정보의 양이 평소보다 더 많기 때문에 일어나는 현상이다. 이와 비슷하게, 주의를 사로잡은 결핍은 우리가 바라보는 대상 혹은 그 대상의 속도를 인식하는 방식뿐만 아니라, 세상을 해석하는 방식에도 영향을 미친다. 외로움을 느끼는 사람들을 대상으로 한 어떤 연구는 사람 얼굴 사진 여러 장을 1초 동안 빠르게 보여 준 뒤에 어떤 감정이 일어났는지 물었다.[15]

"자, 이 사진들이 분노, 공포, 행복이나 슬픔 중 어떤 감정을 일으킵니까?"

이 단순한 실험은 피실험자의 핵심적인 사회성 기술social skill, 즉 다른 사람들이 느끼는 것을 얼마나 빠르게 이해하는지 측정한다. 그런데 놀라운 사실은, 외로운 사람들이 이 과제에서 높은 성적을 받는 다는 점이다. 아마 당신은 반대로 예상했을 것이다. 외로움을 느끼며 사는 사람들은 사회적으로 잘 어울리지 못하고 또 경험도 부족하다고 생각했을 것이기 때문이다.[16] 그러나 결핍의 심리를 이해하면 외로움을 느끼며 살아가는 사람들이 어째서 이 분야에서 탁월한 성적을 거두는지 쉽게 알 수 있다. 그들이 자기 자신의 결핍 형태, 즉 사회적 접촉을 수행해 내는 데 온통 집중한다면 쉽게 예측할 수 있는 일이다. 그들로서는 다른 사람들이 느끼는 감정을 읽는 데 특히 더 예민할 수밖에 없을 것이기 때문이다.

이것은 외로움을 느끼며 살아가는 사람들은 사회적인 정보를 상대적으로 많이 상기하게 된다는 의미이기도 한다. 한 연구에서는 피실험자들에게 어떤 사람의 일기를 읽게 한 뒤에 그 일기를 쓴 사람에 대한 느낌을 정리하라고 했다.[17] 그리고 나중에는 그 일기의 제목을 제시하면서 각각의 제목에 따른 내용을 상세하게 기억해 보라고 했다. 이 실험에서 외로움을 느끼며 사는 사람들은 그렇지 않은 사람들과 비교할 때 별로 다른 점을 보이지 않았다. 하지만 한 가지 예외적인 부분이 있었다. 다른 사람들과의 교감과 같은 사회적 내용을 포함한 주제의 경우에는 외로움을 느끼며 사는 사람들이 훨씬 정확하게 기억했다.

이 연구를 진행한 연구자들은 외로움이 우리의 초점을 어떻게 변화시키는지 멋지게 요약해 주는 일화 하나를 전한다. 사랑에 실패했고 친한 친구도 없는 불행한 남자 브래들리 스미스는 이혼을 한 뒤 자신의 인지가 바뀌고 있음을 깨닫는다.

문득 자기도 모르게, 연인이나 가족 등 사람들 사이의 친밀한 관계가 고통스러울 정도로 예민하게 브래들리의 눈에 자꾸만 띄었다. 피하려고 해도 피할 수 없었다. 어쩌면 당신도 브래들리처럼 사랑에 실패했다면, 다정하게 손을 잡고 걸어가는 연인들이 왜 그렇게도 많이 눈에 띄는지 모른다고 말할 것이다. 전학을 가거나 직장에 첫 출근을 하면 당신은 그야말로 낯선 사람들의 세상에 놓인다. 이런 상황에서는 어떤 사람이 웃거나 흘낏 바라보거나 뭐라고 소곤거리는 말이 모두 특별한 어떤 의미를 담고 있는 것처럼 느껴진다.[18]

그러니까 브래들리는 사회적으로 배가 고픈 사람이다. 그래서 끊임없이 관계의 요리책을 뒤적이는 것이다.

▮ 결핍학의 원조

경제학을 하는 어떤 친구에게 결핍을 주제로 연구를 하고 있다고 하자 그는 이렇게 말했다.

"결핍학이라고? 그런 건 이미 있어. 자네도 들어 봤을걸? 보통은 그 학문을 경제학이라고 부르지."

물론 그 친구의 말이 맞다. 경제학은 우리가 가지고 있는 무제한의 욕망을 채우기 위해서 우리에게 제한적으로 주어진 희소한(역주 – '희소하다'는 말은 결핍을 의미한다) 자원을 어떻게 사용할지 연구하는 학문이다. 어떤 사람이 코트를 새로 하나 사는 데 돈을 지출하고 나면 저녁을 사 먹을 돈은 그만큼 줄어든다. 정부가 전립선암에 대한 실험적인 수술에 예산을 투입하면, 고속도로 안전에 투입할 예산은 그만큼 줄어든다. 충분히 유익하게 진행될 수도 있었던 논의가 왜 그렇게 자주 '트레이드오프trade-off'를 간과하는지 놀랄 일이다. (바로 이런 간과를 우리가 제시하는 이론이 설명하고자 한다.)(역주 – 트레이드오프는 어느 한쪽을 취해서 이득을 얻으면 부득이 다른 쪽을 희생시켜야 하는 이율배반적인 관계를 가리키는 말이다. '타협적 교환' 혹은 '절충' 등으로 번역할 수 있지만, 이 책에서는 '트레이드오프'로 번역한다) 또 다른 경제학적 통찰은, 물리적 희소성이 여러 가지 대가와 (때로는 전혀 예상치 못한 갖가지 방식으로) 대응한다는 인식에서 비롯된다. 19세기에 중국에 있던 유럽의 고생물학자들은 이 사실을 힘겹게 깨우쳤다.[19] 그들은 마을 사람들에게 동물의 뼈를 가지고 오면 돈으로 사겠다고 했다. 희귀한 공룡 뼈를 찾기 위함이었다. 그러자 사람들은 그 고생물학자들이 원할 것 같은 뼈를 발견하면 온전하게 가지고 오는 대신 박살을 내서 여러 개의 조각으로 만들어 가지고 왔다. 부서진 조각 하나하나가 모두 고생물학자들에게는 소중하니, 그만큼 값을 쳐서 받을 수 있었기 때문이다. 이런 상황은 고생물학자들이 기대하던 게 전혀 아니었다.

결핍(혹은 희소성)에 대한 우리의 접근법은 그 고생물학자들의 접근법과 다르다. 경제학에서 결핍은 도처에 산재해 있다. 사람들은 누구나 한정된 양의 돈을 가지고 있다. 아무리 부자라고 하더라도 이 세상의 모든 것을 다 살 수는 없다. 그런데, 물리적인 결핍은 도처에 널려 있지만 결핍을 느끼는 감정(결핍감)은 그렇지 않다는 게 우리의 주장이다. 이런 상상을 해 보자. 어떤 날에는 잡혀 있는 일정도 그리 많지 않고 당신이 해야 할 일도 당신이 충분히 감당할 수 있는 정도 이다. 그러면 당신은 일정이 잡혀 있지 않은 빈 시간 동안 점심을 느긋하게 먹을 것이다. 혹은 정보나 그 밖의 다른 면에서 당신보다 앞서간 동료를 따라잡으려고 그 사람과 만나거나 전화 통화를 할지도 모른다. 그런데 어떤 날에는 일정이 하루 종일 빡빡하게 잡혀 있다. 조금이라도 시간이 나면 마감 기한이 임박한 프로젝트에 모조리 할 애해야 한다. 이 두 가지 경우 모두 시간은 물리적으로 부족하다. 당신이 직장에서 일을 하는 시간은 동일하게 주어졌지만, 그 시간 동안 해야 할 일은 언제나 시간이 부족할 정도로 넘친다. 하지만 어떤 경우에는 결핍, 즉 시간의 유한성을 예리하게 인식하는 반면, 다른 경우에는 설령 그런 결핍을 느낀다 하더라도 그것을 거리가 먼 실체처럼 느낀다. 결핍감이라는 것은 물리적인 실체와 전혀 별개이다.

그렇다면 결핍감은 어디에서 비롯될까? 물론 계좌에 남아 있는 돈, 갚아야 할 빚, 마쳐야만 하는 과제와 같은 물리적인 제한이 상당한 역할을 한다. 하지만, 예컨대 '어떤 일을 완수하는 데 얼마나 많은 시간 혹은 돈이 필요할까?' 혹은 '저것을 구매하는 행위는 얼마나 중요할까?' 등과 같이, 문제가 되는 어떤 것을 인지하는 우리의 주관적 인식subjective perception 역시 결핍감을 초래하는 데 일정한 역할을 한다. 우리가 느끼는 이런 욕망들은 개인이 속한 문화와 그의 성장 과정, 그리고 심지어 유전적 특질에 의해서도 형성된다. 사람이 무언가를 마음 깊이 갈망한다면, 이는 그 사람의 생리적인 욕망 때문일 수도 있고 주변 사람이 그것을 가지고 있기 때문일 수도 있다. 사람이 느끼는 추위의 정도가 그 사람이 놓인 환경의 절대적인 온도뿐 아니라 그의 신진대사에 따라서도 좌우되는 것처럼, 결핍감 역시 우리가 가질 수 있는 것뿐만 아니라 개인의 취향이나 선호에 따라 좌우되기도 한다.[20] 많은 학자들이 (여기에는 사회학자, 심리학자, 인류학자, 신경과학자, 정신의학자 그리고 심지어 마케팅 담당자까지 포함된다) 이런 개인의 취향을 해명해 주는 것이 무엇인지 알아내려고 애를 써 왔다. 하지만 이 책에서 우리는 그 논의의 대부분을 제외한다. 우리는 개인의 선호를 있는 그대로 드러내고자 하며, 대신 결핍의 논리와 결과에 초점을 맞추려 한다. 다시 말해, 어떤 사람이 자신에게 필요한 것을 너무 적게 가지고 있다고 느낄 때 그의 정신에 어떤 일이 일어나는지, 그리고 또 그렇게 일어난 일이 이 사람의 선택과 행동을 어떻게 규정하는지에 초점을 맞추려 한다.

어림잡아 말해 보자면 경제학을 포함한 대부분의 학문들은 이 문제에 대해서 똑같은 말을 한다. 자기가 원하는 것보다 적게 가지고 있을 때의 결과는 단순한데, 그것은 '나는 불행하다' 라는 인식이라는 것이다.[21] 가난하면 가난할수록, 여유 있게 구입할 수 있는 좋은 (혹은 멋진) 물건의 수는 줄어든다. 그것은 좋은 학군에 위치한 집일 수도 있고, 음식에 양념으로 칠 소금이나 설탕처럼 아주 사소한 것일 수도 있다. 바쁘면 바쁠수록, 혼자 텔레비전을 보든 가족과 함께 보내든 느긋하게 즐길 여가 시간은 줄어든다. 섭취할 수 있는 칼로리의 양이 줄어들수록, 맛볼 수 있는 음식의 가짓수는 줄어든다. 이 밖에도 예시는 얼마든지 많이 들 수 있다. 부족하게 가진다는 것은 유쾌하지 않은 일이다. 또 이는 가령 건강이나 안전 혹은 교육에 좋지 않은 영향을 줄 수 있다. 결핍은 불만과 투쟁으로 이어진다.[22]

이 말이 분명 사실이긴 하지만, 우리는 이런 결론이 중요한 점을 놓친다고 생각한다. 결핍은 단지 물리적인 제한만은 아니다. 결핍은 일종의 정신적 경향, 즉 사고방식이기도 하다. 결핍이 우리의 주의를 사로잡으면, 우리가 생각하는 방식은 바뀐다. 그 변화가 수십 분의 1초이든 몇 시간이든 혹은 며칠이나 몇 주에 걸쳐서 지속되든 간에 말이다. 결핍은 우리 정신의 가장 높은 곳에 앉아 우리에게 영향력을 행사한다. 우리가 어떤 것을 깨닫는 데에, 우리가 여러 가지의 대안을 놓고 저울질을 하는 데에, 우리가 깊이 고민하다 마침내 어떤 결정을 내리는 데에, 그리고 우리가 행동하는 방식에 영향력을 행사한다. 결핍을 느끼는 상황에서 사람들은 결핍을 느끼지 못할 때와 전혀 다른 방식으로 자기에게 닥친 문제들을 처리한다. 몇몇 학문 분야에서는 결핍의 특정한 사례들이 만들어 낸 정신적 경향을 연구해 왔다. 다이어트가 사람의 정서에 어떤 영향을 주는가, 혹은 어떤 특정한 문화적 맥락이 그 지역의 가난한 사람들의 태도에 어떻게 영향을 줄 수 있는가 하는 것들이 그런 연구 주제들이었다.[23] 하지만 우리는 훨씬 더 보편적인 주장을 제시하고자 한다. 모든 형태의 결핍은 비슷한 사고방식을 만들어 내는데, 이것으로 결핍에 따른 많은 행동 및 결과를 설명할 수 있다는 주장이다.

결핍이 정신을 사로잡으면 사람은 보다 더 엄격해지고 능률적이 된다. 집중을 유지하는 일이 힘들어 보이는 상황은 일상에서 흔히 일어난다. 정신이 자꾸만 분산되기 때문에 사람들은 일을 하면서 꾸물거리고 지체한다. 그리고 또 마트에서는 정신을 딴 데 팔다가 가격이 지나치게 비싼 물건을 구매한다. 마감 기한이 촉박하거나 돈에 쪼들릴 때는 당장 급한 일에 초점을 맞춘다. 정신을 단단히 집중하고 있을 땐 부주의한 실수는 잘 저지르지 않는다. 그래서 요컨대, 결핍이 사람의 정신을 사로잡을 수 있는 이유는 결핍이 주의를 기울일 가치가 있을 정도로 중요한 상태이기 때문이다, 라고 정리할 수 있다. 정말 깔끔한 정리가 아닌가?

그러나 사람은 자기 정신이 언제 단단하게 집중하도록 할지를 온전히 스스로 선택할 수 없다. 일을 하려고 자리를 잡을 때뿐만 아니라 집에서 아이들이 숙제하는 걸 도와주려고 할 때조차도, 급하게 해결해야 하는 어떤 일을 (자기도 모르게) 생각하게 된다. 사람이 집중하는 데 도움을 주는 이런 자동적인 정신 지배 현상은 평생 짊어지고 가야 하는 짐이 된다. 우리는 결핍에 이미 지배되어 있고 우리의 정신은 끊임없이 결핍으로 회귀하기에, 인생의 나머지 일들에 배분할 정신의 여유가 없어진다. 이건 단순한 비유가 아니다. 우리는 정신 능력mental capacity을 직접 측정할 수 있다. (우리는 이 정신 능력을 '대역폭bandwidth'이라고 부른다.)(역주 - 대역폭은 원래 데이터 통신 기기의 전송 용량을 가리키는 용어이다) 즉, 정보를 처리하고 판단을 내리는 데 영향을 주는 핵심적인 자원인 유동성 지능fluid intelligence을 측정할 수 있다. 또 사람이 충동적인 행동을 하는 데 영향을 주는 핵심적인 자원인 실행 제어executive control능력을 측정할 수 있다. 그리고 나아가, 결핍이 어떤 사람의 대역폭에 속하는 이 모든 능력의 용량을 축소한다는 사실을, 즉 통찰력이 부족하고 미래를 내다보지 못하며 조절을 못하도록 만든다는 사실을 확인할 수 있다. 그리고 이런 현상이 미치는 효과는 자못 심대하다. 예를 들어서 빈곤은 하룻밤을 꼬박 새우는 것 이상으로 사람의 인지 능력을 떨어뜨린다. 가난한 사람들이라고 해서 원래 대역폭이 좁았던 것은 아니다. 빈곤이라는 경험은 어떤 사람이든 간에 그 사람의 대역폭을 축소하기 때문이다.

가난한 사람을 상상할 때 우리는 자연스럽게 돈이 부족하다는 조건을 먼저 떠올린다. 바쁜 사람이나 외로운 사람을 상상할 때는 시간이 없다는 조건이나 친구가 없다는 조건을 떠올린다. 그러나 우리가 내린 결론에 따르면, 온갖 형태의 모든 결핍은 대역폭의 축소라는 동일한 현상으로 이어진다. 대역폭은 행동의 모든 측면에 영향을 주기 때문에 이것이 좁아지면 당연히 바람직하지 않은 결과가 초래된다. 이런 모습을 우리는 앞서 센딜과 숀의 사례에서 목격했다. 어떤 계획에 집착하고 매달리는 것, 신상품 가죽 재킷이나 새로운 프로젝트 앞에 무기력하게 무너지는 것, 건망증(예를 들어 자동차 등록을 해야 한다는 사실, 노모에게 안부 전화를 해야 한다는 사실, 청구서를 제때 결제해야 한다는 사실 등을 잊어버리는 것) 그리고 인식 오류(예를 들면 계좌에 남아 있는 돈의 액수를 잘못 파악하는 것, 잘못된 장소에 잘못된 사람을 초대하는 것) 등과 같은 모든 것들은 대역폭의 축소 때문에 일어난다. 그리고 여기에는 한 가지 중요한 결과가 생겨난다. 이 과정을 겪으며 결핍이 영속화된다는 결과이다. 센딜과 숀이 덫에 걸려, 혹은 늪에 빠져 헤어나지 못한 것은 결코 우연의 일치가 아니었다. 결핍은 스스로를 옭아매는 덫을 만든다.

이런 논지라면 가난한 사람이 계속 가난하고 바쁜 사람이 계속 바쁘며 외로운 사람은 계속 외롭고 다이어트를 하는 사람이 그토록 자주 실패하는 이유를 전혀 다른 방식으로 설명할 수 있다. 기존의 이론들은 이런 여러 가지 문제들을 이해하기 위해서 집단의 문화나 개인의 개성, 취향, 선호 그리고 사회 제도 등으로 눈을 돌렸다. 빚을 진 사람들은 돈과 신용에 대해서 어떤 태도를 지니고 있을까? 늘 눈코 뜰 새 없이 바쁜 사람들은 어떤 업무 처리 습관을 가지고 있을까? 비만인 사람들이 특정한 음식을 고르도록 유도하는 문화적 규범과 취향은 무엇일까? 이런 질문들에 대해서 우리가 얻은 결론은 보다 근본적인 어떤 사실을, 즉 이런 문제들 중 대부분은 결핍의 정신적 경향(사고방식)을 통해 이해할 수 있다는 사실을 암시한다. 물론 문화·경제적인 여러 요인들이나 개인의 개성 같은 요소가 전혀 문제가 되지 않는다는 뜻은 아니다. 이런 것들도 확실히 어떠한 영향을 준다. 그러나 결핍은 자신만의 독자적인 논리를 가지고 있으며, 이 논리는 다른 모든 것보다 우선적으로 작동한다.

이런 결핍의 덫들을 하나로 묶어 분석한다고 해서, 모든 형태의 결핍이 같은 크기의 결과를 초래한다는 말은 아니다. 결핍의 사고방식은 결핍의 내용에 따라 더욱 중요하게 작동할 수도 있고, 그렇지 않을 수도 있다. 예를 들어서 인간 기억의 구조[24]는 사소한 것(사람들이 열쇠를 자주 잃어버리는 이유)에서부터 중요한 것(예를 들면, 범죄 현장 목격의 신빙성), 비극적인 것(치매 발병)에 이르는 모든 것을 이해하는 데 적용될 수 있다. 마찬가지로, 결핍의 논리는 여러 영역을 관통하기 때문에 비슷할 수는 있다. 하지만 각각의 결핍이 미치는 영향은 서로 완전히 다를 수도 있다. 이런 사실은 빈곤의 사례를 분석할 때 특히 더 그렇다. 빈곤을 둘러싼 환경은 훨씬 더 극단적이고 엄혹하며 가차없을 수 있다. 예를 들어서 대역폭에 부과되는 세금은 일반적으로 바쁜 사람이나 다이어트를 하는 사람에 비해 가난한 사람에게 훨씬 더 가혹하다. 이런 이유로 우리는 가난한 사람들과 관련된 논의를 독립된 장으로 묶어서 따로 설명하려고 한다.

어떻게 보면 우리가 이 책에서 하는 주장은 매우 단순하다. 결핍이 사람의 주의를 사로잡는다는 것, 그리고 결핍이 주는 이익, 즉 절박한 필요를 보다 잘 통제한다는 이익은 크지 않다는 것이다. 그런데 넓게 보면 우리가 치러야 하는 결핍의 대가는 매우 크다. 당연히 관심을 기울여야 할 다른 일들을 무시하게 되고, 일상생활을 할 때도 훨씬 비효율적인 생활을 하게 되기 때문이다. 이러한 주장은 결핍이 우리의 행동을 규정하는 방식을 설명하도록 돕는 데 그치지 않고 우리에게 어떤 놀라운 결론을 알려 준다. 나아가 우리에게 주어진 결핍이라는 조건을 어떻게 제어해야 할지 일러 주는 한 줄기 새로운 빛을 비춰 준다.

┃ 당신에게 띄우는 초대장

이 책은 '정립되어 가는 중인 미완성의 어떤 학문'을 설명한다. 결핍의 심리적 토대를 드러내는 시도이자 이를 통해 다양한 사회적·행동적 현상을 이해하려는 시도이다. 이 책의 대부분은 대학교의 심리 실험실, 쇼핑몰과 기차역에서부터 뉴저지의 무료 급식소, 그리고 인도의 사탕수수밭에 이르는 갖가지 환경에서 진행된 독창적 연구들에서 비롯되었다. 우리는 또한 (우리만의 새로운 가설을 통해 앞서 들었던 미네소타대학교의 굶주림 연구와 같은) 과거의 연구들을 참조하면서, 이 연구들을 진행했던 연구자들이 아마도 전혀 생각하지 않았던 방식으로 그 연구 결과를 재해석해서 우리 주장을 뒷받침할 증거로 삼을 것이다. 그리고 나아가 이전에는 없었던 전혀 새로운 관점을 제시할 것이다.

완전히 새로운 무언가를 주제로 삼아 연구할 때 누릴 수 있는 이점 중 하나는 그 연구 대상이 전문가와 비전문가에게 동일하게 보인다는 점이다. 우리의 주장은 인지과학에서부터 개발경제학(역주-후진국의 경제 발전을 연구 대상으로 삼는 경제학)에 이르는 매우 다양한 분야의 학문에 기반하므로, 이 모든 분야에 전문적인 식견을 가지고 있는 사람은 드물 것이다. 따라서 대부분의 사람은 우리가 제시하는 소재 중 적어도 어느 분야에서는 초심자일 것이다. 이런 점을 고려해 우리는 이 책이 (전문적인 내용까지도) 보다 많은 독자들에게 쉽게 읽힐 수 있도록 노력했다. 또한 우리는 단편적인 여러 일화를 폭넓게 끌어왔다. 물론 이런 일화가 엄밀한 증거를 대체하는 논거가 될 수는 없다. 하지만 우리가 사용하는 개념을 분명하게 밝히고 우리가 말하려고 하는 내용에 생기를 불어넣는 데는 분명 도움이 될 것이다. 물론 궁극적으로 우리 주장이 발휘하는 힘은 우리가 제시하는 증거에 따라 달라질 것이다. (여기에 대해서는 그 어떤 변명의 여지도 없다.) 그리고 보다 깊은 내용과 구체적인 사항을 알고 싶은 독자를 위해서 후주後註를 충실하게 만들었다. 단순히 참고 문헌을 제시하는 데에 그치지 않고, 본문에서 제시된 연구들의 상세한 내용을 논의하고 관련된 연구 내용을 소개하며, 본문에 담기에는 적절하지 않지만 꼭 확인할 필요가 있는 다른 연구 내용을 언급했다. 또 특정한 분야에 관심을 가진 사람이라면 보다 깊이 파고들 수 있도록 길을 열어 두었다.

이 책에서 어떤 최종적인 결론을 이끌어 낼 생각은 처음부터 없었다. 이 책은 해묵은 문제, 진지하게 다루어져야 할 문제에 대해서 새로운 관점을 제기할 뿐이다. 새로운 접근법이 제시될 때마다 추론해야 할 새로운 함의, 해석해야 할 새로운 의의 그리고 이해해야 할 새로운 결과는 늘 있게 마련이다. 이 책에서 다룬 내용에 비하면 해결해야 할 과제가 훨씬 많다. 이런 점에서 이 책은 일종의 초대장인 셈이다. 발견의 과정을 지켜보는 맨 앞자리에 여러분을 초대한다.

결핍의
사고방식

1장

집중과 터널링의 차이

> 홉스 : 아직도 무슨 이야기를 쓸지 아이디어를 못 찾았어?
> 캘빈 : 창의성은 수도꼭지를 튼다고 그냥 나오는 게 아니야. 느낌이 있어야 나오지.
> 홉스 : 어떤 느낌?
> 캘빈 : 막판에 몰려서 돌아 버릴 것 같은 느낌.[1]
>
> — 빌 워터슨, 만화 〈캘빈과 홉스〉

어느 저녁 우리는 채식주의자 식당에 갔다. 이 식당의 이름은 '흙 사탕Dirt Candy'이었는데, 이 식당이 이렇게 이상한 이름을 달고 있는 것은 식당 주인이자 주방장인 아만다 코엔이 채소는 땅에서 나는 사탕이라는 신념을 가지고 있기 때문이다. 이 식당은 특별한 메뉴 하나 덕분에 이름이 널리 알려졌다. 바로 오렌지 소스를 뿌린 브로콜리를 곁들인 튀김 두부였다. 음식 평론가들은 모두 이 요리를 칭찬했고,[2] 사실 그럴 만한 요리였다. 맛있는 요리였고 사람들이 가장 좋아하는 요리였다.

우리가 그 식당에 간 날은 마침 타이밍이 좋은 날이었다. 그다음 날 아만다 코엔이 인기 텔레비전 프로그램인 〈아이언 셰프Iron Chef〉에 출연한다는 사실을 알게 됐기 때문이다. 〈아이언 셰프〉는 요리사들이 나와서 빡빡한 시간 안에 세 개의 요리로 구성된 코스 메뉴를 만드는 경연 프로그램이다. 이 프로그램은 시작과 함께 각각의 코스에 써야 하는 깜짝 재료가 무엇인지 요리사들에게 공개하고, 요리사들은 주어진 시간 안에 어떤 요리를 만들지 계획을 세운 뒤 그 요리를 완성해야 한다. 이 프로그램은 야망에 불타는 요리사들과 미식가들, 그리고 그냥 요리 구경을 좋아하는 사람들에게 매우 인기가 좋다.

그 프로그램을 보면서 우리는 코엔이 정말 최고의 행운을 잡았다고 생각했다. 그녀에게 제시된 깜짝 재료가 브로콜리였던 것이다. 물론 그녀는 당연히 자신의 대표 요리이자 하루 전에 우리가 먹었던 바로 그 요리를 준비하고 있었다. 그리고 심사위원들도 그 요리를 좋아했다. 하지만 사실 코엔은 우리가 생각했던 식으로는 행운을 누리지는 못했다. 깜짝 재료인 브로콜리 때문에 자기가 미리 염두에 두고 준비했던 요리를 만들 수 없었기 때문이다. 우리 생각과는 정반대였다. 사실, 그 프로그램이 녹화된 것은 1년 전이었다. 아닌 게 아니라, 코엔 본인의 표현을 빌리자면 '지금 메뉴판에 이름이 올라 있는 튀김 두부는 〈아이언 셰프〉에서 만들어진 것'이었다.[3] 바로 그날 밤에 그녀는 자기의 대표 요리를 만들어 냈던 것이다. 이런 종류의 '행운'은 (이걸 행운이라고 부를 수 있을지 모르지만) 더욱 남다르다. 그녀는 오랜 세월 동안 기량을 연마해 온 요리사였지만, 사실 이 요리사의 대표적인

요리는 두 시간이라는 제한 시간의 극심한 압박 속에서 탄생했다.[4]

물론 그녀의 튀김 두부 요리는 무無에서 창조된 게 아니었다. 이런 창의력의 폭발은 여러 달 혹은 여러 해 동안 각고의 노력과 경험이 있었기 때문에 가능하다. 시간 제한이라는 압박이 정신을 집중하게 만들고, 이전의 노력을 당장 급한 어떤 결과물로 압축해 내도록 만든다. 자, 이런 상상을 한번 해 보자. 당신은 어떤 회의에서 하기로 되어 있는 프레젠테이션을 준비하고 있다. 당신은 며칠 동안 열심히 준비했지만 여전히 프레젠테이션의 내용과 방식을 어떻게 정해야 할지 판단을 내리지 못한다. 아이디어야 많지만 이것들을 한데 묶어서 최종적인 완성본을 만들려면 이런저런 힘든 선택을 해야 한다. 하지만 마감 기한이 임박하면 꾸물거리고 있을 시간이 없다. 결핍이 그 모든 선택들을 강제한다. 추상적이던 것이 구체적인 것으로 바뀐다. 이 마지막 압박이 없다면, 당신은 여러 생각만 떠올릴 뿐 결과물을 만들어 낼 수 없다. 코엔은 〈아이언 셰프〉에 출연하면서 몇 가지 비장의 재료들을 염두에 두고 있었다. 몇 달 혹은 심지어 몇 년 동안 그 재료들로 실험하고 준비했던 아이디어들이 있었다. 하지만 결핍이라는 조건 때문에 이런 아이디어들은 실현되지 않았다. 대신 그 아이디어들을 하나로 합한 어떤 '죽이는' 요리가 나왔다.

우리는 흔히 결핍을 이야기할 때면 어떤 비참한 결과를 연상하곤 한다. 사실 이 책을 쓰겠다는 생각도, 빚에 쪼들린 가난한 남자 숀과 끊임없이 일에 치여서 허덕이는 바쁜 남자 센딜이라는 바로 이런 부정적인 연상에서 처음 시작되었다. 아만다 코엔의 경험은 결핍의 또 다른 측면을 입증한다. 이것은 사람들이 쉽게 간과하는 측면으로, 결핍이 우리를 보다 효율적으로 만든다는 점이다. 사실 사람들은 모두 어떤 요소가 부족할 때 그리고 무언가에 제한을 받는다고 느낄 때 멋진 성과를 거두며 성공한 경험을 가지고 있다. 아만다 코엔은 자기에게 주어진 시간이 부족하다는 사실을 예리하게 인식했기 때문에 자기가 준비했던 비장의 아이디어들을 모두 동원해서 단 하나의 위대한 요리로 만들었던 것이다. 우리 이론으로 보자면, 결핍이 정신을 사로잡을 때 결핍은 우리가 가진 것을 가장 효과적으로 사용할 수 있도록 우리의 주의를 집중시킨다. 이 말은, 결핍이 비록 부정적인 결과를 초래할 수 있긴 하지만 어떤 이득을 안겨 줄 수도 있다는 뜻이다. 이 장에서는 우선 이런 이득을 먼저 설명한 다음에 우리가 그 이득 때문에 치러야 하는 대가가 무엇인지, 결핍이 궁극적으로는 어떻게 실패로 이어지고 마는지 살펴볼 참이다.

┃ 잠재력을 최대로 끌어내는 결핍

몇몇 사람들은 회의를 끔찍하게 싫어한다. 하지만 조직 행동 분야의 선도적인 연구자인 코니 저시크Connie Gersick는 이런 회의를 연구하는 일을 업으로 삼고 있다.[5] 회의가 어떻게 진행되며 회의에서 시간이 흐름에 따라 작업과 대화의 패턴이 어떻게 달라지는지 알아내기 위해 여러 상세한 질적 연구를 수행했다.(역주 - 질적 연구는 인터뷰나 관찰 등의 귀납적이고 해석적인 조사 방법을 동원해서 어떤 관계나 패턴을 발견하는 방식이고, 양적 연구는 일반화할 수 있는 어떤 결과를 내기 위해서 객관적이고 기술적인 면에 초점을 맞추는 방식이다) 그녀는 여러 종류의 회의를 연구했다. 몇 가지만 예로 들면 학생들 사이의 회의, 관리자들 사이의 회의, 어떤 결론을 내리기 위해서 여러 가지 대안들을 놓고 비교하는 회의 그리고 매출액 증대와 같은 구체적인 결과를 이끌어 내기 위한 브레인스토밍 회의 등이다. 이런 회의들은 제각기 다 달랐다. 그러나 공통점이 몇 가지 있었다. 모두 하나같이 집중되지 않은 상태에서 시작되며, 모호하고 겉도는 이야기만 나오고, 대화는 툭하면 엉뚱한 곁가지로 치닫기 일쑤라는 점이다. 단순한 요지조차도 길고 복잡한 과정을 거친 뒤에야 비로소 정리된다. 의견은 분분하고 대책 없이 반대 의견만 나온다. 쓸데없이 세세한 사항들에 귀중한 시간이 낭비된다.

그런데 회의가 중간쯤 진행된 시점에서 반전이 시작된다. 저시크의 표현을 빌자면 '중간 궤도 수정'이다. 회의를 진행하는 집단은 시간이 점점 흘러가고 있으며 상황이 점점 심각해짐을 깨닫는다. 이런 양상을 그녀는 다음과 같이 표현한다.

"이 중간 지점이 '진행의 중요한 도약'이 시작되는 지점이다. 이 지점은 그 집단이 그때까지 자기들이 회의를 하면서 이룬 것들을 돌아보며 마감 기한을 놓고 걱정을 하기 시작하는 지점이기도 하다. 바로 이 지점에서 그들은 (…) 자기들에게 주어진 과제를 완수하기 위해 갑자기 온 힘을 다한다. 이렇게 해서 회의 참가자들이 협력하는 새로운 국면이 시작된다."

이 사람들은 합의된 의견을 이끌어 내고, 꼭 필요한 세부적인 사항들에 집중하며 쓸데없는 잔가지들은 옆으로 제쳐 둔다. 이런 식으로 회의 시간의 중후반은 거의 언제나 더욱 구체적인 성과를 낳는다.

중간 궤도 수정은 결핍이 정신을 사로잡을 때 어떤 결과가 나타나는지 잘 보여 준다. 시간이 부족하다는 사실이 명백해지면 사람들은 집중을 한다. 이런 일은 심지어 혼자서 일할 때도 일어난다. 당신이 책을 쓴다고 상상해 보자. 당신이 지금 쓰고 있는 장章의 마감은 앞으로 2주 뒤이다. 그런데 원고를 쓰려고 앉아서 몇 문장 끼적이다 갑자기, 특정 누군가가 당신에게 이메일을 보냈을지도 모르니 서둘러 확인해야 한다는 사실을 깨닫는다. 그래서 메일함을 열어 확인하는데, 답장을 해야 하는 다른 이메일들이 눈에 뛴다. 그렇게 답장을 하다 보면 어느새 삼십 분이라는 시간이 후딱 지나가 버린다. 그러다가 아차 하고 다시 원고를 쓰던 창을 켠다. 그런데 글을 쓰는 중에 (사실 글을 쓰는 것인지 끼적거리기만 하는 것인지 모르지만) 자기가 사실은 엉뚱한 생각을 하고 있음을 깨닫는다. 점심으로 피자를 먹을지 말지를 얼마나 오래 고민했는지 모르겠다. 마지막으로 콜레스테롤 수치를 확인한 게 언제였는지 생각도 하고, 보험사에 최근 이사한 집의 주소를 알려 준 게 확실한지 기억을 더듬는다. 이런 잡다한 생각들을 하면서 얼마나 많은 시간을 보냈는지 모른다. 이런 생각들을 털어 내고 글쓰기에 집중해야지, 생각하는데 어느새 점심 먹을 시간이 다 되었다. 그래서 어차피 이렇게 된 거 오늘은 평소보다 좀 일찍 자리에서 일어나기로 한다. 한동안 보지 못했던 친구와 함께 점심을 먹은 뒤에

1부 결핍의 사고방식

커피를 마시면서 느긋하게 시간을 보낸다. 어차피 그 원고를 마감하기까지는 아직 2주 넘게 남았으니까……. 이런 식으로 하루가 지나간다. 그리고 쓰고자 했던 원고의 양은 아침에 책상에 앉으면서 계획했던 양에 비하면 턱없이 적다.

자, 그럼 이제 그렇게 여유가 있던 2주가 지난 뒤의 상황을 상상해 보자. 마감 기한이 이틀 앞으로 다가왔다. 원고를 쓰려고 앉은 당신은 절박한 심정이다. 누군가가 보냈을 이메일이 머리에 떠오르지만 당신은 그 생각을 털어 내며 집중하려고 애쓴다. 어쩌면 당신이 워낙 글쓰기에 집중한 바람에 애초에 이메일 따위는 생각조차 나지 않을 수도 있다. 당신의 정신은 점심이나 콜레스테롤 혹은 보험사 주소 변경 신고 따위를 생각하느라 방황하지 않는다. 친구와 점심을 함께 먹고 나서도 (물론 그 약속을 취소하거나 연기할 수 없어서 어쩔 수 없이 그 친구를 만난 것이다) 따로 커피를 함께 마시는 일은 생략한다. 마감이 임박한 원고가 그 점심 식사 자리까지 따라와 있었기 때문이다. 그리고 하루가 끝난 시점에는 당신의 이런 집중이 당신에게 적절한 보상을 해 주었음을 알 수 있다. 그날 하루 동안에만 상당한 양의 원고를 썼기 때문이다.

여러 심리학자들이 보다 통제된 실험을 통해서 마감 기한이 보장해 주는 이득을 연구해 왔다. 한 연구에서는 대학생들에게 에세이 세 편을 주고 교정을 맡겼다.[6] 작업에 대한 보수를 지급했고 3주나 되는 긴 마감 기한을 주었다. 그런데 학생들이 받는 보수는 얼마나 많은 오류를 찾아내는지, 또 얼마나 시간에 맞춰서 과제를 끝내는지에 따라서 결정되었다. 어쨌거나 작업은 3주 안에 끝내야 한다는 단서를 달았다. 연구진은 또 다른 집단을 선정해서 마감 기한을 보다 빡빡하게 제시했다. 기한은 동일하게 3주였지만 한 주에 한 편씩 마감해서 제출해 달라고 요구했다. 결과가 어땠을까? 앞서 살펴보았던 원고 집필 사고 실험(역주-머릿속에서 생각으로 진행하는 실험)에서처럼 마감 기한을 빡빡하게 제시받은 후자 집단이 더 생산적이었다. 이들은 전자 집단에 비해서 마감 기한을 어길 가능성이 더 높았음에도 불구하고 마감 기한을 덜 어겼으며, 또한 오류를 더 많이 찾아냈고, 따라서 보수도 더 많이 받았다.

마감 기한은 생산성을 높이는 데 그치지 않는다. 예를 들면, 4학년 2학기를 맞은 대학생들 역시 일종의 임박한 마감 기한에 직면한다. 이들로서는 대학 생활을 즐길 시간이 제한된 셈이다. 심리학자 제이미 커츠Jaime Kurtz는 대학교 4학년 학생이 이 마감 기한을 어떻게 관리하는지 관찰하고 연구했다.[7] 그녀는 4학년 학생들이 졸업을 여섯 달 앞둔 시점에 이 연구를 시작했다. 대학 생활에서 여섯 달이면 즐길 여지가 아직 충분히 많이 남았다고 생각할 수도 있고, 반대로 이제 거의 끝났다는 절박함을 느낄 수도 있는 시간이었다. 커츠는 이 학생들 절반에게 대학 생활이 여섯 달밖에 남지 않았다는 식으로 마감 기한을 제시했고, 나머지 절반에게는 여섯 달씩이나 남았다는 식으로 제시했다. 그런데 이러한 결핍에 대한 인식의 차이가 학생들이 자기에게 주어진 시간을 관리하는 방식 자체를 바꾸게 했다. 시간이 얼마 남지 않았다고 느끼는 학생들은 대학 생활의 모든 활동에 열심

1부 결핍의 사고방식

히 참가하며 하루하루를 더 알차게 보내려고 노력했다. 또한 이들은 더욱 행복한 시간을 보내고 있다고 보고했다. 아마도 대학교가 제공하는 것을 보다 많이 즐기기 때문이었을 것이다.

시간 결핍의 충격은 전혀 다른 분야에서도 관찰된다. 대규모로 진행된 여러 마케팅 실험에서 어떤 고객은 마감 기한이 명시된 쿠폰을 받았고 어떤 고객은 마감 기한이 없는 쿠폰을 받았다.[8] 그런데 마감 기한이 없는 쿠폰은 시간 제한이 없음에도 불구하고 덜 사용되었다. 시간 결핍이 없는 바람에 관심을 덜 받고, 심지어 잊히기까지 한 것이다. 또 다른 분야에서 조직 관련 연구자들이 영업직 사원들은 전체 매출 주기의 마지막 몇 주 (혹은 마지막 며칠) 동안에 가장 열심히 일한다는 사실을 확인했다.[9] 우리가 진행한 어떤 연구에서도 데이터 입력 노동자들이 급료 지급일이 다가올수록 더 열심히 일한다는 사실을 확인했다.[10]

영국의 저널리스트 맥스 헤이스팅스Max Hastings는 처칠을 다룬 저서에서 '영국인의 정신은 시간적으로 거의 너무 늦었다 싶을 때 가장 잘 작동한다.'라고 썼다.[11] 마감 기한이 임박한 상태에서 어떤 일이든 해 본 적이 있는 사람이라면 누구나 헤이스팅스가 말하는 영국인 정신을 이해할 것이다. 마감 기한이 생산적인 효과를 발휘하는 정확한 이유는 시간의 결핍 상황이 생겨나고 이것이 정신의 집중을 유도하기 때문이다. 제2차 세계 대전 때의 굶주림 연구에서 배고픔이 배고픈 사람의 정신 맨 꼭대기에 음식을 올려놓았던 것과 마찬가지로, 마감 기한은 현재 진행하고 있는 과제를 정신의 맨 꼭대기에 올려놓는다. 회의 시간이 몇 분 남지 않았든 혹은 대학 생활이 몇 달 남지 않았든 간에 마감 기한은 거대하게 느껴진다. 그래서 해당 과제에 보다 많은 시간을 쓴다. 온갖 산만한 생각들에는 덜 빠져든다. 써야 할 원고의 마감 기한이 코앞일 때는 한가하게 커피를 마시며 수다를 떨지 않는다. 회의가 이제 막 끝나려고 할 때는 대화가 안건에서 벗어나지 않는다. 졸업이 코앞이니만큼 남은 대학 생활을 보다 알차게 보내려고 최선을 다한다. 시간이 부족할 때면 사람들은 그 남은 시간에서 보다 많은 것을 얻어 낸다. 그게 업무의 성과이든 즐거움이든 간에 말이다. 우리는 이것을 '집중배당금focus dividend'이라고 부른다. 이것이 바로 정신을 사로잡는 결핍이 가져다주는 긍정적인 결과이다.

집중배당금의 놀라운 효과

어떤 종류의 결핍이든 결핍은 당연히 집중배당금을 낳는다. 우리는 이런 사실을 일상적으로 목격한다. 사람들은 치약이 얼마 남지 않았을 때부터는 치약을 최대한 아껴서 쓴다. 비싼 초콜릿 상자에서 초콜릿이 마지막 몇 개 남아 있을 때는 최대한 아낀다. 먼 곳의 휴가지로 여행을 갔을 때는 마지막 며칠 동안 최대한 빡빡하게 관광을 한다. 그리고 또 글자의 수를 제한하는 편지를 쓸 때는 보다 조심스럽게 (그리고 또 놀랍게도) 잘 쓴다.

우리는 심리학자 아누즈 샤Anuj Shah와 공동 연구를 하는 과정에서, 우리 이론을 검증하는 데에 이런 사실들이 가지는 의미를 어떻게 활용할 수 있을지 깨달았다. 만일 우리 이론이 돈이나 시간의 결핍뿐만 아니라 모든 종류의 결핍에 적용된다면, 우리 이론은 인위적으로 형성된 결핍에도 당연히 적용될 수 있어야 한다. 심리 실험실에서 조성된 결핍도 과연 집중배당금을 만들어 낼까? 실험실에서는 사람들이 현실보다 더 통제된 조건 아래에서 어떻게 행동하는지 연구함으로써 사고와 행동의 메커니즘을 드러낼 수 있다. 이 방법은 중요한 여러 사회적 쟁점들(획일성, 복종, 전략적 상호 작용, 도움 행동 그리고 심지어 범죄)을 연구하는 데 심리 실험실을 사용해 온 심리학 연구의 오랜 전통을 따른다.

이 연구를 수행하기 위해서 우리는 일단 스마트폰 게임 "앵그리 버드"를 기반으로 한 어떤 비디오 게임을 만들었다.[12] 우리가 "앵그리 블루베리즈Angry Blueberries"라고 이름 붙인 이 변종 게임에서는 게임자들이 가상의 새총을 이용해서 블루베리로 와플을 쏜다. 이 게임에서 와플을 명중시키려면 새총의 고무줄을 얼마나 세게 그리고 어떤 각도로 당겨야 할지 판단해야 한다. 새총을 떠난 블루베리는 화면을 가로질러 날아가서 와플을 명중시키고 튕기면 와플은 '파괴'된다. 앵그리 블루베리즈는 조준, 정확성 그리고 물리학의 게임이다. 그러므로 게임자는 궤도를 추정해야 하고 블루베리가 어떻게 튕길지 예측해야 한다.

연구에서 피실험자들은 20라운드에 걸친 게임을 했고, 각자가 딴 점수는 상금으로 환산되었다. 그리고 새로운 라운드가 시작할 때마다 새로운 블루베리 꾸러미를 받았는데, 한 라운드에서 그 블루베리를 모두 소진할 수도 있고 다음 라운드에 쓰기 위해서 아껴 둘 수도 있었다. 그런데 20라운드를 모두 마친 뒤에도 블루베리가 남아 있으면, 그 블루베리가 모두 소진될 때까지 추가로 몇 라운드든 계속 이어갈 수 있었다. 이 게임에서는 블루베리의 수가 참가자의 재산을 결정했다. 블루베리가 많다는 것은 그만큼 사격을 많이 할 수 있다는 뜻이고, 따라서 보다 많은 점수를 올려 더 많은 상금을 받을 수 있다는 뜻이기도 했다. 그 다음 단계는 블루베리 결핍 상황을 조성하는 단계였다. 우리는 일부 피실험자들에게는 블루베리를 각 라운드당 여섯 개씩 주어서 이들을 블루베리 부자로 만들었고, 일부 피실험자들에게는 각 라운드당 세 개씩만 주어서 이들을 블루베리 빈자로 만들었다.

자, 각각의 피실험자 집단은 어떤 성적을 냈을까? 물론 부자 집단이 더 많은 점수를 얻었다. 새총의 총알로 사용할 블루베리를 더 많이 가지고 있었기 때문이다. 하지만 자세히 들여다보면 성적은 빈자 집단이 더 나았다. 이들의 사격이 더 정확했던 것이다. 이것은 빈자 집단이 특별히 시각적으로 예리했기 때문이 아니었다. 빈자 집단은 사격을 한 번 할 때마다 조준하는 데 시간을 상대적으로 더 많이 들였다. 블루베리가 적었으므로 보다 신중했던 것이다. 하지만 부자 집단은 블루베리를 그냥 대충 날렸다. 게임을 할 수 있는 라운드가 상대적으로 더 많아서 지루해진 나머지 과제에 들이는 시간을 일부러 줄이려고 마구 쏘아 댄 게 아니었다. 그렇다고 해서 피로감을 느꼈던 것도 아니었다. 첫 사격 때부터 이들은 이미 빈자 집단에 비해서 덜 집중하고 있었고 덜 신중했다. 이런 결과는 우리가 했던 예측과 일치했다. 블루베리 빈자는 블루베리를 적게 가지고 있던 덕에 집중배당금을 누릴 수 있었던 것이다.

어떤 점에서 보자면 블루베리 결핍은 앞선 실험에서 시간 결핍에 시달리던 피실험자들이 얻었던 것과 비슷한 효과를 낳았다. 비디오 게임에서 블루베리를 적게 가지는 상황은 회의 시간이 별로 남아 있지 않은 상황이나 주어진 일을 끝낼 때까지 몇 시간밖에 남지 않은 상황과 닮은 점이 거의 없다. 블루베리를 쏠 때마다 새총의 고무줄을 뒤로 얼마나 당겨야 할지 그리고 또 어떤 순간에 어떤 각도로 쏘아야 할지에 집중하는 것은 대화 내용과 작업 속도를 결정하는 복잡한 선택들과 닮은 구석이라고는 거의 없다. 우리는 앵그리 블루베리즈의 세상에서 결핍이라는 요소 하나만 남기고 복잡한 모든 것은 제거했다. 그런데도 동일한 행동 양상이 나타난 것이다. 최초의 이런 블루베리 실험 결과는, (실제 세상에서 다른 것들이야 어떻든 간에) 결핍이 집중배당금을 만들어 내는 과정과 방식을 생생하게 보여 준다.

통제된 조건 아래에서 관찰한 이 결핍 효과는 한 가지 사실을 더 알려 준다. 실제 현실에서 빈자와 부자는 여러 가지 점에서 다르다. 배경도 다르고 경험도 다른데, 이는 빈자와 부자의 개성, 능력, 건강, 교육 수준, 취향 및 선호 등이 서로 달라지도록 유도한다. 기한의 압박 속에서 마감 직전까지도 일을 하는 사람들은 물론 평범한 사람과는 다르다. 결핍이 그런 행동의 한 가지 원인일 수 있지만, 다른 여러 차이점 중 어떤 것이라도 그런 행동의 원인이 될 수 있다. 하지만 앵그리 블루베리즈에서 누가 부자가 되고 누가 빈자가 될지는 동전을 던져서 결정되었다. 그런데 이 사람들이 다르게 행동했다면, 결핍이라는 요소 외의 개인적인 차이점 때문이라고 말하기는 어렵다. 그런 차이를 낳은 것은 두 집단 사이의 유일한 차이인 블루베리 결핍뿐이다. 심리 실험실에서 이런 식으로 결핍을 생성함으로써 우리는 평소 결핍을 둘러싸고 있는 여러 매듭들로부터 결핍을 분리해 낼 수 있다. 여기에서 우리는 결핍 그 자체가 그런 차이의 이유가 될 수밖에 없음을 확인한다.

집중배당금, 즉 마감 기한을 코앞에 둘 때의 높은 생산성이나 블루베리 빈자가 누리는 정확성의 이점은 '결핍이 정신을 사로잡는다'는 우리 이론의 핵심적인 메커니즘에서 비롯된다. 여기에서 '사로잡는다capture'라는 단어가 가장 중요하다. 이는 인간이 의식적으로 통제할 수 있는 범위를 초월해서, 즉 불가피하게 그런 일이 일어난다는 뜻이다. 결핍은 사람이 자의적으로는 쉽게 할 수 없는 어떤 것을 할 수 있게 해 준다.

앵그리 블루베리즈는 또 하나를 암시한다. 이론적으로 보자면 블루베리 부자는 빈자의 전략을 채택할 수도 있었다. 다시 말하면, 빈자처럼 매 라운드마다 자기에게 블루베리가 세 개밖에 주어지지 않았다고 가정하고 나머지 세 개의 블루베리들은 나중에 쓰기 위해서 아껴 둘 수도 있었다. 만일 이렇게만 했다면 빈자들보다 두 배 높은 점수를 얻을 수 있었을 것이다. 하지만 실제로는 매 게임마다 부자들이 얻은 점수는 빈자들이 얻은 점수의 두 배가 되기에는 터무니없이 모자랐다.[13] 물론 참가자들이 이런 전략을 미처 생각해 내지 못했을 수도 있다. 그러나 설령 그 전략을 생각해 냈다 하더라도 그들은 그렇게 높은 점수를 얻지 못했을 것이다.

결핍 상태에 놓여 있지 않으면서 결핍 상태에 놓인 것처럼 꾸미기란 매우 어렵다. 집중배당금이 발생하는 것은 결핍이 자기 스스로를 우리에게 부과함으로써 다른 모든 것에 우선하여 우리의 주의를 사로잡기 때문이다. 이런 과정이 개인의 의식적인 통제 범위를 초월해서 (수천 분의 1초라는 짧은 순간에) 일어난다는 것은 앞서도 확인했었다. 마감 기한이 임박했을 때 우리가 유혹이나 잡생각을 즉각 떨쳐낼 수 있는 이유도 바로 여기에 있다. (사실 마감 시간 그 자체가 유혹과 잡생각을 떨쳐 낸다.) 자기 자신을 간지럽히기가 어려운 것과 마찬가지로,[14] 실제로는 마감 기한이 없는데 마감 기한이 설정된 것처럼 스스로를 속여서 자기를 더욱 열심히 일하게 하기란 매우 어렵다. 상상의 마감 기한은 그냥 상상일 뿐이다. 그러므로 이것은 실제 마감 기한만큼 사람의 정신을 사로잡지는 못한다.

이런 자료들은 결핍이 여러 가지 다양한 시간 규모 차원에서 주의를 사로잡음을 보여 준다. 우리는 앞서 서문에서 배고픈 사람이 '케이크'라는 단어를 인식하는 데 걸리는 시간이 수백, 수천 분의 1초밖에 걸리지 않는다는 사실을 확인했다. 그 짧은 시간 안에 결핍이 우리의 주의를 사로잡는다는 뜻이다. 그런데 앵그리 블루베리즈 게임에서는 결핍이 우리의 주의를 사로잡는 시간이 분 단위였고, 대학 생활을 보다 알차게 보내야겠다고 다짐한 대학교 졸업반 학생의 경우에는 몇 주 혹은 몇 달 단위였다. 수천 분의 1초에서부터 시작되는 결핍의 영향력은 여러 행동으로 축적되며, 이 행동은 그보다 훨씬 긴 시간 단위로 확대된다. 아울러 이것은 결핍이, 우리가 잠재의식에 따라 행동할 때와 의식적으로 행동할 때 모두, 우리 정신을 어떻게 사로잡는지 생생하게 보여 준다. 심리학자 대니얼 카너먼Daniel Kahneman 이 말하는 것처럼 결핍은 우리가 빠르게 생각할 때나 느리게 생각할 때나 항상 우리의 정신을 사로잡는다.

┃ 지나친 집중의 결과, 터널링

2005년 4월 23일 오후 10시, 아마릴로 소방서의 브라이언 헌튼Brian Hunton은 생애의 마지막 통화가 될 전화를 받았다.[15]

　　신고 전화 가운데 일부는 장난 전화이다. 하지만 헌튼이 받은 이번 전화는 실제 신고 전화였다. 사우스포크 스트리트에 있는 어떤 집이 불타고 있다고 했다. 신고 내용이 장난인지 진실인지 알 수 없으므로 소방관은 모든 신고 전화를 일단은 진짜로 받아들인다. 나중에야 그저 한 차례의 훈련을 했다고 치더라도 경보가 울릴 당시에는 무조건 실제 상황으로 생각한다. 느긋한 저녁 시간을 보내고 있던 소방관들은 즉각 화재 현장으로 달려가서 화염과 맞설 준비를 해야 한다.

최대한 빨리 현장에 도착해야 할 뿐만 아니라 모든 장비를 갖추고 만반의 준비를 해야 한다. 그러므로 소방관들은 매 단계를 철저하게 연습한다. 심지어 소방복을 재빠르게 입는 훈련도 한다. 물론 이 모든 훈련에는 보상이 뒤따른다. 운명의 그날, 경보가 울린 지 60초 만에 헌튼을 비롯한 다른 소방관들이 모두 소방차에 탑승했다. 바지, 재킷, 후드, 장갑, 헬멧, 장화 등을 모두 착용한 상태였다.

소방관의 세계를 알지 못하는 사람들은 헌튼이 사망한 이유를 알고 깜짝 놀란다. 그는 화상 때문에 죽은 게 아니었다. 건물이 무너져서 압사한 것도 아니고 연기를 들이마셔 질식사한 것도 아니었다. 사실 헌튼은 화재 현장까지 가지도 못했다. 소방차가 사우스포크 스트리트로 질주할 때 교차로에서 한 차례 급하게 우회전을 했는데, 그 바람에 왼쪽 뒷문이 열리면서 헌튼이 떨어졌고 그의 머리가 아스팔트 바닥에 부딪혔다. 이 충격으로 그는 머리에 심각한 상처를 입었고, 이틀 뒤에 사망했다.

헌튼의 죽음은 비극적이다. 충분히 예방할 수 있는 사고였기 때문이다. 만일 그가 안전벨트를 매고 있었더라면 문제의 그 문짝이 아무리 벌컥 열렸다 하더라도 죽음을 부르는 사고를 당하지는 않았을 것이기 때문이다.

그런데 그의 죽음은 유난히 특이한 죽음이 아니었기에 더욱 더 비극적이다. 몇몇 보고서는 소방관의 사망 원인으로 심장 마비에 이어 자동차 사고가 두 번째로 큰 원인이라고 추정한다.[16] 1984년부터 2000년 사이 차량 충돌로 인해 일어난 사망 사고는 전체 소방관 사망 사고의 20~25퍼센트였다.[17] 그리고 이 가운데 사망자의 79퍼센트는 안전벨트를 착용하지 않았다. 그러므로 비록 확실하게 말할 순 없어도 안전벨트만 착용했더라면 소방관들 가운데 그렇게 많은 수가 목숨을 잃지 않았을 것이다.

소방관들도 이 통계를 알고 있다. 그들은 안전 교육을 받을 때 이런 사실을 배운다. 헌튼 역시 사고가 나기 1년 전에도 안전 교육을 이수했다.[18]

"자기 차를 운전하면서 안전벨트를 매지 않는 소방관은 없습니다. 자기 가족한테 안전벨트를 매지 말라고 하는 소방관도 못 봤습니다. 그런데 도대체 어떻게 소방관이 자기가 타고 가던 소방차에서 떨어져 목숨을 잃는지 이유를 모르겠습니다."[19]

미국 연방화재관리센터의 부책임자이던 찰리 디킨슨이 2007년에 쓴 내용이다.

경보가 울릴 때 소방관은 시간 결핍에 직면한다. 신속하게 소방차에 탑승해 빠르게 현장으로 달려가야 할 뿐만 아니라 소방차가 현장에 도착할 때까지 여러 가지 준비를 모두 마쳐야 한다. 소방차에 탑승한 채로 말이다. 차량에 탑재된 컴퓨터 모니터를 보고 화재가 발생한 건물의 구조와 배치를 연구한다. 진입 전략과 출구 전략도 결정한다. 호스의 길이가 어느 정도 되어야 할지도 계산한다. 이 모든 것이 소방차에 탑승한 뒤부터 이 소방차가 현장에 도착하기까지의 짧은 시간 안에 이루어져야 한다. 소방관은 이 결핍 상황을 제어하는 데 탁월한 솜씨를 발휘한다. 멀리 떨어진 화재 현장까지도 불과 몇

1부 결핍의 사고방식

분 안에 도착한다. 엄청난 집중배당금을 받는 셈이다. 그러나 이 배당금에는 대가가 뒤따른다.

어떤 한 가지에 집중한다는 것은 다른 것들을 무시한다는 뜻이다. 누구나 어떤 책이나 텔레비전 프로그램에 깊이 몰입한 나머지 옆에 앉은 사람이 하는 말을 알아듣지 못한 경험을 해 봤을 것이다. 집중의 힘은 뒤집어 말하면 다른 것들을 지우는 힘이다. 쉽게 말해 결핍이 '집중을 하게' 하는 것이 아니라 사람들로 하여금 터널링tunneling을 하도록, 즉 임박한 결핍을 제어하는 데만 집중하도록 유도한다고 할 수 있다.

터널링은 터널 시야tunnel vision 현상을 연상하도록 일부러 선택한 용어이다. 긴 터널 안에 들어가면 오로지 멀리서 빛을 발하는 출구만 보이고 주변의 모든 사물은 보이지 않는다. 이처럼 관심을 두는 대상만 보이고 나머지는 보이지 않는 현상을 터널 시야 현상이라고 부른다.[20] 미국의 소설가 수전 손택Susan Sontag은 사진에 대한 글을 집필하며 다음과 같은 유명한 구절을 썼다.

"사진을 찍는다는 것은 어떤 틀을 만든다는 것이고, 틀을 만든다는 것은 (나머지 것들을) 배제한다는 것이다."[21]

우리는 터널링을 이런 인식 상태를 의미하는 용어로 사용한다.

그러니 소방관들은 화재 진압 준비를 신속하게 하고 현장에 도착하는 데 집중하기만 하는 것이 아니라, 터널링을 하는 것이다. 그와 관련이 없는 모든 것들은 (브라이언 헌튼의 경우 안전벨트를 매는 일은) 깡그리 무시하고 배제한다. 물론 터널링 현상이 일어날 때에는 소방관이라고 해서 다른 사람과 다를 게 없다. 소방관들이 안전벨트를 매지 않는 데는 다른 이유가 있을 수 있지만, 소방관의 정신을 사로잡지 못하고 무시당하는 안전벨트는 결코 그 소방관의 허리에 채워질 수 없다.

'집중'은 긍정적이다. 결핍은 우리로 하여금 현재 가장 중요해 보이는 것에 집중하도록 만든다. 그러나 '터널링'은 긍정적이지 않다. 결핍은 사람들로 하여금 터널링을 유도해서 어쩌면 더 중요할 수도 있는 다른 것들을 무시하게 만든다.

▮ 터널 밖으로 밀려나는 것들

터널링은 우리가 무언가를 선택하는 방식을 바꾸어 놓는다. 이런 상상을 한번 해 보자. 어느 날 아침에 당신은 미처 하지 못했던 일을 마무리하려고 주기적으로 가던 헬스장에 가지 않았다. 당신은 어떤 일의 마감 기한을 코앞에 두었고, 당신에게 그 일이 가장 우선순위에 있었다. 이런 선택은 어떤 과정을 통해서 일어났을까? 우선, 당신이 합리적인 비교를 했을 수 있다. 최근에 헬스장에 얼마나 자주 갔는지 계산을 한 다음, 당장 급한 그 일을 외면하면서 한 번 더 헬스장에 감으로써 얻을 수 있는 이득을 따져 본 뒤에 그날 아침 한 번은 건너뛰기로 결심했을 것이다. 그날 아침에 몇 시간 동안 일을 더 하는 것이 헬스장에서 운동을 하는 것보다 더 중요했다. 이 경우에는, 만일 당신이 결핍의 정신적 영향에서 벗어나 있었다 하더라도 그날 아침 운동을 한 차례 건너뛰는 것이 최상의 선택이라 생각했을 것이다.

하지만 터널링에 사로잡혀 있을 경우에는 선택이 달라진다. 마감 기한이 좁은 범위의 집중을 만들어 낸다. 당신이 아침에 일어날 때 당신의 정신은 이미 가장 급한 그 필요성에 초점이 맞추어져 있다. 헬스장에 가는 일 따위는 머리에 떠오르지도 않는다. 당신의 터널 속에서 그 일은 전혀 보이지 않는다. 당신은 아무런 생각도 없이 운동을 건너뛴다. 설령 운동을 하러 가야 하지 않을까 하는 생각이 들었다 하더라도, 그 행위의 비용과 편익은 전혀 다르게 비친다. 터널은 비용을 확대하고(그 일을 마무리하기에는 시간이 부족하다!), 편익을 최소화한다(장기적인 건강 개선 효과는 전혀 급한 게 아니다!). 당신은 운동을 하러 가는 게 좋은 선택이든 나쁜 선택이든 상관하지 않고 운동을 건너뛴다. 비용 편익 계산이 중립적이든 아니었든 같은 결론을 내렸을 것이다. 마감 기한의 압박 속에서 (잡생각들이 끼어들 여지를 줄임으로써) 사람들을 보다 생산적으로 바꾸는 바로 그 이유 때문에 우리의 선택이 달라지는 것이다.

터널링은 머릿속에 떠오르는 생각을 바꿈으로써 작동한다. 이 과정을 느껴 보기 위해서 다음과 같은 간단한 과제를 해 보라. 흰색 사물을 가능한 한 많이 나열하기만 하면 된다. 쉽게 시작할 수 있도록 두 개의 사물을 우리가 제시하겠다. 당신이 알고 있는 흰색 사물로 또 무엇이 있는지 적어 보아라.

눈   우유

_____ _____ _____ _____ _____

_____ _____ _____ _____ _____

_____ _____ _____ _____ _____

몇 개나 적었는가? 이 과제가 생각보다 어려웠는가?

연구자들은 사람들이 이 과제를 더 쉽게 해낼 수 있는 방법이 있음을 밝혀냈다. 바로 '눈'과 '우유'라는 예시를 미리 제시받지 않는 것이다.[22] 실험에서 이 '도움'을 받은 피실험자들은 그렇지 않은 피실험자들에 비해서 떠올린 사물의 수가 적었다. 심지어 보너스로 받은 두 개의 단어를 포함해도 그랬다.

이 뜻밖의 결과는 심리학 용어로 '억제inhibition'의 결과이다. '흰색'과 '우유' 사이의 연결점이 당신의 머릿속에서 활성화되면, 당신이 '흰색 사물'을 생각할 때마다 그 활성화된 연결이 당신을 계속 '우유'로 잡아끌고, 그럴수록 그 연결은 더욱 강하게 활성화된다. 그 결과 다른 모든 흰색 사물은 억제되어 포착하기 더욱 어려워진다. 이렇게 되면 결국 일을 그르쳐 버린다. 처음 제시된 사례를 생각하는 것조차 어려워진다. '우유'는 그야말로 가장 성스러운 흰색 사물이 되어 다른 것들을 모두 쫓아 버린다. 이것이 바로 인간의 정신이 가지고 있는 기본적인 특성이다. 어떤 것 하나에 집중하면 이것과 경쟁할 가능성이 있는 다른 모든 것들은 억제된다. 억제는 누군가에게 화가 나 있을 때 발생하는 일과 비슷하다. 이런 때에 그 사람이 가진 장점을 기억하는 일은 어쩐지 한층 어렵다. 당신을 신경 쓰게 하는 어떤 특성에 집중할 때 좋은 기억은 억제된다.

정신은 단지 말이나 기억만 억제하는 게 아니다. 한 연구에서 연구자들은 피실험자들에게 각자 자기가 개인적으로 얻고자 하는 특성과 관련된 속성(예를 들면 '인기가 좋다'라거나 '성공한다')을 종이에 적으라고 지시했다.[23] 그런데 절반에게는 개인적으로 중요한 목표를 적으라고 했고, 나머지 절반에게는 어떤 목표든 상관없다고 했다. 이렇게 한 다음에, 앞서 살펴본 우유 실험과 마찬가지로 (중요한 것이든 아니든) 될 수 있으면 많은 목표를 적으라고 했다.

이 두 집단이 적어 낸 속성의 가짓수는 어떻게 다를까? 개인적으로 중요한 목표를 적으라는 말을 들었던 집단이 쓴 속성의 개수는 그렇지 않은 집단에 비해서 30퍼센트 적었다. '우유'가 다른 흰색 사물들을 가로막았던 것과 마찬가지로, 어떤 중요한 목표가 활성화되면서 이것이 다른 경쟁 목표들을 가로막았던 것이다. 자기에게 중요한 어떤 것에 초점을 맞추면 신경 써야 하는 다른 것들에 대해서는 생각을 덜 할 수밖에 없어진다.[24]

목표 억제는 터널링에 내재하는 기제(메커니즘)이다. 결핍은 어떤 강력한 목표(현재의 급박한 일을 처리해야 한다는 목표)를 생성하고, 이 목표는 다른 목표들이나 고려해야 할 것들을 억제한다. 소방관은 단 하나의 목표를 가진다. 화재 현장에 신속하게 도착하는 것이다. 이 목표가 다른 생각들이 끼어들지 못하게 가로막는다. 이것은 좋을 수도 있다. 저녁 메뉴나 연금 저축 따위에 대한 생각을 하지 않고 오로지 조금 뒤에 맞닥뜨릴 화재 사건만 생각할 수 있게 해 주기 때문이다. 그러나 이는 나쁠 수도 있다. 예를 들어 안전벨트처럼, 그 임박한 목표와 관련이 없는 것들은 머리에 떠오르지 않기 때문이다. 그리고 설령 그런 생각이 떠오른다고 하더라도 보다 긴급한 관심사가 그 생각을 짓눌러누른다. 안전벨트나 사고의 위험이 무시되는 이유도 바로 여기에 있다.

억제는 결핍이 가져다주는 편익(집중배당금)의 이유인 동시에 결핍이 주는 비용의 이유이기도 하다. 잡생각을 억제하면 집중이 가능해진다. 앞서 살펴본 사례에서, 왜 사람들은 마감 기한의 압박 속에서 그토록 생산적이었을까? 잡생각으로 산만해지지 않았기 때문이다. 누군가가 보냈을 이메일이 머리에 떠오르지 않으며, 설령 떠오른다 하더라도 금방 사라진다. 목표 억제 덕에 사람은 덜 산만해진다. 해당 장章의 원고를 끝내야 한다는 기본적인 목표가 우리의 정신을 사로잡았다. 그 목표가 느슨함을 유발할 수 있는 이메일, 비디오 게임, 간식 등의 다른 모든 잡생각들을 억제했다. 하지만 그 목표는 우리가 당연히 관심을 기울여야 하는 것들, 예를 들면 운동을 하러 가는 것이나 중요한 전화를 하는 것까지도 억제했다.

우리가 무언가에 집중하고 터널링에 사로잡히며 또 관심을 기울이기도 하고 무시하기도 하는 이유는 하나다. 터널 속에서는 오로지 출구밖에 보이지 않기 때문이다. 어떤 마감 기한 아래에서 일을 할 때 운동을 한 번 빼먹는 것은 이치에 맞을 수도 있고 맞지 않을 수도 있다. 일의 마감 기한 때문에 운동을 빼먹겠다는 결정을 내릴 때 우리는 그 문제에 대해서 이런 식으로 생각하지 않는다. 혹은, 거기에 대해서 충분히 생각하지 않는다. 우리의 정신은 비용 편익 분석이라는 미묘한 문제에 사로잡히지 않는다. 우리를 사로잡는 것은 마감 기한이다. 터널 시야 안에 들어오는 고려 사항은 매우 세밀하고 조심스럽게 살피지만, 그 시야 바깥에 놓여 있는 것은 깡그리 무시한다.

비행 중인 여러 대의 항공기를 통제하는 관제사를 생각해 보자. 어떤 대형 여객기가 엔진에 고장이 발생했다고 보고할 때 이 관제사는 그 비행기가 당면한 바로 그 문제에 집중한다. 그리고 그 시각 동안에는 점심 계획은 물론이고 자기가 통제하던 다른 비행기들까지도 무시한다. 그래서 이들 비행기 중 하나가 항로를 이탈해서 위험 지역으로 들어간다 하더라도 전혀 인식하지 못할 수 있다.

우리는 앞서 앵그리 블루베리즈 실험에서 집중배당금에 대해서 살펴보았다. 그런데 심리 실험실 환경에서 우리는 터널링의 부정적인 결과도 확인할 수 있다. 만일 결핍으로 비롯된 무시가 비용 편익 계산과 전혀 상관이 없다면, 어떤 사람의 수입이 달린 매우 중요한 문제라 해도 결핍 때문에 그 문제를 무시하는 모습도 당연히 볼 수 있을 것이다. 과연 그런 일이 가능할까?

❘ 문제는 기회의 횟수가 아니다

이 사실을 확인하기 위해서 우리는 아누즈 샤와 함께 또 다른 연구를 진행했다. 이 연구와 관련된 실험에서 우리는 피실험자들에게 단순한 기억력 테스트 과제를 냈다.

　각각의 과제에는 네 개의 사물들이 포함되었는데, 예를 들면 다음과 같았다.

　피실험자들에게 이 그림들을 기억하도록 했고, 실험 진행자는 나중에 피실험자들에게 이 그림들을 재현하라고 요구했다. 이들 그림 속의 사물 하나를 제시한 뒤에 나머지 세 개를 기억하라고 요구한 것이었다.

　예를 들어서 아래 그림을 보여 준 뒤에 다음과 같이 요청했다.

다음 사물을 포함하는 그림을 재현하시오

다음 라운드로 넘어가려면 이곳을 클릭하시오.

Precision Graphics

    그러면 피실험자들은 기억에 의존해서 거미와 함께 묶여 있던 다른 사물인 인스턴트 식품과 트럭 그리고 기념비를 찾아내야 했다.[25] 이들은 정답을 맞히면 점수를 얻었고, 답을 떠올리기 위해 원하는 만큼 시간을 쓸 수 있었다. 여기에는 시간 결핍이라는 요소가 없었다. 그러나 추정 횟수의 결핍이 있었다. 이들이 추정할 수 있는 횟수의 한도가 정해져 있었던 것이다. 그리고 우리는 이전 실험에서와 마찬가지로 부자와 빈자(추정 부자와 추정 빈자)를 설정했다.

그리고 우리는 터널링의 비용을 측정하기 위해서 한 가지 요소를 추가했다. 피실험자들에게 과제 두 개를 한꺼번에 풀도록 한 것이다. 두 개의 그림을 제시한 다음에 이 두 그림을 재현하게 하고, 한 게임에서는 추정할 수 있는 횟수를 적게 줌으로써 피실험자들을 빈자로 만들었고 반대로 다른 한 게임에서는 부자로 만들었다. 그래서 각각의 피실험자들은 그림 하나를 재현할 때는 결핍을 경험했고 또 다른 그림 하나를 재현할 때는 결핍을 경험하지 않았다. 각 피실험자들의 점수는 두 게임에서 얻은 점수를 합해서 산출했다. 그리고 피실험자들에게 이 합산 점수를 최대한 높이도록 했다. 이런 상황은 어떤 사람에게 두 가지 과제가 주어졌는데 한 가지 과제는 내일까지 마쳐야 하고 또 하나의 과제는 다음 주까지 마쳐야 하는 상황이나 마찬가지이다. 만일 사람들이 터널링 상태에 빠진다면 이들이 하나의 그림에서 얻는 높은 성적은 다른 그림에서 기록하는 낮은 성적을 상쇄할 터였다.

집중배당금 원리에 맞게 사람들은 가난할 때 더욱 효과적으로 정답을 추정했다. 하지만 동시에 이들은 터널링에 빠졌다. 다른 그림을 무시한 것이다. 그런데 전체적으로 보면 이런 양상은 총점을 높이기에는 효율적이지 않았다. 터널링에 빠진 사람들은 자기가 무시한 그림에서 워낙 나쁜 점수를 받았다. 그 바람에, 이들이 거둔 총점은 두 그림 모두에서 빈자였던 피실험자 집단이 거둔 총점에 비해 낮았다. 보다 많은 추정 횟수를 가지고 있었음에도 불구하고 낮은 점수밖에 얻지 못했던 것이다.[26] 두 게임에 모두 추정 결핍이 있다는 설정은 피실험자가 어느 한 게임도 무시할 수 없다는 것을 의미한다. 이에 비해 한 게임에서 추정 기회가 넉넉할 때 피실험자는 기회가 부족하다고 느끼는 게임을 위해 기회가 많은 게임을 무시한다. 이른바 과집중 현상이 일어나는 것이다. 만일 부족한 게임으로 집중이 쏠린 것이 의도적인 선택의 결과였다면, 부유한 게임을 그렇게 극단적으로 무시하지는 않았을 것이다. 그들은 터널링의 비용과 편익을 의식적으로 계산하지 않은 게 분명했다. 그들은 그냥 터널링 상태에 빠진 것이었다. 그 바람에 그들이 얻은 총점은 낮을 수밖에 없었다.

우리는 이런 부정적인 결과를 '터널링 세금tunneling tax'이라고 부를 것이다. 그렇다면 이 세금이 집중배당금을 압도할지의 여부는 당연히 맥락에 따라서 그리고 또 보상에 따라서 달라질 것이다. 그러므로, 게임을 조금 바꾸면 배당금이 세금을 압도할 수도 있다. 즉, 우리가 진행했던 이 연구의 요지는 터널링의 비용이 언제나 집중의 편익을 압도한다는 사실을 입증하는 것이 아니었다. 오히려, 비용 편익 계산이 터널링을 유도하지 않음을 보여 주는 것이었다. 결핍은 우리의 정신을 자동으로 사로잡는다. 이런 일이 일어날 때, 우리는 철저하게 비용 편익을 계산해서 버릴 건 버리고 취할 건 취하는 절충적 교환 거래인 트레이드오프를 하지 않는다. 우리가 결핍을 통제하려는 터널링 상태에 빠진다면, 이에 따른 결과는 이득이 될 수도 있고 손해가 될 수도 있다.

눈덩이처럼 불어나는 터널링 세금

> 나는 속독 과정을 이수하고 〈전쟁과 평화〉를 20분 만에 읽었다.
> 거기에는 러시아 이야기도 나왔다.[27]
>
> — 우디 앨런

위에서 살펴본 사례들이 추상적이므로, 터널링 세금이 일상생활에서 어떻게 작동하는지 살펴보는 몇 가지 구체적이고 직관적인 일화로 이 장을 마무리하려고 한다. 이 일화들은 사람들이 어떻게 실수를 저지르는지를 반드시 입증하지는 않지만, 터널링 때문에 사람들이 특정한 고려 사항을 어떤 식으로 간과하는지를 충분히 보여 준다. 먼저 〈월스트리트저널〉이 돈을 절약하는 방법에 관해 독자에게 해 주는 충고를 살펴보자.

> 좋다, 그러니까 당신은 이번 추수감사절까지 10,000달러를 따로 모으고 싶다. 어떻게 하면 이게 가능할까? 아마 남에게 손가락질을 받을 정도로 짠돌이로 살아야 한다는 훈계는 수도 없이 많이 들었을 것이다. 게다가 당신은 라떼를 덜 마시고 보험료 지출을 줄이고 또 비싼 물건을 파는 가게 근처에는 얼씬도 하지 않는 등, 누가 봐도 확실한 절약을 이미 하고 있다.[28]

보험료 지출을 줄이는 게 좋은 생각일까? 빠듯한 돈으로 살아가는 사람으로서는 대답하기 어려운 질문이다. 물론 그렇다, 그렇게 하면 돈이 절약된다. 하지만 거기에는 비용이 뒤따른다. 당장은 절약을 할 수 있을지 모르지만 불의의 사고가 발생할 때 훨씬 많은 비용을 지불할 위험을 감수해야 한다. 보험료 지출과 관련된 합리적인 선택이라면 이런 것까지도 고려해야 한다. 그러나 터널 속에 갇히면 한 가지 고려 사항만 크게 보인다. 멀리서 환하게 비치는 출구, 다시 말해서 돈을 절약해야 한다는 필요성만 크게 보인다. 보험료 지출을 줄이는 것은 라떼를 줄이고 영화관에 덜 가는 것과 똑같이 돈을 절약해 준다. 하지만 터널 안에 있을 때만 그렇다. 터널 안에서는, 승용차가 갑자기 고장이 났을 경우 수리비를 마련할 방법 같은 다른 관심사는 전혀 눈에 들어오지 않는다.

이 경우 사람들은 보험금 지급 조건을 완화해 보험료를 줄이는 데 그치지 않고 아예 보험을 해약하기까지 한다. 가난한 국가의 연구자들은 가난한 농부들이 건강 보험에서부터 작물 보험에 이르는 많은 종류의 보험에 가입하게 하는 일이 매우 어렵다는 사실을 경험을 통해 알고 있다.[29] 예를 들어 강수 보험은 홍수가 났을 때나 가뭄이 들었을 때 발생할 수 있는 피해로부터 농부를 보호해 준다. 그러나 엄청나게 많은 보조금을 지급함에도 불구하고 대부분의 농부들은 (어떤 국가에서는 무려 90퍼센트 이상이)[30] 이 보험에 들지 않는다. 건강 보험도 마찬가지이다.[31] 왜 보험에 들지 않느냐고 물으면 가난한 사람들은 흔히 보험에 들 여유가 없다고 대답한다. 이건 정말 아이러니한 대답이다. 사실은 오히려 반대로 그 사람들에게는 보험에 들지 않아도 될 만큼의 여유가 있지 않으니까 말이다. 여기에서 보험은 터널링의 희생자이다. 이번 주에 음식 및 필수적인 소비에 지출할 돈을 마련하려고 필사적으로 애를 쓰는 농부에게 다음 해에 가뭄이 들 위협이나 병에 걸릴 위협은 먼 남의 일로 즉 추상적으로 비칠 수밖에 없다. 그러므로 이런 문제들은 시야 바깥으로 사라진다. 보험은 지금 당장 그 농부를 압박하는 여러 가지 필요 (예를 들면 식량, 집세, 학교 등록금) 가운데 어떤 것도 해결해 주지 않는다. 오히려 사정을 더욱 악화시킬 뿐이다. 그렇잖아도 부족한 돈을 보험료로 내고 나면 허리띠를 더욱 바싹 졸라매야 할 것이기 때문이다.

터널링은 다중 작업을 하겠다는 결정으로도 나타난다. 우리는 전화를 하면서 이메일을 확인하거나, 저녁을 먹으면서 휴대폰으로 이메일을 확인하고 답장을 보내기도 한다. 이렇게 하면 시간이 절약된다. 하지만 여기에도 비용이 뒤따른다. 전화를 하거나 저녁을 먹느라, 혹은 성실하지 못한 이메일 답장을 하느라 어떤 것을 놓칠 수 있다. 이런 대가는 특히 운전을 할 때는 치명적일 수 있다. 운전을 하면서 할 수 있는 여러 일 가운데 가장 먼저 떠오르는 것이 통화이다. 아닌 게 아니라 많은 연구자들이 운전 중에 통화를 하는 것은 음주 운전보다 더 위험하다고 지적해 왔다.[32] 그리고 또 운전 중에 샌드위치를 먹는 경우도 생각할 수 있다. 여러 연구 결과에 따르면 운전 중에 음식을 먹으면 커다란 위험에 직면할 수도 있다.[33] 하지만 이렇게 하는 사람은 매우 흔하다. 한 연구는 미국인 가운데 41퍼센트가 운전을 하면서 온전하게 한 끼 식사를 한 적이 있음을 밝혔다.[34] 운전을 하면서 식사를 하면 시간이 절약된다. 그러나 자동차 실내가 더러워질 수 있으며, 사고의 위험이 높아지는 것을 감수해야 한다. 또 사람은 긴장할 때보다 산만할 때 더 많은 칼로리를 소모하므로 과식할 수도 있다.[35] 터널링은 다중 작업을 촉진하는데, 이렇게 할 때 절약하는 시간은 눈에 훤히 보이지만 그런 행위와 관련된 위험성은 시야에서 사라져 보이지 않기 때문이다.

터널 시야에 사로잡힐 때 우리는 때로 다른 것들을 완전히 무시하기도 한다. 어떤 급한 일로 정신없이 바쁠 때 사람들은 가족과 함께 보내는 시간을 포기하거나 재정 상태를 확인하는 일을 게을리하거나 정기 검진을 미룬다. 정말 눈코 뜰 사이 없이 바쁠 때는 '아이들이 정말 나를 필요로 하는데, 나는 다음번에 정확하게 언제 시간을 낼 수 있을까?'라고 말하기보다는 '주말은 이번이 아니더라도 많으니까 아이들과 함께 보낼 시간은 얼마든지 낼 수 있어.'라고 말하기 쉽다. 터널 속에서는 환하게 보이는 출구 외에 다른 것들은 흐릿하게 보인다. 그리고 사람들은 이 보이지 않는 것들을 과소평가하는 경향이 있다.

기업도 결핍의 심리에 노출되어 있다. 예를 들어서 불경기를 맞으면 많은 기업이 마케팅 비용을 삭감한다. 하지만 몇몇 전문가들은 이것은 바람직한 결정이 아니라고 믿는다. 사실 이것은 터널링과 비슷한 양상을 띤다. 소기업을 상대로 컨설팅을 하는 한 컨설턴트는 이와 관련해 다음과 같이 썼다.

불경기를 맞으면 많은 소기업들이 마케팅 비용을 대폭 줄이거나 심지어 아예 한 푼도 배정하지 않는다. 그러나 불경기야말로 소기업들이 마케팅에 가장 적극적으로 나서야 할 시기이다. 소비자들 역시 어렵긴 마찬가지라서 기존의 구매 결정 방식을 바꾸려고 한다. 다른 기업이 당신 회사의 이름을 지워 버리도록 기다릴 게 아니라, 바로 이런 소비자들이 당신 회사의 제품이나 서비스를 찾아내 선택하도록 할 필요가 있다. 그러니 마케팅 활동을 중단하지 마라. 사실 여건만 된다면 마케팅 활동을 강화하는 게 옳다.[36]

불경기에는 마케팅 비용을 늘리는 게 옳다는 쪽으로 이 논쟁을 정리하려면 굉장히 많은 선험적 연구가 필요하다. 다만 우리가 여기에서 말할 수 있는 것은, 마케팅 활동이 제공하는 편익은 터널 속에서 (다시 말하면, 우리가 어떤 것에 깊이 사로잡힐 때) 우리의 시야 밖으로 사라지는 것들과 매우 비슷하다는 점이다. 마케팅은 보험과 같아서 터널링 상태에서는 비용만 크게 눈에 들어오고 편익은 시야에서 사라진다.

이런 많은 사례들 속에서 우리가 어리석다고 말하는 그 선택들이 과연 정말 나쁘다고 할 수 있을까, 하는 의문이 들 수도 있다. 예컨대 이런 식이다.

'운전 중에 식사를 함으로써 절약한 시간이, 그런 행위를 함으로써 증가하는 사고의 위험성에 비해서 가치가 떨어진다는 사실을 어떻게 안단 말인가?'

어떤 특정한 선택이 잘못된 것인지 어떤지 판단하기란 언제나 어려운 일이다. 마감 기한이 임박한 일에 집중하는 바람에 아이들을 소홀히 한다고 치자. 이게 과연 나쁜 선택일까? 여기에 과연 누가 명쾌한 대답을 할 수 있을까? 과제를 제대로 수행하지 못한 데 따른 결과, 아이들과 많은 시간을 보내지 못한 일이 아이들에게 미치는 영향, 그리고 심지어 당신이 인생에서 바라는 것 등에 따라서 대답은 달라진다. 그러므로 당사자가 아닌 외부 관찰자가 나서서 가치의 경중을 따져 가며 이 엉킨 실타래를 풀어 줄 필요가 있다. 하지만 터널링이 작동하는 방식을 공개하는 것만으로도, 즉 당연히 고려해야 할 몇몇 요소가 자주 무시되는 과정을 밝히는 것만으로도, 결핍의 사고방식은 (심지어 이 문제를 둘러싼 논쟁이 정리되지 않는다 하더라도) 이 문제에 실마리를 줄 수 있다.

예를 들어서 우리는 행동에서 개인의 선호選好를 유추할 때 조심스럽게 접근해야 한다는 사실을 배울 수 있다. 바쁘게 살아가는 어떤 사람을 보고서는, 그 사람이 자기 아이들을 무시하고 일에 쏟는 정성과 시간을 아이들에게는 쏟지 않는다고 결론을 내릴 수도 있다. 그러나 이런 결론은, 보험에 들지 않는 농부는 농작물이 홍수나 가뭄에 피해를 입을 가능성에 대해 신경 쓰지 않는다는 결론이 잘못된 것과 마찬가지로, 옳지 않은 것일 수 있다. 그 바쁜 사람은 터널링 상태에 놓여 있을 수 있다. 아이들과 함께 보내는 시간을 매우 소중하게 여기지만, 마감 시간에 쫓기느라 그 일 외의 다른 모든 것들이 그의 시야에 보이지 않도록 터널 바깥으로 밀려난 것일 수 있다. 이 사람은 나중에 인생을 돌아보면서 아이들과 보다 많은 시간을 함께 하지 못한 걸 후회하며 괴로워할 수도 있다. 이것은 진정한 고뇌로, 그는 어떤 사회적 규범에 단순히 순종하는 것이 아니다. 그의 괴로움은 터널링에 사로잡힌 사람이 나중에 얼마든지 겪을 수 있는 예측 가능한 고뇌이다. 일은 오늘 당장 끝내야 하지만 아이들은 내일도 그 자리에 있을 것이다, 하지만 과연 그럴까? 결핍의 순간 속에서 얼마나 많은 시간과 돈이 낭비되었는지 돌아보며 사람들은 낙담할 수밖에 없다. 임박한 결핍은 어마어마하게 커 보이고, 이것과 관련이 없는 다른 중요한 것들은 모두 무시당한다. 이런 일이 계속해서 반복되면, 그렇게 놓치고 지나간 것들은 차곡차곡 쌓인다. 하지만 이것을 관심 부족과 혼동해서는 안 된다. 당사자는 자신의 그런 행동을 후회하기 때문이다.[37]

우리는 결핍이 어떻게 주의를 사로잡는지 보여 주면서 이 장을 시작했다. 지금 우리는 이 원초적인 심리적 기제(메커니즘)가 훨씬 거대한 무언가임을 알 수 있다. 결핍은 우리가 사물을 바라보는 방식을 바꾸어 놓는다. 사람들이 당연하지 않은 선택을 하도록 만든다. 결핍은 편익을 생성한다. 그래서 결핍의 순간에 사람들은 보다 더 생산적이다. 그러나 결핍은 대가를 요구한다. 터널 시야와 같은 편협한 관점 때문에 사람들은 자기도 모르는 사이에 자기가 실제로 소중하게 여기는 것들까지도 무시하고 지워 버린다.

1부 결핍의 사고방식

2장

정신에 부과되는 세금

먼저, 집중의 각기 다른 결과를 보여 주는 결핍과 관련된 일화 세 개를 소개하겠다.

① 당신의 고객들 중 가장 큰 고객이 거래처를 다른 곳으로 옮기겠다고 통보했다. 당신은 그 회사의 회계 책임자를 설득해서 마지막으로 한 번만 더 얘기를 들어달라고 설득한다. 그러자 그 사람은 승낙을 하면서도 프레젠테이션 시각은 내일이어야 한다고 말한다. 그래서 당신은 약속을 모두 취소하거나 연기했다. 모든 시간을 오로지 그 프레젠

테이션 준비에 쏟아야 하기 때문이다. 그런데 절대 파기하거나 미룰 수 없는 약속이 하나 있다. 소프트볼 선수인 당신 딸이 오늘밤에 중요한 경기를 한다. 시장 배 결승전 경기이다. 그 경기를 보러 가지 말까 생각하긴 했지만, 결국에는 (매우 드문 일이긴 하지만) 착한 당신이 그렇지 않은 당신을 이긴다. 딸이 생각하는 그 경기의 중요성은 당신이 생각하는 프레젠테이션의 중요성에 결코 뒤지지 않는다. 당신은 딸을 자동차에 태우고 경기장으로 간다. 그런데 도중에 딸은 행운을 가져다주는 장식물을 집에 두고 왔음을 깨닫는다. 당신은 벌컥 화를 내며 딸을 한 차례 나무란 뒤 차를 돌려 집으로 향한다. 당신이 평정심을 찾았을 때는 이미 너무 늦었다. 그렇잖아도 경기 때문에 긴장해 있던 딸을 당신이 더욱 초조하고 불안하게 만들었다. 재미있어야 할 행사가 가족 사이에 긴장감만 팽팽하게 돌게 하는 일이 되고 말았다. 경기를 지켜보는 내내 당신은 즐겁지 않다. 생각은 자꾸만 프레젠테이션으로 달려간다. 지금 당장은 프레젠테이션 준비 작업을 할 수 없음에도 불구하고 도무지 딸이 하는 경기에 집중할 수 없다. 경기를 하던 딸이 이따금씩 당신을 바라보는데, 당신이 경기에 집중하지 못하고 딴생각을 한다는 사실을 딸도 알아차린다. 다행스럽게도 딸의 팀이 경기에 이기고, 승리의 환호성이 당신이 저지른 실수를 덮어 준다. 하지만 분명한 건, 당신이 이날 보인 행동 때문에 당신은 결코 '훌륭한 부모 명예의 전당'에 이름을 올리지 못할 것이라는 사실이다.

② 대학생인 존은 내일 시험을 치른다. 그의 부모는 자식들의 교육비

를 마련하려고 절약을 했지만 충분히 많은 돈을 모으지는 못했다. 등록금이 그렇게 많이 오를 줄은 꿈에도 생각하지 않았다. 존은 네 명 가운데 막내였고, 그가 대학교에 입학할 즈음에는 모아 놓았던 돈이 바닥을 드러낸 데다가 등록금은 훨씬 더 올랐다. 하지만 그는 더 좋은 그러나 학비가 더 비싼 대학교로 진학하겠다고 선택했다. 대학교에 투자하면 거기에 따른 충분한 보상이 뒤따른다고 생각했던 것이다. 그는 학자금 대출을 받았고 학교에서 제공하는 재정 지원을 받았으며 또 장학금도 받았다. 이렇게 하기는 여간 번거롭고 성가신 일이 아니었지만 결국 그는 해냈다. 이렇게 하길 정말 잘한 것 같다. 적어도 지금까지는 그렇다. 그런데 최근에 자동으로 경신되기로 되어 있던 두 건의 장학금이 갑자기 날아가 버렸다. 장학금을 주던 회사가 불경기에 타격을 받으면서 장학금의 규모를 줄였는데, 그 불똥이 존에게 날아온 것이다. 그렇다면 다음 학기 등록금을 어떻게 마련해야 하지? 등록금 납입 기한은 한 달도 남지 않았다. 은행이 추가로 학자금 대출을 해 줄까? 그렇게 대출을 해도 과연 나중에 감당할 수 있을까? 외삼촌이나 이모에게 돈을 빌릴 수는 있다. 하지만 아버지가 알면 무척 화를 낼 게 분명하다. 하지만 그렇다고 다른 방법이 있는 것도 아니다. 존은 도무지 공부에 집중할 수 없었다. 무엇을 어떻게 해야 할지만 계속 생각했다. 이 생각에 너무 골똘하게 잠겨 있던 나머지 그토록 참가하고 싶어했고 또 그에게 필요하던 스터디 모임을 깜빡 잊어버리고 그냥 넘겨 버렸다. 시험 준비를 하고 있을 때가 아니었지만 달리 선택의 여지도 없었다. 마침내 시험날이 다가왔고 존은 최대한 집중하려고 노력했다. 하지만 정신은 자꾸만 다른 데로 달려갔다. 그 바람에 쉬운 문제 몇 개를 놓쳐 버렸고, 그날이 끝나갈 무렵에는 그렇잖아도 복잡한 머리가 두 배로 더 복잡해졌다. 그는 등록금 문제로 머리를 썩일 뿐만 아니라 이제는 형편없이 나올 게 분명한 성적 때문에 미쳐 버릴 지경이다.

③ 어떤 패스트푸드 가게의 매니저가 가게 직원들에 대한 불만을 털어놓는다. (이 직원들은 저임금 노동자들이다.)

"이 사람들을 도무지 믿을 수가 없습니다."

직원들이 손님들에게 응대를 제대로 하지 못해서 이걸 지적하고 바로잡는 데 자기 시간이 몽땅 들어간다고 그는 불평한다. 그는 직원들에게 이렇게 말한다.

"고객 응대 요령은 간단합니다. 미소를 띠세요. 친근하게 대하세요. 고객이 말을 걸면 그냥 편하게 상대해 주세요. 진상 고객이라 하더라도 짜증을 내면 안 됩니다. 손님을 정중하게 대하는 게 당신들이 할 일입니다."

그리고, 이렇게 직원들을 가르칠 때 이외의 시간은 직원들이 저지른 부주의한 실수들을 처리하는 데 고스란히 다 들어간다고 그는 말한다.

"고객이 중간 사이즈 감자튀김을 주문할 때 '감자튀김'이라고 적혀 있는 버튼 하나를 누르는 게 그렇게 어려운 일입니까?"

도무지 믿을 수 없다는 표정으로 이 매니저는 묻는다. 그는 직원들에

1부 결핍의 사고방식

게 실망감을 느끼고 화가 나 있는 게 분명하다.

"어쩌면 직원들은 자기가 욕을 먹든 말든 전혀 신경을 쓰지 않는지도 모르죠. 어쩌면 이 나라 교육이 잘못되었는지도 모르고요. 아니면 어릴 때부터 그런 식으로 배우며 자랐는지도요."

이 일화들은 주의를 사로잡는 결핍의 제각기 다른 결과를 묘사하고 있다. 1장에서 우리는 터널링이 우리가 선택하는 절충적인 트레이드오프를 어떻게 왜곡하는지 (정확한 비용 편익 분석과 거리가 먼 선택을 하게 되는지) 살펴보았다. 지금 당장의 이득만 따지려고 노력하다 보니, 보험을 해약할 때 나중에 받을 수 있는 충격은 전혀 생각하지 않는다. 이에 비해 위에 소개한 일화들에서는, 지금 당장의 결핍과 전혀 관련이 없는 것에 집중하는 사람들의 모습을 볼 수 있다. 어떤 회사의 임원은 부모의 역할을 수행해야 하는 상황임에도 프레젠테이션 준비 걱정을 하느라 안절부절못한다. 어떤 대학생은 시험에 집중해야 하는데 등록금 문제로 골머리를 썩인다. 패스트푸드 가게의 저임금 노동자는 음식 서빙에 집중해야 하지만 적은 돈으로 가계부를 어떻게 꾸려 나갈지만 생각한다.

이 일화들은 다음과 같은 중심적인 가설을 생생하게 입증한다.

'결핍에 대한 집중은 비자발적이며, 또 이 집중이 우리의 주의를 사로잡는 탓에 다른 일에 집중하는 우리의 능력은 방해를 받는다.'

첫 번째 일화에서 회사 임원은 딸이 하는 경기에 집중하려고 하지만 결핍이 자꾸만 그의 마음을 잡아채서 흔들어 댄다. 심지어 결핍은 우리가 다른 일을 하려고 할 때조차도 우리를 터널 안에 가두고 놓아주지 않는다. 어떤 사회적 계급에 속한 사람의 결핍을 경험한다는 것은 이 사람이 사는 삶의 나머지 영역에서 주의력이 부족해지고 정신이 딴 데 팔려 있다는 것을 의미한다.

'정신이 딴 데 팔려 있다less mind'는 개념에 대해서는 심리학자들이 충실하게 연구했다. 비록 심리학에서 일반적으로 주의를 기울여서 연구할 때 이런 발상을 포착하기 위해서 여러 개의 정교한 특성을 채용하지만, 우리는 여기에서 그 모든 것을 아우르는 용어로 '대역폭 bandwidth'을 사용하기로 한다.[1] 대역폭은 우리가 가진 계산 능력, 즉 주의를 기울이고 좋은 판단을 내리며 앞서 세웠던 계획을 고수하고 유혹에 저항하는 능력의 척도이다. 대역폭은 지능과 시험 성적에서부터 충동 조절 및 다이어트 성공에 이르기까지 모든 것과 관련이 있다. 이번 장에서는 대담한 주장을 하고자 한다. 결핍은 우리를 끊임없이 터널 안으로 끌어들임으로써 우리의 대역폭에 세금을 매기는데, 결과적으로 보면 이 결핍은 우리의 가장 근본적인 역량이 발휘되는 걸 가로막는다.

▌여긴 좀 시끄럽군

기찻길 옆에 있는 한 사무실에 앉아 있다고 상상하자. 기차는 한 시간에 몇 번이나 요란한 소음을 내며 지나간다. 하지만 이 소음은 대화하는 사람의 말을 집어삼킬 정도로 크지 않다. 아닌 게 아니라 기차가 지나가는 소음은 대화가 방해를 받을 정도로 크지는 않다. 그런데 대화는 당연히 방해를 받는다. 당신이 집중을 하려고 노력을 할 때마다 덜컹거리는 소음은 현재 하고 있는 일에서 당신을 멀리 떼어놓는다. 이런 방해의 순간은 길지 않지만 방해의 효과는 매우 오래간다. 집중을 하고 생각을 모으려면 시간이 필요하다. 그런데 문제가 있다. 이제 막 생각을 모으고 집중했는데 다시 또 기차가 덜커덩거리는 소음을 내고 지나간다.

코네티컷의 뉴헤이븐에 있는 한 초등학교가 바로 이렇다.[2] 이 학교 옆으로 기찻길이 나 있기 때문이다. 이런 소음이 학업 성적에 미치는 충격을 측정하기 위해서 연구자 두 명이 나섰다. 그런데 이 학교 건물의 한쪽 면만 기찻길 쪽을 향하고 있어서 그쪽에 있는 교실을 사용하는 학생들만 그 기차 소음에 노출되어 있었다. 그 학생들은 이 조건 외에는 다른 학생들과 특별히 다른 점이 없었다. 연구자들은 이 두 집단을 대상으로 학습 수준을 검사했는데, 이들 사이에 뚜렷한 차이가 드러났다. 기찻길 옆에 있는 교실에서 공부하는 6학년 학생들이 조용한 쪽 교실에 있는 다른 6학년 학생들에 비해 학습 수준이 무려 1년이나 뒤처진 것으로 드러난 것이다. 더 놀라운 증거는 이 연구 결과에 자극을 받아 시 당국이 방음벽을 설치한 뒤에 나타났다. 이렇게 하자 소음이 심한 쪽과 그렇지 않은 쪽의 학습 수준 차이가 나타나지 않은 것이다. 뒤이어 나타난 여러 연구들도 소음이 집중과 성적에 부정적인 영향을 미칠 수 있음을 확인했다. 당신은 어쩌면 소음이 그런 충격을 줄 것이라고 예상했을지 모른다. 하지만 같은 학년임에도 불구하고 학습 수준이 일 년씩이나 차이가 날 정도로 충격의 크기가 어마어마할 줄은 미처 몰랐을 것이다. 사실 이런 결과는 아주 사소한 산만함이 빚어내는 강력한 영향을 입증해 온 수많은 심리 실험실의 연구 결과들과 정확하게 일치한다.[3]

자, 그럼 이런 상상을 해 보자. 당신은 쾌적하고 조용한 사무실에서 일을 한다. 기차 지나가는 소리도 들리지 않고, 산만함을 유발하는 요소도 없다. 하지만 대신 당신은 주택을 담보로 해서 받은 대출금의 상환으로 골머리를 앓고 있으며, 또한 프리랜서로서의 삶이 너무 힘들다는 사실이 요즘 들어 특히 괴롭다. 당신 부부는 1.25명분의 돈밖에 못 벌지만 2명이 돈을 버는 것처럼 생활하고 있다. 당신은 자리에 앉아서 일에 집중하려고 한다. 그런데 곧 잡생각이 끼어든다.

'세컨드 카를 처분해야 하나? 새로 또 대출을 해야 하나?'

갑자기, 조용하던 사무실이 시끄러워지기 시작한다. 이 잡생각들이 빚어내는 소음은 무시할 수 없을 정도로 크다. 이 잡생각들은 누가 부르지도 않았음에도 불구하고 기차보다 더 자주 출몰한다. 그리고 이 잡생각의 기차는 당신을 강제로 붙잡아 태운다. 세컨드 카를 처분해야 하나 하는 생각은 또 다른 생각으로 이어진다.

'그렇게 하면 여유가 생기겠지. 하지만 그러면 다니기가 무척 불편해질 텐데⋯⋯. 내가 최대한 열심히 일을 하려면 그만큼 나 혼자 차를 몰고 많이 다녀야 하는데⋯⋯. 현재 우리 부부가 가지고 있는 안정적인 일자리를 위험하게 만들고 싶지 않은데⋯⋯.'

당신은 한동안 이 잡생각의 기차를 타고 돌아다니다가, 다시 문득 정신을 차리고 일에 집중하려 한다. 이처럼 이 사무실은 조용한 것 같지만 사실 온갖 혼란스러운 것들이 도처에 널려 있다.

바로 이것이 결핍이 대역폭에 세금을 매기는 방식이다. 우리의 정신을 차지하고 우리를 산만하게 하는 것들은 굳이 바깥에서 들어오지 않는다. 흔히 사람들은 이런 것들을 스스로 만들어 낸다. 그리고 이렇게 해서 생겨난 산만함은 현실 속의 기차보다 더 강력하게 주의를 사로잡을 수 있다. 이 잡생각의 기차는 개인적인 상념을 싣고 우르르 쾅쾅 소리를 내며 요란하게 달려간다. 대출금과 관련된 잡생각은 머릿속에서 떠나지 않고 계속 어슬렁거린다. 그게 지금 당장은 당신에게 문제가 되기 때문이다. 이것은 한 번 지나가고 마는 성가신 문제가 아니고 지속적이고 강력한 개인적 근심거리다. 정확하게 말하면, 우리를 터널 안으로 끌고 들어가기 때문에 그것은 산만함을 유도하는 잡생각이다. 지속적인 근심거리는 우리의 정신을 잡아당기고 우리를 빨아들인다. 외부의 소음이 사람들로 하여금 명쾌하게 생각하지 못하도록 산만함을 조장하듯, 결핍도 사람들의 내면에 그런 혼란을 생성한다.

'내면의 혼란internal disruption'이라는 발상은 인지 과학 및 신경 과학에서는 상식이다. 내면의 생각이 (심지어 머릿속으로 일련의 숫자를 외우는 것조차도) 전반적인 인지 기능에 미치는 심대한 영향을 입증한 논문이 굉장히 많다. 기능성자기공명영상fMRI 증거로 우리는 뇌가 집중하는 방식과 뇌가 산만해지는 방식에 대해서 알게 되었다. 이 가운데 특히 '위에서 아래로' 처리 과정과 '아래에서 위로' 처리 과정에서 뚜렷한 차이를 찾아볼 수 있다. 전자는 정신이 우리의 의식적인 선택에 따르는 경우이고, 후자는 우리가 통제하기 어려운 여러 가지 방식으로 주의력이 하나의 자극 혹은 다른 자극에 사로잡히는 경우이다. 우리는 음식과 관련된 단어들이 배고픈 사람의 주의를 사로잡았던 서문의 사례에서 이미 후자의 경우를 보았다. 빠른 움직임 혹은 어떤 소리가 당신이 하는 일에 쏟고 있던 주의력을 단번에 사로잡을 때의 느낌이 어떤지는 당신도 잘 알 것이다. 외부적인 요인을 전혀 필요로 하지 않는, 특별히 언급할 가치가 있는 산만함의 형태가 바로 몽상mind wandering이다. 뇌의 휴지 상태resting state는 우리가 전혀 깨닫지 못하는 상태에서 우리를 현재 하고 있는 일에서 떼어 내는 경향이 있다. 몽상은 명칭 그대로 의식적인 외부 요소의 투입 없이 일어나며, 우리의 정신은 '꿈속을 헤맨다'. 이런 경우 때로 우리는 뇌의 활동에 어떤 지시를 내릴 수 있기도 하지만, 대부분의 경우 우리는 그런 통제력을 상실한다. 기찻길 옆에 있던 교실에서 공부하던 학생들의 경우도 그렇다. 아래에서 위로 올라오는 여러 산만한 요인들에 맞서 학습에 집중하는 상태를 유지하는 능력 역시 뇌가 얼마나 많은 일을 하느냐, 다시 말해서 뇌가 얼마나 많은 부하를 감당하고 있느냐에 따라 좌우된다. 여러 행동 연구 및 신경 촬영 연구들은 잡생각과 관련된 뇌 활동에 따른 산만함은, 뇌의 부하가 높을 때 증가한다는 사실을 입증했다.[4] 위에서 아래로 향하는 주의력은 아래에서 위로 향하는 침입과 방해를 막을 수 없다. 어떤 사람이 파티가 벌어지는 넓은 공간

1부 결핍의 사고방식

의 저 먼 곳에서 당신을 부르면, 아무리 열심히 다른 것에 집중하려고 하더라도 당신의 주의력은 흐트러질 수밖에 없다.

결핍은 또한 아래에서 위로 향하는 과정을 통해서 주의를 사로잡기도 한다. 본인도 알지 못하는 사이에, 즉 의식적인 제어를 초월해서 주의를 사로잡는다는 말이다. 그 결과 결핍은 (기차가 지나가는 소리 등의 갑작스러운 소음과 마찬가지로) 우리가 어떤 것에 집중하려고 할 때조차도 우리를 그 일에서 떼어 낸다.

초기의 어떤 연구가 피실험자들에게 모니터에 붉은 점이 보이면 버튼을 누르라는 매우 단순한 과제를 제시함으로써 이 사실을 입증했다.[5] 연구자들은 그 점이 나타나기 직전, 가끔 어떤 그림이 모니터에 나타났다 사라지도록 설정했다. 다이어트를 하지 않는 사람들에게 이 그림은 붉은 점이 나타났다 사라지는 걸 인식하는 데 아무런 영향도 주지 않았다. 하지만 다이어터들에게는 흥미로운 일이 일어났다. 붉은 점이 나타나기 전에 음식 사진이 나타났다가 사라지면 붉은 점을 발견하지 못하는 일이 자주 일어난 것이다. 예를 들어 케이크 사진이 나타났다 사라지면 다이어터가 그 사진 직후에 나타나는 붉은 점을 포착할 확률이 줄어들었다. 케이크가 그 붉은 점을 지워버리기라도 한 것 같았다. 그런데 이런 현상은 음식과 관련된 사진들에서만 나타났다. 물론 다이어터들의 시력은 물리적으로 아무런 문제가 없었다. 정신적으로만 장애를 보인 것이다. 심리학자들은 이것을 '주의력 상실attentional blink'이라고 부른다. 음식 사진은 이미 지나가고 없지만 사람들을 정신적으로 보이지 않게 만들었다. 그 점이 나타났을 때 그 사람들의 마음은 다른 곳에 가 있었기에 여전히 그 음식을 생각하고 있었다. 이 모든 것은 지극히 짧은 순간에 일어나므로 의식적으로 통제할 수 없다. 인식조차 할 수 없을 만큼 빠르게 일어나는 현상이다. 이 연구서의 제목인 '나는 케이크밖에 못 봤다'는 이 연구 내용을 가장 잘 드러낸다.

주의력 상실은 짧은 순간에 일어난다. 하지만 우리는 결핍이 유도하는 산만함이 상당히 오래 지속된다고 추정했다. 이런 사실을 시험하기 위해서 우리는 심리학자 크리스 브라이언Chris Bryan과 함께 한 가지 실험을 진행했는데, 이 실험에서 우리는 피실험자들에게 단어 찾기 게임을 제시했다.[6]

D	N	O	V	I	G	Z	**STREET**
I	T	J	M	S	F	U	TREE
Q	L	E	W	O	X	N	PICTURE
							CLOUD
K	W	C	E	P	B	X	CARPET
							LAMP
H	R	E	B	R	X	J	DAYTIME
							RAIN
W	P	D	S	W	T	A	VACUUM
N	U	X	K	R	Z	S	DOOR

피실험자들은 강조된 단어(여기에서는 'STREET')를 찾았다. 그리고 이 단어를 찾아서 클릭하면, 새롭게 나타난 그리드에서 다음 단어를 찾았다. 그런데 우리는 두 번째 피실험자 집단에는 동일한 과제를 제

1부 결핍의 사고방식

시하되 조금 다른 단어를 주었다. 예를 들면 다음과 같았다.

O	Q	M	V	T	W	A
J	O	R	G	T	M	G
R	M	X	H	T	D	K
N	A	R	E	E	E	C
T	O	E	K	F	P	Z
Q	X	G	T	P	I	V
J	C	A	K	E	Q	P

CAKE
TREE
DONUT
CLOUD
SWEETS
LAMP
INDULGE
RAIN
DESSERT
DOOR

짝수 번째 단어들은 두 집단에 똑같이 들어갔다. 반면 홀수 번째 단어들은 첫 번째 집단에서는 중립적이었지만 두 번째 집단에서는 유혹적인 것으로 바뀌었다. 즉 'STREET(거리)'가 'CAKE(케이크)'가 되고 'PICTURE(그림)'가 'DONUT(도넛)'이 되는 식이었다. 이렇게 한 다음에 우리는 두 집단의 피실험자들이 공통으로 가지고 있던 짝수 번째의 중립적인 단어들을 찾아내는 데 시간이 얼마나 걸리는지 살펴보았다.

대부분의 피실험자들은 홀수 단어들의 변화에 아무런 영향도 받지 않았다. 하지만 다이어터들은 그렇지 않았다. 이들이 3번째 단어인 'DONUT'을 찾은 직후에 4번째 단어인 'CLOUD(구름)'를 찾기까지 걸린 시간은 다른 사람들에 비해서 30퍼센트나 더 길었다. 그렇다고 해서 다이어터들이 전체적으로 속도가 느린 것은 아니었다.

'PICTURE'를 찾은 직후에 'CLOUD'를 찾는 데 걸린 시간은 다이어트를 하지 않는 사람과 같았다.[7] 그러니까 이 단어 찾기 게임에서 다이어터들에게 무슨 일이 일어났는지는 분명하다. 이것은 심리학자들이 말하는 '순행 간섭proactive interference'(역주-과거에 습득한 정보가 새로운 정보의 습득이나 기억을 방해하는 현상)의 일종이다. 도넛에 대한 언급으로 인해 다이어터인 피실험자의 정신에서 도넛이 가장 높은 자리에 오른 것이다. 다이어트를 하지 않는 사람은 이 단어를 탐색해서 찾아낸 다음에 다음 문제로 넘어가지만, 다이어터들은 이 단어를 찾아낸 뒤 곧바로 다음 문제로 넘어가지 못한다. 심지어 다음 단어인 'CLOUD'를 찾는 동안에 도넛은 (기차의 소음이 그랬듯이) 여전히 거기에 머물면서 주의를 끈다. 마음이 콩밭에 가 있으니 'CLOUD'를 찾기가 어려운 건 당연하다.

장담컨대 당신도 이와 비슷한 경험을 했을 것이다. 음식과 관련된 것이 아니면 시간과 관련된 것일 수 있다. 당신이 마감 기한이 빡빡한 어떤 일을 맡아서 하고 있는데 이 일과 전혀 관련이 없는 어떤 회의에 참석해야 한다고 하자. 이 회의 시간 가운데 당신은 얼마나 많은 시간 동안 회의에 몰입할까? 집중을 하려고 애를 쓰겠지만 아무리 노력을 한다 하더라도 당신의 정신은 당신이 맡고 있는 일의 마감에 가 있다. 몸은 회의실에 있지만 마음은 다른 데 가 있다. 다이어터들에게 도넛이라는 단어가 그랬듯이 마감 기한이 당신을 그 회의실에서 자꾸만 끌어낸다.

또 이런 상상을 해 보자. 당신은 지금 노트북으로 웹 서핑을 하고

1부 결핍의 사고방식

있다. 노트북의 성능이 워낙 좋아서 웹 페이지 전환이 매우 빠르게 이루어진다. 그런데 지금 이 노트북에서는 여러 가지 프로그램들이 많이 돌아가고 있다. 음악도 듣고 파일 내려받기를 하고 있으며 창도 여러 개 열려 있다. 그런데 갑자기 서핑 속도가 느려진다. 서핑을 하는 게 아니라 아예 기고 있다. 이는 여러 가지 프로그램들이 프로세서의 처리 시간을 잡아먹고 있기 때문이다. 브라우저까지도 연산 능력 부족으로 버벅거린다.

결핍도 사람의 정신적 프로세서에 비슷한 짓을 한다. 다른 처리 사항들을 정신에 끊임없이 짐 지우면 정신은 긴급한 과제를 수행할 여유가 적어진다. 이로써 우리는 이 장의 중심적인 가설인 '결핍은 대역폭을 직접적으로 축소한다.'에 도달했다. 개인이 처음부터 타고난 능력(용량)이 중요한 게 아니라 현재 사용할 수 있는 능력(용량)이 얼마인지가 중요하다.

이 가설을 검증하기 위해서는 대역폭이라는 개념을 보다 엄밀하게 다듬을 필요가 있다. 우리는 이 용어를, 의미가 더 풍부하고 주의 깊게 연구된 심리학적 구조들을 대신하는 일종의 대체물로 사용하고 있다. 그래서 사실 우리는 위험한 줄타기를 하는 셈이다. 심리학자로서 우리는 그 다양한 구조와 이 구조들 각각에 대응하는 뇌 기능들 사이에 존재하는 (기능적인 혹은 그 외의) 차이점을 고려해야 한다. 그런데 대역폭은 포괄적인 용어로 그 차이점들의 경계를 지워 버린다. 하지만 동시에 결핍의 효과에 관심을 가진 사회학자로서 우리는 그 세밀한 차이점들을 그냥 내버려두고자 한다. 민주주의나 원자 구성 입자라는 단어가 품은 세세한 차이를 따지지 않고, 그냥 그렇게만 말하고 넘어가는 것과 비슷하다고 보면 된다. 타협한다는 뜻에서 우리는 이 뒤로도 계속, 지금부터 더욱 자세히 설명할 정신 기능의 서로 연관된 두 가지 광범위한 요소를 지칭할 때 대역폭이라는 두루뭉술한 용어를 사용할 것이다.

두 요소 가운데 하나는 인지 능력cognitive capacity이다. 이것은 문제 해결, 정보 보존, 논리적 추론 능력의 바탕이 되는 심리적 기제이다. 이 범주에서 가장 유명한 것이 추상적으로 추론하고 생각하며 어떤 특정한 학습이나 경험과 무관하게 문제를 해결하는 능력인 유동성 지능이 아닐까 싶다. 그리고 또 하나가 실행 제어executive control이다. 이것은 계획, 주의 집중, 행동 유도나 억제, 그리고 충동 제어 등을 포함한 인지 활동 전반을 제어하는 기능의 바탕이 된다. 컴퓨터의 중앙 처리 장치와 매우 흡사하게 실행 제어는 사람이 자기 능력을 제대로 발휘할 수 있도록 하는 데 필수적인 요소이다.[8] 어떤 것에 집중하고, 주의력을 다른 데로 분산하고, 어떤 것을 기억으로 보존하고, 여러 개의 작업을 동시에 하고, 스스로를 관찰하는 능력을 모두 이것이 결정한다. 인지 능력과 실행 제어 기능은 둘 다 보기에 따라서 여러 가지로 다르게 보이며 미묘한 의미의 차이를 많이 내포한다. 그리고 결핍이 이 둘 모두에 영향을 미친다.

| 대역폭의 첫 번째 요소: 인지 능력

인지 능력의 핵심적인 특성은 유동성 지능이다. 결핍이 사람의 인지 능력에 미치는 영향력을 시험하기 위해서 우리는 가장 널리 알려져 있으며 또한 보편적으로 인정되는 유동성 지능 측정 도구인 레이븐 누진행렬검사RPM를 사용한다.⁹ 이것은 영국의 심리학자 존 레이븐 John Raven이 1930년대에 만든 검사법이다. 예시로 전형적인 레이븐 검사법과 비슷한 다음 그림을 보자. 자, 여기에서 빈칸에 들어갈 것으로 가장 적절한 것은 여덟 개의 예시 가운데 어느 것일까?

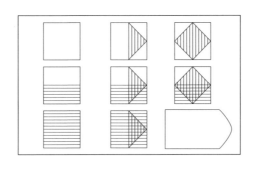

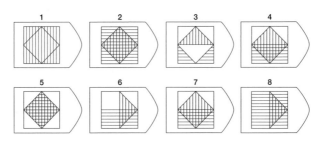

이런 문제는 당신도 어린 시절 학교에서 풀어 봤을 것이다. 지능 지수IQ 검사에서 흔히 나오는 문제이다.[10] 지능 지수 검사가 복잡하고 잡다하긴 하지만 대부분의 사람들은 레이븐 검사법이 가장 중요하고 또 신빙성이 있다고 인정한다. 이 검사법은 세계 각지에서 일어나는 사건들과 관련된 지식을 묻지도 않고 또 정규 교육 이수 여부도 따지지 않는다. 심리학자, 교육자, 군대 및 그 밖의 다양한 분야의 책임자가 배경 지식과 상관없이 논리적으로 생각하고 특이한 문제를 분석하고 해결하는 능력인 유동성 지능을 측정할 때 가장 보편적으로 사용되는 방식이다. 어떤 엔진이 작동하지 않을 때 이 문제를 기계적으로 추론해서 해결책을 찾으려면 기계 공학에 대한 지식과 추론 기술을 동시에 가지고 있어야 한다. 그런데 레이븐 검사법에서는 특정 분야의 전문성이 전혀 필요 없다. 인도에 사는 농부라도 상관없다. 기계적인 추론 능력만 있으면 된다. 바로 이런 점 때문에 이 검사법은 일반적인 지능을 측정하는 데 문화권을 초월하여 유용하게 사용되어 왔다. 하지만 그럼에도 불구하고 회의적인 시각은 있다. 이런 문제 및 검사 방식에 익숙한 사람이 그렇지 않은 사람에 비해서 높은 점수를 받을 수 있음이 분명하기 때문이다.[11] 기하학 과정을 배운 사람들이라면 이런 문제를 확실히 더 잘 풀 수 있다. 사실 학교 교육을 받은 어린이는 같은 나이라도 학교 교육을 덜 받은 어린이에 비해서 성적이 높게 나오는 것으로 알려져 있다. IQ가 진정으로 측정하는 것이 무엇인지를 두고 벌어지는 논박은 심지어 유동성 지능으로까지 이어진다. 다행히도 이런 논박은 우리가 다루는 주제와는 상관이 없다. 우리는 개인과 개인 사이, 그리고 문화권과 문화권 사이의 유동성 지능 수치를 비교할 생각은 없다. 우리는 결핍이 같은 사람의 인지 능력에 어떻게 영향을 끼치는가 하는 문제에 관심이 있을 뿐이다. 어떤 사람의 '능력capacity'이 그토록 쉽게 영향을 받을 수 있다는 사실 자체가 놀랍고 이상할 수 있다. 하지만 바로 이 점이 핵심이다. 우리는 인지 능력이 고정된 무언가라고 생각해 왔다. 하지만 이것은 환경에 따라서 얼마든지 변한다.

결핍이 유동성 지능에 미치는 영향을 살펴보기 위해서 우리는 대학원생인 지아잉 자오Jiaying Zhao와 함께 몇 가지 연구를 진행했다. 이 연구에서 우리는 뉴저지의 어떤 쇼핑몰에 있는 사람들을 대상으로 RPM을 실시했다.[12] 그런데 우리는 이 검사를 실시하기 전에 피실험자들 절반에게 다음과 같은 간단한 가상의 시나리오를 제시했다.

이런 상상을 하십시오. 당신의 승용차 어느 한 부분이 고장 났습니다. 고치려면 300달러가 들어갑니다. 이 경우에 보험사에서는 비용의 절반을 부담할 것입니다. 이런 상황에서 당신은 당장 가서 이 승용차를 고칠 것인지 아니면 앞으로 한동안은 별 문제 없을 것이라 기대하고 그냥 탈 것인지 결정해야 합니다. 이런 결정을 내려야 한다면 당신은 어떻게 하겠습니까? 경제적인 면에서 당신은 이 문제에 어떤 판단을 내리기 쉽습니까, 아니면 어렵습니까?

그런 다음에 곧바로 일련의 RPM 문제를 제시했다. 우리는 피실험자들이 제출한 가계 소득 자료를 바탕으로, 중앙값을 기준으로 하여 피실험자들을 부자 집단과 빈자 집단으로 나누었다. 물론 어느 정도의 오차는 있을 수 있었지만 이 표본에서 우리가 찾아낼 수 있을 정도로 큰 오차는 아니었다. 부자들과 빈자들 모두 동일하게 똑똑해 보였다.

그러나 나머지 절반의 피실험자들에 대해서는 실험을 똑같이 진행하면서도 상황을 살짝 틀었다. 이 사람들에게는 먼젓번 피실험자들에게 했던 질문을 조금 바꾸어서 다음과 같이 질문했던 것이다. (질문이 달라진 부분은 굵은 글자로 표시했다.)

이런 상상을 하십시오. 당신의 승용차 어느 한 부분이 고장 났습니다. 고치려면 **거금 3,000달러**가 들어갑니다. 이 경우에 보험사에서는 비용의 절반을 부담할 것입니다. 이런 상황에서 당신은 당장 가서 이 승용차를 고칠 것인지 아니면 앞으로 한동안은 별 문제 없을 것이라 기대하고 그냥 탈 것인지 결정해야 합니다. 이런 결정을 내려야 한다면 당신은 어떻게 하겠습니까? 경제적인 면에서 당신은 이 문제에 어떤 판단을 내리기 쉽습니까, 아니면 어렵습니까?

'300달러'가 '거금 3,000달러'로 바뀐 것밖에 없다. 그런데 놀랍게도 이 변화가 두 집단에 상당한 차이를 일으켰다. 300달러든 3,000달러든 간에 금액의 절반만 부담하는 일은 부자에게 어렵지 않았다. 저축해 놓은 돈을 인출해서 쓰거나 신용 카드로 결제하면 되었다. 빈자들로서도 중요한 사용처에 쓸 돈 150달러를 구하는 일은 어렵지 않았다. 결핍에 대해서 그다지 생각하지 않아도 될 정도의 금액이었던 것이다.

하지만 3,000달러라는 수리비는 이야기가 달랐다. 1,500달러를 구하는 일은 소득이 적은 사람들에게는 큰일이었다. 2011년의 한 연구 결과를 보면 미국인의 절반 가까이는 2,000달러가 매우 절박하게 필요하다고 하더라도 한 달 안에 이 돈을 구할 수 없다고 했다.[13] 물론 우리가 피실험자들에게 제시한 상황은 가상의 상황이었다. 하지만 그 상황은 매우 현실적이었고, 따라서 사람들은 각자 경제적인 문제와 관련해서 걱정을 했을 게 분명하다. 물론 그 사람들은 승용차가 고장 나는 일을 당하지 않았지만 돈이 부족한 상황을 경험함으로써 돈과 관련된 문제를 정신의 맨 위에 놓았을 것이다. 우리가 그런 문제를 툭 건드림으로써 가상이 아니라 실제 현실에서 결핍을 경험하게 되었을 것이라는 말이다.

'1,500달러를 구하는 일은 쉽지 않을 텐데…… 신용 카드도 한도가 이미 꽉 찼고…… 카드사에 최소한도로 지불해야 하는 금액도 이미 적지 않고…… 이번 달에는 또 그 돈을 어떻게 마련해야 하지? 그런데 추가로 또 돈을 지출할 여유가 있을까? 페이데이론(역주-월급날에 대출금을 갚는 조건으로 돈을 빌리는 고금리 단기 대출 상품) 서비스를 받아야 하나?'

아주 사소한 일이 뇌에 커다란 소동을 일으킬 수 있다.

그리고 이 소동은 사람들이 거둔 점수에 영향을 미쳤다. 그런 소동을 전혀 경험하지 않았을 부자들은 300달러 상황과 다를 바 없는 점수를 얻었다. 하지만 빈자들은 상당히 낮은 점수를 얻었다. 아주 사소한 결핍 하나로 이 사람들이 갑자기 덜 똑똑해져 버린 것이다. 결핍에 사로잡힘으로써 유동성 지능 점수가 뚝 떨어지고 말았다.

우리는 이 실험을 여러 번 실시했다. 하지만 그때마다 결과는 같았다. 이것은 3,000달러라는 돈이 수학적으로 더 버겁다는 차원의 문제가 아니다. 돈과 아무런 관련이 없는 문제를 냈을 때는 적은 숫자와 큰 숫자가 아무런 차이도 유발하지 않았다. 결핍의 효과는 (돈에 쪼들리는 사람들에게) 기본적으로 곤란한 문제일 수밖에 없는 돈 문제에 한해서 발생했다. 그것은 또한 동기 부여 부족의 결과이기도 하다. 이 실험을 변용한 어떤 실험에서는 RPM 테스트에서 정답을 맞힐 때마다 정답 하나당 얼마씩의 돈을 계산해서 피실험자들에게 지불하기도 했다. 얼핏 생각하면 소득이 적은 사람들이 높은 점수를 딸 수 있도록 자극하는 훌륭한 동기 부여 방식이다. 그 사람들에게는 어쨌거나 돈이 중요할 테니까 말이다. 하지만 이렇게 해도 그 사람들이 기록하는 성적은 조금도 높아지지 않았다. 오히려 전보다 조금 떨어졌다. 실험에 참가한 뒤에 더 많은 돈을 챙겨서 나갈 수도 있었던 저소득층의 피실험자들은, 3,000달러의 수리비라는 더 힘든 가상 시나리오를 놓고 이런저런 생각을 한 뒤에 결국은 더 적은 돈밖에 챙기지 못했던 것이다. 이것은 경제적으로 보다 여유가 있는 사람들에게서는 나타나지 않은 영향이었다.

모든 변용 실험에서 그 효과는 동일하게 컸다.[14] 이 효과가 얼마나 큰지 이해하기 위해 수면에 관한 어느 연구를 살펴보도록 하자.[15] 이 연구에서 한 집단의 피실험자들은 밤에 정상적으로 잠을 자게 했고, 또 다른 집단의 피실험자들은 밤에 억지로 깨어 있게 만들었다. 밤을 꼬박 새운 사람들은 지치고 초췌했다. 당신도 밤에 잠을 한숨도 자지 않았다면 다음날 아침에 얼마나 피곤하겠는가. 그리고 이 두 집단을 대상으로 해서 RPM 테스트를 실시했다. 예상대로 잠을 제대로 자지 못한 사람들이 기록한 성적은 매우 저조했다.

자, 그렇다면 이 수면 부족의 경우와 앞서 살펴보았던 3,000달러 수리비의 압박을 받는 경우 중 어느 쪽이 결핍의 효과가 클까? 후자 쪽이 훨씬 컸다. 하룻밤을 꼬박 새운 뒤에 당신은 스스로가 얼마나 똑똑하고 예리하다고 느끼는가? 우리가 했던 연구는 가난한 사람들에게 돈과 관련된 걱정을 하게 하는 것만으로도 하룻밤을 꼬박 지새운 상태보다 더 심각한 인지 능력의 상실을 유발할 수 있음을 밝혀냈다.

우리가 발견한 사실의 규모를 이해할 수 있는 또 다른 방법이 있다. 레이븐 검사법은 유동성 지능을 측정하는 데 사용되므로 이것은 지능 지수와 직접적인 유사성을 가진다. IQ를 대상으로 한 전형적인 연구들은 사람들의 IQ 점수 분포가 평균이 100이고 표준편차가 15인 정규분포 형태를 띨 것이라고 상정한다. (표준편차는 분포가 평균을 중심으로 얼마나 분산되어 있는지 나타내는 측정치이다. 정규분포에서는 전체의 약 70퍼센트가 평균의 표준편차 1 범위 안에 들어간다.) 그리고 여기에서, 어떤 간섭이 발휘하는 효과가 표준편차와 비교할 때 얼마나 되는지 살핌으로써 그 간섭이 미치는 충격을 계산해서 조정할 수 있다. 예를 들어서 어떤 간섭이 어떤 표준편차의 3분의 1에 해당하는 효과를 발휘한다면, 그 효과는 IQ 점수 약 5점에 해당한다.[16]

이렇게 보자면 우리의 효과는 IQ 점수 약 13점에서 14점 사이가 된다. 그런데 통상적인 분류 기준으로 볼 때 IQ 점수 13점은 '평균'에서 '우수'로 혹은 '경계선'으로 바뀔 수 있는 수치이다.(역주 - IQ 분류는 보통 최우수, 우수, 평균상, 평균, 평균하, 경계선, 정신 지체로 나뉜다) 그런데 이런 차이가 빈자와 부자 사이의 차이가 아님을 기억해야 한다. 우리는 동일한 사람이 상이한 환경 아래에서 어떤 성적을 기록하는지 비교하고 있다. 어떤 사람이 결핍을 느낄 때는 그렇지 않을 때에 비해서 IQ 점수를 적게 기록한다는 말이다. 이게 바로 우리가 하는 이야기의 핵심이다. 자동차 수리비가 소액일 때 빈자는 부자와 동일하게 반응하는데, 이때는 결핍이 빈자의 정신을 사로잡지 않기 때문이다. 분명한 건, 이러한 현상은 타고난 인지 능력과는 아무런 관련이 없다는 것이다. 지나치게 많은 프로그램들이 가동되고 있을 때 컴퓨터의 프로세서가 버벅대는 것과 마찬가지로, 빈자는 자기가 확보하고 있는 대역폭이 다른 곳에서 소비되는 탓에 IQ 테스트에서는 낮은 점수밖에 기록하지 못한다.

▎대역폭의 두 번째 요소: 실행 제어

대역폭의 두 번째 요소는 실행 제어이다. 앞서 언급했듯이 실행 제어는 다면적인 개념이다. 그래서 우리는 여러 가지 중요한 기능들 가운데 하나인 자기 절제self-control(역주 – '자기 조절', '자기 통제', '자제력' 등으로 번역되기도 한다)부터 살피기로 하겠다. 1960년대 말에 스탠포드대학교 심리학과의 월터 미셸Walter Mischel 교수와 그의 동료들이 심리학 실험에서 충동성을 주제로 하는 가장 흥미로운 (혹은 적어도 가장 영리한) 실험으로 꼽히는 실험을 했다.[17] 실험 진행자는 네다섯 살 어린이를 방에 혼자 있게 한 다음 마시멜로 하나를 아이 앞에 놓아둔다. 이때 어떤 아이들은 먹고 싶은 마음에 황홀하게 마시멜로를 바라보고 어떤 아이들은 흥분해서 만지기도 한다. 모든 아이들이 이 마시멜로를 먹고 싶어 한다. 이 아이들은 그 마시멜로를 먹어도 된다. 하지만 문제가 하나 있었다. 어쩌면 기회일 수도 있었다. 실험 진행자는 자기가 방에서 나갔다가 다시 돌아올 때까지 마시멜로를 먹지 않고 참으면 마시멜로를 하나 더 주겠다고 한 것이다. 이렇게 해서 어린이들에게는 인류에게 알려진 가장 오래된 문제들 가운데 하나가 던져진 것이다. 즉, 사회학자 토머스 셸링Thomas Schelling이 '자제심을 위한 심오한 투쟁'[18]이라고 불렀던 자기 절제의 문제 말이다.

자기 절제는 심리학의 여러 연구 분야 가운데서도 특히 어려운 주제이다. 우리는 자기 절제가 이루어지려면 많은 요소가 필요하다는 것을 알고 있다. 자기 절제는 당사자가 미래를 어떻게 평가하느냐에 따라서 달라진다. 또한 우리는 일관성 없이 자기 절제를 행하는 것처럼 보인다. 당장의 보상(이 실험에서는 마시멜로 한 개)은 두드러져 보이고 가중치가 높다. 이에 비해 먼 미래의 보상(이 실험에서는 마시멜로 두 개)은 가중치가 낮다. 마시멜로 한 개와 추상적인 미래의 마시멜로 두 개를 놓고 보면 두 개가 한 개보다 낫다. 그러나 바로 눈앞에 있는 마시멜로 한 개가 갑자기 두 개를 이긴다. 자기 절제는 의지력에 따라서도 좌우된다. 우리가 온전하게 이해하지 못하는 기능을 가지고 있는 이 의지력은 무엇보다도 개인의 개성, 피로도 그리고 주의력에 영향을 받는다.[19]

자기 절제는 실행 제어에 많이 의존한다. 우리는 주의력을 다른 곳으로 돌리거나 어떤 행동을 시작하게 하거나 직관적인 반응을 금지하거나 충동에 저항하는 데 실행 제어 기능을 사용한다. 사실 미셸의 실험 가운데서 덜 알려져 있지만 자주 모방되는 부분이 여기에서는 매우 많은 도움이 된다. 마시멜로 유혹에 가장 성공적으로 저항한 아이들은 다른 곳에서도 주의력이 높았다는 점이다.[20] 이 아이들은 마시멜로를 바라보거나 마시멜로와 관련된 생각을 하는 대신에 다른 생각을 했다. 그 욕망에 저항하기보다는 아예 그 생각을 하지 않는 방법을 썼던 것이다. 이와 관련해서 미셸은 다음과 같이 썼다.

"의지력이 자신의 주의력과 생각을 조절하는 법을 학습하는 문제임을 깨닫는 순간 당신은 그 의지력을 높일 수 있게 된다."[21]

이 발언은 실행 제어와 자기 절제 사이에 어떤 분명한 상관성이 있다고 주장한다. 실행 제어가 주의력을 지시하고 충동을 제어하는

1부 결핍의 사고방식

데 도움을 주므로, 이런 실행 기능이 약화되면 자기 절제도 그만큼 훼손된다. 이 상관성을 생생하게 입증하는 실험은 수도 없이 많다. 한 실험은 피실험자들에게 기억력과 관련된 과제를 제시했다.[22] 어떤 집단은 두 자릿수의 숫자를 외우게 했고 어떤 집단은 일곱 자릿수의 숫자를 외우게 했다. 그런 다음에 이 피실험자들을 로비로 나가게 해서 다음 과제를 기다리게 했다. 대기 공간에서 기다리던 이 사람들 앞에는 조각 케이크와 과일이 놓여 있었다. 사실 이 실험의 진짜 목적은 피실험자들이 자기에게 주어진 숫자를 머릿속으로 외우면서 다음 과제를 기다리는 동안에 과일과 케이크 가운데 어떤 것을 선택하는지 확인하는 것이었다. 간단한 두 자릿수의 숫자를 외우느라 머리를 그다지 많이 쓰지 않아도 되는 사람들은 거의 대부분 과일을 선택했다. 하지만 일곱 자릿수의 숫자를 외우느라 머리가 복잡하던 사람들은 전자 집단에 비해서 50퍼센트나 더 많이 케이크를 선택했다. 케이크는 충동적인 선택이다. 자동적인 선택을 제어하려면 의식적인 행동을 필요로 한다. 정신적인 대역폭이 다른 어떤 일(예를 들면 숫자를 외우는 것)에 사용되고 있을 경우, 케이크를 먹지 않도록 스스로 자제할 수 있는 능력은 그만큼 줄어든다.

또 다른 실험을 보자. 백인 호주 학생들에게 음식이 제공되었다. 그러나 이 음식은 학생들이 썩 내켜하지 않을 그런 음식이었다. 중국식 닭발 요리였는데, 발톱을 포함해서 닭발 전체의 원래 형상을 고스란히 살린 음식이었기 때문이다.[23] 이 실험은 중국인 실험 진행자가 음식을 내놓게 함으로써, 그 음식 앞에서 피실험자들이 교양 있게 행동해야 한다는 압박감을 느끼도록 설계되었다. 또한 케이크 실험에서와 마찬가지로 어떤 피실험자들에게는 여덟 자릿수의 숫자를 외워야 한다는 과제가 주어졌다. 그만큼 정신적으로 부하를 준 것이었다. 그런데 이런 과제를 받지 않은 피실험자들은 시종일관 평정심을 유지한 반면에, 여덟 자릿수의 숫자를 외워야 했던 피실험자들은 자기도 모르는 사이에 '이게 음식이야? 이따위 걸 어떻게 먹으라고!' 라는 말을 내뱉었다.

우리가 저항하려는 일이 마시멜로나 케이크를 먹는 일이든 혹은 하면 안 되는 말을 하는 일이든 간에, 대역폭에 부과된 세금은 충동을 조절하기 어렵게 만든다. 그리고 결핍은 대역폭에 세금을 부과하므로, 이 결핍이 유동성 지능을 낮출 뿐만 아니라 자기 절제 능력을 감소시킬 수 있음을 암시한다. 그래서 호주 백인 학생들이 중국식 닭발 음식에 불평을 하고, 어떤 회사의 임원이 당장 급하게 준비해야 하는 프레젠테이션 때문에 중요한 경기를 앞둔 딸에게 짜증을 내고, 또 연체된 청구서에 대해 생각하던 패스트푸드 가게의 저임금 노동자가 손님의 기분 나쁜 태도를 그냥 넘기지 못하고 퉁명스럽게 대하는 것이다.

결핍이 과연 실행 제어 기능을 감소시키는지 알아보기 위해서 우리는 뉴저지의 쇼핑몰 피실험자들을 대상으로 실행 제어 수준을 측정하는 데 자주 사용되는 테스트를 했다. 자동적인 반응을 억제하는 능력을 직접 측정하는 테스트였다. 우선 피실험자들에게 앞서 소개한 것과 같은 돈에 관한 가상의 상황을 제시했다. 그런 뒤에 다음과 같은 그림들을 컴퓨터 모니터에 연속적으로 빠르게 보여 주었다.

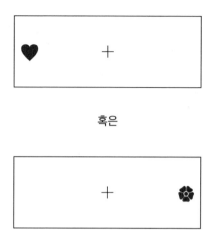

혹은

그리고 피실험자들에게 두 손의 손가락들을 자판 위에 올려 둔 채로 기다리다가, 하트가 나오면 하트가 나온 쪽을 누르고 꽃이 나타나면 꽃이 나온 쪽의 반대편을 누르게 했다. 그러니까 하트가 오른쪽에 나타나면 자판의 오른쪽을 누르고, 꽃이 오른쪽에 나타나면 자판의 왼쪽을 누르게 했던 것이다.

꽃은 저항해야만 하는 자동적인 충동을 생성한다. 하트가 나올 때 그 위치대로 오른쪽이나 왼쪽을 누르기는 쉽다. 그러나 꽃이 나올 때 꽃이 놓인 위치의 반대쪽을 누르기는 어렵다. 이 과제를 잘 수행하려면 그림과 동일한 위치로 자판을 누르려는 충동을 조절할 필요가 있다. 실행 제어 능력을 가지고 있는 사람은 이 과제를 보다 잘 수행할 것이다. 이 테스트는 피검자가 다른 반응을 지지하는 최초의 충동을 (그것이 케이크에 저항을 하는 것이든, 자기 혀를 깨무는 것이든 혹은 이 실험에서처럼 꽃에 저항하는 것이든 간에) 얼마나 잘 억제하는지 측정한다.

비록 이 과제는 유동성 지능과 전혀 별개인 실행 제어 능력을 검사하지만 결과는 동일했다. 경제적으로 부담이 없는 질문을 받은 뒤에 부자와 빈자는 비슷한 점수를 기록했다. 동일한 수준으로 충동을 제어할 수 있었고, 그 결과 과제에서 실수를 한 숫자도 같았다. 그러나 경제적으로 난감한 질문을 받은 뒤에는 빈자의 점수 양상이 완전히 달라졌다. 부자는 앞선 경우와 다름없는 점수를 기록하며 동일한 수준의 실행 제어 능력을 보여 주었지만, 빈자는 앞선 경우와 비교할 때 상당히 낮은 점수를 기록한 것이다. 빈자는 보다 충동적이었고, 따라서 꽃이 나올 때 오른쪽이나 왼쪽을 잘못 선택하는 경우가 더 많아졌다. 구체적으로 말하면, 경제적인 차원에서 대답하기 쉬운 질문을 받은 뒤에는 정답률이 83퍼센트였지만 대답하기 어려운 질문을 받은 뒤에는 이 정답률이 63퍼센트로 떨어졌다. 빈자는 결핍을 자극하는 아주 사소한 요소 하나만으로 갑자기 그렇게 충동적으로 바뀌었다. 결핍은 유동성 지능을 넘어서 실행 제어 능력까지 위축시킨다고 볼 수 있다.

▌농부의 지능을 좌우하는 사탕수수

돈과 관련된 이 실험들은 우리가 설정한 가설을 검증한다. 그러나 어떻게 보면 이 실험들은 인위적이다. 이 실험들은 사람들에게 우리가 결핍과 관련된 생각을 촉발할 때 이 사람들이 어떻게 반응하는지 보여 주는데, 그 생각을 우리는 돈과 관련된 난감한 문제를 가상으로 설정함으로써 유도한다. 하지만 우리의 관심은 실험실 울타리 바깥에 있는 현실에서 일상생활을 하며 살아가는 사람들에게 있다. 실험 진행자가 음험한 눈빛으로 바라보고 있지 않을 때도 결핍은 사람들의 인지 능력에 세금을 부과할까?

이 문제를 입증하는 것이야말로 우리의 주장을 정립하는 데 필수적인 과정이다. 하지만 이는 쉽지 않다. 우리는 빈자와 부자를 단순하게 비교하는 것만으로는 그들의 인지 능력과 자기 절제가 어떻게 다른지 알 수 없다. 부자와 빈자 사이에는 건강, 친구, 교육 수준 등 다른 점들이 워낙 많아서, 관찰된 차이가 오로지 결핍에 따른 효과인지 아닌지 파악할 수 없다. 부자와 빈자 사이의 이런 비교 작업은 수도 없이 시도되었지만, 이런 비교에 처음부터 따라붙는 통계적인 문제들에 대한 명확한 해법은 아직 나오지 않았다. 그렇다면 과연 어떻게 할 때 다른 모든 복잡한 것들을 제외하고 순전히 결핍의 효과만을 포착할 수 있을까?

그런데 우리가 인도에서 경제학자 아난디 마니Anandi Mani와 함께 농부들을 대상으로 현장 연구를 하던 바로 그 무렵에 우리는 흥미로운 사실을 알아차렸다. 농부들은 한 해 소득을 수확 때 한꺼번에 받는다고 했다. 이것은 이 사람들이 일급이든 주급이든 혹은 월급이든 간에 정기적으로 임금을 받는 대부분의 임금 노동자와 전혀 다른 재정적인 삶을 살아간다는 뜻이다. 농부는 한 해에 두 번 보수를 받을 수도 있었고 한 번 받을 수도 있었다. 여기에서는 해마다 6월에 한 해 소득을 한꺼번에 받는 한 농부를 생각해 보자. 소득을 받은 뒤 몇 달 동안은 여유가 있다. 현금이 넉넉하기 때문이다. 그러나 이 농부가 아무리 절약하며 검소하게 살아간다 하더라도 다음 해 4월이나 5월이 되면 현금이 떨어져서 쩔쩔맨다. 그러므로 이 농부는 수확을 한 뒤 몇 달 동안에는 부자이고 수확을 하기 직전의 몇 달 동안에는 빈자이다. 동일한 한 사람이 부자이기도 하고 빈자이기도 한 셈이다.

이런 상황은 우리가 필요로 하던 바로 그 조건이었다. 수확을 전후로 한 몇 달 동안 그 농부의 대역폭을 면밀하게 살필 수 있기 때문이다. 우리는 따로 존재하는 부자와 빈자를 비교하는 대신, 동일 인물이 돈이 넉넉할 때와 돈에 쪼들릴 때 어떻게 행동이 달라지는지 살피고자 했다. 그런데 한 가지 문제가 있었다. 수확 이후의 몇 달이 다른 시기와는 다르게 추가로 지출해야 할 일들이 많지 않을까 하는 점이었다. 예를 들어서 잔치와 결혼식이 수확기 이후에 많이 벌어지는데, 이것은 사람들 사이에 돈이 넉넉하게 돌기 때문이다. 그래서 결핍의 효과를 찾으려 하는 대신 축하의 효과에 초점을 맞추기로 했다.

우리는 사탕수수를 재배하는 농민을 대상으로 설정했다. 그런데 사탕수수 농사에는 매우 특이한 점이 있다. 사탕수수 농사를 지으려면 사탕수수 줄기를 으깨서 즙을 추출하는 거대한 공장이 필요하다. (이 즙을 말리면 설탕이 나온다.) 그런데 이 공장들이 처리할 수 있는 사탕수수 수확물의 양은 한정되어 있고, 또 사탕수수는 수확한 뒤에 가공하지 않고 너무 오래 두면 상품성이 떨어진다. 그래서 사탕수수는 너덧 달이라는 기간 동안 순차적으로 수확이 진행된다. 어떤 지역에서는 일 년 내내 수확이 이어지기도 한다. 서로 이웃한 밭들끼리도 수확 주기가 다른 일은 흔하다. 그래서 예를 들어 어떤 농부가 수확을 할 때, 그 밭의 오른쪽 밭은 수확이 이미 몇 달 전에 끝났고 왼쪽 밭은 조금 뒤에 수확을 하는 상황이 벌어진다는 말이다. 경계가 다소 모호한 이런 상황은 우리가 필요로 하던 조건을 충족시켰다. 동일한 농부들을 대상으로 가난한 때와 부유할 때를 연구할 수 있으면서도 그들의 수확기가 한 해의 특정한 어떤 시점에 고정되지 않았기 때문이다. 어쨌거나 동일한 어떤 시기가 어떤 농부에게는 수확 이전이고 어떤 농부에게는 수확 이후니까 말이다.

예상대로 그 농부들은 수확 직전에는 돈이 궁해서 쩔쩔맸다.[24] 농민들 가운데 78퍼센트가 수확을 하기 한 달 전에는 자기 물건을 저당 잡고 돈을 빌렸지만 (그리고 전체의 99퍼센트가 어떤 식으로든 빚을 지고 있었다), 수확 이후 첫 달에 자기 물건을 맡기고 돈을 빌리는 농부는 오로지 4퍼센트밖에 되지 않았다 (그리고 전체 중 13퍼센트의 농부만이 어떤 식으로든 빚을 지고 있었다). 수확 이전에는 일상적인 청구서들을 처리하는 데 어려움을 겪는 경향을 보였다.

앞서 언급한 자동차 수리비 300달러 혹은 3,000달러 실험을 할 때와 마찬가지로 우리는 실행 제어 능력과 유동성 지능을 측정했다. 우리는 농부들에게 RPM 테스트를 치르도록 했다. 하지만 하트-꽃 과제를 동원하는 실험은 할 수 없었다. 실험실이 아닌 현장에서 그런 실험 환경을 마련하기 어려웠기 때문이다. 그래서 실행 제어 과제로 우리는 스트룹 과제Stroop task를 선택했다. 이 과제에서는 피실험자들에게 'F F F F'와 같은 연속적인 문자열을 보여 주고 그 글자가 몇 개인지 빠르게 대답하라고 요구한다. 그런데 가령 숫자 2를 배열한 '2 2 2 2'를 보고 빠르게 즉각 '4'라고 대답하기는 어렵다. 이것이 어려운 이유는, 앞서 보았던 꽃 그림에서 꽃이 놓인 위치를 보고 그 위치의 반대편 자판을 누르는 게 어려운 이유와 같다.[25]

이를 통해 우리는 농부들이 수확 이후에 비해서 수확 이전에 훨씬 낮은 점수를 기록한다는 사실을 발견했다. 같은 농부가 (수확 이후) 부유할 때에 비해서 (수확 이전) 가난할 때 유동성 지능이나 실행 제어 기능에서 뒤처지는 양상을 보인 것이다. 앞서 살펴보았던 뉴저지 쇼핑몰 사람들을 대상으로 한 자동차 수리비 실험과 매우 흡사하게, 동일인임에도 불구하고 가난할 때 보다 더 충동적이고 보다 덜 지능적인 모습을 보인 것이다. 하지만 이 경우에 결핍과 관련된 생각을 일으키거나 심지어 그런 생각이 떠오르도록 유도한 것은 실험을 진행한 우리가 아니었다. 그 생각들은 농부들이 가난할 때 (수확을 한 뒤에 받은 소득이 얼마 남지 않았을 때) 자연스럽게 나타났고 부유할 때는 (수확을 한 뒤에 현금이 넉넉하게 넘쳐날 때는) 나타나지 않았다.

그리고 이번에도 그 격차는 더 컸다. 수확 이후의 농부들은 레이븐 테스트에서 약 25퍼센트 더 많이 정답을 맞혔다. IQ 점수로 따지자면 약 9점에서 10점 차이였다. 비록 앞서 살펴본 자동차 수리비 실험의 경우보다는 작은 점수이지만, 충분히 예상할 수 있는 점수였다. 이 경우에는 우리가 농부들에게 돈에 대해서 생각하라고 (걱정하라고!) 유도를 하지 않았으니까 말이다. 우리는 임의로 선택한 시간대에서 그 사람들의 정신적인 상태, 즉 그 사람들이 자신의 대역폭에 결핍의 세금을 부과하도록 하는 '잠재적인' 경향을 측정했을 뿐이다. 실행 제어 과제에서 그들은 가난할 때 반응 측면에서 11퍼센트 느렸고 15퍼센트 더 실수를 했다.[26] 이 결과는 앞서 살펴본 자동차 수리비 실험과 거의 일치했다. 만일 우리가 가난한 상태의 어떤 농부를 만났다면 우리는 그 농부의 제한된 능력을 개인적인 특성 탓으로 돌릴 수도 있었다. 하지만 우리는 이 연구를 통해 그의 제한된 능력이 한 개인으로서 그가 가지고 있는 진짜 능력과 거의 관계가 없다는 사실을 알았다. 수확 전 몇 달 동안 돈에 쪼들리는 바로 그 상태가 그를 덜 똑똑하게 만들고 또 그의 인지 제어cognitive control 능력을 위축했던 것이다.

하지만 이를 우리 이론의 승리라고 자신 있게 말하기 전, 몇 가지 사항을 더 확인해야 한다. 우리는 결핍(빈곤)이 수확을 전후로 바뀐다는 것을 안다. 그런데 이것과 함께 바뀌는 다른 것들이 또 있을까? 만일 그렇다면 이것들이 그 정신적인 변화의 추동자일 수도 있지 않을까? 세 가지 가능성이 대두된다.

첫째, 만일 농부들이 수확 이전에 더 가난했다면 그들이 먹는 음식의 양도 적지 않았을까? 만일 그렇다면, 그들의 인지 기능이 그토록 낮았던 것도 그다지 놀라운 일은 아니라고 할 수 있지 않을까? 영양이 부족하고 배가 고프면 뇌는 얼마든지 약해질 수 있으니까 말이다.[27] 하지만 우리가 대상으로 한 농부들은 이 경우에 속하지 않았다. 이들은 현금에 쪼들릴 때라고 하더라도 음식의 양을 줄여야 할 정도로 가난하지는 않았다. 오히려 수확 이후에 식비 지출이 줄어들었다. 농부들은 수확 이전에 소비 지출을 평소보다 줄이긴 했지만 식비 지출은 줄이지 않았다. 식비 이외의 다른 것들을 줄였다. 예를 들어서 사촌이 결혼을 할 때 축의금의 액수를 줄인다든가 하는 식이었다. 경조사에 경조사비를 주고받는 행위가 하나의 의무로 자리를 잡고 있는 인도와 같은 문화권에서 부조금은 받은 만큼 돌려주는 게 관례이고, 따라서 이렇게 부조금의 액수를 줄여서 주는 일은 고통이 뒤따를 수밖에 없는 선택이다.

둘째, 농부들이 수확 이전에는 우리가 진행한 실험에 최선을 다하지 않았던 게 아닐까? 수확을 준비하는 작업은 고된 노동이고 농부들은 아마 무척 지쳤을 것이다. 육체적으로 피로하면 정신적으로도 쉽게 피로해진다. 그러나 사실 우리 조사는 수확을 하기 4주 전에 진행되었는데, 농업에서 4주는 무척 긴 시간이므로 사실상 수확을 준비하는 작업은 시작도 하지 않은 시점이었다. 농부들은 수확 이전이라고 해서 수확 이후보다 육체적으로 피곤했던 게 아니다.

마지막으로 셋째, 수확기는 주머니에 현금이 두둑해지는 시기만은 아니다. 수확량이 얼마나 나오는지 확인되는 시기이기도 하다는 말이다. 농업은 변수가 많기로 악명이 높다. 어떤 때는 풍년이다가도 어떤 때는 흉년이다. 그렇다면 이런 불확실성에 대한 근심이 농부의 정신 상태에 영향을 미치지 않았을까? 예를 들어 쌀과 같은 작물의 경우에는 이런 근심이 심각하다. 하지만 사탕수수라는 작물은 그렇지 않다. 수확을 하기 여러 달 전에 사탕수수 줄기가 다 자라기 때문에 그때 이미 수확량이 얼마나 될지 알 수 있다. 마지막 달에는 그저 수확량 자체가 높아지는 게 아니라 당분 함량이 높아질 뿐이다. 그러나 당분 함량의 문제는 공장에서 걱정할 일이지 농부가 걱정할 일은 아니다. 농부는 당분 함량이 아니라 수확량에 따라서 값을 받기 때문이다. 농부들이야 조금이라도 일찍 사탕수수를 수확하고 싶지만 공장에서 그렇게 하도록 허락해 주지 않아서 어쩔 수 없이 당분 함량이 높아질 때까지 기다릴 뿐이다. 요컨대, 농부들은 수확을 하기 몇 달 전에 이미 얼마나 되는 돈을 받을지 정확하게 안다. 그러니까 농부들은 우리의 조사가 시작될 즈음에는 자기들의 소득을 수확이 끝난 이후만큼이나 정확하게 안다는 말이다.

그 밖에 또 얘기할 수 있는 사소한 것들이 있다.[28] 그러나 어쨌거나 적어도 빈곤 그 자체가 정신에 세금을 부과한다는 사실만은 명백하다. 실험 진행자가 굳이 결핍을 상기시키지 않는다 하더라도 빈곤은 유동성 지능과 실행 제어 능력을 위축시킨다. 처음 출발했던 지점으로 되돌아가면, 이런 사실은 가난한 사람의 인지 능력에 대한 논의에 상당한 왜곡이 개입되어 있음을 암시한다. 가난한 사람은 부유한 사람에 비해서 인지 능력이 낮다고 주장할 수는 있다. 그러니 이것은 그 사람들의 능력이 원래 그렇게 낮기 때문이 아니라 그 사람들의 정신의 일부가 결핍에 사로잡혀 있기 때문이다.

▌빈곤의 또 다른 유형

그 무렵에 문득 나는 지금 내 뇌의 일부만으로 살아가고 있구나 하는 생각이 들었다. 내 뇌의 10분의 1은 학교에, 또 10분의 1은 딸에, 그리고 또 어쩌면 10분의 1은 가족의 어려운 일 및 질병에, 그리고 나머지 10분의 7은 음식에, 즉 포도 알갱이 하나의 칼로리 계산에, 길거리의 팝콘 제조기에, 그 모든 식욕을 달래려고 마셔야만 하는 물에 쓰고 있었다. 그래서 나는 생각했다.
"만일 내가 이 70퍼센트를 더 현명하게 쓴다면 난 얼마나 더 멀리 갈 수 있을까?"[29]
— 나탈리 쿠츠, "뚱뚱한 여자가 노래를 한다"

다이어트가 어렵다는 것은 누구나 다 안다. 맛있는 음식을 거부하고 참는 일은 누구에게나 어려운 일이다. 하지만 대역폭 세금이라는 발상은 다이어트가 어려운 차원을 넘어서는 문제임을 암시한다. 즉 다이어트는 정신적으로 세금을 부과받는 일이다. 다이어트를 하는 사람들은 어떤 일을 하든 간에 정신 자원이 줄어든 상태에서 그 일을 해야 한다. 정신의 일부를 음식과 관련된 생각에 소모하기 때문이다.[30] 사실 이런 내용은 많은 연구자들이 입증해 왔다. 이들은 (심리학자들이 인지 능력을 효과적으로 측정할 때 사용하는) 인지의 다양한 측면을 놓고 다이어터와 다이어트를 하지 않는 사람을 비교했다. 때로는 식욕을 억제하는 사람과 그렇지 않은 사람을 비교했고, 때로는 동일인을 대상으로 긴 시간에 걸쳐서 다이어트를 할 때와 다이어트를 하지 않을 때를 비교했다. 하지만 결과는 늘 동일하다는 사실을 확인했다. 인지 능력을 측정하는 다양한 검사를 했지만 다이어트를 하고 있을 때는 예외 없이 인지 능력이 떨어졌다. 그리고 심리학자들은 피실험자들을 관찰하고 조사하며 이들 사이에서 어떤 공통점 하나를 발견한다. 다이어트와 관련된 근심이 다이어터들의 정신 맨 위에 놓여 있으며, 이것이 이들의 인지 능력 점수를 떨어뜨린다는 점이다.

이런 결과는 단순히 섭취 칼로리가 부족하다는 데서 비롯된 것이 아니다.[31] 다이어트를 시도한 사람들 중 대다수가 실패했으므로 그다지 놀라운 사실도 아니지만, 그 효과는 심지어 다이어트를 했음에도 불구하고 몸무게가 줄어들지 않는 경우에도 나타난다. 게다가 직접 측정한 여러 가지 생리학적 측정치들을 보면, 영양 부족 상태가 이런 인지 능력의 저하 혹은 손상을 야기하는 것이 아님을 보여 준다. 그렇다면 이 문제를 이렇게 생각해 보자. 몸무게가 줄어드는 동안 다이어터들이 어떤 대역폭 세금을 물고 있는 게 아닐까 하고 말이다. 하지만 만일 어떤 다이어터가 새로운 평형 상태에 진입해서 이제 더는 식탐을 억제할 필요가 없어지면, 그 대역폭 세금은 사라진다. 물론, 다이어터와 다이어터가 아닌 사람이 대역폭 세금이 아닌 다른 여러 가지 이유로 차이를 보일 수 있다는 논리로 우리 주장에 구멍을 낼 수도 있다. 다이어터들에게 대역폭 세금의 크기가 얼마나 되는지 파악하려면 보다 많은 조사가 필요할 것이다. 그러나 칼로리 결핍으로 인한 결과들이 우리가 소득 결핍을 연구하면서 관찰한 결과와 판박이라는 사실은 놀랍고도 특이하다.

외로움을 느끼며 살아가는 사람들에게도 비슷한 일이 일어난다. 어떤 연구는 외로운 사람과 그렇지 않은 사람을 상대로 양분 청취 과제dichotic listening task[32] 실험을 한 끝에 각각의 집단에 상이한 대역폭을 매겼다. 연구자들은 피실험자들의 두 귀에 서로 다른 메시지를 들려주고 (예를 들어서 한쪽 귀로는 남자의 목소리를 듣게 하고 다른 쪽 귀로는 여자의 목소리를 듣게 한다) 어떤 한쪽의 지시는 무시하고 다른 한쪽의 지시를 얼마나 잘 수행하는지 측정했다. 이 테스트는 뇌에 관한 흥미로운 현상인 뇌 편측화brain lateralization에 의존한다. 대부분의 사람들은 언어에 관한 한 오른쪽 귀에 더 많이 의존하는데, 이것은 언어적인 정보가 오른쪽 귀로 전달될 때 더 쉽게 인지된다는 뜻이다.[33] 그래서 피실험자에게 아무런 지시를 하지 않으면 이들은 오른쪽 귀로 들리는 목소리에 집중하는 경향이 있다. 아닌 게 아니라 오른쪽 귀로 들리는 메시지의 내용이 무엇인지 물었을 때 외로운 사람과 그렇지 않은 사람은 동일하게 높은 점수를 얻었다. 이에 비해서 왼쪽 귀로 들리는 메시지에 집중하려면 대역폭이 소모된다. 실행 제어 능력으로 오른쪽 귀에 집중하려는 자연스러운 경향을 제어해서 왼쪽 귀에 집중하도록 해야 하기 때문이다. 그런데 이 테스트에서는 외로운 사람들이 상당히 낮은 점수를 기록했다.[34] 그들은 자연스러운 충동을 제어하는 데 그만큼 덜 효율적이었던 것이다. 이런 결과는 외로움을 느끼며 살아가는 사람들의 대역폭이 손상되어 있음을, 즉 그들의 실행 제어 능력이 위축되어 있음을 말해 준다.

1부 결핍의 사고방식

다른 여러 연구들에서 연구자들은 앞서 살펴본 자동차 수리비 실험과 비슷한 실험을 했다. 그들은 피실험자들에게 인성 테스트를 실시한다면서 설문지를 나눠주고 빈칸을 채우도록 했다. 그런 다음 피실험자들을 임의로 두 집단으로 나누고, 각 집단에 속한 사람들에게 인성 테스트 결과 그들이 사회적으로 적응을 잘 하고 있다는 결론과 매우 외롭게 살아가고 있다는 결론을 각각 통보했다.[35] 즉, 피실험자들에게 결핍감을 임의로 조장하고 제공한 것이다. 이렇게 한 다음에 피실험자들에게 레이븐 테스트를 실시했는데, 외롭게 살아가고 있다고 통보받은 집단의 점수가 훨씬 낮다는 사실을 발견했다. 실제로 피실험자들의 뇌 활동을 스캐너로 확인한 결과, 외롭게 살아간다는 통보를 받은 사람들의 뇌에서 실행 제어를 담당하는 부분의 활동이 위축되었다. 마지막으로, 충동 조절impulse control능력을 살펴보는 과정에서는 외롭게 살아간다는 통보를 받은 사람들은 초콜릿칩 쿠키를 먹을 기회를 제공받았을 때 다른 집단에 비해서 쿠키를 두 배나 더 먹었다.[36] 이 결과와 일치하는 연구가 또 있다. 보다 나이가 많은 성인들의 다이어트에 관한 이 연구는 일상생활 속에서 외롭다고 느끼는 사람들이 지방질이 많은 음식을 훨씬 많이 소비한다는 사실을 밝혀냈다.[37]

마지막으로 우리는 심지어 인위적으로 조장한 결핍에서조차 비슷한 효과가 발생한다는 사실을 확인했다. 1장에서 살펴보았던 앵그리 블루베리즈 게임을 떠올려 보라. 우리는 이 게임과 비슷한 게임들에서 '가난한'(게임에서 자원을 상대적으로 적게 받은) 피실험자들이 이 게임을 한 뒤 하트-꽃 과제에서 낮은 점수를 기록한 사실을 확인했다.[38] 비록 (가난하기에) 게임을 훨씬 적은 라운드밖에 하지 못하지만, 워낙 집중을 깊이 한 바람에 막판에 가면 이들의 대역폭은 상대적으로 작아진다. 다이어트를 하는 사람이나 가난한 사람, 외로운 사람과 마찬가지로 블루베리가 적은 참가자들도 결핍에 따른 대역폭 세금을 지불한다.

| 결핍과 근심

물론 결핍은 대역폭에 세금을 부과하는 유일한 원인은 아니다. 당신이 어느 날 아침 배우자와 싸웠다고 상상해 보자. 일이 손에 잘 잡히지 않을 것이다. 온종일 멍청해 보이고 실제로 멍청하게 행동할 수도 있다. 하지 않아야 할 말을 할지도 모른다. 당신의 대역폭 중 일부가 아침에 배우자와 했던 싸움으로 인해 후회하고 화를 내는 데 소모된다. 그러니 다른 일에 사용할 정신적 자원이 부족할 수밖에 없다. 우리 관점에서 바라보자면 모든 사람이 자기 정신에 세금을 부과하는 근심거리나 어떤 필요를 가지고 있다.

그렇다면 결핍은 뭐가 그렇게 특별한 걸까?

결핍은 기본적인 속성상 여러 중요한 근심거리가 다발로 한데 뭉친 것이다. 어느 곳 혹은 누구에게나 일어날 수 있는 부부싸움과 다르게, 돈 문제나 시간 문제와 관련된 몰입은 가난한 사람과 바쁜 사람 주변에서 좀처럼 떠나가지 않는다. 가난한 사람은 끊임없이 돈과 관련된 근심거리와 씨름해야 하고, 바쁜 사람 역시 시간과 관련된 근심거리와 씨름을 해야 한다. 결핍은 다른 근심거리들보다 우선되는 부담을 추가로 만든다. 그리고 지속적으로 (당연하게!) 대역폭에 세금을 부과한다. 모든 사람이 이런 상황에 놓일 수 있다. 부자든 빈자든 자기 배우자와 싸울 수 있고 또 자기 상사로부터 질책을 받을 수 있다. 그러나 풍족함을 경험하는 사람들 중 일부만 이런 문제에 사로잡히는 반면에 결핍을 경험하는 사람들은 모두가 다 이런 문제에 사로잡힌다.

이런 사실은 또 다른 중요한 의문을 제기한다. 결핍에 관한 이 모든 담론에 스트레스도 간접적으로 포함시켜야 할까? 일상생활 속에서 스트레스라는 용어는 매우 많은 내용을 의미하는 말로 자유분방하게 사용된다. 그러나 학문적인 차원에서의 스트레스에 대한 이해는 그동안 상당한 성과를 보여 왔다.[39] 그래서 현재는 일반화된 스트레스 반응의 생화학적 진실이 상당히 확실하게 드러났다.[40] 우리는 심지어 스트레스와 관련된 화학 분자들을 파악하고 있으며 (코르티솔과 같은 글루코코르티코이드, 노르에피네프린, 세로토닌 등), 아울러 이들이 각각 어떤 기능을 하는지도 어느 정도 알고 있다. 이런 지식 덕분에 우리는 스트레스가 결핍이 정신에 영향을 주는 수단으로 사용되는 생물학적 기제인지 아닌지 더욱 정밀하게 검토할 수 있다.

심지어 우리가 가진 자료에도 스트레스가 어느 정도의 역할을 한다는 근거가 있다. 충분히 예상할 수 있는 사실이지만 결핍 경험은 스트레스를 유발할 수 있다. 예를 들어서 사탕수수 농부 연구에서 우리는 농부들이 수확 이전보다 수확 이후에 더 적은 스트레스를 받는다는 사실을 발견했다. 우리는 또한 스트레스 정도를 측정할 때 자주 사용되는 지수인 심박변이도HRV가 상당한 수준으로 감소되는 것도 확인했다.

동시에, 스트레스는 우리가 관찰해 온 그 효과들을 일으키는 여러 가지 원인 중 중심적인 동기는 아닌 것 같다는 사실도 확인했다. 가장 중요한 효과들 가운데 일부는 우리가 대역폭이라고 부르는 것에 세금을 매기는 결핍과 관련이 있었다. 이에 비해서 스트레스는 이런 예측 가능한 효과를 생성하지 않는다. 몇몇 연구들은 스트레스가 작업 기억working memory(역주 – 현재 어떤 작업을 할 때 주의를 기울여 의식하고 있는 기억)을 높인다는 사실을 밝혀냈다.[41] 하지만 다른 연구들은, 스트레스를 받는 동안 실행 제어 능력이 개선될 수도 있음을 암시하는 증거를 포함해서 여러 내용이 혼재된 증거를 확인했다.[42] 물론 스트레스의 만성적인 효과들은 다양하다. 그러나 우리가 연구해 온 결핍의 효과들은 즉각적이다. 자동차 수리비 연구에서 단순히 돈에 대한 생각을 하게 하는 것만으로도 사람들의 정신 능력에 거의 즉각적인 효과가 발생했다. 또 우리는 개선된 성적(집중배당금)과 나빠진 성적(대역폭 세금)의 특정한 양상을 입증했는데, 이 양상은 불안이나 스트레스만으로는 설명할 수 없는 것이다.

결론적으로, 이 모든 것들을 단지 스트레스나 근심으로만 생각한다면 보다 깊은 핵심을 놓친다. 대역폭 세금은 어느 날 하늘에서 갑자기 뚝 떨어진 것처럼 독립적으로 나타난 것이 아니다. 이것은 집중 배당금이나, 터널링이 우리가 하는 선택들을 형성하는 방식과 동일한 바로 그 핵심적인 기제에서 비롯된다. 스트레스에만 초점을 맞춘다면 이와 같은 더 깊은 연관성을 놓치게 되며, 궁극적으로는 결핍이라는 정신 상태를 온전하게 파악하는 데 제한을 받을 수밖에 없다.

▌누구나 바보가 될 수 있다

우리가 이 장을 시작하면서 제시했던 세 개의 일화는 대역폭 세금이라는 발상으로 보면 너무도 명확해 (혹은 적어도, 명확한 것처럼) 보인다. 패스트푸드 가게의 직원이 기차가 지나가는 바람에 감자튀김 주문을 듣지 못했다고 하더라도, 당신은 이런 사실에 놀라지 않을 것이다. 그러므로 당신은 (그리고 그 패스트푸드 가게의 매니저는) 설령 그 직원이 이번 달치 방세를 마련해야 하는 걱정에 사로잡혀서 감자튀김 주문을 흘려들었다 하더라도 전혀 놀라지 않을 것이다. 그 직원은 주의를 게을리하는 게 아니다. 그녀는 몰입되어 있다. '그냥 이번 달 신용 카드 결제를 연체해 버려?'와 같은 생각들은 기차가 지나가면서 내는 소음 못지않게 크다. 프레젠테이션을 준비해야 하는 일에 정신이 팔려 있는 한 회사의 임원은 딸이 하는 경기에 집중하려고 하지만 자기도 모르는 사이에 이미 프레젠테이션에 정신이 팔려 있다. 내일로 다가온 시험에 집중하려고 애를 쓰는 대학생은 다음 학기 등록금을 마련해야 한다는 생각에 끊임없이 방해를 받는다. 정신에 세금이 부과되어 있는 상황에서는 미소를 짓는 것도 어렵고 즐거워하기도 어렵다. 이런 상태의 패스트푸드 가게 직원은 자기가 의도한 것보다 더 심하게 혹은 더 자주 진상 손님에게 통명스럽게 대한다. 부모는 자식에게 통명스럽게 대한다. 세금이 부과된 대역폭은 부주의를 초래한다. 그래서 학생은 스터디 모임 약속을 잊어버리고, 패스트푸드 가게 직원은 엉뚱한 메뉴를 주방에 주문한다.

대역폭 세금은 놀랍고도 강력한 방식으로 우리를 바꾸어 놓는다. 대역폭 세금이 존재한다는 사실뿐만 아니라 이 세금의 규모가 매우 크다는 사실 역시 놀랍다. 심리학자들은 지난 수십 년 동안 행동의 여러 측면에 가해지는 인지 부하cognitive load의 충격을 기록해 왔다. 이것들 가운데 가장 중요한 것들은 앞서 소개한 일화들이 묘사하는 행동들, 즉 산만함과 망각 그리고 충동 조절상의 문제이다. 이런 효과들의 크기가 크다는 사실은 대역폭 세금이 사람이 하는 일련의 행동들에 (심지어, 보통 '개성'이나 '재능'이라는 포괄적인 용어 속에 담기는 끈기, 포용력, 주의력 그리고 헌신 등에) 상당한 영향을 미침을 암시한다. 그러므로 우리가 재능이니 개성이니 하는 것의 대부분은 인지 능력과 실행 제어 능력에 기반을 두고 있다. 패스트푸드 가게의 매니저는 자기 직원들이 보이는 행동을 설명하기 위해서 숙련된 기술이 부족하다거나 동기 부여가 되어 있지 않다거나 손님 응대 교육이 제대로 되어 있지 않다거나 하는 등의 일상적인 환경으로 눈을 돌린다. 그런데 사실 세금이 부과된 대역폭은 현실에서 이런 식으로 비칠 수 있다. 즉 회사

1부 결핍의 사고방식

일로 급하게 준비해야 하는 프레젠테이션 작업에 사로잡힌 어머니가 딸에게 퉁명스러운 말을 쏟아붙일 때 이 사람은 나쁜 어머니로 보인다. 돈에 쪼들리는 대학생이 시험에서 쉬운 문제 몇 개를 틀렸을 때 이 학생은 게으르거나 무능하게 보인다. 그러나 이 사람들은 업무에 숙련되지 않은 것도 아니고 부주의한 것도 아니다. 단지 무거운 세금에 짓눌려 있을 뿐이다. 문제는 그 사람 개인이 아니라 결핍이다.

여러 개의 프로그램이 동시에 진행되고 있을 때 컴퓨터의 처리 속도가 느려진다는 비유를 앞에서 했다. 자, 그럼 이런 상상을 해 보자. 당신은 현재 컴퓨터가 그런 상황인지 알지 못한 채 컴퓨터 앞에 앉아 있다. 인터넷 서핑을 하는데 웹 페이지가 한 번씩 열릴 때마다 많은 시간이 걸린다면 당신은 잘못된 결론을 내릴 수도 있다.

'뭐 이렇게 느려 터진 컴퓨터가 다 있어?'

이때 당신은 다른 작업을 하느라 프로세서에 부하가 걸려 일시적으로 느리게 작동하는 컴퓨터와 원래부터 느린 컴퓨터를 혼동한다. 이와 마찬가지로, 어떤 사람의 정신을 평가할 때 결핍으로 부하가 많이 걸려 있는 정신을 원래부터 능력이 떨어지는 정신과 혼동할 수 있다. 패스트푸드 가게의 매니저도 실수투성이의 직원들을 바로 이런 식으로 바라보았다. 이 매니저와 다르게 우리는, 가난한 사람들은 대역폭을 적게 가지고 있다고 강조해서 말하지 않는다. 정반대이다. 우리는 사람들이 가난하기만 하다면 모든 사람이 덜 효율적인 대역폭을 갖게 될 수도 있다고 말한다.

이 모든 사실은 우리가 이제 결핍에 대한 인식의 폭을 넓힐 필요가 있음을 말한다. 시간이든 돈이든 칼로리든 간에 결핍되어 있는 어떤 것을 생각할 때 우리는 결핍의 물리적인 의미에 초점을 맞춘다. 놀기에 시간이 부족하다거나 지출하기에 돈이 부족하다고 말한다. 그러나 대역폭 세금이라는 발상을 전제로 한다면, 또 하나의 부족함, 어쩌면 보다 더 중요한 부족함이 있다. 우리는 지금 더 낮은 정신 자원으로 어떻게든 살아가야 한다. 결핍은 갚지도 못할 정도로 많은 돈을 빌리게 만들거나 필요한 투자를 하지 못하게 만드는 데 그치지 않는다. 결핍은 삶의 다른 측면에서 우리에게 불리한 조건을 덧씌운다. 결핍은 우리를 멍청이로 만든다. 우리를 보다 더 충동적으로 만든다. 우리는 훨씬 낮은 정신 능력과 보다 낮은 유동성 지능, 그리고 더욱 위축된 실행 제어 능력을 가지고 살아가야만 한다. 삶은 그만큼 더 힘들어졌다. 어떻게 해야 할까?

결핍은 우리를
어떻게 변화시키는가

결핍의
악순환

3장
짐 꾸리기와 느슨함

당신은 지금 출장차 여행을 떠나려고 한다.

자, 커다란 가방이 있다. 여기에 짐을 어떻게 쌀까? 일단은 꼭 필요한 것들을 모두 챙길 것이다. 세면용품, 비즈니스 정장, 노트북을 비롯한 전자 제품들……. 그러고도 여유가 남으면 꼭 가져갈 필요는 없지만 가져가면 좋을 것들을 챙길 것이다. 비가 올지도 모르니 우산을 챙기고, 추울지 모르니 스웨터도 챙긴다. 운동복과 운동화도 넣는다. (어쩌면 이번에는 조깅을 할 수 있을 것 같다.) 이제 만족한 마음으로 당신은 가방의 지퍼를 채운다. 물론 여유 공간은 아직도 조금 남아 있다. 가져갈 만한 게 더 있긴 하지만 이 정도면 괜찮다고 생각한다.

자, 그렇다면 이제 같은 출장인데 큰 가방이 아니라 작은 가방에 짐을 싼다고 쳐 보자. 앞서와 마찬가지로 일단 꼭 필요한 것들부터 챙길 것이다. 그러나 이런 물건들만 챙겨도 가방은 어느새 꽉 찬다. 그래서 당신은 짐을 다 꺼내서 다시 싼다. 이번에는 좀 더 요령 있게 체계적으로 싼다. 빈 공간이 생기지 않도록 옷을 잘 접고 각을 잘 맞춘다. 그러다 보니 공간 창출의 귀재가 된 것 같다. 양말과 휴대폰 충전기는 신발 안에다 넣고, 허리띠는 길게 풀어서 가방 모서리를 따라 길게 펼친다. 이렇게 하니 여유 공간이 조금 더 생긴다. 그런데 스웨터를 꼭 가져가야 할까? 운동화는? 우산은? 차라리 비가 올 경우의 위험은 감수하는 게 좋지 않을까? 작은 가방에 짐을 싸다 보면 어쩔 수 없이 비교하고 재며 뺄 건 빼고 넣을 건 넣을 수밖에 없게 된다. 신중히 생각한 다음에 당신은 스웨터는 집어넣고 우산은 포기하기로 한다.

큰 가방은 큰 가방대로, 작은 가방은 작은 가방대로 용량의 제한은 따른다. 가방의 크기가 어느 정도이든 간에 쓸모 있는 물건을 모두 다 가방 안에 넣을 수는 없다. 두 가방 모두 챙길 물건과 두고 갈 물건을 선택할 것을 요구한다. 그런데 심리적으로 보면 어쩐지 큰 가방은 괜찮은데 작은 가방만 문제인 것처럼 느껴진다. 큰 가방은 평소 하던 대로 아무렇게나 짐을 싸도 되지만 작은 가방은 꼼꼼하게 생각해서 조심스럽게 짐을 싸야 한다.

이것은 인생에서 사람들이 부딪치는 많은 문제들을 상징적으로 표현한 것이다. 사람들은 저마다 시간의 가방을 하나씩 가지고 있고, 이 가방에 각자 일하는 시간과 여가 시간 그리고 가족과 함께 하는 시간을 챙겨 넣어야 한다. 또 우리는 주거비나 의료비 등 모든 지출 비용을 챙겨 넣어야 할 돈가방도 하나씩 가지고 있다. 심지어 어떤 사람들은 각자 음식을 챙길 칼로리 가방도 가지고 있다.

이런 비유가 일러 주듯이 결핍이 우리를 사로잡는 순간 결핍은 우리가 그 가방에 짐을 넣는 방식까지도 바꾸어 놓는다. 한 푼, 한 시간 혹은 1칼로리의 열량을 대하는 우리의 방식을 바꾸어 놓는다. 커다란 가방이라면 물건을 아무렇게나 넣어도 여유 공간이 남는다. 그러나 작은 가방이라면 신경을 써서 빽빽하게 싸야 한다.

짐 싸기에서의 이런 차이를 이해하면 어떻게 결핍이 더 많은 결핍을 낳는지 쉽게 이해할 수 있다.

▌트레이드오프 사고

현대 중폭격기 한 대의 비용은 서른 개가 넘는 도시의 벽돌로 지은 현대적인 학교 하나이다. 인구 6만 명의 도시에 각각 전기를 공급하는 발전소 두 곳이다. 온갖 장비를 갖추고 있는 병원 두 곳이다. 콘크리트로 지은 약 80킬로미터 구간의 고속도로이다. 우리는 단 한 대의 전투기를 마련하는 데 밀가루 50만 부셸(역주-약 36리터)의 값을 치러야 한다. 우리는 단 한 대의 구축함을 마련하기 위해 8,000명이 넘는 사람들이 살 수 있는 새 집들을 대가로 치러야 한다.[1]

— 드와이트 아이젠하워, 1953년.

당신은 식당에서 친구들과 저녁 식사를 하려고 자리에 앉았다. 웨이터가 스페셜 메뉴들을 설명하고는 술도 함께 마실 것인지 묻는다. 이때 당신은 일반적으로 칵테일 한 잔을 주문하는 대신 메뉴판에서 당신의 눈길을 끄는 술을 주문한다. 그런데 당신은 그걸 주문하겠다는 판단을 어떻게 할까? 당신은 운전대를 잡기 전까지 얼마나 오래 그 자리에 머물 것인지 계산할지도 모른다. 다른 친구가 어떤 술을 주문하는지 보려고 기다릴 수도 있다. 어쩌면 더치페이를 할 경우를 생각할 수도 있다. 혹은 10달러 정도면 충분히 받아들일 수 있는 가격이라고 생각할 수도 있다. 그러나 중요한 것은 '짖지 않는 개'이다. 당신이 스스로에게 묻지 않는 질문이 하나 있다. 바로 이 질문이다.

"내가 이 술을 산다면, 그 대신 내가 사지 말아야 할 것은 무엇일까?"

당신이 이 질문을 하지 않는 이유는 그 질문이 너무도 바보 같이 보이기 때문이다. 이 질문을 하지 않을 때 당신은, 그 어떤 물건의 구매도 포기하지 않고서 그 술을 살 수 있을 것 같은 느낌을 누린다. 그래서 마치 거기에는 아무런 트레이드오프도 존재하지 않는 것 같은 느낌이 든다.

이것이 얼마나 대단한지 생각해 보라. 회계의 기본 원리상 거기에는 분명히 트레이드오프가 존재한다. 당신이 아무리 부자라고 하더라도 당신이 가지고 있는 재산이 무한대는 아니다. 만일 당신이 어떤 것에 10달러를 쓴다면, 적어도 당신이 가지고 있는 재산 가운데서 10달러가 줄어드는 것은 분명하다. 당신이 그 재산을 후손에게 물

2부 결핍의 악순환

려준다고 하더라도 이 사실은 변함이 없다. 그 10달러는 어딘가 다른 곳에서 당신 수중으로 들어온 게 분명하다. 하지만 이렇게 느껴지지 않는 경우가 많다. 많은 사람들은 10달러어치의 구매를 할 때 아무런 트레이드오프가 존재하지 않는 것처럼 행동한다. 이 구매를 위해서 다른 구매를 희생하지 않아도 되는 것처럼 행동한다. 극단적으로 말하면 10달러는 우리 주머니에서 혹은 우리 계좌에서 화수분처럼 영원히 나오는 것처럼 행동한다. 조금만 따져 보면 어느 순간에선가 그게 잘못된 것임을 깨닫지만, 우리는 그렇게 행동하지는 않는다.

하지만 때로 우리는 트레이드오프를 인식한다. 예를 들어서 당신이 지금 다이어트를 하는 중이고 같은 칵테일을 주문하려 한다고 치자. 비록 10달러라는 가격표가 트레이드오프를 인식하도록 만들지는 않겠지만, '칼로리 가격표'는 그렇게 할 수 있다. 당신은 갑자기 추가되는 300칼로리의 열량을 계산하게 된다. 그 칵테일을 마시는 대신 다른 어떤 음식은 포기해야 한다는 뜻이다.

'그렇다면 과연 이 칵테일이 디저트보다 가치가 있을까? 아니면, 내일 아침에 먹을 베이글보다 가치가 있을까?'

다이어트는 이처럼 우리를 칼로리 회계사로 만든다. 회계 장부의 차변과 우변은 정확하게 맞아떨어져야 한다. 우리는 어떤 하나를 가지면 다른 하나는 가질 수 없음을 잘 안다. 이렇게 해서 사람들은 (우리가 만들어 낸 용어인) '트레이드오프 사고trade-off thinking'에 빠져든다.

물론 주머니 사정이 어려운 사람들에게 10달러는 다이어트를 하는 사람의 300칼로리 열량과 동일하게 보일 수 있으며, 그 10달러의 지출을 트레이드오프의 회계 장부에 철저하게 기입할 것이다. 짐 싸기 비유에서 작은 가방은 우리에게 어떤 물건 하나를 가방에 넣으면 다른 물건 하나를 반드시 포기해야 한다는 사실을 인식하게 한다. 큰 가방으로 짐을 싸는 사람은 운동화 한 켤레를 가방에 넣을 때는 그저 그 운동화가 필요할지 아닐지만 생각하면 되지만, 작은 가방으로 짐을 싸는 사람은 여유 공간을 확보하기 위해서 무엇을 포기해야 할 것인지도 함께 생각해야 한다.

결핍은 트레이드오프 사고를 강요한다. 충족되지 않은 모든 필요들이 사람의 주의를 사로잡고 정신의 맨 꼭대기에 자리를 잡는다. 돈에 쪼들릴 때 사람들은 지불해야 할 청구서 하나하나에 고도로 민감해진다. 그래서 우리가 어떤 물건을 구입하려고 할 때면 바로 그 자리에 우리가 지출해야 하는 모든 청구서들이 따라붙는다. 즉, 트레이드오프가 존재한다. 마감 시한에 쫓기며 일을 할 때는 반드시 끝내야 하는 어떤 일이 정신을 사로잡는다. 그래서 다른 일에 한 시간이라는 자원을 소비하려 하면 바로 그 자리에 트레이드오프가 나타나서 매서운 눈길을 보낸다. 하지만 시간이나 돈이 넉넉할 때 우리는 쪼들릴 때처럼 집중하지 않으며 트레이드오프도 희미하게만 존재한다. 이렇게 볼 때 트레이드오프 사고는 결핍에 따른 필연적인 결과이다.

이런 사실을 보다 엄밀하게 검증하기 위해서 우리는 보스턴의 한 기차역에서 기차 통근자들을 대상으로 설문 조사를 했다.[2] 우리는 사람들에게 텔레비전을 한 대 사야겠다고 생각할 때 고려하는 사항들이 무엇인지 모두 다 말해 달라고 했다. 텔레비전의 크기, 화면의 해

상도, 가격의 합리성 등 모든 요소들이 나왔다. 그런데 이 응답자들을 소득을 기준으로 저소득 집단과 고소득 집단으로 나누자 어떤 패턴 하나가 드러났다. 일부 사람들만이 우리가 묻지도 않았는데 자발적으로 '내가 그 텔레비전을 사면 무엇을 포기해야 할까?' 같은 생각을 밝히며 트레이드오프 사고를 내비쳤다. 스스로에게 이 질문을 던진 사람들은 표본 집단 내에서도 가난한 사람들이었다. 가난한 사람들은 부유한 사람들에 비해 거의 두 배 가까울 정도로 (75퍼센트 대 40퍼센트) 트레이드오프 사고를 드러냈다.[3] 놀라운 격차였다. 특히나 우리가 설정한 소득 구분 기준점은 결핍을 온전하게 대변하기에는 조잡한 부분이 있었기에 더욱 놀라웠다. 우리가 부자로 분류한 사람들 중 일부도 분명 결핍을 경험하고 있었다. 예를 들어서 어떤 사람들은 주택 담보 대출금, 신용 카드 빚, 학자금 대출 혹은 대가족을 부양하는 등과 같은 짐을 지고 있었다.

이와 동일한 설문 조사를 인도에서 했을 때 우리는 특이한 사실을 확인했다. 결핍의 정도가 한 사람이 확보하고 있는 예산의 규모와 그 사람이 구매하고자 하는 물품들의 가격에 따라서 결정된다는 점이었다. 보스턴의 한 기차역에서와 마찬가지로, 우리는 인도 사람들에게 믹서기 하나를 구매하는 것과 관련된 질문을 했다. 이때 부자들은 트레이드오프를 30퍼센트 미만으로 언급한 데 비해서 빈자들은 65퍼센트 넘게 언급했다. 하지만 보다 비싼 물품인 텔레비전 구매를 물었을 때, 부자와 빈자 모두 트레이드오프를 언급했다.[4] 트레이드오프를 생각하느냐 생각하지 않느냐 하는 것은 자기가 가진 예산에 비해서 구매하고자 하는 물품의 가격이 얼마나 되느냐에 따라서 결정된다. 믹서기는 빈자가 감당하기에는 상당히 큰 금액을 들여야 하지만 부자에게는 그렇지 않았다. 이에 비해서 텔레비전은 인도의 부자들에게도 상당히 비싼 물품이었다. 즉, 믹서기는 일부 사람들에게만 결핍을 환기시켰지만 텔레비전은 (모든 사람들의 경제적인 사정에 비해 상대적으로 많은 비용의 지출을 요구하므로) 모든 사람들에게 결핍을 일깨웠다. 이는 대부분의 미국인 가정에서 승용차 구입을 고려할 때 대부분이 트레이드오프를 생각하는 것과 마찬가지라고 볼 수 있다.

▌여유가 주는 여유

짐 싸기의 비유는 결핍이 트레이드오프 사고를 자아내는 이유가 무엇인지 보여 준다. 큰 가방으로 짐을 쌀 때는 느슨하게 대충 싼다. 구석이나 틈새의 빈 공간을 빽빽하게 다 채우지 않는다. 그래서 여기저기 빈 공간이 많이 남는다. 우리는 이 빈 공간을 '느슨함slack'이라고 부른다. 이는 우리의 예산 중 쓰이지 않고 남은 금액이기도 하다. 이 느슨함은 큰 가방에서 전형적으로 나타난다. 느슨함은 짐을 쌀 때 여유 공간을 가짐으로써 결핍이라는 정신적 상태를 경험하지 않은 결과이다. 풍족함을 느낄 때 보유 자원을 관리하는 특이한 접근법의 결과이다. 느슨함이라는 개념은 트레이드오프를 고려하며 가격에 주의를 기울이는 경향을 (혹은, 트레이드오프를 고려하지 않고 가격이 얼마인지

2부 결핍의 악순환

알아채지 못하는 경향을) 설명할 수 있다.

짐을 쌌는데 추가로 어떤 물건을 더 넣으려 한다고 치자. 큰 가방이면 그냥 넣으면 된다. 다른 물건을 굳이 빼지 않아도 된다. 가방에는 빈 공간이 많이 있으므로 굳이 다른 물건들을 빽빽하게 다시 정리할 필요도 없다. 요컨대 큰 가방에는 느슨함이 있다. 그런데 작은 가방이면 이야기가 달라진다. 어떤 물건을 추가로 집어넣으려면 다른 물건을 빼내야 한다. 느슨함은 사람들에게 트레이드오프가 없다는 느낌을 준다. 10달러짜리 칵테일을 사는 데 필요한 돈은 어디에서 나올까? 만일 당신이 부자라면 그 칵테일의 비용은 0으로 느껴질 것이다. 이처럼 비용을 치르는 것은 느슨함이지 당신이 아니다. 느슨함은 사람들에게 트레이드오프를 면제시켜 준다.

누구나 시간의 느슨함을 경험한 적이 있을 것이다. 여유로운 주말이면 사람들은 일정을 넉넉하게 비워 둔다. 예를 들어 회의와 회의 사이에 15분이라는 여유 시간을 둘 수 있다. 이는 바쁠 때 같으면 어림도 없는 일이다. 이 시간은 그냥 거기에 있다, 마치 집 여기저기에 굴러다니는 동전처럼 말이다. 그것을 어떻게든 아껴 써야 한다는 강박적인 생각에 사로잡히지 않아도 된다. 빡빡하게 일을 하지 않아도 된다. 한 동료가 열 시에서 열한 시 사이에 전화를 걸어 어떤 문제를 상의하겠다고 하면 구체적으로 몇 시 몇 분에 전화를 할 것인지 말해 달라는 말을 하지 않는다. 30분쯤 걸릴 그 통화를 위해서 그냥 모든 시간을 다 비워 두기만 하면 된다.

많은 사람들은 돈의 느슨함도 즐긴다. 한 조사 결과로는 고소득자 쇼핑객은 '돈을 충분히 많이 벌기 때문에 군이 필요성을 느끼지 못해서' 지출 항목을 따지지 않는다고 답변한 비율이 두 배 높았다.[5] 네덜란드에서 이루어진 한 조사에서는 상대적으로 부유한 사람들은 예산 지출에 대해서 미리 생각하지 않는다는 사실이 드러났다.[6] 그리고 재무 설계사들도 흔히 느슨함을 설정한다. 금액이 큰 항목들은 꼼꼼하게 따져서 운용 계획을 밝히지만 나머지 것들은 고객이 알아서 하도록 남긴다. 예를 들어서 〈MSN 머니〉의 편집자인 리처드 젠킨스Richard Jenkins는 10퍼센트를 그냥 없는 셈 치고 제쳐 두라고 말한다.[7] 아예 장난감 모조 지폐라고 생각하라는 말이다.

물론 쓸 수 있는 돈을 다 허투루 쓰지 않도록 하는 것이 신중하고 면밀하며 현명한 선택의 결과일 수 있다. 예상치 못한 지출에 대비해 여윳돈을 두는 것은 의식적이고 신중하며 빈틈없는 전략이다. 살면서 닥칠 수 있는 엉뚱한 일들에 대비하는 일종의 보험인 셈이다. 공항까지 가는 데 25분밖에 걸리지 않는다 하더라도 만일의 경우에 대비해서 45분을 배정하는 식이다. 하지만 우리가 사용하는 '느슨함'이라는 용어의 범위 안에는 예상치 못한 어떤 일에 대처하기 위해 의도적으로 만들어 두는 여유가 포함되지 않는다. 예컨대 당신은 가방을 쌀 때 출장지에서 쇼핑을 한다든가 하는, 나중에 일어날 수도 있는 어떤 일에 대비해서 여유 공간을 남겨 둘 수도 있다. 그러나 이것은 의도된 느슨함, 의도적으로 할당한 느슨함이다.

하지만 우리가 여기에서 사용하는 느슨함이라는 용어는 의도적으로 준비한 느슨함을 뜻하는 게 아니다. 자원이 풍족하기 때문에 저절로 생겨난 여유, 이를 우리는 느슨함이라고 규정한다. 돈이 넘치도록 많을 때는 1달러 단위를 쩨쩨하게 따지지 않는다. 집이나 자동차를 고를 때도 모든 것이 다 들어갈 정도로 여유가 있는 것을 선택한다. 휴가지를 고를 때도 계좌에 돈이 얼마나 남아 있는지 따지지 않고, 다시 말해서 대가를 전혀 고려하지 않고 오로지 휴가를 즐길 생각만 한다. 바로 이런 사고방식이 풍족함의 특징 중 하나이며, 바로 여기에서 느슨함이 비롯된다.[8]

그런데 어째서 가난한 사람에게는 느슨함이 적고 부유한 사람에게는 느슨함이 많을까? 이유가 뭘까? 자연의 한 가지 비유가 이 질문에 답을 준다.

▌가난한 꿀벌과 부유한 말벌

인간이 지은 어떤 건축물에도 꿀벌이 만든 벌집만큼 세심한 정성과 계산이 들어가지는 않는다.[9] 젊은 일벌들은 꿀을 게걸스럽게 먹은 뒤에 지극히 적은 양의 밀랍을 뱉어 낸다. 그런데 이들이 먹는 꿀과 뱉어 내는 밀랍의 비율이 놀랍다. 밀랍 1파운드(약 3.6킬로그램)를 생성하려면 꿀 8파운드를 먹어 치워야 하는데, 이렇게 하려면 9만 번이나 꽃을 찾아 날아야 한다. 밀랍은 아주 작은 덩어리들로 모이는데, 이때 벌들은 한데 뭉쳐 자신들의 체온으로 밀랍을 따뜻하게 데워 모양을 잡을 수 있는 상태로 만든다. 그리고 벌들은 이 밀랍을 벌집을 만들기 위한 타일 공사를 할 장소로 아주 조금씩 옮긴다. 이 타일을 만드는 일은 철저하게 따로 진행되는데, 전체 작업을 감독하는 관리자는 없다. 꿀벌들의 이런 작업은 모래 알갱이 하나하나를 모아서 성을 쌓는 일에 비유할 수 있다. 그런데 이 거대한 공사를 하면서 꿀벌들은 자기가 어디에서 어떤 작업을 하고 있는지 따로 조사하거나 계산하는 일이 없다. 그리고 또 지시를 내리는 감독자도 없다. 그런데 벌들은 이 일을 수백 명의 동료들과 함께 한다. 그것도 깜깜한 암흑 속에서 말이다. 그런데도 공사는 차질 없이 착착 진행된다. 꿀벌들이 만드는 벽의 각도는 정확하게 120도이다. 그래서 벌집 특유의 육각형 방이 나오는 것이다. 각 벽의 두께는 0.1밀리미터도 되지 않는데 오차범위는 0.002밀리미터 내외이다. 허용 오차로 따지면 2퍼센트인데 인간의 건축 기준으로 보더라도 높지 않다. 이와 비교해 미국 국립표준기술연구소NIST는 건축용 합판의 폭에서 10퍼센트의 오차를 허용한다.[10]

벌꿀과 마찬가지로 말벌의 한 종류인 나나니벌 역시 훌륭한 건축가들이다. 하지만 이들은 진흙으로 집을 만든다.[11] 그런 다음에 거미를 쏘아서 잡은 뒤에 스무 마리 넘게 집 안으로 끌어들이고, 그 다음 여기에 알을 낳고 봉한다. 알에서 깬 애벌레는 어미가 잡아 놓은 거미를 먹이로 삼아 밀폐된 집 안에서 겨울을 난다. 그런데 나나니벌은 꿀벌과 다르게 빼어난 건축가는 아니다. 집 안의 각 방들은 원통형이지만 불규칙하게 배열되어 있으며, 여기에서는 꿀벌의 집에서 볼 수 있는 정확성을 찾아볼 수 없다. 그렇다면 어째서 꿀벌은 그토록 정

2부 결핍의 악순환

밀한 건축물을 만드는데 나나니벌은 그토록 엉성한 집을 만들까? 이유는 바로 결핍에 있다. 나나니벌은 흔해 빠진 소재인 진흙으로 집을 짓는다. 이에 비해서 꿀벌은 귀하디귀한 소재인 밀랍으로 집을 짓는다. 꿀벌의 밀랍은 (작은 가방 속의 귀중한 수납 공간이나 경제적으로 어려울 때의 귀중한 몇 달러처럼) 아껴 써야만 한다. 대충 집을 짓는다는 것은 이 귀중한 밀랍을 낭비하는 것이다. 재료 사용을 효율적으로 하려면 집을 잘 지어야만 한다. 이에 비해서 나나니벌의 건축 소재는 사방에 널려 있어 값싸게 구할 수 있다. 그러니 낭비를 해도 아무런 문제가 없다. 그래서 나나니벌은 느슨함의 여유를 누릴 수 있다. 꿀벌은 이런 여유를 누릴 수 없는데, 이들의 건축 소재는 매우 비싸기 때문이다.

이와 비슷한 일이 가난한 사람과 부유한 사람 사이에서도 일어난다. 이런 상상을 한번 해 보자. 지금 당신은 가방에 짐을 싸려고 한다. 짐을 싸기 전에 가져가고 싶은 물건들을 침대에 늘어놓는데, 가장 중요한 것부터 차례대로 왼쪽에서 오른쪽으로 배열한다고 치자. 사흘 동안 여행을 한다면 첫 번째 속옷은 가장 왼쪽에 놓일 것이고 다섯 번째 속옷은 가장 오른쪽에 놓일 것이다. 이런 식으로 당신은 가장 중요한 것부터 가방에 넣기 시작한다. 그런데 어느 정도 물건을 넣고 나니 가방이 꽉 차기 시작한다. 이때쯤이면 당신은 다섯 번째 속옷처럼 그다지 필요할 것 같지 않은 물건을 싸고 있을 것이다. 부자가 짐을 쌀 때 가방에 생기는 여유 공간은 그다지 중요하지 않은 물건들을 희생함으로써 생기는 것이다. 그런데 가난한 사람의 가방은 꼭 필요한 물건들을 다 챙기지도 않았는데 벌써 가득 찬다. 작은 가방에서는 자그마한 공간도 귀하다. 그런데 큰 가방에서는 수납 공간이 조금 더 늘어난다고 해서 효용이 그만큼 늘어나지는 않는다. 경제학자들은 이것을 한계 효용 체감의 법칙이라고 부른다. 보다 많이 가지면 가질 수록 추가되는 각 자원이 제공하는 효용이 점점 줄어든다는 뜻이다.

이 모든 것에는 경제적인 논리가 적용된다. 가난한 사람이 느슨함을 덜 가지는 이유는 이들에게는 이 느슨함을 가질 여유가 없기 때문이다. 그런데 부자가 가방에 물건을 싸는 데 드는 비용은 나나니벌의 진흙처럼 싸다. 반면 빈자에게는 그 비용이 꿀벌의 밀랍처럼 비싸다. 그래서 부자는 나나니벌처럼 아무렇게나 짐을 싸지만 빈자는 꿀벌처럼 조금의 느슨함도 허용하지 못하고 신중하게 짐을 싼다.

또한 여기에는 심리학적인 기제도 깊이 작용한다. 부자와 빈자가 짐을 싸다가 잠시 쉰다고 치자. 이때 각자에게는 아직도 가방에 싸야 할 물건들이 남아 있다. 빈자의 경우 아직 가방에 넣지 못하고 남아 있는 물건들에도 소중한 가치가 있기 때문에 그런 것들이 빈자의 주의를 사로잡는다. 빈자는 그 물건에 사로잡힌 나머지 터널링 상태에 빠져서 오로지 이 생각밖에 하지 못한다.

'짐을 다시 싸지 않고도 이것들을 다 가지고 갈 방법은 없을까?'

짐 싸기는 이들의 주의력을 온전하게 사로잡는다. 혹시라도 남겨 두고 가는 물건 때문에 낭패를 당할 수도 있기 때문이다. 하지만 부자들이 잠시 휴식을 할 때 그의 주변에 남아 있는 물건들은 그다지 중요하지 않은 것들이다.[12] 가방에 모두 다 넣어도 좋고, 굳이 넣지 않아도 상관없다. 부자는 이처럼 짐 싸기에 모든 주의력을 쏟지 않아도 되니 여유가 있을 수밖에 없다.

▌느슨함으로 살 수 있는 것

집이란 것은 위에 덮개를 단 잡동사니 무더기일 뿐이다.[13]
— 조지 칼린George Carlin

이 모든 느슨함은 어디로 갈까? 만일 당신이 대부분의 사람들과 다르지 않다면, 이 질문의 답이 무엇인지 혼자서도 알 수 있을 것이다. 부엌으로 가서 수납장을 살펴보라. 아마 아주 오래전에 산 물건들이 가득 차 있을 것이다. 다른 사람들 집도 마찬가지다. 미국 전역의 부엌 수납장은 오랜 세월 동안 사용하지 않은 온갖 종류의 스프 분말, 잼, 깡통 식품으로 가득 차 있다. 이런 현상이 하도 일반적이라 식품 연구자들은 여기에 이름까지 붙였다. 이른바 '수납장에 버려진 것들 cabinet castaway'이다.[14] 어떤 연구서는 부엌 수납장에 들어가는 식품 열 개 중 하나는 '수납장에 버려진 것들'이 될 운명이라고까지 추정한다.

사실 많은 사람들의 집은 이렇게 버려진 것들을 모아 둔 박물관이다. 부엌의 수납장을 마지막으로 정리하거나 청소한 적이 언제인지 생각해 보라. 혹은 '이게 왜 여기 있지?'라는 생각이 들었던 때가 있는지 생각해 보라. 이렇게 버려진 물건들이 너무 많다 보니 수납 공간 자체가 희소 상품이 된다. 그래서 이 모든 것들을 따로 보관해 주는 사업인 셀프 스토리지 창고업(역주 – 개인용 물품을 보관하는 창고를 임대하는 서비스로, 사용자는 필요할 때마다 쉽게 이 창고에 접근할 수 있다)이 등장해서 호황을 누릴 정도이다. 어떤 사람들은 연간 120억 달러가 셀프 스토리지에 버려진다고 추정하는데, 이 금액의 규모는 음악 구매에 지출되는 비용의 세 배나 된다.[15] 아닌 게 아니라 미국에는 셀프 스토리지 창고로 사용되는 공간이 무려 약 186제곱킬로미터나 된다. 셀프 스토리지 협회도 '셀프 스토리지 총 면적 안에 미국의 모든 인구를 세울 수 있다.'고 말한다.[16]

놀라운 사실도 아니지만, 셀프 스토리지 산업의 이런 성장은 풍부함에서 비롯되는 느슨함에 깊이 의존한다. 이와 관련해서 한 작가는 〈뉴욕 타임스〉에 다음과 같이 썼다.

"인간의 게으름은 언제나 셀프 스토리지 업체들의 거물 고객이죠." 컨설팅 회사인 '스토리지 마케팅 솔루션스'의 대표인 데렉 네일러 Derek Naylor가 나에게 한 말이다.

"이 업체들만 있으면 사람들은 온갖 물건들을 치우느라고 하루 온종일을 소모하지 않아도 되기 때문입니다. 사람들은 여유가 있는 한 그리고 또 여유가 있다고 심리적으로 느끼는 한, 그 물건들을 영원히 집 안 구석구석에 처박아 둡니다. (…) 그런데 (2008년에 시작한 대불황기 동안에) 신용 카드 지출 명세서를 예전보다 더 꼼꼼하게 살피는 사람들이 생겨났죠."

네일러는 계속해서 이렇게 말한다.

"이 사람들은 자기들이 집에 두고 있던 물건들을 자세히 살펴보고는, 한 달에 100달러씩 내 가며 이것들을 보관할 가치가 없다는 사실을 깨닫고, 그 물건들을 치우는 겁니다."**17**

느슨함은 사람들을 자유롭게 해서 아무 생각 없이 물건을 사다 놓고 방치하게 만든다. 느슨함 때문에 사람들은 이국적인 깡통 스프 음식이나 리모컨으로 조종하는 모형 비행기를 구매한다. 느슨함 때문에 사람들은 어떤 물건을 구매할 때 그 물건의 쓸모를 굳이 따지려 들지 않는다. '과연 내가 이 주사기를 본전 뽑을 때까지 알뜰하게 사용할까?'라는 질문이나 '과연 내가 바지 대신 저 대담한 디자인의 신발을 사면 본전을 뽑을 때까지 신을까?'라는 질문을 굳이 스스로에게 하지 않는다. 트레이드오프가 없기 때문에 우리는 그저 '사면 되지 뭐.'라고만 생각한다. 느슨함이 우리를 트레이드오프에서 해방시키고 우리에게 마음대로 쇼핑할 자격을 부여한다. 우리는 느슨함이 발급해 준 쇼핑 자격증의 권한 아래에서 다른 어떤 고려도 하지 않은 채 물건의 매력만 보고 그 물건을 구매한다.

물론 이런 행위는 비효율적이며 낭비이다. 시간이 남아돌 때 사람들은 시간을 허투루 쓰며 꾸물거린다. 그리고 이때 시간은 증발한다. 여기저기서 증발하는 5분, 10분이 쌓이면 몇 시간이 된다. 사람들은 자기에게 주어진 하루 열여섯 시간 가운데 오로지 여섯 시간만 제대로 사용한다. 이틀이면 끝낼 일을 일주일이라는 시간을 들여 끝낸다. 다시 한 번 말하지만, 여기에서 말하는 느슨함에 일부러 '중요한 일을 하지 않기로' 계획하고 그 계획에 따라 시간을 낭비하는 행위는 포함되지 않는다. 전혀 예상하거나 계획하지 않았음에도 불구하고 자기도 모르게 시간을 낭비하는 행위만이 우리가 말하는 느슨함의 결과이다. 여유 시간이 많을 때 사람들은 시간을 별 계획 없이 낭비한다. 그리고 공돈이 생기면 쓸모없는 물건을 사고서는 그랬다는 사실조차 잊어버린다. 자기가 무엇을 한지도 모르는 사이에 몇 시간이 훌쩍 가 버린다. 부엌의 수납장에는 먹지도 않는 식품들이 가득 차 있다. 그리고 셀프 스토리지 업체에 물건을 맡겨 놓고서는 거기에 무엇을 맡겼는지 까맣게 잊어버린다.

하지만 느슨함은 단지 비효율에 그치지 않는다. 다음은 우리의 실험에 참가했던 대학생 피실험자들 중 한 집단에게 제시했던 가상의 상황이다.[18]

당신은 내일까지 제출해야 하는 리포트를 준비하기 위해 저녁 시간을 도서관에서 보내기로 계획을 세운다. 그런데 교정을 걸어가다가 어떤 포스터를 보고는, 당신이 평소 존경하던 어떤 작가가 오늘 저녁에 강연을 할 예정이라는 사실을 깨닫는다. 이 상황에서 당신은 도서관으로 가겠는가, 아니면 그 작가의 강연을 들으러 가겠는가?

그리고 또 다른 집단의 대학생들에게도 동일한 상황을 제시하되 도서관에 가지 않도록 권유하는 (굵은 글자로 표시한) 내용의 또 다른 선택권을 추가했다.

당신은 내일까지 제출해야 하는 리포트를 준비하려고 저녁 시간을 도서관에서 보내기로 계획을 세운다. 그런데 교정을 걸어가다가 어떤 포스터를 보고, 당신이 평소 존경하던 어떤 작가가 오늘 저녁에 강연을 할 예정이라는 사실, **그리고 또 당신이 줄곧 보고 싶어 했던 어떤 외국 영화가 시청각실에서 상영될 예정이라는 사실을 깨닫는다.** 이 상황에서 당신은 도서관으로 가겠는가, 아니면 그 작가의 강연을 들으러 가거나 영화를 보러 가겠는가?

매력적인 대안이 한 가지만 제시되었을 때는 60퍼센트가 도서관행을 선택했지만, 매력적인 대안이 두 가지 제시되자 오히려 그보다 더 많은 80퍼센트가 도서관행을 선택했다. 보다 많은 매력적인 선택지를 제시받은 사람들이 이 선택지들 가운데 어떤 것도 선택하지 않은 비율이 높다니, 금방 이해가 되지 않는 결과이다. 왜 이런 결과가 나올까? 선택이 어렵기 때문이다. 강연장과 도서관 중 하나를 선택해야 할 때 당신은 그날 더 중요한 일이 리포트를 쓰는 일인지 강연을 듣는 일인지 선택하면 된다. 그러나 공부가 아닌 여가 활동이 두 가지인 경우에는, '여가 활동을 한다고 할 때 두 가지 중에서 어느 것을 선택해야 할까?' 하는 또 하나의 결정을 추가로 내려야 한다. 이 추가 선택에 직면하면 사람들은 그냥 이렇게 말한다.

"그래, 골치 아프니까 그냥 다 잊어버리고 도서관에 가서 리포트나 쓰자."

처음의 계획을 고수함으로써, 다시 말하면 아무것도 선택하지 않음으로써 선택의 부담을 회피하는 것이다.

느슨함은 선택의 부담을 회피하는 손쉬운 방법을 제공한다. 강연과 영화 사이에 하나만 선택해야 하는 유일한 이유는 주어진 시간이 빠듯하기 때문이다. 만일 시간 여유가 있다면, 즉 느슨함을 가지고 있다면, 둘 다 할 수 있다. 주머니 사정이 넉넉하지 않은 사람이 쇼핑을 하다가 마음에 드는 옷이 두 개 있으면, 돈을 아껴야 하므로 그 둘 가운데 하나를 선택해야 한다. 다이어트를 하는 사람이 아이스크림을 먹으려는데 마음에 드는 맛이 두 가지가 있다면, 칼로리를 생각해서 하나만 선택해야 한다. 문제가 되는 게 돈이든 시간이든 혹은 칼로리든 간에 느슨함은 언제나 아무것도 선택하지 않아도 되는 사치를 누릴 수 있도록 허용한다. 느슨함은 당신이 '둘 다 주세요.'라는 말을 할 수 있도록 허용한다. 느슨함은 우리에게, '선택할 자유'[19]라는 밀턴 프리드먼Milton Friedman의 이상理想이 아니라 선택하지 않을 자유를 제공한다.

▍실패를 상쇄하는 여유

느슨함은 또 다른 중요한 이득을 제공하는데, 다음 일화에 이러한 내용이 잘 보인다.

알렉스와 벤이 옷 가게 앞을 지나간다. 두 사람 다 가죽 재킷을 본다. 두 사람 모두 이런 재킷을 가지고 있지 않다. 그리고 이런 재킷은 두 사람 모두 평소부터 가지고 싶어 하던 옷이다. 이 옷은 정말이지 완벽하게 잘 빠졌다. 그런데 문제는 너무 비싸다는 점이다. 무려 200달러나 한다. 게다가 썩 실용적인 옷이 아니다. 이 상황에서 올바른 행동은 가던 길을 그냥 가는 것이다. 하지만 오래 간직해 온 바람을 외면하기란 쉽지 않다. 둘 다 '뭐 어때?'라고 말하고는, 유혹에 굴복해서 그 재킷을 산다.

알렉스는 경제적으로 넉넉하다. 그는 집에 가서 '괜히 샀어!'라고 생각한다.

벤은 경제적으로 쪼들린다. 그는 집에 가서 '괜히 샀어!'라고 생각한다. 그런데 그 생각에 다른 생각이 꼬리를 문다. '이제 자동차를 고칠 돈도 없잖아. 그러면 난 직장에 지각을 하게 될 테고, 그러면 또⋯⋯.'

벤은 알렉스에 비해 더 큰 시련을 맞이한다. 두 사람은 스스로의 선택에 따라 200달러의 유혹에 굴복해 어리석은 구입을 했다. 두 사람은 그 가죽 재킷에 같은 돈을 지불했다. 그런데 알렉스는 그 실수를 아무렇지도 않게 털어 낼 수 있지만 벤은 그렇지 않다. 같은 실수를 했음에도 불구하고 결과는 다르다. 벤의 세계가 이렇게 우울할 수밖에 없는 것은 그가 상술이 특출난 판매원을 만났기 때문도 아니고 부담해야 하는 이자율이 특별히 높기 때문이 아니다. 그에게는 느슨함이 부족하기 때문이다.

자, 그렇다면 그 200달러를 두 사람은 각각 어떻게 지불할까? 경제적으로 넉넉한 알렉스의 경우에는 느슨함이 그 비용을 지불해 준다. 그 잘못된 구매를 하기 전에 그는 아직 경제적으로 여유가 있었다. 그래서 남아 있던 여유 공간에서 200달러가 나올 수 있었다. 하지만 경제적으로 쪼들리던 벤에게는 느슨함이 없다. 그러므로 그 200달러를 지출하려면 그가 세웠던 다른 계획, 본인이 꼭 필요하다고 여겼던 어떤 것을 포기해야 한다. 그는 자기가 저지른 실수에 대한 대가로 실질적인 희생을 치러야 한다. 알렉스의 경우에서 볼 수 있는 것처럼 느슨함은 트레이드오프를 해야 하는 필요성을 면제해 줄 뿐만 아니라 실수를 하더라도 실질적인 희생을 감수하지 않아도 되게 해 준다.

시간과 관련된 비슷한 사례를 살펴보자. 한 연구에서 심리학자들이 대학교 졸업반 학생들에게 학사 학위 논문을 완성하기까지 시간이 얼마나 걸릴지 추정해 보라고 했다.[20] 이렇게 해서 나온 평균 추정치는 34일이었다. 다만 유리한 상황이 전개될 수도 있고 불리한 상황이 전개될 수도 있으므로 빠르면 27일, 늦으면 38일까지 걸릴 수 있다는 데 학생들은 동의했다. 그러나 실제로는 평균 55일이 걸렸다. 추정이 많이 빗나간 것이다. 그런데 이런 잘못된 추정은 단지 경험 없는 대학생들의 어리석음 때문만은 아니다. 기업의 관리직 사원부터 영화 제작자에 이르기까지 모든 사람이 이런 계획 오류planning fallacy를 저지른다. 사람들은 누구나 자기가 세우는 미래의 계획을 지나치게 낙관적으로 전망하기 때문이다. 심지어 체스 고수들조차도

초반에 제한 시간을 너무 많이 써 버리는 바람에 후반, 특히 막판에 가서 시간에 쫓긴다.[21]

이 계획 오류는 많은 사람들에게 일반적으로 나타나는 현상이다. 하지만 모든 사람들이 동일한 결과를 경험하지는 않는다. 당신이 이 달 말까지 어떤 프로젝트를 끝내야 한다고 치자. 실제로 그 프로젝트는 40시간의 작업을 필요로 하지만 당신은 30시간밖에 걸리지 않을 것이라고 추정하고, 이 잘못된 추정에 따라서 계획을 세운다. 그리고 마감 기한인 월말이 점점 다가오면서 추정을 잘못했다는 사실이 점점 명확하게 드러난다. 당신에게는 10시간이 부족하다. 자, 그렇다면 당신은 이 모자라는 시간을 어떻게 메우겠는가?

당신이 끔찍히 바쁘지는 않다고 가정하자. 이 경우에 그 부족한 시간은 그저 성가실 뿐이다. 당신을 일정표를 보고 어렵지 않게 시간을 마련한다. 쉽게 연기하거나 취소할 수 있는 약속들이 있을 것이기 때문이다. 그리고 보다 중요한 사실은 당신의 일정표에는 여기저기 빈 공간들이 많이 있다는 것이다. 귀찮긴 하지만 조금만 조정을 하면 당신에게 필요한 10시간을 어렵지 않게 확보할 수 있다.

그런데 이번에는 이미 월말까지 일정이 빡빡하게 예정되어 있다고 가정하자. 그러면 10시간을 추가로 확보하는 문제는 단지 성가신 정도의 문제가 아니게 된다. 일정표는 꽉 차 있어서 시간을 쪼갤 데가 없다. 나무 블록으로 쌓아 올린 흔들거리는 탑처럼 어느 것 하나라도 잘못되면 전체가 다 무너지고 망가질 수 있다. 달리 선택의 여지가 없으니 당신은 어쩔 수 없이 몇 가지 어려운 선택을 한다. 우선 덜 긴박한 일을 조금 뒤로 미룬다. 물론 그렇게 미룬 일이 잘못되면 어떻게 하나 하는 두려움이 뒤따른다. (하지만 그렇다고 해서 거기에 대한 대안을 생각하는 것은 아니다.) 당신은 시간을 미리 당겨서 쓰는 대출을 한 셈이고, 여기에는 지불해야 할 대가가 따른다. 즉, 문제의 그 프로젝트가 끝난다 하더라도 곧바로 그보다 더 끔찍한 악몽을 맞아야만 한다.

덜 바쁜 사람의 경우 느슨함은 실수를 흡수해 주고 부정적인 결과를 최소화한다. 이에 비해 바쁜 사람은 그 실수의 부정적인 결과를 쉽게 떨쳐 내지 못한다. 당겨 쓰는 시간만큼 다른 어떤 것을 희생해야만 한다. 동일한 실수를 저질렀음에도 불구하고 훨씬 더 큰 대가를 치러야 한다. 우리는 조금 전에 느슨함이 얼마나 비효율적일 수 있는지 보았다. 우리는 한 번도 쓰지 않을 물건을 사며, 또 돈과 시간을 비효율적으로 사용한다. 그런데 여기에서 우리는 느슨함에 감추어져 있던 효율성을 목격한다. 느슨함은 실수를 저질렀을 때 만회할 수 있는 여지, 실패를 해도 괜찮을 여유를 제공하는 것이다.

느슨함은 다른 방식으로도 우리를 실패로부터 차단해 준다. 앞서 제시한 일화에서 알렉스와 벤은 가죽 재킷에 동일한 금액을 지불했다. 그러나 어떻게 보면 벤이 더 많은 금액을 지불했다. 알렉스의 소득을 기준으로 200달러는 작은 돈이지만 벤에게는 작은 돈이 아니다. 같은 금액의 실수가 벤에게 더 비싼 대가를 요구한다. 경제학자인 아비지트 바너지Abhijit Banerjee가 설명했듯이 이는 '유혹의 세금 temptation tax'으로, 적게 가진 사람일수록 더 많은 세금이 부과되는 누

감세이다.[22]

경제학과 대학원 학생이던 댄 비요르케그렌Dan Bjorkegren은 인도네시아에서 사람들의 다양한 소비 패턴을 대규모로 조사해서 이와 관련된 현상을 검증했다. 그는 사람들의 소비 가운데 몇 가지를 '유혹 상품'으로 분류했다. 이 분류는 분명 주관적이라서 논란의 여지가 있다. 그래서 차후에 진행될 조사에서는 사람들에게 스스로 '유혹 상품'을 분류해 달라고 요청하게 될 것이다. 하지만 최초의 조사로는 충분히 가치가 있는 것이었으며, 유혹 상품에 포함된 품목들도 담배, 술, 혹은 중독성 제품 등으로 상당히 합리적이었다. 비요르케그렌은 이들 상품에 지출된 금액의 비율을 살핌으로써 유혹의 세금을 계량화했다. 이렇게 해서 그가 밝혀낸 사실에 따르면, 가장 가난한 집단에게 유혹의 세금이 가장 높았고, 이는 전체 소비 가운데 10퍼센트나 차지했다. 그런데 부유한 집단일수록 유혹의 세금은 점점 낮아져서, 가장 부유한 집단에게 부과되는 유혹의 세금은 1퍼센트밖에 되지 않았다. 물론 부자들이 여러 가지 유혹에 절대적으로는 매우 많은 돈을 지출했지만 전체 지출에서 유혹의 세금이 차지하는 비율은 훨씬 작았던 것이다.

만일 실수에 따르는 비용이 더 커지고 실패를 할 가능성이 더 많다면, 결핍은 사람을 보다 신중하게 만들지 않을까? 말이 쉽지 실제로는 그렇지 않다. 아무리 노력을 해도 실수가 줄어들지 않는 경우가 많다. 이런 실수들 가운데 대부분은 부주의함에서 비롯되는 것이 아니라 우리 정신 깊은 곳에서 진행되는 사고 과정에 뿌리를 두고 있다. 노력이나 신중함만으로는 계획 오류를 막을 수 없다. 노력이나 신중함은 우리가 의식하지 못하는 곳에서 진행되는 일을 일러 주지 못하며, 모든 유혹에 저항하는 강철의 의지력을 우리에게 보장해 주지는 못한다. 뇌 활동의 직접적인 결과물인 여러 편향들은 그 결과에 언제나 반응하지는 않는다. 우리는 순간적인 유혹에 굴복할 수 있다. 우리는 건강할 때도 과자를 먹을 수도 있고 당뇨를 앓고 있으면서도 과자의 유혹을 뿌리치지 못할 수 있다. 시시한 비디오 게임을 하면서 정신이 산만해질 수도 있고, 고속도로에서 자동차를 운전하면서 정신이 산만해질 수도 있다. 심리적 편향들은 보다 극단적인 결과를 초래할 수 있음에도 불구하고 지겹도록 달라붙어 떨어지지 않곤 한다.[23]

결핍은 사람들로 하여금 보다 큰 실수를 하도록 유도한다. 대역폭 세금은 실수를 저지르기 딱 좋은 지점에 사람들을 데려다 놓는다. 바쁜 사람은 훨씬 더 큰 계획 실수를 저지르기 십상이다. 이런 사람은 어쨌거나 자기가 가장 급하게 처리해야 할 일에 정신을 집중하긴 해도 정신은 더 자주 다른 곳에 가 있기 때문이다. 이럴 경우 필연적으로 계획을 잘못 세울 수밖에 없다. 대역폭이 위태롭게 훼손되어 있을 때는 충동과 유혹에 굴복할 가능성이 보다 높다. 느슨함이 상대적으로 적을 때는 실패를 해도 괜찮을 여지 역시 그만큼 줄어든다. 대역폭이 훼손되어 있을 때 실패할 가능성은 그만큼 더 높다.

이런 발상을 하면 결핍을 유발하는 여러 조건들을 새로운 관점으로 바라볼 수 있다. 연체료는 계획 오류나 약속을 잊어버리는 행위에 대한 벌이다. 하지만 이것은 결핍 속에서 살아가는 사람들에게 훨씬 더 적대적인 환경을 만들어낸다. 쉽게 사 먹을 수 있는 정크푸드는 가난하고 바쁜 사람들에게 비만을 유발할 수 있는데, 이런 사람들은 그럴수록 더 나쁜 환경에 노출되고 또 집중을 하지 못하는 악순환에 빠진다. 그러나 부유하고 여유로운 사람들에게는 그런 것들이 덜 위협적이다. 읽어 봐도 쉽게 이해하기 어려운 대출 약관들은 특히 경제적으로 쪼들리며 결핍을 경험하는 사람들이 더 잘못 이해하며, 그 바람에 그들은 커다란 낭패를 당한다. 실수할 여지를 주고 사람들을 곤경에 빠트리는 환경을 극복하는 일은 누구에게나 힘든 과제이다. 그런데 결핍에 사로잡힌 사람들은 이런 환경을 특히 더 극복하기 어렵다.

결핍은 단지 실패를 해도 괜찮은 여유가 적은 것만을 의미하지는 않는다. 실수를 할 가능성이 훨씬 더 크다는 의미이기도 하다. 앞서 소개했던 알렉스와 벤의 이야기에서는 가죽 재킷이 유혹의 원인이었다. 이 옷을 구매하는 행위는 두 사람에게 모두 실수였다. 그런데 앞서 제시했던 이야기를 다음과 같이 바꿔서 썼다고 상상해 보자.

알렉스와 벤이 옷 가게 앞을 지나간다. 두 사람 다 가죽 재킷을 본다. 두 사람 모두 이런 재킷을 가지고 있지 않다. 그리고 이런 재킷은 두 사람 모두 평소부터 가지고 싶어 하던 옷이다. 이 옷은 정말이지 완벽하게 잘 빠졌다. 그런데 문제는 너무 비싸다는 점이다. 무려 200달러나 한다. 게다가 썩 실용적인 옷이 아니다. 경제적으로 넉넉한 알렉스는 '뭐 어때?'라면서 그 재킷을 산다. 알렉스가 자기 돈을 이보다 더 잘 쓸 수는 없을 듯하다. 그런데 경제적으로 쪼들리는 벤은 그것이 잘 못된 소비임을 깨닫는다. 그는 유혹에 저항해야 한다.

여기에서 그 재킷을 사는 행위는 벤에게는 실수이지만 알렉스에 게는 실수가 아니다. 알렉스에게는 실수가 되지 않는 상황은 바로 넉 넉함이 제공해 준다. 넉넉한 부는 유혹을 (얼마든지 쉽게 누릴 수 있는) 사치로 바꾸어 준다. 동일한 상품이라고 하더라도 가난한 사람에게 는 실수가 되지만 부유한 사람에게는 하지 말았어야 할 쓸데없는 짓 (즉, 사치)밖에 되지 않는다. 다이어트를 하는 사람은 다이어트를 하지 않는 사람이 아무 생각 없이 먹는 음식을 의식적으로 피해야 한다. 바쁜 사람은 바쁘지 않은 사람이 아무렇지도 않게 하는 행위, 예를 들면 친구와 수다를 떨거나 텔레비전을 보는 행위를 피함으로써 산 만함에 빠지지 말아야 한다.

결핍은 실수에 따른 비용을 높일 뿐만 아니라 실수할 가능성, 잘 못된 선택을 할 가능성을 더 많이 제공한다. 일을 정확하게 하는 게 한층 어려워진다. 많은 항목들이 (바쁜 사람에게는 시간이, 그리고 가난한 사람에게는 비용이) 제한된 예산 안에 꼭 맞게 들어가도록 신중을 기해 야 한다. 이런 점을 확인하기 위해서 다시 한 번 더 짐 싸기에 비유 해 생각해 보자. 센딜과 엘다 두 사람이 어떤 소풍 행사에 초대를 받 았다고 치자. 센딜은 과일 샐러드를 만들 과일을 준비해야 하고 엘다 는 간식인 젤리빈을 가지고 가야 한다. 센딜은 어떻게 하면 짐을 가 장 잘 쌀 수 있을지 신중하게 생각해야 한다. 수박 한 통만 해도 가방의 공간을 많이 차지하기 때문이다. 파인애플 하나를 넣는다고 해도 다른 것들은 넣기 어려워진다. 어쩌면 바나나 몇 개를 구석에 넣거나 포도알이나 딸기를 사과나 배 사이의 빈 공간에 넣을 수도 있다. 과일을 챙기는 일은 결코 쉬운 일이 아니다. 최상의 배치를 생각해야 하는데 이 일은 여간 어려운 게 아니다. 여기에 비해서 엘다의 과제는 훨씬 쉽다. 수박맛이 나는 젤리빈과 오렌지맛이 나는 젤리빈을 가방에 붓기만 하면 된다. 가방을 흔들어서 내용물이 빈 공간을 찾아가도록 한 다음에 다른 몇 가지 맛의 젤리빈을 더 넣을 수도 있다. 하지만 일단 어떤 맛의 젤리빈을 넣을 것인지만 결정하고 나면 짐 싸기는 매우 쉽다. 젤리빈을 가방에 넣는 일에는 천재적인 짐 싸기의 재능 따위는 전혀 필요 없다. 센딜과 엘다 두 사람의 과제를 구분 짓는 특성은 넣어야 할 물건 하나하나의 크기이다. 과일은 부피가 큰 반면 젤리빈은 매우 작다. 개별 항목의 크기가 작을수록 짐 싸기는 더 쉬워진다.

일상생활 속에서 당신은 젤리빈처럼 부피가 작은 짐을 싸는가, 아니면 수박처럼 부피가 큰 짐을 싸는가? 이것은 순전히 당신의 경제적인 사정에 달려 있다. 지출할 수 있는 예산이 적다면 아이팟은 부피가 커서 이번 달의 전체 지출액 중 대부분을 잡아먹는다. 하지만 예산이 많아질수록 아이팟이 차지하는 비중은 점점 작아진다. 당신의 가처분 소득이 충분히 커진다면 아이팟의 비중은 모래알처럼 작아진다. 예산이 많아지면 잘못된 결정을 할 가능성이 줄어들 뿐만 아니라 짐 싸기가 덜 복잡해진다. 예산이 적을 경우에는 부피가 큰 짐을 싸야 하는 데다 짐 싸기도 복잡해지만, 예산이 많을 경우에는 모래알처럼 작은 부피의 짐을 싸도 되며 짐 싸기도 훨씬 쉬워진다.

물론 예산이 아주 많다 하더라도 매우 큰 물품들을 가방에 넣는 것은 여전히 복잡한 일이다. 중대한 범죄를 다루는 (그리고 소요되는 시간이 긴!) 형사 소송 재판에서 배심원으로 활동하는 일이라면 시간이 넉넉한 사람이라 하더라도 복잡성에 직면할 수밖에 없다. 아무리 부자라고 하더라도 우아한 여름 별장을 구입하는 데는 상당한 주의를 기울여야 한다. 하지만 넉넉함이 보장되어 있을 때 당신이 하는 선택들은 점점 더 작은 알갱이로 바뀐다. 이런 선택들은 부유한 당신의 예산이나 계획을 압박하지 않는다.

이 모든 내용은 결핍이라는 발상에 하나의 층이 더 존재함을 암시한다. 우리가 결핍에서 비롯되는 심리에 초점을 맞추면, 결핍 효과는 심리적인 차원을 넘어 수학적인 사실이 될 수도 있다. 결핍은 공간의 배열과 활용 면에서 보다 더 어려운 짐 싸기 문제를 만들 수도 있다. 결핍에서 비롯된 심리로 시험을 받는 정신은 계산하기 더욱 복잡한 세상을 헤매고 더듬어서 자기 갈 길을 찾아야 한다.[24]

| 결핍과 느슨함의 관계

우리는 결핍을 정의하는 것으로 3장을 시작했다. 그 내용은 '확보하고 있는 자원에 비해서 필요가 더 크다고 생각하는 주관적인 감각'이다. 그런데 이 정의는 사람들이 누구나 필연적으로 맞닥뜨리는 실제의 물리적 한계(가지고 있는 돈의 양, 가지고 있는 시간의 양)를 초월한다. 짐 싸기라는 개념은 자원과 필요의 간극에 초점을 맞추는데, 사실 물리적인 한계와 트레이드오프는 짐을 쌀 때 언제나 존재한다. 아무리 큰 가방이라고 해도 용량이 정해져 있다. 크기가 무한대로 커지지 않는다는 말이다. 하지만 우리는 커다란 가방에 짐을 쌀 때 가방의 용량이 무한하다고 느낀다. 이에 비해 작은 가방은 우리에게 결핍감을 준다. 이때 우리는 하나를 갖기 위해 다른 하나를 포기해야 하는 트레이드오프를 인지하고, 주어진 공간이 지나치게 작다고 느낀다. 또한 작은 가방은 결핍을 제어하기 더욱 힘들게 만들 수도 있다. 커다란 가방은 단지 수납공간을 더 많이 제공할 뿐만 아니라 결핍감을 제거한다. 공간이 충분하다고 느끼게 할 뿐만 아니라, 심지어 트레이드오프를 생각조차 하지 않게 해 준다는 말이다. 실질적인 한계와 트레이드오프는 누구에게나 있지만, 우리의 경험은 제각기 다르다.

바로 이런 점에서 느슨함이라는 개념은 결핍의 심리의 핵심을 찌른다. 느슨함은 우리에게 풍족함을 느끼게 한다. 느슨함은 단순한 비효율이 아니라 일종의 정신적인 사치이다. 풍족함이라는 조건은 보다 많은 상품을 살 수 있도록 허용하는 데 그치지 않고, 짐을 대충 싸도 되는 사치, 굳이 따로 생각하지 않아도 되는 사치, 그리고 실수를 할까 염려하지 않아도 되는 사치를 누릴 수 있게 해 준다. 헨리 데이비드 소로Henry David Thoreau가 말했듯이, "없어도 될 것이 많을수록 부유한 사람이다."[25·26]

4장

결핍이 만든 전문가들

꽤 오래전에 센딜과 박사 과정생 한 명이 (이 학생을 알렉스라고 부르자) 인도 첸나이의 외곽에서 오토릭샤를 기다리고 있었다. 다음 약속 장소에 가기 위해서였다. 그곳은 릭샤가 좀처럼 잡히지 않는 곳이라서 아주 오래 기다려야 할 수도 있었다. 하지만 그 기다림은 여간 고통스러운 일이 아니었다. 기온은 섭씨 37도에 육박했고 습도까지 높아서 그야말로 찜통이었다. 그 더위의 고통은 글로 다 표현할 수 없을 정도였다. (사실 인도 남부 지역의 기온은 체감 온도로 변환해서 표시할 필요가 있다는 게 우리의 개인적인 생각이다.) 게다가 공기는 먼지와 쓰레기로 더러웠다. 끔찍한 10분이 지난 뒤에 릭샤 한 대가 두 사람 앞에 섰다. 마침내 센딜은 안도의 한숨을 쉬었다. 하지만 그러기에는 너무 일렀다.

첸나이에서는 모든 것이 흥정을 통해 이루어진다. 통상적인 운임으로는 40루피(80센트)[1]면 되었다. 하지만 릭샤 기사로서는 외국인에게 바가지를 씌울 절호의 기회를 잡은 셈이었으니 100루피에서부터 흥정을 시작했다. 옥신각신하다가 마침내 기사는 값을 60루피로 내렸다. 절대로 더는 깎아 줄 수 없다고 했다. 센딜은 그 가격에 릭샤를 타려고 했다. 도저히 그 찜통더위에 그냥 서 있을 수 없을 것 같았다. 게다가 약속 시간을 지키려면 서둘러야 했다. 그런데 알렉스가 60루피를 내 가며 그 릭샤를 탈 수 없다면서 완강하게 버텼다.

"조금 있으면 다른 릭샤가 올 겁니다. 기다리시죠?"

센딜은 타밀어가 아니라 영어로 흥정한 자기 자신을 원망했다. 하지만 워낙 지치고 힘들었던 터라 알렉스에게 뭐라고 하기도 귀찮았다. 그 릭샤는 그냥 가 버렸다. 다시 또 끔찍한 10분이 지나고, 그제야 다른 릭샤가 와서 섰다. 다행히도 이 기사는 40루피에 동의했고, 알렉스는 릭샤에 탔다. 센딜은 뒤따라 릭샤에 타면서, 다음에는 융통성이 있는 학생과만 일을 함께할 것이라고 마음속으로 굳게 맹세를 했다.

알렉스는 왜 첫 번째 기사의 제안을 받아들이지 않았을까? 공정한 가격이 아니라는 게 아마도 이유의 한 부분을 차지했을 것이다. 바가지를 쓰고 싶은 사람은 아무도 없으니까 말이다. 하지만 알렉스는 이미 그 이전부터 상당한 기간 동안 인도에 거주했으므로, 바가지 요금이 자기에게만 적용된 게 아니라 모든 사람들이 일상적으로 겪는 일이라는 것쯤은 잘 알고 있었다. 그는 그런 거래들을 순전히 금전적인 관점에서 바라보았다.

"나는 돈을 기꺼이 더 낼 수 있지만 50퍼센트씩이나 더 낼 수는 없습니다!"

알렉스는 명쾌한 선택을 했다. 운임을 50퍼센트나 더 주느니 차라리 덥고 더러운 공기 속에서 10분 더 기다리는 고통을 감수하겠다는 것이었다.

자, 그럼 이 경우를 다른 맥락에서 살펴보자. 센딜이 알렉스에게 다음과 같이 제안했다면 알렉스는 어떻게 했을까?

"알렉스, 사우나에서, 그것도 자동차 경적음이 귀를 먹먹하게 만드는 소음 속에서 10분 동안 옷을 입은 채로 서 있게. 아 그렇지 참, 그 10분 동안 이따금씩 얼굴에 먼지도 팍팍 뿌려 줄 거야. 여기에 대한 대가로 50센트를 주지."

아마도 알렉스는 이 제안을 받아들이지 않았을 것이다. 그리고 아마도 다른 지도 교수를 찾아서 떠났을 것이다. 그런데 알렉스는 이와 똑같은 제안을 첸나이에서 릭샤 기사에게서 받고는 기꺼이 수락했다. 수락하기만 한 게 아니라 본인이 그렇게 하겠다고 했다. 도대체 왜 그랬을까?

이번에는 다른 경우였는데, 센딜이 어떤 외국인을 대신해서 몇 루피를 두고 다른 릭샤 기사와 흥정을 벌였다. 이번에는 그 기사가 영어가 아닌 타밀어로 센딜에게 물었다.

"당신은 왜 이 작은 돈을 놓고 흥정을 하려고 하시오? 당신한테는 몇 푼 되지도 않는 돈이지 않소?"

어떤 점에서 보면 그 사람 말이 맞았다. 그 몇 루피는 부유한 사람에게는 그야말로 있어도 그만이고 없어도 그만인 돈이었다. 하지만 어떤 점에서 보면 그 사람 말이 틀렸다. 사람들은 이 작은 돈이 큰 돈인 것처럼 행동하기 때문이다. 적어도 가끔씩은 그렇게 행동한다.

판단 및 의사 결정을 연구하는 심리학자들에게 알렉스의 행동은 쉽게 예측할 수 있는 행동이다. 물론 당신은 이 사실을 확인하려고 굳이 인도까지 갈 필요는 없다. 사람들이 어떤 선택을 하는 방식에 관한 가장 오래되고 또 가장 변하지 않는 몇 가지 사실들과 정확하게 일치하기 때문이다. 예를 들어 보자. 피실험자 집단을 둘로 나눈 뒤에 다음의 두 경우 중 하나를 각각 제시했다.

① 이런 상상을 해 보자. 당신은 쇼핑을 하느라 하루를 보냈다. 당신이 사려고 했던 물건들 중 하나는 DVD 플레이어였는데 결국은 사지 못했다. 그런데 저녁 무렵에 집으로 돌아가던 길에 당신은 어떤 가게에서 당신이 사려고 했던 브랜드의 모델이 100달러의 가격표를 달고 매대에 놓여 있는 걸 보았다. 이 정도 가격이면 괜찮은 가격이다. 하지만 오늘 살펴본 것들에 비하면 가장 싼 가격은 아니다. 삼십 분 전에도 65달러의 가격표가 붙어 있는 제품을 보았다. 자, 그렇다면 여기에서 당신은 100달러의 DVD 플레이어를 사겠는가, 아니면 다시 돌

아가서 다른 가게에서 65달러의 DVD 플레이어를 사겠는가? 당신이라면 어떻게 할 것인지 생각해 보라.

② 이런 상상을 해 보자. 당신은 쇼핑을 하느라 하루를 보냈다. 당신이 사려고 했던 물건들 중 하나는 노트북이었는데 결국은 사지 못했다. 그런데 저녁 무렵에 집으로 돌아가던 길에 당신은 어떤 가게에서 당신이 사려고 했던 브랜드의 모델이 1,000달러의 가격표를 달고 매대에 놓여 있는 걸 보았다. 이 정도 가격이면 괜찮은 가격이다. 하지만 오늘 살펴본 것들에 비하면 가장 싼 가격은 아니다. 삼십 분 전에도 965달러의 가격표가 붙어 있는 제품을 보았다. 자, 그렇다면 여기에서 당신은 1,000달러의 노트북을 사겠는가, 아니면 다시 돌아가서 다른 가게에서 965달러의 노트북을 사겠는가? 당신이라면 어떻게 할 것인지 생각해 보라.[2]

두 경우 모두 35달러를 절약하기 위해서 왕복 한 시간을 들여 다시 왔던 길을 돌아갔다 올 수 있을지 묻는다. 그런데 DVD 플레이어를 사는 경우에는 대부분의 사람들이 기꺼이 그런 수고를 하기를 택했지만 노트북을 사는 경우에는 그렇지 않았다. 이런 결과는 시간과 돈 사이의 교환율은 일정하다는 표준적인 경제 원리와 모순된다. 이 실험에서 그 원리는 완전히 무시된다. 이 사실을 정확하게 하기 위해서 실험 진행자는 피실험자들에게 왔던 길을 되돌아갔다가 오는 수고를 할 때 절약되는 금액이 얼마인지 분명하게 말해 달라고 할 수 다. 이렇게 하면 피실험자들이 각자 자기 시간을 은연중에 얼마의 가치로 평가하는지 계산할 수 있다.[3] 그런데 결과가 놀랍다. 사려는 물건의 가격을 다양하게 바꾸자 한 시간의 가치는 (3달러짜리의 펜을 살 때의) 5.64달러에서 (30,000달러짜리의 자동차를 살 때의) 1,364달러까지 바뀌었다. 이것은 사람들이 돈을 절약하는 기준이 제멋대로임을 의미한다. 사람들은 작은 물건을 살 때는 몇 센트를 아끼자고 덤벼들지만 큰 물건을 살 때는 수백 달러를 그냥 낭비한다. 말하자면, 사람들의 검소함이 낭비되는 셈이다. 150달러짜리 운동화 한 켤레를 사면서 50달러를 절약하려고 몇 시간씩 인터넷을 뒤지면서도, 20,000달러짜리 승용차를 살 때는 몇 시간만 인터넷을 뒤지면 수백 달러를 절약할 수 있음에도 이런 수고를 하지 않는다.

이런 발견들은 매우 중요하다. 경제학자들이 말하는 인간 행위의 표준적인 '합리적' 원리들을 사람들이 일상적으로 파괴하고 있음을 보여 주기 때문이다. 만일 1달러에 대해 한 사람이 부과하는 가치가 이토록 쉽게 바뀌는 것이라면, 사람들이 하는 경제 행동에 대한 전통적인 분석들은 심각할 정도로 수정되어야 할 것이다. 이런 발견들 그리고 이와 관련된 발견들이 심리학을 경제학에 접목하는 행동경제학 발전의 동력으로 작용해 왔다. 그리고 행동경제학의 충격은 대단했다. 행동경제학의 원리가 폭넓게 적용될 수 있음이 밝혀졌기 때문이다. 행동경제학은 알렉스가 인도에서 보여 준 흥미로운 행동뿐만 아니라 학부 학생들, MBA 과정의 학생들, 전문 도박사들 그리고 모든 유형의 조직 관리자들의 행동을 설명한다.[4] 이런 기본적인 발견이 모든 사람의 행동을 설명하는 확고한 진리임을 우리는 이미 오래전부터 추측해 왔다.

| 결핍이 인식에 미치는 효과

우리는 박사 과정생 크리스탈 홀Crystal Hall과 함께 노트북/DVD 플레이어 실험의 또 다른 버전을 진행했다.[5]

> 이런 상상을 해 보자. 친구 한 명이 어떤 가게에서 100달러의 가격표가 붙은 물건을 사려고 한다. 이 가게의 가격도 괜찮은데, 그 가게의 점원은 거기에서 45분 거리에 있는 다른 가게에 가면 반값에 살 수 있다고 일러 준다. 이 경우에 당신이라면, 100달러의 물건을 50달러에 삼으로써 50달러를 절약할 수 있으니 다른 가게로 가서 물건을 사라고 친구에게 충고하겠는가?

노트북/DVD 플레이어 실험 때와 마찬가지로 우리는 피실험자 집단별로 물건의 가격을 100달러, 500달러 그리고 1,000달러로 다르게 설정하되 절약할 수 있는 돈은 50달러로 동일하게 설정했다. 우리는 먼저 상대적으로 부유한 사람들을 대상으로 삼아 실험을 진행했다. 뉴저지의 프린스턴에 있는 한 기차역에서 통근자들을 대상으로 설문을 받았는데, 그 결과 우리는 우리보다 먼저 비슷한 실험을 했던 연구자들이 발견했던 것과 같은 결과를 확인할 수 있었다. 물건의 가

2부 결핍의 악순환

격이 100달러일 때는 54퍼센트가 다른 가게에 가라고 조언하겠다고 했고, 물건의 가격이 500달러일 때는 그 비율이 39퍼센트로 줄었고, 물건의 가격이 1,000달러일 때는 그 비율이 다시 17퍼센트로 줄었다. 배경이 되는 물건의 가격이 점점 커질수록 절약되는 50달러는 점점 더 작게 보여서, 고가의 물건일 경우 50달러는 수고스러운 노력을 들일 가치가 거의 없는 것으로 비쳤던 것이다.

우리는 이와 동일한 실험을 그곳에서 20킬로미터쯤 떨어진 뉴저지 트렌턴의 한 무료 급식소에서 진행했다. 대부분의 무료 급식소와 마찬가지로 이곳을 찾는 사람들의 나이와 성별 그리고 인종은 다양했다. 하지만 이들에게는 한 가지 공통점이 있었다. 가난에 쪼들리는 사람들이라는 점이었다. 그래서 우리는 이 표본 집단은 돈을 절약하기 위해서 먼 길이라도 기꺼이 갔다 오겠다는 반응을 보일 것이라고 추정했다. 이 추정은 빗나가지 않았다. 물건의 가격이 100달러일 때는 76퍼센트가 당연히 다른 가게에 가야 한다고 했다. 그런데 중요한 것은 100퍼센트가 아니라는 점이다. 물론 여기에는 여러 가지 다양한 이유가 있을 수 있다. 어쩌면 시간이 부족할 수도 있고, 그 시간에 달리 해야 할 일이 있을 수도 있고, 또 가난한 사람들 가운데 대다수가 자동차를 소유하고 있지 않아서 다른 가게를 찾아가기가 내키지 않을 수도 있다. 또 어쩌면 무료 급식소를 찾은 그 사람들도 (다른 사람들과 마찬가지로) 자기 시간에 어떤 중요한 가치를 매기고 있을 수도 있다.

그런데 이 조사가 중요한 이유는 우리가 물건의 가격을 올렸을 때 그 사람들이 보인 반응에 있었다. 물건의 가격이 500달러일 때 그 비율은 73퍼센트로 거의 줄어들지 않았고, 물건의 가격이 1,000달러일 때는 87퍼센트로 오히려 조금 늘어났다. 이 비율이 조금 상승한 것은 고가의 물건을 살 때는 정말로 돈을 조금이라도 아껴야 한다는 마음가짐 때문일 수도 있다.[6]

대부분의 사람들에게 100달러짜리 DVD 플레이어를 살 때 50달러를 절약하는 것은 큰 절약으로 보인다. (무려 50퍼센트나 아끼는 셈이 아닌가!) 그러나 1,000달러짜리 노트북을 살 때는 이 돈이 작아 보인다(겨우 5퍼센트밖에 못 아끼잖아……). 하지만 트렌턴의 무료 급식소를 찾은 사람들은 이 모든 것에 동요하지 않았다. 물건의 가격이 바뀌어도 태도의 변화를 거의 보이지 않았다. 결핍이 (이 경우에는 돈의 결핍) 도대체 어떻게 사람들이 진리로 알고 있던 기존의 사실을 뒤집은 것일까?

그 이유를 알려면 우선 인간 인식의 정신 물리학에 대해 먼저 살펴볼 필요가 있다.

▎ 인식에 대한 작은 사실

독일의 의사였던 에른스트 하인리히 베버Ernst Heinrich Weber는 실험 심리학의 창시자 가운데 한 명으로 꼽히는데, 그는 인간의 여러 감각이 작동하는 방식에 대한 중요한 사실 하나를 발견했다. 베버는 선

　　　　　　　　　　　　2부 결핍의 악순환

구적인 여러 실험을 했는데 그 가운데 하나가 피실험자의 눈을 가리고 한 손으로 쟁반을 받쳐 들게 한 다음, 그 쟁반에 아주 가벼운 물건을 살짝 올려놓고 무게의 변화가 감지되면 말하게 한 것이었다.[7] 인간은 어느 정도의 무게가 추가될 때 무게의 변화를 감지할까? '인식할 수 있는 무게의 차이'는 얼마일까? 베버는 이 질문에 대한 답이 배경이 되는 양의 일정한 비율(상수 비율)임을 찾아냈다. 무게에 관한 한 그 상수 비율은 약 30분의 1이다. 만약 3킬로그램의 무게를 들고 있다면 0.1킬로그램을 추가해야 그 무게 변화를 인식할 수 있다는 말이다. 30킬로그램의 무게를 들고 있다면 1킬로그램이나 추가해야 무게 변화를 인식할 수 있다는 말이기도 하다.

베버는 인식이 고도로 상대적임을 입증했다. 예를 들어 눈은 노출계가 아니다. 눈은 배경과 연관해서 광원의 밝기를 판단한다. 깜깜한 동굴 안에 있을 때는 성냥불 하나라도 주변의 사물들을 환하게 비출 만큼 밝은 불빛을 낼 수 있다. 하지만 햇빛 가득한 오후의 야외 카페에서 이 성냥불이 켜졌을 때 이 성냥불을 알아보기는 쉽지 않다. 일상에서 상대적인 크기를 인식하는 데서도 비슷한 효과가 흔히 나타난다. 세탁용 세제 제조업체들은 세제 용기의 뚜껑이 크면 소비자들이 세제를 보다 많이 사용한다는 사실을 이미 오래전에 알았다.[8] 세제를 계량하는 세제 용기의 뚜껑이 작으면 세제를 적당히 부어도 이 뚜껑이 가득 차기 때문에 괜찮다. 하지만 뚜껑이 클 때는 뚜껑에 표시된 선까지 채우면 어쩐지 적정량보다 적다는 느낌이 든다. 사람들은 절대적인 양이 아니라 상대적인 양으로 판단을 하기 때문이다.

그래서 사람들은 세제를 조금씩 더 쓰게 되고, 이렇게 해서 소비되는 세제는 더 많아진다. 돈도 어느 정도까지는 바탕 금액에 대한 상대적인 비율로 판단된다. 1,000달러짜리 냉장고의 약 1퍼센트를 절약하는 것보다 20달러짜리 책의 40퍼센트를 절약하는 것을 더 중요하게 여기는 이유도 바로 여기에 있다. 첸나이에서 알렉스는 눈으로 성냥불을 바라보는 것과 동일한 방식으로, 즉 원래 가격(배경)과 비교하여 릭샤 운임을 바라보았다. 그랬기에 공정한 가격인 40루피에 비해 릭샤 기사가 요구한 60루피는 지나치게 많다고 생각한 것이다.

이런 상대적인 인식은 사람의 뇌(정신)가 정보를 처리하는 방식의 고유한 한 부분이지만, 우리는 경험과 전문성이 있기에 이 상대적 인식을 초월할 수 있다. 심리학자들인 사이먼 그론딘Simon Grondin과 피터 킬린Peter Killeen은 7년 내지 23년 동안 음악 교육을 받은 전문가 집단과 음악에 관한 한 비전문가인 집단이라는 두 집단을 설정해서 이들에게 6초, 12초, 18초, 그리고 24초의 시간 경과를 각각 맞혀 보라고 하는 실험을 진행했다.[9] 비전문가들의 추정 오류는 예상한 대로 주어진 시간 간격(배경이 되는 시간 간격)에 비례했다. 주어진 시간 간격이 클수록 오류의 편차도 컸고, 이 관계는 대체적으로 비례했다. 그러나 이에 비해 전문적인 음악 교육을 받은 사람들의 경우, 주어진 시간 간격이 커질수록 상대적인 오류의 편차는 줄어들었다. 주어진 배경 시간이 커질수록 실수의 비율은 오히려 줄어든 것이다. 이들은 상대적인 기준이 아니라 절대적인 기준으로 평가하는 것으로 보였다.

이 실험 결과가 우리에게 말해 주는 것은 전문성, 즉 무언가에 대

2부 결핍의 악순환

한 깊은 이해가 인식 자체를 바꿀 수 있다는 점이다. 시간 간격에 관한 한 전문가들인 음악가들은 내면의 측정 규준을 가지고 있다. 이들은 직관적인 짐작에 의존하지 않는다. 여러 연구들이 밝혀낸 사실들을 보면, 경험 많은 바텐더들은 특정한 양의 술을 따르라는 요구를 받을 때 더욱 정확하게 그 양을 따르며, 병의 크기에도 덜 영향을 받는다.[10]

결핍은 또한 사람을 짐 싸기의 전문가로 만든다. 느슨함이라는 호사스런 사치를 누릴 수 없기에 가방의 아주 작은 공간 각각이 가지고 있는 가치를 정확하게 이해한다. 가난한 사람들은 1달러의 가치를, 바쁜 사람들은 한 시간의 가치를, 그리고 다이어트를 하는 사람들은 1칼로리의 가치를 당연히 알 수밖에 없다.

마케팅 연구자들은 이 전문성을 매우 특이한 방식으로 연구해 왔다. 그들은 손쉽고 빠른 조사를 진행하기 위해서 쇼핑을 마치고 나오는 사람들을 붙잡고 질문했다.[11] 우선 쇼핑객이 가지고 있던 영수증을 받아든 뒤에 '방금 사신 크레스트 치약은 얼마였습니까?'와 같은 질문을 한다. 부유한 쇼핑객은 이 질문에 제대로 답변을 하지 못한다.

"크레스트 치약의 가격요? 3달러쯤 되었나? 5달러였나?"

대부분의 사람들은 심지어 자기가 방금 지불한 총 금액이 얼마인지도 모른다. 그러나 저소득층에 속한 쇼핑객들은 다르다. 지출 총액이나 개별 물건의 가격 등을 보다 정확하게 기억한다. 우리는 이 사실을 우리가 직접 진행한 조사에서 확인했다. 이때 어떤 일을 자주 경험함으로써 생기는 지식을 원초적으로 차단하기 위해서 따로 정밀한 설계 과정을 거쳤다. 우리는 보스턴의 통근자들에게 특정한 구간의 택시 요금이 얼마일지 물었다.[12] 부유한 사람들이 정답을 맞힌 비율은 12퍼센트였지만 상대적으로 덜 부유한 사람들의 정답 비율은 이보다 세 배나 더 많았다. 부유한 사람들이 택시를 상대적으로 더 많이 이용한다는 게 엄연한 사실임에도 그랬다.

가격을 안다는 것은 대개 가격표를 본다는 것 이상의 의미를 담고 있다. 우선 경계를 게을리하지 않아야 한다. 미국의 경우, 눈에 보이는 게 지불할 금액이 아닌 경우가 종종 있기 때문이다. 예를 들어서 담배에 붙는 세금은 두 가지 방식으로 징수된다. 소비세는 명시된 가격에 포함된다. 그러나 판매세(역주 – 우리나라의 부가 가치세와 비슷한 것이다)는 그렇지 않다. 이 세금은 계산대에서 돈을 낼 때 청구된다. 그러므로 게시된 가격만 보면 판매세를 놓치고 만다. 눈에 보이는 가격 요소인 소비세가 변화하면 부자 흡연자나 빈자 흡연자 모두 이 변화에 반응해서 담배 소비량을 줄인다.[13] 하지만 감추어진 판매세의 변화에 대해서는 그렇게 반응하지 않는다. 저소득층의 흡연자만이 이런 변화에 반응한다. 저소득층만이 소비세와 판매세를 동일하게 놓고 (실제로도 그렇다) 저울질한다. 이들은 가격의 차이를 알아챌 뿐만 아니라, 총가격이 게시된 가격보다 높다는 사실을 더 예민하게 파악한다.[14]

저소득층의 소비자들은 다른 방면에서도 마찬가지로 기민하다. 당신이 슈퍼마켓에서 감자칩 한 봉지나 참치 통조림 한 캔을 산다고 치자. 이때 당신은 포장 단위가 큰 걸 사면 당연히 돈을 절약하는 데 유리할 것이라고 생각한다. 하지만 이런 판단이 잘못된 것으로 판명되는 경우가 종종 있다. 포장 단위가 클수록 단위당 가격이 더 높을 수 있다. 대량 할인이 아니라 이른바 '대량 할증'이다. 한 조사 결과에 따르면 두 가지 이상의 용량을 제공하는 브랜드들 가운데 25퍼센트가 어떤 식으로든 이런 대량 할증을 부과한다.[15] 이런 대량 할증은 실수로 빚어진 게 아니다. 〈컨슈머 리포트〉는 이런 제품들을 '소비자를 속이는 교활한 속임수 제품'이라고 부른다.[16] 이런 속임수는 제품 가격에 그다지 주의를 기울이지 않는 소비자들에게 가장 잘 먹힌다. 이들은 포장 단위가 크면 당연히 소비자에게 유리할 것이라고 생각하기 때문이다. (당신은 이런 경험이 없는가? 있다면 얼마나 있는가?) 한 연구는 어떤 슈퍼마켓들이 이런 속임수를 잘 쓰는지 조사했는데, 그 결과는 지금 우리가 얘기하고 있는 내용과 일치했다. 저소득층이 많이 사는 지역의 슈퍼마켓들은 이런 대량 할증의 속임수를 상대적으로 덜 쓰고 있었다.[17] 1달러의 효용을 최대한으로 누리려고 온 신경을 집중하는 사람을 속이기란 그렇지 않은 사람을 속이는 일보다 훨씬 어렵기 때문이다.

요컨대 가난한 사람은 1달러의 가치에 관한 한 전문가이다. 이들은 자기만의 측정 규준을 가지고 있어서 이것을 도구로 삼아 1달러의 가치를 측정한다. 이들은 자기가 얼마의 돈을 지불해야 하는지를 주변 환경에 의존해서 파악하지 않는다. 온통 정신을 사로잡고 있는 절박한 필요성은 이들로 하여금 (환경이 아니라) 내면의 측정 규준을 마련하게 만든다. 이런 규준을 가진다는 것은 (전문 음악가들이 정확한 박자 감각을 가지듯이) 배경 효과가 감소된다는 것을 의미한다. 무료 급식소에서 식사를 하는 사람들은 첸나이의 알렉스나 수없이 많았던 고소득층 피실험자들이 가지고 있었던 바로 그 편향된 심리적 경향에 사로잡혀 있지 않았다. 그들은 돈의 가치를 평가할 때 임의적인 직관에 덜 휘둘렸기 때문이다.

이런 현상이 얼마나 놀라운지 생각해 보자. 이 일련의 연구에서 가난한 사람들은 보다 '합리적으로' 행동한다. 합리적인 경제 이상체인 '호모 에코노미쿠스'에 보다 근접해 있다. 이런 점은 빈곤뿐 아니라 행동경제학과 관련된 어떤 보편적인 현상을 말해 준다. 돈이 상대적으로 평가된다는 사실은 행동경제학에서 고전적인 발견으로 간주된다. 아마도 모든 사람들의 사고가 이런 식일 거라고 사람들은 생각한다. 그러나 여기에서 우리는 결핍이 이 고전적인 발견을 뒤집는 현상을 목격한다. 사실 결핍은 이것 말고도 다른 많은 발견들을 뒤집긴 하지만…….

▎부리토를 포기하고 워크맨을 산다는 착각

센딜이 학부생이던 때의 일이다. 어느 날 그는 워크맨을 살지 말지 고민했다. (워크맨이 무엇인지 모르는 사람을 위해서 설명을 보태자면, 아이팟과 비슷한 것인데 MP3 파일이 아니라 카세트테이프를 넣어서 사용하는 것이다.) 워크맨의 가격은 70달러였다. 그런데 과연 워크맨은 70달러의 가치가 있을까? 그 돈을 주고 이것을 사는 게 옳을까? 70달러라는 가격이 공정한 건 분명했다. 다른 매장에도 알아봤지만 그보다 싼 가격으로는 살 수가 없었다. 그러나…….

'70달러의 돈을 현금으로 가지고 있는 것과 워크맨을 사서 가지고 있는 것 중에 어느 것을 선택하면 좋을까? 70달러라는 돈은 도대체 무엇일까?'

1달러가 진정으로 어느 정도의 가치를 가지고 있는지는 가늠하기 어렵다. 센딜은 이런 문제에 맞닥뜨릴 때 구사할 수 있는 기법을 개발해 두고 있었다. 당시에 그가 주로 먹던 (사실은 유일하게 먹던) 음식은 타코벨에서 팔던 콩 부리토(역주 – 고기 소스 속에 콩 및 각종 채소가 들어 있는 멕시코 음식 요리)였다. 센딜은 달러에 대해선 잘 몰랐지만 부리토에 대해선 잘 알았다. 그래서 그는 모든 것을 부리토에 견주어서 판단하기로 결심했다. 그래서 워크맨을 택할 것인지 현금 70달러를 택할 것인지 묻지 않고 워크맨을 택할 것인지 일흔여덟 끼의 부리토를 택할 것인지 스스로에게 물었다. 부리토가 아무래도 달러보다는 더 구체적이고 현실적으로 보였기 때문이다.

70달러를 이해하기 위해 왜 굳이 견주어 비교할 어떤 기준을 마련할 필요가 있을까? 느슨함 때문이다. 넉넉한 풍족함은 트레이드오프에서 해방되어 있음을 의미한다. 넉넉한 상태에서 어떤 물건을 살 때 우리는 그 물건 대신 다른 것을 포기해야 한다는 느낌을 가지지 않는다. 심리적으로 보자면 유쾌한 일이다. 그러나 어떤 선택을 할 때는 장애물이 될 수 있다. 자기가 포기해야 할 것이 무엇인지 모른다면 어떤 것을 획득하는 데 따르는 비용이 얼마인지 혹은 그것의 가치가 얼마나 되는지 파악하기 어렵다. 느슨함, 즉 트레이드오프의 부재는 사물의 가치를 평가하는 직관적이고 손쉬운 방법을 가지고 있지 않다는 뜻이다.

물론 부리토라는 측정자는 센딜에게 썩 훌륭한 도구는 아니었다. 의사 결정을 연구하는 어떤 심리학자는 비슷한 역할을 하는 것으로 한 아이폰 앱을 제시했다.

"바하마 제도에서 보내는 휴가와, 운동화, 라떼, 책을 좋아하는 사람이 있다고 치자. 이 사람이 어떤 물건을 사고 싶은 유혹을 느낄 때, 그 물건은 이 사람이 관심을 가지고 있는 어떤 것으로 치환된다. 그렇기 때문에 이 앱은 이 사람에게 '헤이, 이 물건은 바하마 제도에서 보내는 반나절의 휴가와 같고, 운동화 두 켤레와 같으며, 라떼 한 잔과 같아.'라고 말한다."[18]

또 다른 전문가들은 '시간 가격time price'을 사용할 것을 제안했다. 예를 들어서 당신이 한 시간 동안 일을 하면 일체의 경비를 뺀 순수익 20달러를 번다고 치자. 당신이 80달러짜리 아이스크림 제조기를 사면 당신은 네 시간 일을 해서 번 돈을 지불하는 셈이다. 한 달 이용료가 60달러인 케이블 방송 패키지 상품을 구입하면 한 달에 추가로 세 시간씩 일을 더 해야 하는 희생을 치러야 하는 셈이다. (그리고 날마다 톨 사이즈 스키니 라떼를 한 잔씩 마신다면 일 년 동안 약 50시간을 추가로 더 일해야 한다.)

센딜은 워크맨을 살까 말까 고민하는 동안에 이런 추론이 얼마나 잘못된 결론을 낼 수 있는지 깨달았다. 그는 이미 자기가 원하는 부리토를 충분히 많이 먹고 있었다. 예를 들어서 그가 워크맨을 포기하는 선택을 한다고 치자. 하지만 그렇다고 해서 일흔여덟 끼의 부리토를 더 먹지는 않을 것이다. 그는 워크맨과 일흔여덟 끼의 부리토를 교환(트레이드오프)하는 게 아니었다. 생각이 여기에 미치자, 워크맨을 사지 않을 경우 절약된 그 70달러를 어디에다 쓸 것인지 알 필요가 생겼다. 그 돈이 콩 부리토에 소비되지 않을 건 분명했다. 이는 어떤 물건을 사지 않는다고 해서 그것이 곧바로 바하마 제도로 휴가를 떠나는 것으로 이어지지 않는 것과 마찬가지이다. 트레이드오프를 구체적으로 하려면 소비되지 않는 돈을 추적해서 그 돈이 어떻게 사용될 것인지 알아야 했다. 이것은 다른 경우에도 마찬가지였다. 과연 어떻게 하면 구체적으로 잡고 비교할 수 있는 측정자 역할을 할 물건들을 고를 수 있을까, 하는 게 관건이다.

그런데 사람들은 그 대신에 가격이 비슷한 물건들을 놓고 비교한다. 하지만 이 방식 역시 참혹할 정도로 잘못된 선택을 유도할 수 있다. 이런 비교 대상 가운데 대부분은 당신이 어떤 경우에도 결코 사지 않을 물건들이기 때문이다. 비슷한 맥락에서, 예컨대 '이것은 네 시간 노동의 가치를 가지고 있다.'라고 비교할 때의 시간 가격도 그렇다. 당신이 어떤 물건을 산다고 해서 그 물건의 가치에 해당하는 만큼 일을 더 한다거나, 혹은 당신이 어떤 물건을 사려고 했다고 사지 않는다고 해서 또 그만큼 일을 덜 한다거나 하는 일은 없기 때문이다. 문제의 돈을 가장 잘 사용하는 방법을 찾는 것도 마찬가지다.

내가 우아한 저녁 식사에 40달러를 지출한다고 할 때, 내가 다양한 목적으로 지출하는 모든 40달러가 동일한 기쁨을 준다고 말할 수는 없기 때문이다. 설령 내가 아무리 정확하게 지출을 한다 하더라도, 그 우아한 저녁 식사에 견줄 수 있는 40달러짜리 지출은 지극히 드물 것이다. 하지만 내가 하루 동안에 그렇게 우아한 식사를 몇 번이나 할 수 있을까? 한계 효용 체감의 법칙에 따르면, 내가 지출하는 마지막 40달러(혹은 내가 고민하고 있는 것, 내가 맞교환(트레이드오프)하려고 하는 것)는 조금의 기쁨도 주지 않을 것이다.

이 모든 측정자들이 가지고 있는 문제는 실체적이지도, 현실적이지도 않다는 점이다. 느슨함 속에서 트레이드오프를 생각하는 것은 케이크를 그대로 보유하는 동시에 그 케이크를 먹어 치우려고 노력하는 것이나 마찬가지이다. 우리는 실제로 트레이드오프를 많이 하지 않기 때문에 그런 것들은 대부분 상상 속에서만 존재한다. 이런 트레이드오프가 없는 상태에서 아주 작은 수준의 가치는 당신이 굳이 애를 써 가면서 보유할 필요가 있는 어떤 것이 아니다. 만일 당신에게 20달러가 추가로 생긴다면, 당신은 이 돈으로 지금까지 당신이 사지 않았던 것들 가운데 어떤 것을 사겠는가? 만일 당신이 경제적으로 풍족하다면, 당신은 굳이 이 질문에 대답할 필요조차 없고, 심지어 그런 질문을 할 생각조차 하지 않아도 된다. 만일 당신이 그 사소한 것을 원했다면 아마 당신은 이미 그것을 샀을 것이다.

이런 문제들은 우리가 풍족함 속에서 10달러의 가치가 어느 정도인지 알지 못하기 때문에 일어난다. 그리고 우리가 느끼는 이 모호

2부 결핍의 악순환

함은 교묘한 조작에 노출될 수 있는 지점에 우리를 버려 놓을 수 있다. 휴가지에서 숙소를 보다 전망이 좋은 방으로 바꾸는 일은, 당신이 휴가지에서 숙박비로 지출할 비용 중 지극히 작은 부분일 뿐이라고 생각할 때, 그야말로 아무 일도 아니게 된다. 하지만 숙박비가 아니라 당신이 먹을 수 있는 최고의 디저트로 치환되면 상당한 금액의 돈으로 보일 수 있다. 마케팅 업체들 그리고 비영리 기관들이 이 전략을 구사한다. 아프리카에 사는 어린이를 후원하는 일이나 진공청소기를 사는 데 드는 비용은 당신이 지출하는 하루 생활비에 비하면 지극히 작은 돈이다. 물론 느슨함 속에서 이 작은 돈은 허공에서 나오는 것처럼 느껴진다.

우리 주변에는 부자이지만 검소하게 사는 친구들이 있다. 이 친구들에게 우리가 진행하는 작업을 이야기하면 이들은 그저 고개를 끄덕이면서 이렇게 말하곤 한다.

"그게 바로 나야. 난 돈에 온 정신이 팔려 있거든."

그러나 검소함은 결핍과 다르다. 검소한 사람들은 의식적으로, 원칙에 입각해 돈을 생각한다. 이에 비해서 가난한 사람들은 트레이드오프를 놓고 경계를 게을리할 수가 없다. 어떤 물건을 살 때 검소한 사람은 가격이 '착한지' 살핀다. 이에 비해 가난한 사람은 그 물건을 사는 대가로 포기해야 하는 게 무엇인지 스스로에게 물어야 한다. 검소한 사람은 풍족하게 살아가는 모든 사람들과 마찬가지로, 현실의 트레이드오프를 고민하지 않기에 이 돈의 가치를 이해하기 어려워한다. 그렇기 때문에 이들은 맥락에 의존한다. 알렉스와 오토릭샤 기사 사이의 사례가 그렇다. 알렉스는 자기 시간을 그토록 싸게 (그리고 기존에 가지고 있던 일관성 있는 원칙과 다르게) 팔아 치웠다. 그는 '합리적인' 릭샤 운임을 결정하기 위해서 자신의 맥락을 사용한 것이다. 알렉스는 검소했지만 가난하지는 않았다.

행동경제학자이기도 한 어떤 친구 한 명은 최근에 꼬냑 트뤼플 (역주-초콜릿 과자) 하나를 3달러에 샀다.[19] 나중에 그게 3달러의 가치가 있었냐는 질문을 받고는 그 과자를 사지 않았을 경우에 그 돈으로 무엇을 살 수 있었을지 생각한 뒤에 이렇게 말했다.

"스니커즈 여섯 개, 〈스포팅 뉴스〉 한 부 혹은 식사에 곁들일 포도주 한 잔을 살 수 있었겠지."

물론 그 돈을 저축할 수도 있었다. 많은 돈은 아니지만, 다른 여러 가지 것도 함께 희생을 한다면 다음 해에 더 큰 아파트를 얻을 수도 있었다. 그는 또한 한 달에 49달러의 이용료를 내야 하는 위성 텔레비전 방송 상품을 구매하고 있다는 사실을 깨닫고는, 최근 들어서 텔레비전을 거의 보지 않는다고 했다. 한 달에 49달러씩 드는 돈을 절약했더라면 자기가 그토록 원하는 트뤼플을 종류별로 모두 살 수 있었을 것이다. 그리고 그가 결론적으로 내린 대답은 이랬다.

"그게 과연 3달러의 가치가 있는지 어떤지는 나도 모르겠어."

풍족함은 1달러의 가치를 인식하기가 한층 어려운 지점에 우리를 데려다 놓는다.

행동과학자들이 발견해 낸 많은 편견 및 모순된 행동들은 사실상 1달러의 가치와 의미를 파악하기 위해서 사람들이 벌이는 투쟁에 관

2부 결핍의 악순환

한 것이다. 홀과 함께 했던 연구에서 피실험자로 참가했던 부유한 사람들은, 50달러라는 저축액의 가치를 평가하는 방법을 명확하게 인식하지 못하고, 50달러라는 돈의 가치를 평가할 때 자기들이 기본적으로 받기로 한 보수를 배경으로, 즉 비교 대상으로 삼았다. 이에 비해서 가난한 사람들은 50달러의 트레이드오프에 직면했으므로 전문가만이 가지는 내면적인 (물론 정확하지 않은 것이긴 하지만) 측정 기준으로 50달러의 가치를 평가했다. 이런 해석을 전제로 한다면, 가난한 사람들이 풍족하게 사는 사람에게는 부족할 수밖에 없는 어떤 감각, 즉 사물의 가치를 제대로 평가할 수 있는 감각을 결핍으로 인해 부여받는 상황은 반드시 존재하게 마련이다. 그리고 명확한 가치 평가가 부족한 탓에 예측 가능한 실수가 얼마든지 일어나지만, 가난한 사람은 부유한 사람이 쉽게 저지르는 이런 실수를 피할 수 있다.

▌가치에 대한 자의적 해석

인식에 관한 연구는 사람들이 불확실한 가치를 파악하는 방식과 관련된 또 하나의 단서를 제공한다. 인식 과정에서 뇌는 시각적인 자료를 해석하기 위해 수많은 맥락적 단서들을 사용한다. 뇌가 사용하는 이 단서들을 이해하면, 당신도 그 단서들을 조금은 조종할 수 있다. 그런데 이것이 때로는 엉뚱한 결과를 낳을 수도 있다. 다음 그림[20]은 MIT의 시지각 연구자인 테드 아델슨Ted Adelson이 만든 것으로 착시 효과를 유발하는 그림인데, 우리가 자주 활용하는 이미지이기도 하다.

이 그림에서 A 부분의 사각형은 B 부분의 사각형보다 확연히 어두워 보인다. 그런데 실제로 이 두 사각형의 밝기는 정확히 동일하다. 놀라운 착시 현상이다! 당신은 아마도 이런 사실을 믿을 수 없을 것이다. 사실 우리 역시 믿기 어려워서 몇 번이고 반복해서 확인하고 싶은 마음이 들 정도이다. 정 믿기지 않으면 종이 한 장을 꺼내서 이 두 부분에 해당하는 곳에 구멍을 뚫은 다음에 이 그림 위에 덮어 놓고 비교해 보기 바란다. 그러면 이 두 부분의 색이 동일하다는 사실을 알 수 있을 것이다. 도대체 우리 눈은 어째서 이렇게 터무니없이 속아 넘어가는 것일까?

시각 기관은 사물을 이해하기 위해서 이미지 속에 들어 있는 배경 단서들을 활용한다. 배경背景이 되는 단서들은 사람의 눈이 전경前景에 놓인 사물들을 보는 방식에 영향을 미친다. 위의 그림에서 B 부분은 A 부분과 다른 배경을 가지고 있다. 보다 짙은 색깔의 사각형들로 둘러싸여 있을 뿐만 아니라 원기둥이 드리우는 그늘 속에 들어 있기까지 하다. 그림자 속에 있는 사물은 실제보다 어둡게 보이므로, 눈은 이 그림자를 고려해서 밝기를 보정한다. 그 결과 실제보다 더 밝게 보인다. 인식되는 색깔은 인식되는 거리와 마찬가지로 주변의 단서들에 의존한다. 인식되는 가치도 이와 마찬가지다.

경제학자 리처드 탈러Richard Thaler가 고전적인 실험 하나를 했는데, 이 실험은 이런 착시 현상이 돈과 관련된 인식에서도 동일하게 나타나는지 확인하는 것이었다. 우리는 아누즈 샤와 함께 이 실험을 변용해서 실시했다. 대괄호 안에 들어 있는 내용만 다르게 해서 두 피실험자 집단에게 각각 제시했다. 하나의 상황은 청과물점에서 벌어지고, 다른 하나의 상황은 멋진 리조트에서 벌어진다.

이런 상상을 해 보자. 당신은 지금 어느 더운 날 해변에 누워 있다. 당신이 마실 수 있는 것은 얼음물뿐이다. 지난 한 시간 동안 당신은 당신이 좋아하는 브랜드의 냉장된 맥주를 시원하게 들이키면 얼마나 기분이 좋을까 하는 생각만 했다. 그런데 함께 있던 한 친구가 일어나서 전화를 걸고 오겠다면서, 오는 길에 인근에서 유일하게 맥주를 파는 [작고 꾀죄죄한 청과물점에서] [멋진 리조트 호텔에서] 맥주를 사 올 테니 돈은 당신이 부담하겠느냐면서, 맥주가 아무래도 비쌀 텐데 돈을 얼마나 낼 수 있을지 묻는다. 그러면서, 당신이 제시하는 금액보다 맥주값이 싸면 맥주를 사 오고 그렇지 않으면 그냥 오겠다고 한다. 당신은 이 친구를 믿는다. 그리고 맥주를 살 때 가격 흥정은 할 수 없다. 자, 이런 상황에서 당신은 얼마를 친구에게 제시하겠는가?[21]

그런데 부유한 사람은 탈러의 실험 결과가 보여 준 것과 같은 고전적인 의사 결정 편향을 보여 주었다. 멋진 리조트 호텔이라는 배경의 맥락 속에서는 청과물점이라는 배경의 맥락 속에서보다 훨씬 비싼 돈을 낼 수 있다고 했다. 알렉스의 행동과 매우 흡사하게, 배경에 따라서 지불할 의사가 있는 금액의 이런 차이는 일관성이 결여된 모습을 보여 준다. 맥주는 맥주일 뿐이다. 그리고 어디에서 사든 간에 동일한 맥주를 동일한 해변에서 마시는 것뿐이다. 이 맥주는 어디에서 사든 간에 당신의 갈증을 풀어 주는 데는 동일한 효과를 발휘한다. 하지만 부유한 사람들은 얼마를 지불해야 할지 알 수 없기에 맥락을 이용해서 맥주의 가치를 파악하려 든다.

그런데 가난한 사람들은 전혀 다르게 행동했다. 청과물점에서 사는 경우에 제시한 금액과 멋진 리조트 호텔에서 사는 경우에 제시한 금액이 매우 가깝게 일치한 것이다. 부유한 사람들과 비교해서 보다 많은 금액 혹은 보다 적은 금액을 제시했느냐가 아니라, 두 경우에 대해 제시한 금액의 차이가 별로 나지 않는다는 점이 중요하다. 보다 일관성이 있는 대답을 한 것이다. 그런데 분명하게 알아야 할 것은, 위에 제시한 상황에서 실험 진행자가 피실험자들에게 요구하는 것은 얼마를 지불해야 할지 예측하라는 게 아니라 얼마를 지불할 것인지 밝히라고 한다는 점이다. 리조트 호텔에서 맥주를 더 비싸게 팔 것이

2부 결핍의 악순환

라는 예상에서는 가난한 사람들이나 부유한 사람들 모두 일치했다. 하지만 이 두 집단은 오로지 자기들이 기꺼이 지불할 의사가 있는 금액에서만 차이를 보였다. 이것은 우리가 예상할 수 있는 결과, 즉 가난한 사람은 얼마를 지불해야 할지 더 잘 안다는 사실과 일치한다. 이들은 맥락에 휘둘리지 않고 오로지 자신의 내면적인 측정 규준에만 의존해서 1달러가 어느 정도의 가치를 가지고 있는지 파악한다.

이로써 우리는 전통적인 행동경제학적 발견들, 즉 자기만의 임의적인 맥락에서 가치를 구성하는 것에 의존하는 그런 발견들을 '뒤집기' 위해서 어디에 주목해야 할지 알 수 있게 되었다. 아울러, 사람들은 자기들이 가지고 있는 전체 돈이 제각기 분리되어 있는 여러 개의 계좌로 구분된 채 따로 관리되는 것으로 생각한다는 사실도 밝혀졌다. 예를 들어서 여러 연구들은 휘발유 가격이 오를 때 사람들이 낮은 품질의 휘발유를 대체 연료로 사용한다는 사실을 발견했다.[22] 사람들은 인상된 휘발유 가격이 살림살이 전체에 실질적으로 영향을 미치지 않을 때조차도 자기들이 '예전보다 더 가난해진' 것처럼 행동한다. 그리고 또 심지어 이런 경우 사람들은 '휘발유라는 자산 측면에서' 더 가난해진 것처럼 행동한다. (사실 돈이 문제라면 과자를 조금 더 싼 과자를 사먹거나 골프를 줄인다든가 하는 방식으로 절약을 해서 보다 쉽게 대처할 수 있다.) 이것은 사람들이 심리적으로 돈을 각기 다른 계좌에 넣고 관리하기 때문이다. 유가가 인상되어서 휘발유 계좌에 부정적인 충격이 가해지면 이 계좌 차원에서 절약을 실천하느라 낮은 품질의 휘발유를 사용한다. 이런 심리적(정신적)인 회계라는 발상은 많은 함축을 담고 있다. 예를 들어서 세금 환급금으로 받은 2,000달러를 소비하는 것과 주가 상승으로 발생한 수익 2,000달러를 소비하는 행태가 전혀 다른 이유도 바로 여기에 있다. 두 경우에 모두 2,000달러만큼 부유해졌지만, 사람들은 이 두 개의 계좌를 ('공돈 계정' 대 '연금 계좌'라는) 독립된 것으로 인식하며, 이 두 개의 계좌에 속한 돈을 소비할 때 각각 전혀 다른 성향을 보인다. 그러나 가난한 사람들은 이런 효과에 덜 휘둘리는 경향을 보인다.[23]

기회비용

사물의 가치에 대한 혼동은, 풍족할 때는 트레이드오프를 하지 않기 때문에 (심지어 사람들은 이 트레이트오프를 어떻게 해야 하는지조차 알지 못한다) 일어난다. 이런 현상을 직접적으로 관찰하기 위해서 우리는 피실험자들에게 다음과 같은 상황을 상상하라고 했다.

당신은 당신이 좋아하는 스포츠의 시즌권을 구매한다. 이 패키지 상품에는 여덟 경기의 입장권이 포함된다. 비록 각 경기당 입장권의 가격이 30달러이지만 당신의 시즌권은 160달러밖에 되지 않는다. 한 경기당 20달러인 셈이다. 당신은 이 패키지 상품에 포함된 여덟 경기를 모두 보고 싶다. 그래서 당신은 이 시즌권을 사기로 결정한다.

자, 그런데 이런 상상을 해 보라. 시즌이 거의 끝나 간다. 당신이 볼 경기도 하나밖에 남지 않았다. 그런데 이 경기는 대단한 관심을 끌고 있다. 암표가 75달러에 팔리고 있을 정도이다. 당신도 그 경기를 보러 갈 참이다. 그렇다면 당신이 그 경기를 관람하는 데 드는 비용은 얼마라고 느끼는지 생각해 보라.[24]

우리는 피실험자들에게 다음 두 개의 진술이 각각 그 경기를 관람하는 비용에 대한 본인의 느낌을 얼마나 사로잡는지 평가하라고 주문했다.

- 나는 이 비용이 75달러라고 느낀다. 이것이 현재의 티켓 가치이자, 내가 그 티켓을 판다고 할 때 받을 수 있는 가격이기 때문이다.
- 나는 이 비용이 20달러라고 생각한다. 내가 이 티켓을 살 때의 가격이기 때문이다.

자, 그 경기를 관람하는 데 드는 비용은 얼마일까? 정답은 얼마일까? 경제학자들은 실질 비용을 75달러로 본다. 만일 당신이 이 경기를 보지 않고 다른 사람에게 판다면 75달러를 받을 수 있기 때문이다. (이 75달러에는 심지어 시간 트레이드오프도 포함되지 않는다.) 경제학자들은 이것을 기회비용이라고 부른다. (즉, 트레이드오프를 통해서 당신이 지출할 수 있는 가치이다.) 그런데 부유한 사람들은 이렇게 생각하지 않는다. 그들은 20달러라고 대답할 가능성이 훨씬 높다. 심지어 대다수의 사람들은, 그 티켓은 이미 돈을 주고 산 것이므로 0달러라는 제

3의 대답을 할 수도 있다.[25] 부자들이 왜 이렇게 느끼는지 당신은 알수 있다. 느슨함을 가지고 있을 때는 0달러(혹은, 0달러로 하기에는 허전해서 20달러)가 '옳은 것'처럼 느껴진다. 느슨함이 있을 때는 아무것도 포기하지 않는다. 그 티켓을 판다고 해 봐야 그것을 가지고 살 수 있는 것 중 당신에게 없는 것은 아무것도 없기 때문이다.

이에 비해서 가난한 사람들은 75달러로 무엇을 할 수 있을지 분명하게 안다. 그 결과 가난한 사람들이 그 티켓의 가격이 75달러라고 대답할 가능성은 훨씬 크다. 다시 한 번 더 이 사람들은 합리적인 경제적 이상체에 훨씬 근접한 것으로 비친다.

해마다 전 세계의 경제학자들이 한 자리에 모여서 연구 성과를 발표한다. (재밌을 것 같은가? 입장권을 구하려면 얼마든지 구할 수 있다.) 그런데 2005년에 폴 페라로Paul Ferraro와 로라 테일러Laura Taylor라는 두 경제학자가 그 총회장을 발칵 뒤집어 놓겠다고 마음먹었다.[26] 두 사람은 위에 제시한 상황과 비슷한 상황을 200명이 넘는 경제학자들에게 제시했다. 그런데 경제학자들의 답변 결과는 (충분히 예상할 수 있는 것이긴 하지만) 경제적 이상체들의 답변과는 거리가 한참 멀었다. 이와 관련해서 경제학자 알렉스 타바록Alex Tabarrok은 블로그에 다음 내용을 포함한 글을 올렸다.

"과연 이게 가능한 일인지 믿을 수 없다. 그러나 그 경제학자들 가운데 78퍼센트가 틀린 답을 말했다. 이 문제는 어렵지도 않다. 속임수나 함정도 없다. 기회비용은 경제학에서 중요한 개념이다. 질문을 받은 사람들은 세계에서 저마다 내로라하는 경제학자들이며 이 가운데 많은 사람들이 경제학을 가르치고 있다. 그런데 정답률이 그렇게 낮을 수 있다니, 믿을 수 없다."[27]

전 세계의 경제학을 이끌어 가는 사람들이 기회비용을 생각하지 못하다니 놀랍지 않은가? 하지만 이 사람들은 높은 봉급을 받고 있으며, 따라서 경제적으로 매우 풍족한 생활을 한다. 사소한 트레이드오프를 마주할 일이 없으니, 사소한 기회비용을 잘 계산할 필요가 없다. 경제학 교과서 기준으로 보자면 이 경제학자들은 오답을 제시했지만 일상적인 인간 행동의 기준으로 보자면 정답을 제시했다. 이 경제학자들을 포함해 많은 부유한 사람들은 작은 돈을 놓고서 트레이드오프를 생각하지 않기 때문이다.

어떤 사람은 우리가 내리는 이런 결론을 가지고, 가난하게 살면 전문 경제학자들보다 더 경제학을 잘 알 수 있다고 해석하려 들지도 모르겠다. 어쩌면 또, 경제학자들은 봉급을 적게 받아야만 경제학을 더 잘할 것이라는 결론을 내리고 싶어 할지도 모르겠다. 하지만 우리 둘 가운데 적어도 한 사람은 이런 결론에 반대한다.

행동경제학은 사람들이 여러 기본적인 경제학적 예측들과 다르게 행동하는 것을 관찰한 결과에서 탄생했다. 이 사람들은 기회를 비용이라고 생각하지 않는다. 어떤 물건에 돈을 기꺼이 지불할 의지는 너무도 쉽게 변한다. 그러나 경제학은 결핍(희소성)의 논리를 추구하는 학문이고, 그 목적으로 탄생했다. 그러므로 경제학의 예측은 결핍의 정신 상태를 실질적으로 가지고 있는 사람들의 행동을 대상으로 할 때 더 정확할 수밖에 없다.

우리는 지금 가난한 사람이 언제나 더 합리적이라는 주장을 하려는 게 아니다. 가난한 사람이 가지고 있는 것은 특정한 하나의 기술이다. 수입과 지출을 잘 맞추는 기술 말이다. 가난한 사람은 1달러의 가치를 최대한 활용한다. 이들은 돈의 가치를 평가하는 데는 전문가인데, 이 전문성 덕분에 가난한 사람은 몇 가지의 맥락 속에서 보다 합리적이고 일관성을 가진 것으로 비춰진다. 그러나 이 자기만의 '개똥 전문성'은 또한 장애물이 되기도 한다. 전문성을 가져다주는 집중에는 터널링이 뒤따르고, 이 터널링은 사람들을 부정적인 결과의 늪으로 끌어들인다.

5장

끊임없이 빌리는 사람들

하루하루 근근이 살아가는 데 필요한 것들을 구하기 위해 치르는 끝도 없이 강퍅한 투쟁의 전망 속에는 미래를 내다보도록 도와주는 것은 아무것도 없다. 모든 것이 그런 노력에 찬물을 끼얹는다.[1]

— 제이콥 리스Jacob Riis, 〈세상의 나머지 절반은 어떻게 살아가는가〉

책임 대출 센터Center for Responsible Lending가 최근에 낸 보고서에는 산드라 해리스의 이야기가 담겨 있다.

한때 저소득층 가구를 위한 헤드스타트(역주 – 빈민 구제 사업의 일환으로 취학 전 아동을 대상으로 시행하는 미국의 교육 지원 제도) 어린이 개발 프로그램의 대상이기도 했던 산드라는 뉴하노버 카운티에 있는 헤드스타트 위원회의 이사였다. 그녀는 노스캐롤라이나대학교 윌밍턴 캠퍼스에서 '2003년 올해의 직원상'을 받은 경력이 있으며, 윌밍턴 주민들은 그녀를 WMNX 라디오방송국의 진행자로 알고 있었다. 그러나 산드라에게는 말 못 할 고민이 있었다. 그녀의 남편은 조리장으로 일하다가 실직한 상태였다. 집세를 비롯해서 모든 요금을 단 한 번도 연체하지 않았던 이 부부는 경제적으로 쪼들리기 시작했다. 자동차 보험이 만기가 되었지만 산드라는 갱신 계약도 할 수 없을 지경이었다.[2]

그러다가 산드라는 어떤 해법을 발견했다. 페이데이론이었다. 이건 간단했다. 지금 현금을 빌려서 두 주 뒤에 월급날이 되면 그때 일정한 수수료와 함께 돈을 갚는 것이었다. 바로 그녀가 필요로 하던 것이었다. 그녀는 페이데이론으로 대출을 해서 그 돈으로 자동차 보험료를 제때에 냈다. 다음 월급날에 산드라는 그 소액의 대출금을 갚을 준비가 되었고, 수수료는 50달러였다.

"아시죠? 대출을 다시 갱신하셔도 돼요."
창구의 직원은 그렇게 말했다. 그 순간 아직 지불하지 않은 소액의 청구서가 머리에 떠올랐다. 그래서 산드라는 '그래, 이 직원 말이 맞아. 다시 대출을 할 필요가 있네.'라고 생각했다.

이렇게 해서 산드라의 악순환이 시작되었다. 다음 달은 전달보다 더 어려웠다. 돈은 전보다 더 쪼들렸다. 그리고 그녀가 진 빚은 수수료 때문에 훨씬 더 많아졌다. 그래서 산드라는 새로 대출을 해서 이전의 빚을 갚는 식으로 계속 돌려막기를 할 수밖에 없었다. 이렇게 몇 달이 지나자 산드라는 이제 수수료마저도 빚을 내서 갚아야 했다.

몇 차례 돌려막기를 하고 나자 처음의 대출업체에서 전액 상환을 요구했다. 산드라는 그 빚을 갚을 수 없었기에 다른 페이데이론 업체인 '어전트 머니 서비스'를 찾아가서 돈을 빌리고, 이 돈으로 최초의 대출업체에 지고 있던 빚을 갚았다. 이런 식으로 산드라는 점점 더 깊은 빚의 수렁 속으로 빠져들었다. 그리고 여섯 달도 지나지 않아 산드라는 여섯 개나 되는 소액대출업체를 이용해서 돌려막기를 하게 되었다. 2003년 6월에 산드라와 그의 남편은 6년 동안이나 살았던 아파트에서도 쫓겨날 처지에 놓였다. 이런 사정을 산드라는 글로 적어 책임 대출 센터에 보냈다.

"기본적으로 우리는 돌려막기로 버티고 있습니다. 한 달에 수수료만 495달러에서 600달러를 물고 있는 상황입니다. 아무리 갚아도 빚은 줄어들지 않습니다."

이런 상황은 적어도 여섯 달 동안 계속되었으며, 자기는 사치에 돈을 전혀 쓰지 않는다고 했다.

"사람들은 분수에 맞지 않는 생활을 하기 때문이라고 생각합니다."

사실 그녀는 돈을 벌면 빚을 갚는 데만 쓰지 옷 한 벌도 사 입지 않았다. 경제적으로 엄혹한 시기를 맞아 가족 앞으로 날아오는 각종 청구서에 들어갈 돈을 마련하려고 정말 부지런하게 일을 했다. (…)

산드라는 결국 부도 수표를 쓰고 말았고, 자동차는 압류되었다. 원천징수되는 세금액을 조금이라도 줄여서 조금이라도 더 돈을 마련해 청구서들에 대처하려고 했지만, 결국 이렇게 뒤로 미루어서 쌓인 세금 수천 달러가 체납되는 상황을 피할 수 없었다. 결국 그녀는 파산했고, 방송국에서는 눈물을 훔쳐 내면서 프로그램을 진행했다. 실컷 우는 것도 힘이 들고 돈이 든다고 그녀는 말했다.

관련 자료를 보면 산드라의 이야기는 흔히 있는 전형적인 사연이다. 2006년 기준으로 미국 전역에는 페이데이론 대출업체가 23,000 넘게 있었는데,[3] 이 수는 맥도날드 매장의 수(12,000개)[4]와 스타벅스 매장의 수(약 9,000개)[5]를 합친 것보다 더 많다. 산드라가 돌려막기를 하고 또 그럴수록 수수료가 점점 더 많이 쌓이는 현상도 흔한 모습이다. 전체 페이데이론 대출금의 4분의 3은 돌려막기에 따른 것인데, 여기에 수수료로 발생하는 금액은 연간 35억 달러나 된다.[6]

현금에 쪼들리는 사람들은 어째서 갚지도 못할 정도로 극단적인 금액의 대출을 할까? 애초에 왜 그런 돌이킬 수 없는 내리막길에 발을 내디뎠을까? 이런 질문들은 보통 개인이 지는 책임의 중요성 혹은 부도덕한 금융업자들이 저소득층의 사람들을 대상으로 저지르는 악랄한 착취 방식 등을 주제로 한 논쟁으로 이어진다. 이런 논의는 가난한 사람의 근시안을 나무라며 그들에게 금융 관련 교육이 필요하다는 역설로 이어진다. 소비자를 대변하는 사람들은 페이데이론 대출업체들이 서민을 약탈한다면서 이들을 시장에서 추방해야 한다고 목소리를 높인다. 또 다른 사람들은 급전을 필요로 하는 사람들이야 언제든 있게 마련인데 이런 사람들에게는 이런 고리의 대출업체라도 없는 것보다는 있는 게 낫다고 주장한다. 우리가 굳이 이 이야기를 꺼낸 것은 이런 논쟁 속에 끼어들고 싶어서가 아니다. 결핍이라는 문제를 들여다볼 수 있는 중요한 창을 제공하기 때문이다.

이 문제는 페이데이론만의 문제가 아니다. 당장 현금에 쪼들리는 사람들은 페이데이론뿐만 아니라 다른 많은 방식으로 돈을 빌린다. 연체도 이런 '빌리기'의 한 형태이다. 저소득층 여섯 가구 가운데 한 가구는 한 해에 적어도 한 번은 연체한다. 이런 방식의 빌리기의 극단적인 형태는 '재가입 수수료'이다. 한 연구에 따르면 극빈층 가구의 18퍼센트가 전화 서비스에 재가입한 적이 있으며 10퍼센트는 열두 달 안에 다시 서비스가 끊기는 경험을 했다.[7] 전화요금을 제때 내지 못해서 전화가 끊겼는데 이걸 다시 개통하기 위해 재가입 수수료 40달러를 지불한다는 것은 애초에 전화가 끊기지 않도록 돈을 빌리는 데 들어가는 이자 40달러를 갚는 것과 비슷하다. 1997년의 한 연구는 가난한 사람의 연 소득 가운데 거의 5퍼센트가 재가입비나 연체료 등으로 지출된다고 추정했는데,[8] 지금은 이 수치가 그때보다 훨씬 늘어났을 것이다. 산드라 해리스도 처음에는 원천 징수 세금을 줄임으로써 '돈을 빌렸고' 그 다음에는 세금 납부를 미룸으로써 또 '돈을 빌렸다.' 전 세계의 가난한 사람들은 (페이데이론 업체가 요구하는 것보다 훨씬 높은) 고율의 이자를 요구하는 비공식적인 대부업체를 이용한다.[9] 그러나 가난한 대출자들은 이런 이자를 한 번만 내고 마는 게 아니라 연속적으로 낸다. 그래서 빚더미는 점점 커지고, 이 빚더미는 내리막길을 사납게 굴러간다.

이런 현상은 가난한 사람들에게서만 나타나지 않는다. 바쁜 사람들은 시간을 빌린다. 물론 돈과 마찬가지로 대개 고율의 이자가 따라붙는다. 마감 기한이 임박한 어떤 프로젝트에 필요한 시간을 마련하려고 다른 일을 뒤로 미루는 게 바로 시간을 빌리는 행위이다. 그리고 페이데이론과 마찬가지로 청구서는 어김없이 날아온다. 뒤로 미룬 일이 아직 끝나지 않았다는 무서운 청구서이다. 또한 시간을 빌릴 때도 '수수료'가 붙는데, 어떤 일을 미룸으로써 그 일에 들어가는 시간 총량은 늘어나게 마련이다. 소득세 신고를 할 때도 마찬가지이다. 시간이 넉넉할 때 해치우면 몇 분 안에 신고 과정을 모두 마칠 수 있다. 하지만 마지막 날까지 몰리면 우체국 앞의 길고 긴 줄에 서서 자기 차례가 오기를 하염없이 기다려야만 한다. 글을 쓰는 저자들은 임박한 다른 작업의 마감 기한 때문에, 혹은 작업을 위해서 사람들을 만나 인터뷰한 내용을 글로 옮기는 일을 뒤로 미룬다. 그런데 제법 많은 시간이 흐른 뒤에는 휘갈겨서 써놓은 그 메모와 관련된 내용들을 기억해 내는 데 훨씬 더 많은 시간이 걸린다. 이처럼 바쁜 사람은 페이데이론 대출을 받은 사람과 마찬가지로 돌려막기로 빚을 갚는 상황에 빠지고 만다. 오늘 당장 해야 하는 일은, 어제 오늘로 미뤘던 일을 처리해야 하므로 내일로 미뤄질 수밖에 없는 것이다. 기어코 끝을 볼 때까지 몇 번이고 미뤄지는 일들이 얼마나 많을까? 그리고 또 비슷한 이런저런 이유로 어떤 일을 하는 데 들여야 할 시간은 점점 더 늘어나게 된다.

무언가를 빌리는 것은 결핍과 깊이 연관되어 있을 수밖에 없다.

| 터널링과 빌리기

왜 우리는 결핍 상황에 직면할 때 빌리는 행위를 할까? 터널링에 빠지기 때문이다. 그리고 이렇게 빌리며 미래의 자신을 더 깊은 수렁에 빠트린다. 오늘의 결핍은 내일의 보다 많은 결핍을 낳는다.

산드라의 사례를 살펴보자. 그녀가 갚을 수 없었던 최초의 청구서는 결핍을 생성했다. 그래서 그녀는 그달의 수입과 지출을 맞추는 데 집중하며 터널에 갇혔다. 터널 안에서 볼 때 페이데이론은 확실히 매력적이었다. 페이데이론의 이득이 터널 안에 뚝 떨어졌고, 덕분에 그녀는 그달을 무사히 넘겼다. 하지만 그 대출의 편익에 동반되는 비용(원리금 상환)은 터널 밖에 있었고 그녀의 눈에 보이지 않았다. 그 대출은 그녀가 직면한 문제, 그녀가 해결하고자 하던 문제에 대한 완벽한 해결책을 제시하는 것으로 보였다.

우리가 진행한 양적 현장 연구도 터널링이 페이데이론을 특별히 매력적으로 보이도록 만든다는 견해를 뒷받침한다. 대출을 하는 바로 그 시점에 대출자에게 '이 대출을 어떻게 갚을 계획입니까?'라고 물으면 대개는 '글쎄요, 일주일 뒤에 갚을 겁니다.'라는 몹시 엉성한 대답이 돌아온다. 그럼 여기서 조금 더 파고들어서 '하지만 돈 나갈 데가 이미 많이 있지 않습니까?'라고 물으면 그 대출자는 벌컥 화를 낸다.

"내 말 못 알아들으세요? 난 지금 이번 달 방세를 마련해야 한단 말이에요!"

이 말에 담긴 요지는 '나는 지금 당장 해결해야 할 문제에 집중하고 있다.'이다. 다음 달의 문제는 나중에 생각해야 할 추상적인 어떤 것일 뿐이다. 급히 병원으로 달려갈 때 다른 중요한 목표들이 별로 중요하게 여겨지지 않는 것과 마찬가지로, 페이데이론의 장기적인 경제학 따위는 지금 당장은 전혀 중요하지 않다. 페이데이론이 그토록 매력적인 이유도 바로 여기에 있다. 급한 불을 끄는 일에 집중하느라 터널링에 사로잡힐 때 사람들은 페이데이론을 찾는다. 페이데이론의 가장 큰 장점을 그 불을 빠르고 효과적으로 꺼 준다는 점이다. 하지만 이 불길이 조만간에 다시 더 크게 일어난다는 최악의 단점은 터널 안에서는 보이지 않는다.

물론 이 모든 특성은 페이데이론이나 돈 문제에만 나타나는 게 아니다. 이메일 답장을 미루는 것에 대해 생각해 보자. 이렇게 시간의 빚을 질 때 사람들은 편익에만 집중한다.

'지금 당장은 다른 일이 급하니까……'

그렇기에 우리는 나중에 이 일을 하려면 얼마나 많은 시간이 들까 하는 질문을 자기 스스로에게 하는 데는 그다지 많은 시간을 들이지 않는다. 비용을 모르기 때문이 아니다. 단지 그 문제들이 우리의 관심을 그다지 많이 끌지 않기 때문이다.

우리가 깊이 몰두한 그 문제에 대한 중요하고 무조건적인 가정이 하나 있다. 산드라는 오늘 당장 현금이 부족하며 다음 달에도 여전히 그럴 것이다. 계속해서 바쁜 사람은 이번 주에도 바쁘고 다음 주에도 여전히 바쁘다. 결핍을 경험하는 사람들은 지금 당장 결핍을 경험할

2부 결핍의 악순환

뿐만 아니라 나중에도 결핍을 경험한다. 그런데도 사람들은 지금 당장의 결핍에만 집중에서 터널링 상태에 빠진다. 다음 날에도 배가 고플 것이라는 사실은 (이런 사실을 본인이 잘 알고 있음에도 불구하고) 오늘 배가 고프다는 사실만큼 당사자의 주의를 사로잡지 않는다. 기한이 임박한 청구서는 지금 당장 위협적으로 주의를 환기시킨다. 이런 상황에서 두 달 뒤에 날아올 청구서는 시야에서 사라지고 보이지 않는다. 설령 아무리 내일의 결핍에 대해서 신중하게 생각하려 한다고 하더라도, 이는 오로지 추상적인 지식으로만 비칠 뿐이다. 그러니까, 느낄 수가 없다. 그렇기 때문에 당사자의 정신을 사로잡지 못하는 것이다. 이렇게 되는 이유 가운데 하나가 대역폭 세금이다. 현재는 자동적으로 사람들에게 압박을 가한다. 하지만 미래는 그렇지 않다. 미래에 관심을 기울이는 데는 대역폭이 필요한데, 결핍이 이것에 세금을 부과한다. 결핍이 우리의 대역폭에 세금을 부과할 때 우리는 더욱 더 지금 당장의 문제에 집중하게 된다. 미래에 제기될 필요성을 예측하려면 여러 가지 인지 자원이 필요하다. 그리고 또 현재의 유혹에 저항하려면 실행 제어 능력이 필요하다. 이런 것이 우리의 대역폭에 세금을 부과할 때 결핍은 현재에 집중하고, 그 결과 우리는 무언가를 (돈이든 시간이든) 빌리게 된다.

우리는 이 가정을 뒷받침하는 자료를 앞에서 이미 봤다. 1장에서 살펴봤던 마감 기한 연구를 떠올려 보자. 한 집단의 대학생에게는 3주의 마감 기한을 주었고, 또 한 집단의 대학생에게는 동일하게 3주의 시간을 주되 한 주에 한 번씩 모두 세 번의 마감 기한을 주었다. 여기서 우리는 두 번째 집단이 거둔 높은 성적이 집중배당금 덕분이었다고 했다. 그러나, 첫 번째 집단 역시 마감 기한을 가지고 있었는데, 이 시한은 두 번째 집단과 달리 3주였다. 이 실험은 3주라는 마감 기한이 그다지 압박감을 주지 않았음을 말해 준다. 실제로 한 주에 한 번씩이라는 마감 기한도 처음에는 그다지 커다란 압박으로 다가오지 않았을지 모른다. 하지만 우리는 어떤 일이 일어났는지 알고 있다. 마감 기한은 임박해서야 비로소 문제가 된다. 그러기 전까지는 그저 추상적으로 존재할 뿐이다. 이런 조건에서는 결핍이라는 심리적 현상이 촉발되지 않는다. 그러나 이 심리 현상은 마감 기한이 주어진 사람들에게 한 주씩 세 번에 걸쳐서 나타났고, 3주의 마감 기한이 주어진 사람들에게는 한 번만 나타났다. 이 모든 것들이 우리에게 낯익은 사실이다. 마감 기한이 바로 코앞에 닥쳤을 때 생산성이 급격하게 높아지는 것도 바로 이런 까닭에서이다.

이런 식으로 터널링은 어떤 것을 빌림으로써 편향된 심리를 유발한다. 이 터널 안에서는 오로지 가장 긴급한 결핍만이 눈에 보이므로 대출이 유독 매력적으로 비친다.[10]

물론 빌리는 것이 언제나 나쁜 선택이라고 할 수는 없다. 다음 주에 정말 시간이 넉넉하게 남아돌 경우 지금 닥쳐 있는 일들을 다음 주로 미루는 게 분명 이치에 맞다. 조금 뒤 통장에 상당한 돈이 입금될 예정이라면 지금 사는 집에서 당장 쫓겨나는 것보다는 돈을 빌려서 집세를 내는 게 옳다. 돈이든 시간이든 간에 오늘의 자원이 미래의 자원에 비해서 정말로 더 큰 편익을 제공한다면 빌리는 게 좋은

2부 결핍의 악순환

선택이다. 하지만 문제는, 터널에 갇혀 있을 때는 이 비용 편익 계산을 건너뛰고 무작정 빌리기에 나선다는 것이다. 결핍에 직면할 때 우리는 장기적으로 빌리는 것이 합리적일 때에도, 그렇지 않을 때도 빌린다.

▌빌리기의 늪

빌리기에 대한 이런 설명은 통상적인 설명과 다르다. 가난한 사람이 과도하게 돈을 빌리는 이유를 설명하려고 금융 관련 교육의 부족, 착취적인 대부업자들의 탐욕 혹은 과도한 자기 탐닉 경향 등의 원인에 매달릴 필요는 없다. 바빠서 늘 시간에 쫓기는 사람이 일이나 약속을 자꾸만 미루는 이유를 설명하기 위해 허약한 자기 절제 능력, 일에 대한 이해 부족 혹은 시간 관리 기술의 부족 등에 매달릴 필요가 없다. 빌리기는 터널링에서 비롯된 결과일 뿐이다. 이 발상을 검증하기 위해서 우리는 우리가 즐겨 사용하는 또 하나의 도구를 빼 들었다. 바로 실험실에서 인위적으로 결핍을 조장하는 것이었다.

　이번에는 미국의 텔레비전 퀴즈 프로그램인 〈패밀리 퓨드Family Feud(가족 대항전)〉로 눈을 돌렸다. 이 프로그램은 우리 동료인 아누즈 샤가 즐겨 시청하던 퀴즈 경연 프로그램이었다. (시간에 쫓길 수밖에 없던 프린스턴대학교의 박사 과정생 신분이던 샤가 이 프로그램의 열혈 시청자였다는 사실이 많이 놀라울 것이다.) 이 프로그램에 출연한 경연자들은 예를

들어서 '바비가 급하게 돈이 필요할 때 경매로 팔아 치울 물건들은?'
이라는 문제에서 해당 항목들을 맞혀야 한다(역주-여기에서 바비는 '바
비 인형'을 말한다). 제작진은 사전에 100명의 미국인을 대상으로 동일
한 질문으로 설문 조사를 하는데, 경연자는 가장 많은 사람들이 선택
한 대답을 찾을수록 높은 점수를 딴다. 예를 들어 위의 질문에서 '바
비의 드림카'라는 대답을 맞히면 35점을 얻었는데, 100명 가운데 35
명이 그 대답을 제시했기 때문이다. (그 다음으로 높은 점수인 바비의 친구
'켄'은 21점이었다.) 여타의 퀴즈 프로그램들에서는 백과사전의 한쪽 구
석에나 적혀 있을 것 같은 지식을 요구하는 사소하면서도 고약한 질
문을 던지는데, 그래서 시청자들은 경연자들이 연감을 달달 외우는
게 취미인가 하는 의문에 사로잡힌다. 그런데 〈패밀리 퓨드〉에서는
쉽게 접할 수 있긴 하지만 정답이라는 게 따로 존재하지 않아 알쏭달
쏭하기 짝이 없는 질문들을 제시한다. 그러니 경연자들은 설문 조사
에서 가장 많은 사람들이 제시했을 것 같은 것을 선택해서 답해야 한
다. 그러니까 이 프로그램은 진리를 다수결로 정하는 셈이다. 어떻게
보면 최초의 포스트모던 퀴즈 프로그램이라고 할 수도 있다.(역주-이
프로그램은 1976년부터 방송되었다.)

샤는 〈패밀리 퓨드〉에 출연한 경연자들이 결핍을 경험한다는 사
실을 깨달았다. 시간의 압박 아래에서, 즉 생각할 시간의 여유가 별로
주어지지 않은 상황에서 대답을 해야 하기 때문이다. 통상적인 퀴즈
프로그램의 질문은 경연자가 정답을 알든 모르든 간에 그것을 기억
해 내야 한다. 그러나 〈패밀리 퓨드〉에서 제시되는 문제들은 이와 다

른 창의적인 접근법을 요구한다. '바비가 내다 팔려고 하는 물건은?'이라는 문제가 제시될 때, 우선 다양한 후보 대답들을 분류해야 한다. 바비와 관련된 여러 가지 것들을 떠올리고 이것들 중 어떤 것이 팔릴 수 있을지 살펴야 한다. 또한 사람들이 전형적으로 내다 파는 것들을 생각하고 이런 것들 가운데 바비가 가지고 있는 것이 무엇인지 파악해야 할 수도 있다. 각각의 경로는 '켄'에서부터 '자동차'까지 다양한 대답으로 이어진다. 이런 대답들은 단순한 추측일 뿐이다. 그러므로 각 항목의 잠재적인 선호도를 깊이 생각해야 한다. 시간의 압박이 있다는 것은 보다 적은 수의 경로밖에 추적할 수 없음을 뜻하고, 또 각각의 대답이 가지는 정답의 가능성을 측정하는 데 더 적은 시간밖에 할애할 수 없음을 뜻한다. 한 시간 단위 혹은 하루 단위의 결핍을 경험하는 바쁜 사람들과 다르게, 이 참가자들은 초 단위의 결핍을 경험한다. 어떤 일을 먼저 처리할 것인지 고민하는 대신에 사람들이 가장 많은 선택을 한 대답을 따라잡을 수 있는 방법을 최대한 빠르게 결정해야 한다.

우리는 심리학 실험의 일환으로 모의 〈패밀리 퓨드〉를 설계하고 프린스턴대학교의 학부 학생들을 경연자로 참가시켰다.[11] 피실험자들에게는 주어진 시간 안에 여러 라운드의 퀴즈를 풀게 했다. 그런데 우리는 피실험자들에게 주어진 시간을 집단별로 다르게 배정함으로써 이들을 '부자'와 '빈자'로 나누었다. 물론 부자는 시간이 많이 주어진 사람이고 빈자는 시간이 적게 주어진 사람이었다. 모든 라운드에서 피실험자들에게 새로운 질문을 제시했고, 모든 라운드가 끝난 뒤에는 피실험자들이 딴 점수를 달러로 환산해서 각자에게 지급했다.

우리는 부자와 빈자를 인위적으로 만든 다음 우리가 관심을 가지고 있던 요소를 첨가했다. 피실험자들이 시간을 빌릴 수 있도록 한 것이다. 단 빌린 시간은 이자를 보태서 갚도록 했다. 즉, 매 라운드에서 추가로 사용한 시간을 갚을 때는 두 배로 갚게 한 것이다. 즉 각자에게 주어진 총 시간에서 빌린 시간의 두 배만큼 뺐다. 예컨대 어떤 라운드에서 5초를 빌리면 주어진 총 시간에서 10초를 빼는 식이었다. 우리는 또한 시간을 '저축'할 수도 있게 했다. 그래서 만일 어떤 라운드를 일찍 끝내면 남은 시간을 자기에게 주어진 총 시간에 더할 수 있도록 한 것이다.

빈자는 집중했다. 부자에 비해서 매초를 효과적으로 사용했다. 이들은 보다 많은 추정을 했고 보다 많은 점수를 땄다. 이런 현상은 주어진 총 시간이 고갈되어 가는 후반부의 라운드에서 특히 더 두드러졌다. 빈자는 부자에 비해서 초당 50퍼센트 더 많은 추정을 했고 또 추정 횟수당 더 많은 점수를 땄다. 부자가 빈자만큼 집중을 했다면 훨씬 더 많은 점수를 딸 수도 있었지만 부자는 그렇게 하지 않았다. 우리는 부자에게 빈자보다 세 배나 많은 시간을 주었기 때문에 부자는 세 배나 많은 라운드를 하고 또 세 배나 많은 점수를 딸 수 있었다. 하지만 이들이 딴 점수는 빈자의 겨우 1.5배밖에 되지 않았다. 추가로 분석을 한 결과, 이렇게 된 원인으로 금방 머리에 떠오르는 이유들, 예컨대 빈자보다 오랜 시간 게임을 한 부자는 더 많이 지루해 했다거나, 이들의 최고 점수는 각 라운드의 초반에 나왔다거나 하는 이유들로는 이런 현상을 설명할 수 없음을 확인했다.

빈자는 터널링에 사로잡혀 있었으므로 보다 효율적이었다. 그 결과 부자보다 더 많은 시간을 빌렸다. 높은 이자율에도 불구하고 대출 시간은 터널링 상태의 피실험자들에게는 극단적으로, 외부의 관점으로 판단하는 것보다는 훨씬 더 매력적으로 비쳐졌다. 그래서 빈자는 올바른 판단을 내리는 데 도움을 받고자 자주 시간을 빌렸다. 하지만 결국에는 이런 시간 대출 때문에 타격을 입었다. 또 다른 버전의 실험에서는 빌리기라는 요소를 허용하지 않았는데, 이때 부자는 아무런 차이를 보이지 않았지만 빈자는 60퍼센트 더 높은 점수를 얻었다.

또 다른 버전의 실험에서 우리는 산드라가 경험했던 페이데이론 함정과 비슷한 설정을 추가로 설계했다. 〈패밀리 퓨드〉의 빈자들은 페이데이론 대출자들처럼 모자라는 시간을 돌려막기로 채웠다. 빈자가 진 빚은 다음 라운드에서 빼기로 했는데, 그러자 빈자에게 주어진 시간은 라운드가 진행될수록 점점 더 짧아졌다. 그럴수록 빈자는 더 많은 시간을 빌려야 한다고 느꼈다. 빈자가 했던 최초의 대출이 그를 악순환의 고리 속에 가둬 버리는 일이 심리 실험실에서 일어났다. 시간에 쪼들리는 사람들은 생산적인 추정을 하기 위해서는 시간이 모자랐고 그래서 점점 더 많은 시간을 빌렸다. 이들에게 주어진 시간의 대부분은 이자를 포함한 빚을 갚는 데 쓰였다. 그리고 먼젓번 실험과 마찬가지로, 대출을 허용했을 때 빈자는 대출이 허용되지 않을 때보다 훨씬 낮은 점수를 기록했다. 하지만 이런 현상은 부자 집단에서는 나타나지 않았다.

이 연구는 결핍이라는 조건 아래 성공과 실패 사이의 긴밀한 고리를 보여 준다. 〈패밀리 퓨드〉의 참가자들은 가장 생산적일 때, 가장 집중해 있을 때, 보다 많은 시간이 필요하다고 절실하게 느낄 때 가장 많이 시간을 빌렸다. 어떤 면에서 보면 이들로서는 빌리는 게 옳은 선택이었다. 추가된 그 몇 초의 시간이 빚진 시간을 갚을 좋은 기회였기 때문이다. 하지만 어떤 면에서 빌리는 것은 좋지 않은 선택이었다. 빌린 시간으로 버는 점수-시간보다 이자로 깎이는 점수-시간이 더 컸기 때문이다. 이들이 터널 속에서 깨달은 것, 즉 추가되는 몇 초의 시간이 지금 당장 절실하게 필요하다는 판단은 옳았다. 하지만 이들이 저지른 실수는 터널 밖에 존재하는 것, 다시 말해서 이 추가되는 시간이 나중에 이 게임에서 얼마나 큰 비용으로 되돌아올지를 무시한 행위였다. 부자나 빈자 모두 특별히 생산적이며 압박감을 느낄 때 시간을 빌리는 양상을 보였다는 점에는 주목할 필요가 있다. 다만 더 적은 시간이 주어진 빈자가 더 자주 이런 상태에 빠졌을 뿐이다.

그렇다면 왜 빈자가 더 많이 빌렸을까? 터널링이나 혹은 그 밖의 다른 어떤 원인에 따른 결과일까? 어쩌면 시간 압박이 그 사람들로 하여금 공황 상태에 빠져 시간을 마구 빌리도록 유도했을지도 모른다. 어쨌거나 15초라는 짧은 시간 안에 주어진 질문들에 대답해야 하는 상황은 일상적인 상황은 아니니까 말이다. 우리는 이 발견들을 여러 가지 다른 게임에서 복제해서 살펴보고 있다. 앞서 1장에서 설명했던 앵그리 블루베리즈에서도 빌리기를 허용해 봤다. 그랬더니 블루베리 빈자들은 시간 압박을 받지 않음에도 불구하고 보다 많은 블루베리를 빌렸고, 결국 빌릴 수 있다는 그 능력 때문에 타격을 입었다. 여기에서도 집중이 어떤 역할을 수행한 것이다. 각각의 사격에 더 많은 시간을 들이는 사람들은 보다 많이 빌리는 경향을 보였다. 더 많이 몰입할수록 더 많이 빌린 것이다. 우리는 이런 설정을 비슷한 여러 게임에 시도를 해 봤는데, 역시 일관성이 있는 결과가 나왔다. 어떤 형태의 결핍이든 간에 결핍은 늘 빌리기(대출)를 유도한다.

혹은, 어쩌면 우리가 확인한 결과가 일반적인 근시안에서 비롯된 것일 수도 있다. 예를 들어서, 연구자들은 지금 바로 여기의 문제를 보다 중시하는 현상, 즉 이른바 '과도한 가치폄하hyperbolic discounting' 혹은 '현재 편향present bias'[12]이라는 편향된 심리 상태를 입증해 왔다. 저축을 하기가 어렵고 헬스장에 운동을 하러 가기가 어렵고 또 세금을 일찌감치 납부하기가 어려운 것도 바로 이런 심리적 편향 때문이다. 물론 현재 편향은 빌리기를 유도할 수 있다. 사실 어떤 연구자들은 이 주장을 이용해서 실제 현실에서 이루어지는 빌리기 행위를 설명하려는 시도를 해 왔다. 그런데 우리가 확보한 자료에서 눈에 띄는 점은 피실험자들이 임의적으로 빈자로 설정되었다는 사실이다. 우리 실험에서 빈자는 동전을 던졌을 때 다른 면이 나왔다는 것 말고는 부자와 전혀 다르지 않았다. 우리 연구에서 부자와 빈자 두 집단 모두 같은 정도의 현재 편향을 드러내야 옳음은 분명하다. 아닌 게 아니라 사실, 부자와 빈자 사이에 존재하는 개인적인 차이 차원의 근시안적 사고를 분석하려고 하는 그 어떤 시도도, 우리가 설정한 실험의 맥락 속에서 (즉, 부자 집단과 빈자 집단을 임의적으로 나누었으며 또한 이 두 집단은 사실은 다를 게 전혀 없다는 조건 아래에서) 결핍이 빌리기를 어떻게 유도하는지 어떻게든 설명할 필요가 있다.

이 연구들은 세상에 대해서 우리가 설정한 보다 일반적인 가정, 즉 '어떤 분야의 빈자이든 간에 빈자가 더 많이 빌리는 이유는 빈곤 그 자체에 있다.'는 가정을 지지한다. 근시안적인 사고나 부족한 경제 관념 따위를 들어서 설명할 필요가 없다. 착취적인 대부업체가 이런 유형의 대출을 용이하게 하고 조장하는 건 틀림없는 사실이다. 하지만 대부업체가 빌리기의 근본적인 원인은 아니다. 빌려야겠다는 강력한 충동, 높은 이자율 그리고 빠져나올 수 없는 잠재적인 대출의 늪(이 늪은 너무 미끄러워서 다시 올라갈 수 없는 내리막과 같다)은 터널링의 직접적인 결과이다.

결핍은 사람들이 자기에게 부족한 것을 빌리도록 유도하며 더 깊은 결핍에 빠지게 한다.

▎다가올 미래를 무시한다

당신이 지금 매우 **빡빡한** 마감 기한을 앞둔 상태에서 어떤 보고서를 준비하고 있다고 치자. 몇 주 동안 계획을 세웠는데 보고서 제출 마감 기한이 내일이다. 그런데 완성하려면 아직 멀었다. 당신은 밤을 꼬박 새우며 할 수 있는 모든 노력을 다 한다. 그런데 참고 문헌 두 개를 아직 찾지 못했다. 어쨌거나 마감 기한까지는 도저히 찾을 수 없다. 그래서 보고서를 그냥 제출한다. 별 탈이 없기만을 바랄 따름이다. 그렇게 보고서를 제출한 뒤에 당신은 마감 기한이 임박한 또 다른 일에 착수한다. 그리고 다음 주, 중요한 출장을 떠나기 몇 시간 전에 당신은 상사로부터 다음과 같은 메시지를 받는다.

"보고서에 참고 문헌 몇 개가 빠져 있네요. 당장 확인해서 보완하세요."

미봉책은 부메랑이 되어 최악의 순간에 당신에게 돌아온다. 빌리기와 마찬가지로 이런 미봉책들은 터널 안에서는 최선책으로 보이지만 터널 밖에서는 더 큰 짐이 되어 돌아올 수 있다. 말하자면 이런 것들이 당신을 더욱 깊은 결핍 속으로 밀어 넣는 셈이다.

어떤 연구소에 적을 둔 두 연구자는 이런 내용을 한 철선 제조업체의 이야기에서 펼쳐 보인다.

기계의 가동 시간이 중요했기에 이 업체는 장비의 수선 유지를 책임지는 엔지니어들에게 기계가 작동을 멈출 때는 최대한 빠르게 대응하도록 독려했다. 하지만 이렇게 해도 전체적인 가동률은 개선되지 않았다. 회사는 엔지니어별이 아닌 기계별로 기록을 하고 분석을 한 뒤에야 그 이유를 알아냈다. 엔지니어들은 (…) 어떤 기계가 문제를 일으키면 미봉책으로만 처리를 하고 급히 또 문제가 있는 다음 기계로 넘어갔다. 각각의 기계는 (…) 총 세 차례나 멈춰 서고 엔지니어의 수리를 받는 과정을 거친 뒤에야 온전하게 돌아가곤 했던 것이다.[13]

어떻게 보면 이 엔지니어들은 지시를 정확하게 이행했다. 최대한 빨리 문제를 해결하려고 했던 것이다. 그렇다면 경영진이 고전적인 실수를 한 것이라고 생각할 수 있다. 두 연구자가 묘사했듯이 경영진은 'A를 희망하면서 B를 요구한 것'이다. 즉 그 철선 제조업체의 경영진은 속도와 질을 희망하면서 속도를 요구하고 그에 따라 보상을 했다. 하지만 이것은 단지 잘못 설정된 인센티브의 문제만은 아니다. 이 사례에서 엔지니어들은 설령 본인들이 경영자라 하더라도 신속한 미봉책을 취했을 것이다. 기계 멈춤 사고에 신속하게 대처해야 했으므로 엔지니어들은 터널링 상태에 빠져들었다. 이 상태에서는 설령 미봉책이라 하더라도 신속한 해결이 필요하다. 철저하게 해야만 문제가 완벽하게 해결될 수 있었지만 그렇게 하지 않았다. 완벽한 해결책을 내지 않을 때 발생하는 비용은 나중에야 청구되기 때문이었다. 고리 대출과 마찬가지로 닥친 일을 서둘러서 해치우는 미봉책이 터널 안에서는 매력적으로 보인다. 어쨌거나 지금 당장 시간을 절약해주기 때문이다. 나중에 더 큰 비용이 발생되는 것은 나중의 문제이다. 그리고 그 나중이 되면 고쳐야 할 것들은 지금보다 훨씬 더 많아진다. 갚아야 할 빚은 훨씬 더 불어나 우리 앞에 닥친다. 이처럼 미봉책역시 빌리기 행위와 비슷하다. 문제가 완벽하게 해결될 수 있도록 자원을 충분하게 많이 투입하지 않는다는 점에서 그렇다.

돈이 부족해서 쩔쩔매는 사람들 역시 단기적인 해법들로 누더기 땜질 처방을 한다. 세탁기가 필요한데 돈이 부족하다, 어떻게 할까? 값이 가장 싼 제품을 산다. 물론 이 제품의 내구성은 낮다. 하지만 이 문제는 터널 밖에 존재한다. 타이어가 펑크 났을 때 동일한 규격의 새로운 타이어로 교체해야 하지만 그냥 스페어타이어를 끼운 채 다닌다. 이 스페어타이어가 덜 안전하고 내구성도 떨어진다는 걸 안다. 하지만 이것 역시 터널 밖에 있다. 지금 터널 안에서는 그 미봉책이 훨씬 쉽고 효과적이다. 이런 미봉책들은 지금 당장의 시간을 절약해 준다. 그리고 이런 땜질식의 미봉책이 쌓일수록 철선 제조업체의 엔지니어들, 보고서를 쓰는 직원 그리고 빈자는 장기적으로 보다 큰 비용을 부담해야 한다.

베스트셀러 저자인 스티븐 코비Steven Covey는 해야 할 일들을 중요성이나 긴급성에 따라서 분류하는 게 도움이 된다는 사실을 발견했다.[14] 바쁜 사람들은 긴급하면서도 중요한 일에 자기 시간을 배정한다고 말한다. 이것은 마감 기한을 코앞에 두고 일을 한다는 뜻이다. 사람들은 마감 기한이 가까이 닥친 중요한 업무를 할 때 높은 생산성을 발휘한다. 이것을 우리가 집중배당금이라고 부르기로 했음은 앞에서도 설명했다.

그런데 코비는 동시에, 바쁜 사람은 중요하지만 긴급하지 않은 과제들은 무시하는 경향이 있다고 주장했다. 이런 과제들은 언제나 나중으로 연기할 수 있다. 실제로 우리는 직장에서나 집에서 그렇게 한다. 무지하게 바쁠 때 사무실이나 집은 청소와 정리가 되지 않아서 엉망이 된다. 청소나 정리보다 급한 일은 언제나 있기 때문이다. 사실 청소나 정리가 긴급한 과제가 될 일은 영원히 없다. 물론 사람들은 엉망진창으로 어질러진 사무실이나 집에서 일하고 생활하겠다고 일부러 계획을 세우지는 않는다. 사실 이런 환경은 무언가 긴급한 일들에 매달리는 동안에 저절로 생겨난다. 엉망진창인 사무실이나 집은 일련의 작은 선택들, 대부분은 수동적이며 쉽고 또 눈에 띄지 않는 선택들에 따른 결과이다. 약속 시간에 맞추려고 허겁지겁 나설 때 쌓아둔 편지 더미를 툭 건드린 바람에 이 편지들이 어떤 서류 위에 떨어진다. 전화를 받으러 일어설 때 소파에서 읽던 책을 펼친 그대로 소파에 둔다. 이렇게 수많은 사소한 것들이 쌓이고 쌓여서 결국 당신의 사무실과 집은 엉망진창이 된다. 하지만 그 사소한 것들은 긴급하지 않다 하더라도 중요하긴 하다. 엉망진창으로 어질러진 환경에서 일을 하고 또 생활하는 것은 그만큼 덜 생산적이며 또 덜 즐겁다.

중요하지만 긴급하지 않은 활동을 뒤로 미루는 것은 어떤 모자라는 요소를 빌리는 행위나 마찬가지이다. 그렇게 뒤로 미룰 때 지금 당장은 넉넉한 시간이 생긴다. 하지만 이때 미래에 청구될 어떤 비용이 발생한다. 나중에 그 일을 처리하려면 그 일을 하는 데 필요한 시간(보통은 연기되기 전보다 더 늘어난 시간)을 따로 또 찾아야 한다. 언젠가는 이렇게 어떤 일을 하지 않은 것에 대한 비용을 치러야 하거나, 혹은 그 일을 바로 처리했을 때 얻을 수 있었던 편익을 누리지 못하게 된다. 예컨대 편지 더미 아래 놓여 있는 서류를 찾느라 많은 시간을 허비하는 식이다. 이렇게 사람들은 날마다 조금씩 대가를 발생시킨다. 이 비용은 결코 일을 긴급하게 만드는 마감 기한처럼 크지 않다. 하지만 그렇게 무시를 받은 사무실은 그 주인에게 수백 번의 작은 상처를 내어서 피를 흘리게 만든다.

결핍은 (특히 터널링은) 사람들로 하여금 중요하지만 긴급하지 않은 일(예를 들면 사무실을 청소하거나 대장 내시경 검사를 받거나 유언장을 남기거나 하는 일들)을 뒤로 미루게 하는데, 사실 이런 일들은 쉽게 무시되고 만다. 이런 일에 소요되는 비용은 클뿐만 아니라 당장 지불해야 하는 것으로 보이며, 따라서 이 지출은 쉽게 미루어진다. 이에 비해서 이런 일이 가져다주는 편익은 터널 밖에 있어 눈에 보이지 않는다. 그래서 사람들은 급박한 일들이 모두 끝날 때를 기다린다. 심지어 이런 일들에 따른 미래의 편익이 상당히 클 때조차도 사람들은 이 일들에 필요한 소소한 투자를 외면한다.

중요하지만 긴급하지 않은 선택을 뒤로 미루는 경향은 시간에서뿐만 아니라 돈에서도 나타난다. 예를 하나 들어 보겠다. 인도의 넝마주이들은 마을 이곳저곳을 돌아다니며 재활용할 수 있는 헌옷을 수집한다. 물론 벌이가 신통찮은 일이다. 이런 넝마주이의 수입은 평균적으로 하루에 많이 벌어야 1달러이다. 하지만 투자비가 적게 드는 직업이기도 하다. 이 일에 필요한 것이라고는 노동력 외에는 30달러에 살 수 있는 리어카뿐이다. 그런데 대부분의 넝마주이는 자기 리어카를 소유하지 않고 한 달에 5달러에서 10달러를 내고 빌려다 쓴다. 넝마주이는 대부분 돈을 모아서 자기 소유의 리어카를 마련하고 싶어 하지만 이런 작은 소망은 결코 쉽게 이루어지지 않는다.

리어카에 들이는 투자는 중요하지만 긴급하지 않은 일이다. 사무실을 깨끗하게 유지하는 일과 마찬가지로 이 투자의 편익은 미래에 발생된다. 하지만 미래는 기다려야 하는 것이고, 지금 당장은 꼭 필요한 게 아니다. 그런데 물론 여기에는 역설이 존재한다. 어떤 넝마주이가 리어카를 소유하면 대여비를 지출하지 않아도 되니 경비 절감이 된다. 이렇게만 되면 다른 긴급한 지출들에 대처하기 그다지 어렵지 않다. 이런 사정은 사무실을 깨끗하게 유지하는 일에도 똑같이 적용된다. 사무실을 깨끗하게 유지하면 시간을 절약할 수 있고 또 덜 서두르게 된다. (그러니 또, 사무실을 정리하고 청소하기 위해 빼 놓을 시간은 그만큼 더 많아지고 여유로워진다.) 리어카는 빈곤 문제 연구자들이 지적할 수 있는 많은 사례들 가운데 하나일 뿐이다. 심지어 소득이 많아졌을 때조차도 가난한 사람들은, 다른 누구보다도 그 소득을 많이 필요로 함에도 불구하고, 이 소득 가운데 일부를 투자해서 미래의 더 높은 소득을 꾀하려 하지 않는다. 이런 사정은 금융 서비스가 취약하다거나 이 사람들에게 숙련된 기술이 부족하다거나 하는 이유로는 도저히 설명이 되지 않는다.

이런 얘기가 어쩐지 낯설지 않다면, 아마도 정치권에서 이런 논의가 오가는 걸 들었기 때문일 것이다. 이와 비슷하게 중요한 것을 희생하면서 긴급한 것에 초점을 맞추는 사례는 정부의 예산 집행에서도 오랜 세월 숱하게 있었다. 정부는 수십 년 동안 긴축 재정 기조를 유지하면서 인프라 건설에 배정된 예산을 삭감해 왔다. 이 예산은 전체 재정이 빠듯해서 예산을 삭감할 필요가 생길 때마다 너무도 쉽게 삭감되었다. 교량이 노후했다는 사실은 중요하긴 하지만 긴급하지는 않기 때문이다. 그래서 미국토목학회ASCE가 2009년에 발간한 보고서에 따르면 미국의 경우 시골 지역의 다리 약 네 개 가운데 하나, 그리고 도시 지역의 다리 약 세 개 중 하나는 상당한 결함을 품고 있음에도 불구하고 방치되고 있다.[15]

계획을 세우지 않는다

이런 다양한 행동에는 한 가지 분명한 공통점이 있다. 사람들이 근시 안적으로 행동한다는 점이다. 이런 점은 터널링의 가장 기본적인 사항으로 이어진다. 지금 당장의 수지를 맞추는 데 강하게 몰입하면 미래에 대한 계획을 효과적으로 세우지 못한다. 물론 여러 논문들은 계획 자체가 모든 사람에게 하나의 문제임을 입증해 왔다. 하지만 결핍이 이 문제를 한층 심각하게 만든다.[16]

이 문제를 다음과 같이 생각해 보자. 어느 화창한 날에 당신은 달력을 보면서 당신의 일정을 점검한다. 오늘이 아닌 오늘 이후의 일들을 살피는 것이다. 앞으로 한 주 동안 당신을 기다리고 있는 일들이 무엇인지 살필 수 있다. 앞으로 다가올 일들을 인식할 때 당신은 그 일을 정신적으로 준비할 수 있게 된다. 예컨대 누구와 논쟁을 하게 될 일을 미리 염두에 둘 수도 있고, 회의장에서 꿀 먹은 벙어리처럼 앉아 있지 않도록 세부적인 관련 사항들을 미리 살펴볼 수도 있다. 반면 무척 바쁜 날은 어떨까? 당신은 준비 운동도 하지 않은 채 물속으로 뛰어든다. 한 발 뒤로 물러나서 하루 전체의 일정을 살펴보는 여유도 가지지 못한다. 회의장에 누가 나오는지 혹은 그 회의의 안건이 무엇인지도 정확하게 알지 못한다. 그런데 이게 단지 시간이 부족하기 때문만은 아니다. 쓸 수 있는 시간이 제법 많이 있을 수도 있지만, 당신의 정신이 지금 당장 처리해야 하는 여러 일들에 너무도 깊이 집중해 있는 바람에 당신의 전체적인 전망과 계획은 흐려지고 만다. 어떤 회의에 참석하더라도 그 뒤에 다시 이어질 차기 회의들을 생각하지 못한다.

지금 이 순간에서 발을 빼고 뒤로 물러나 미래를 내다보려면 보다 넓은 관점과 일정량의 인지 자원이 필요하다. 다음 달에 만기가 되어 돌아오는 어음, 기대할 수 있는 또 다른 수입원, 갑작스럽게 생길 수 있는 시간 약속 등을 생각하려면 여분의 인지 능력이 어느 정도 필요하다. 현재의 결핍에 정신이 집중되어 온통 거기에 사로잡힌 상태에서 미래를 내다보는 것은 또 다른 터널링 세금이라는 재난을 부를 수도 있는 위험을 내포한다.

그렇다면 이런 상황을 〈패밀리 퓨드〉 실험에서 재현할 수 있을까? 우리는 앞서 살펴본 경우와 마찬가지로 피실험자들에게 여러 번의 라운드에 걸쳐서 퀴즈 대결을 하라고 지시했다. 이 실험에서도 우리는 라운드당 사용할 수 있는 시간을 한 집단에게는 상대적으로 많이 주고 한 집단에게는 몇 초밖에 주지 않는 식으로 부자와 빈자를 설정했다. 그런데 이번에는 피실험자들이 다음 라운드에 대비해서 미래를 생각할 수 있도록 기회를 제공하는 요소를 추가했다. 두 집단 모두가 이번 라운드의 문제를 풀면서 동시에 다음 라운드의 문제를 생각할 수 있도록 다음 라운드의 문제를 미리 제시한 것이다. 이

2부 결핍의 악순환

런 상황에서 그들은 필요할 경우 자기에게 주어진 시간을 저축하거나 혹은 추가로 시간을 빌릴 수도 있었다.

이런 미리 보기는 성적 향상에 도움이 되었다. 보다 정확하게 말하면, 이 요소는 시간 부자에게만 도움이 되었다. 이들은 미리 다음 라운드를 내다보는 이점을 누리면서 보다 높은 점수를 얻었다. 이에 비해서 빈자는 미리 보기의 혜택을 누리지 못했다. 점수가 높아지지 않았던 것이다. 이들은 현재 라운드에 워낙 깊이 집중했기에 다음 라운드를 내다볼 정신적인 자원의 여유가 없었다. 결핍은 빈자를 현재에 꽁꽁 묶어 두었다. 그랬기에 빈자는 미리 보기로 미래가 어떨지 슬쩍 한 번 보는 행위의 편익을 누릴 수 없었다.

이와 동일한 주제가 다양한 형태의 터널링 세금 전반에 걸쳐져 있다. 결핍은 사람들이 근시안에 빠지게 만드는 여러 행동을 유발한다. 우리는 바쁠 때면 외식을 할 때 발생하는 건강과 관련된 (미래의) 비용을 무시한다. 돈에 쪼들려서 페이데이론 서비스를 이용할 때는 (미래에) 그 원리금을 상환해야 하는 문제에 대해서는 아무 생각도 하지 않는다. 마감 기한에 쫓기며 일을 할 때는 사무실을 깨끗하게 정리하고 청소하는 일이 줄 (미래의) 편익은 고려하지 않는다. 물론 어떤 경우에든 우리의 머리를 떠나지 않는 예외적인 일들은 있을 수 있다. 1년 뒤에나 있을 결혼기념일 행사를 생각하느라 바쁜 나머지 오늘 예정되어 있는 어떤 약속을 잊어버릴 수 있다. 이것은 인간 정신의 아름다운 한 측면이다. 그러나 전체적으로 볼 때 결핍의 여러 문제들은 지금 당장에 몰입하도록 사람들을 압박한다. 내일도 우리는 (시간이라는 면에서 혹은 돈이라는 면에서) 여전히 가난할 수 있지만, 그것은 오늘이 아닌 다른 날에 해결해야 할 또 다른 문제일 뿐이다. 우리를 사로잡는 결핍은 현재의 문제이며, 이것은 터널링 세금을 부과하며 우리를 근시안적으로 행동하게 만든다.

그러나 여기에서 중요한 점은 근시안은 개인만의 실패가 아니라는 점이다. 터널링은 특정한 개인의 특성이 아니다. 산드라 해리스를 근시안적이라고 말하는 것은 너무 무리한 일이다. 그녀는 어린 시절 헤드스타트 프로그램의 지원을 받을 정도로 가난했지만 노스캐롤라이나대학교 윌밍턴 캠퍼스에서 2003년 올해의 직원으로 꼽혔으며 또 헤드스타트 이사회의 일원이었다. 비슷한 맥락으로, 우리는 우리의 바쁜 지인들을 근시안적이라고 하지 않는다. 그리고 또 우리 실험에 참가한 프린스턴대학교의 학부 학생들도 근시안적이지만, 운이 좋아서 이 대학교의 입학 허가증을 받은 게 아니다. 바쁘게 살아가면서 툭하면 시간을 빌리는 사람들 중에는 여러 해 동안 각고의 노력을 기울이면서 미래를 신중하게 내다보고 계획한 끝에 높은 자리까지 오른 사람들이 많이 있다. 사실 개인적인 특성만 따진다면 이 사람들은 결코 근시안적이지 않다. 사람들을 이렇게 행동하도록 만드는 것은 근시안이 아니라 결핍이다.

터널이라는 조건은 사람들이 미래를 제대로 내다보지 못하도록 제한을 가한다.

6장

결핍의 덫

시간만 넉넉하다면 어느 곳이든 걸어서 갈 수 있는 거리이다.[1]

— 스티븐 라이트

인도 첸나이에 있는 코얌베두 시장은 대단한 볼거리이다. 16만 제곱미터 넓이의 이 시장에는 2,500개나 되는 가게가 들어서 있는데, 이 가게들은 망고에서부터 금잔화金盞花에 이르는 온갖 과일 및 채소를 판다. 수만 명의 쇼핑객들이 출근길 지하철역에 늘어선 줄처럼 형형색색의 좌판 사이를 끊임없이 흘러간다. 이 시장에는 사람들의 눈을 사로잡는 게 수도 없이 많다. 그러나 사람들은 의외로 이 시장에서 가장 흥미로운 사실을 보지 못하고 그냥 지나친다.

　노점상들은 동이 트기 전의 이른 시각에 시장에 도착한다. 세계에서 가장 가난한 도시로 여행을 해 본 사람이라면 노점상을 보았을 것이고 또 아마 이들에게서 어떤 물건이라도 사 봤을 것이다. 첸나이에서 노점상들은 길 양옆에 자리를 잡고 앉는다. 이들은 담요 한 장만 깐 작은 판매대에 채소, 과일, 생화 등을 올려놓고 판다. 장사를 하는 방식은 간단하다. 보통 아침에 약 1,000루피(20달러)어치의 물건을 떼 와서[2] 하루 종일 팔아 1,100루피를 만들고 총 100루피(2달러)[3]의 이익을 남긴다. 노점상이 노점 사업에 들이는 비용은 본인의 노동력과 아침에 물건을 떼는 데 들일 1,000루피이다. 어떤 노점상은 이 1,000루피의 돈을 온전하게 자기 돈으로 마련하지만, 많은 노점상들은 (우리가 가진 자료로 보자면 65퍼센트 이상의 노점상들이) 이 돈을 남에게서 빌린다. 그런데 대출 이자가 싸지 않다. 중간 수준의 노점상이 하루 이자로 5퍼센트를 줘야 한다. 그러니까 하루 일해서 번 100루피가운데 절반을 이자로 떼어 줘야 한다는 말이다. 이처럼 노점상들이하루 벌어먹기 위해서 빌린 돈에 따라붙는 이자율이야말로 어쩌면코얌베두 시장에서 가장 매혹적인 이야기가 아닐까 싶다.

　‘매혹적인’이라는 단어를 ‘이자율’이라는 단어와 연결 지어 쓸 수 있는 사람은 경제학자뿐이라고 생각하는 사람들이 있을지 모르겠다. 하지만 이 생각을 해야 한다. 거의 모든 노점상들이 자기 예산 범위안에서 아주 적은 느슨함을 가지고 있다. 차 한 잔을 사먹는다든가도사(역주-쌀가루 반죽을 얇게 펴서 구운 인도의 전통 음식)를 사먹는다든가 혹은 자식이나 손자에게 사탕을 사 준다든가 하는 여유는 부릴 수있다는 말이다. 그런데 이런 곳에 쓰는 5루피를 아껴서 날마다 물건을 그만큼 더 떼다 판다고 치자. 이렇게 하면 날마다 5루피를 덜 빌려도 된다. 이렇게 하면 200일 만에 날마다 져야 하는 1,000루피의 빚에서 해방될 수 있다는 계산이 나온다. 하지만 실제로는 50일밖에 걸리지 않는다. 복리의 힘이 그만큼 세기 때문이다. 특히 이자율이 높을 때는 더욱 빠르다. 하루에 5퍼센트는 빠른 속도로 불어난다.

이렇게 불어나는 금액은 어마어마하다. 아주 조금만 절약을 한다 하더라도 노점상은 50일 만에 빚에서 해방된다. 빚에서 해방되면 시장에서 벌어서 집으로 가져가는 돈은 앞으로 계속 두 배가 된다. 한 달 만에 소득을 두 배로 높여 주는 사회 복지 프로그램이 있다면 너무도 훌륭한 나머지 믿기 어려울 것이다. 그런데 모든 노점상이 이 '프로그램'에 접근할 수 있음에도 불구하고 끝내 그 달콤한 성공의 열매를 맛보지 못한다. 코얌베두 시장에서는 성공보다 실패가 더 일관적으로 존재한다. 우리가 확인한 표본에서는 이 시장의 평범한 노점상은 무려 9년 6개월 동안 이렇게 날마다 장사 밑천을 빌려서 이자를 꼬박꼬박 갚아 왔다.

이 노점상들은 덫에 갇혀 있다. 그런데 정말 흥미로운 점은 이들이 덫에 갇히는 방식이다. 우리는 빈곤을 생각할 때 대개는 이것이 어쩔 수 없는 현실의 일면이라고 생각한다. 어떤 점에서 보면 틀린 말이 아니다. 개발 도상국에서 하루 1달러의 생활비로 살아가는 사람과 선진국에서 하루 100달러의 생활비로 살아가는 사람 사이에 존재하는 차이는 그 사람들의 행동과는 거의 관련이 없고 대부분은 그 사람들의 출생지와 관련이 있다. 하지만 어떤 결핍은 (코얌베두 시장의 노점상들의 경우처럼) 부분적으로는 인간 행동의 결과이다. 그 노점상들은 행동을 다르게 할 경우 얼마든지 덜 가난할 수 있다.

이 노점상들이 놓인 조건은, 어떤 사람의 행동이 그 사람의 결핍에 기여하는 상황을 일컬어 우리가 이름 붙인 이른바 '결핍의 덫 scarcity trap'의 좋은 사례이다. 결핍의 덫에 사로잡힌 사람들은 그 노점상들과 마찬가지로, 스스로는 도저히 통제할 수 없는 그 결핍의 요소들을 선대로부터 상속받을 수도 있다. 만일 그 노점상들 중 어떤 사람이 뉴욕에서 태어났다면, 아마 지금보다 훨씬 더 잘살 것이다. 그러나 우리는 (다른 이유로 발생하는 결핍은 빼고) 인간의 행동에서 비롯되는 결핍에 특히 관심을 가지고 있다. 이것뿐만이 아니다. 우리는 또, 결핍이 사람들이 하는 문제의 그 행동을 어떻게 일으키는가 하는 점에, 그리고 또 결핍은 사람들이 결핍의 정신 상태에서 하는 행동을 통해서 어떻게 영원한 생명을 이어가고 또 어떻게 점점 더 규모와 영향력을 확대하는가에 더 큰 관심을 가지고 있다.

학생 두 명이 있다고 치자. 한 명은 펠릭스고 한 명은 오스카다. 펠릭스는 매주 주말로 마감 기한이 정해져 있는 리포트 작성에 상당한 시간을 들이며 꼬박꼬박 기한을 지켜서 리포트를 제출한다. 펠릭스는 비록 바쁘긴 하지만 마음이 편하다. 이에 비해서 오스카는 펠릭스와 똑같은 재능을 타고났고 또 같은 강좌를 수강하지만 늘 시간에 쫓긴다. 펠릭스보다 더 많은 시간을 일하고 더 마음이 급하며 주말이면 늘 아슬아슬하게 리포트를 제출한다. 무엇이 오스카를 펠릭스보다 훨씬 더 바쁘게 만들까? 더 많은 학점을 수강하는 것도 아니다. 생산성이 떨어지는 것도 아니다. 단지 오스카는 한 걸음 뒤처져 있을 뿐이다. 그는 이번 주가 아닌 '지난주 수업'의 리포트를 매 주말마다 내고 있는 것이다. 펠릭스는 며칠 전에 들은 내용이 기억에 아직 생생하게 남아 있어 적은 시간을 들이고서도 쉽게 리포트를 쓸 수 있었지만, 오스카는 한 주 전에 들은 강의를 기억해 내느라 더 많은 시간을 들여야 했고 또 이번 주에 들은 강의를 잊어버리지 않으려는 노력까지 함께 해야 했다. 그러니 오스카는 공부를 더 많이 하지만 성적은 더 나쁘다. 한 걸음 뒤처져 있기 때문이다.

당신도 돈에 한 걸음 뒤처져 있을 수 있다. 이번에는 이런 상상을 해 보자. 펠릭스와 오스카는 농부이고, 철마다 동일한 작물을 재배한다. 펠릭스는 모아 둔 돈을, 종자와 비료를 사고 다음 수확 때까지 생활하기 위한 생활비로 쓴다. 그런데 오스카는 펠릭스가 쓰는 것과 같은 액수의 돈을 같은 목적으로 빌린다. 학생 펠릭스가 한결 여유로웠듯이 농부 펠릭스도 한결 풍족한 생활을 하는 부자처럼 보인다. 오스카는 펠릭스에 비해서 쓸 돈이 적다. 두 사람이 동일한 액수의 소득을 올리지만, 오스카의 소득 가운데 일부는 빌린 돈의 이자로 새 나가기 때문이다. 여기에서도 오스카는 한 걸음 뒤처져 있다. 펠릭스의 소득은 다음 철 농사에 투자되지만 오스카의 소득은 이번 철 농사를 위해 빌린 돈을 갚는 데 들어간다.

이런 상황들은 결핍이 단지 물리적인 자원과 관련된 문제가 아님을 보여 준다. 위에 제시한 두 경우에서 모두 펠릭스와 오스카는 동일한 자원을 가지고 있지만, 오스카는 결핍을 경험하고 펠릭스는 그러지 않는다. 첫 번째 상황에서 펠릭스와 오스카는 동일한 양의 작업량과 시간을 가지고 있었고, 두 번째 상황에서는 두 사람이 동일한 면적의 토지를 가지고서 동일한 소득을 거두었다. 하지만 이들 두 사람 사이의 차이는 그 자원들이 배치된 방식에서 비롯되었다.

펠릭스와 오스카 두 사람 사이의 대비는 우리가 결핍의 덫이라는 개념을 어떤 뜻으로 쓰는지 명확하게 보여 준다. 두 사람 다 누가 봐도 명백하게 동일한 자원을 가지고 있지만, 오스카는 자신의 행동 때문에 결핍의 덫에 사로잡혀 있다. 보다 일반적으로 말하자면, 결핍의 덫은 물리적 자원의 부족이라는 조건보다 훨씬 더 사납고 완강하다. 이 덫은 자원의 오용을 기반으로 생겨나며, 따라서 '실질적인(사실상의) 부족함'이라는 조건을 형성한다. 그래서 끊임없이 한 발 뒤처지는 상황, 지난달에 발생한 비용을 끊임없이 갚아야만 하는 상황이 이어진다. 자기가 가지고 있는 자원을 관리하고 사용하는 잘못된 방식 때문에, 동일한 자원을 가지고 있음에도 불구하고 적은 자원을 가지고 있는 것처럼 보이고 또 그렇게 느껴진다. 최초의 결핍은 행동의 복리 계산 방식에 따라서 눈덩이처럼 불어난다.[4]

우리는 흔히 이 세상에 존재하는 결핍을 바라보면서도 이런 특성을 간과한다. 우리는 농부 오스카가 끊임없이 돈을 빌리는 모습을 바라보고는 '저 사람은 돈을 너무 많이 써. 도무지 저축할 줄 몰라.'라고 생각한다. 또 학생 오스카가 훨씬 많은 시간 공부를 하면서도 때로는 제때 리포트를 제출하지 못하는 것을 보고는 '저 학생은 공부를 너무 많이 해서 그래, 좀 쉬어 가면서 해야 하는데.'라고 생각한다. 하지만

2부 결핍의 악순환

결핍의 덫의 논리를 이해하고 나면 '오스카는 돈을 너무 적게 써'라거나 (실제로 오스카는 똑같은 토지를 가진 펠릭스에 비해서 적은 돈을 지출한다는 사실을 기억하자), '오스카는 충분히 많은 성과를 올리지 못하고 있어.'라는 (오스카가 펠릭스에 비해서 공부는 더 많이 하지만 실제 성취도는 펠릭스보다 낮다는 사실을 기억하자) 말을 할 수 있다. 문제는 얼마나 많은 시간이 투입되는가가 아니라 그 시간이 어떻게 투입되는가 하는 점이다. 끊임없이 돈을 빌릴 때는 자기가 원하는 것에 그만큼 돈을 적게 쓰게 된다. 소득의 많은 부분이 이자 지급으로 새어 나가기 때문이다. 끊임없이 뒤처지는 사람은 어떤 일을 마치는 데 보다 적은 시간을 들인다. 주어진 시간 가운데 많은 부분이 뒤처짐을 따라잡으려고 애쓰는 데 소모되기 때문이다. 보다 구체적으로 말하면 이렇게 된다. 코얌베두 시장의 노점상들을 보고 이 사람들에게는 저축할 돈이 너무 적다고 생각할 수 있다. 소득이 너무 적다고도 생각할 수 있다. 물론 틀린 말이 아니다. 그러나 결핍은 다른 이유로도 그 사람들의 발목을 잡고 놓아주지 않는다.

이 장에서 우리는 결핍의 덫을 설명한다. 이 덫이 어떻게 작동하며 왜 사람들은 그 덫에 걸려드는지 설명한다. 그리고 왜 사람들은, 하루에 5루피씩 따로 떼어서 저축하지 않는 코얌베두 시장의 노점상들처럼, 결핍의 덫에서 스스로를 해방시킬 행동을 하지 않는지 설명한다.

| 삶을 건 위태로운 저글링

사람들이 왜 덫에 걸려서 빠져나오지 못하는지 알려면 먼저 결핍의 덫에서 흔히 간과되는 특성부터 알아야 한다. 우리는 경제학자 마이클 페이Michael Faye와 함께 인도 타밀라두의 몇몇 시골 마을에서 '보석 대출'이라는 행동을 주제로 프로젝트를 진행하던 도중 이 문제에 처음 직면했다. 보석 대출은 보석을 전당포에 맡기고 돈을 빌리는 것과 비슷한 것이었다. 우리는 한 시골 마을의 은행과 공동으로 그 연구를 진행했는데, 이 은행은 연리 13퍼센트의 이자율로 보석 대출을 해 주고 있었다.[5] 그런데 사람들은 이 은행보다 훨씬 높은 이자율, 무려 70퍼센트가 넘는 이자율을 요구하는 지역의 고리대금업자들에게 돈을 빌리는 걸 선호했다. 우리는 이 사실을 알고 깜짝 놀랐다. 마을 사람들은 일반적으로 보석 대출은 긴급 상황에 대비한 최후의 보루라고 생각했다. 하지만 고리대금업자는 언제나 이용할 수 있었다. 고리대금업자는 새벽이든 주말이든 언제 가도 만날 수 있었다. 이에 비해서 은행은 주중에만 문을 열었고 토요일에는 오전밖에 열지 않았다. 하지만 긴급 상황에서 은행이 문을 열기를 기다릴 수 없지 않은가! 그러나 터널링에 사로잡히면 그렇게 될 수도 있다고 이해할 수는 있었다. 적어도 처음에는 그랬다.

그런데 사람들이 긴급 상황이라고 여기는 상황이 정확하게 무엇인지 알려 주는 자료를 본 순간 우리는 놀랄 수밖에 없었다. 그 항목의 3순위는 그래도 수긍할 수 있었다. 의료비와 관련된 것이었으니까

                      2부 결핍의 악순환

말이다. 그러나 1순위와 2순위는 도무지 이해할 수 없었다. 각각 종자 구입비와 학교 등록금이었기 때문이다. 보통 종자 구입비와 학교 등록금은 언제 지출될지 상당히 오래전부터 알 수 있는 항목이 아닌가? 그런데 어떻게 이 항목이 긴급 상황이 될 수 있단 말인가? 그런데 자료를 더 깊이 파고들었더니, 의료비 항목들 중에서도 일부는 긴급하지도 않았다. 긴급 상황으로 대출된 돈 가운데는 백내장 수술이나 출산처럼 이미 예정되어 있던 치료에 들어간 것도 있었던 것이다. 왜 사람들은 이런 것들에 대한 대처를 미리 해 두지 않고 막판에 급하게 대처할까? 왜 사람들은 일상적이며 미리 예정되어 있던 일을 전혀 모르고 있었다는 듯 황급하게 받아들이고 또 급하게 대처할까?

하지만 분명 당신도 이런 상황을 경험한 적이 있을 것이다. 이번 주에 해야 할 일에 몰두하다 보면 다음 주에 해야 할 일의 세세한 사항들을 미처 챙기지 못할 수 있다. 이런 상황에서 다음 주가 닥치면 당연히 하리라 예상했어야 할 일들을 보고 깜짝 놀란다. 항공권을 구입할 때, 일주일 전에 구입하면 할인 혜택을 받을 수 있다는 사실을 알고 있었기에 늦어도 어제까지는 꼭 그 항공권을 구입한다고 오래전부터 생각했었지만 깜빡 잊어버릴 수 있다. 또 배우자나 애인과 오래전부터 함께 관람하기로 약속했던 콘서트의 티켓을 사 두는 걸 깜박 잊어버리고 있다가 티켓이 이미 매진되어 버리는 난감한 상황을 맞을 수 있다. 직장에서 어떤 일을 열심히 해서 끝냈는데, 다른 긴급한 일의 마감 기한이 이틀밖에 남지 않았다는 사실을 깨닫고는 당황할 수 있다. 당신이 늘 '알고 있던' 것이 지금 갑자기 당신의 뒤통수를 치는 것이다.

이런 일이 오랜 기간 동안 반복되다 보면, 이런 상황은 '저글링 juggling'으로 이어진다. 저글링이란 어떤 한 가지 긴급한 일에서 또 다른 긴급한 일로 끊임없이 움직여야 하는 상황을 일컬어 우리가 채택한 용어이다. 저글링은 터널링의 논리적인 결과물이다. 터널링 상태에서 우리는 어떤 문제들을 미봉책으로만 '해결'한다. 현재 상태에서 할 수 있는 것을 하지만, 이 해결책은 나중에 새로운 문제를 일으킨다. 오늘 날아온 청구서는 대출을 낳고, 이 대출은 나중에 또 다른 (그리고 조금 더 큰 금액을 요구하는) 청구서를 낳는다. 싸구려 치료는 잠깐 동안은 효과가 있지만 나중에 더 비싼 치료비를 들여야 하는 상황을 낳는다. 터널링 상태에서는 저글링을 하는 여러 개의 공 가운데서 이제 막 떨어지려는 공에만 초점이 맞춰진다. 때로 우리는 그 문제를 영원히 해결할 수도 있다. 하지만 떨어진 공을 잡자마자 다시 또 떨어지는 다른 공을 받으려고 잡은 공을 위로 다시 던져 올려야 하는 경우가 많이 있다.

저글링은 사람들이 충분히 예측할 수 있는 일을 갑작스러운 충격처럼 받아들이는 현상을 잘 설명해 준다. 저글링을 할 때는 여러 개의 공 가운데서 지금 떨어지려고 하는 공 하나에만 집중을 하고 다른 공들은 무시한다. 그런데 올라가던 공이 '갑자기' 떨어질 때 저글링을 하던 사람에게 그 현상은 갑작스러운 충격이 된다. 다른 사람이 저글링을 하는 걸 지켜보는 사람 입장에서는 올라가던 공이 다시 내려오는 건 뻔히 예상되는 일이지만 저글링을 하는 당사자로서는 언제나 갑작스러운 충격의 연속이다. 가난한 사람들에게는, 이미 오래전에 예고되어 있던 학교 등록금도 저글링의 떨어지는 공처럼 임박한 순간에 가서야 실질적인 위협으로 갑작스럽게 눈에 들어온다.

이런 식으로 결핍에 대처하다 보면 대차대조표는 엉망진창 누더기가 되고 만다. 가장 급박한 문제에 근시안적인 해결책을 모색하는 일이 반복적으로 이루어지고, 이런 상황이 장기간에 걸쳐서 지속되면 이런 미봉책들이 복잡하게 얽히고설켜서 자산과 부채가 뒤죽박죽이 된다. 바쁜 사람들에게 이것은, 서문에서 지금 당장 해야 할 일들과 이중으로 잡은 약속들이 높이 쌓이고 쌓여서 이제는 금방이라도 쓰러질 것처럼 위태롭다고 묘사했던 바로 그 상황을 의미한다. 그리고 가난한 사람들에게 이것은 경제적인 문제가 실타래처럼 엉켜 복잡하기 짝이 없어지는 삶을 의미한다. 〈가난한 사람의 포트폴리오 Portfolios of the Poor〉라는 매혹적인 책이 담고 있는 정밀한 조사 내용은 가난한 사람은 평균적으로 약 열 개나 되는 금융 대출 상품을 이용한다고 지적한다.[6] 방글라데시에서 한 금융 상품은 (이 상품은 단기 무이자 대출이었다) 한 해에 42가구가 300번 이상 이용한 것으로 나타났다. 이 조사에서 또 어떤 한 시점에 가난한 사람은 수도 없이 많은 곳에서 돈을 빌리고 또 빌려주었다고 했다. 여러 달 동안 혹은 심지어 여러 해 동안 가장 긴급한 문제와 관련된 순간에 몰두한 결과로 빚어진 누더기 미봉책의 결과이다.

새로운 구매와 관련된 것이든 혹은 새로운 투자와 관련된 것이든 간에 모든 의사 결정은 점점 더 복잡해지는 이 누더기 미봉책 사이를 누비며 무사히 항해해야만 한다. 이전에 했던 선택들이 남긴 유산은 새로 해야 하는 선택을 한층 더 어렵게 만든다. 우리는 저글링을 함으로써 (우리 자신의 행동을 통해) 문제를 점점 더 풀기 어려울 정도로 복잡하게 만든다. 결핍의 덫이 초래하는 지저분한 대차대조표는 수지를 맞추는 일을 점점 더 복잡하고 어렵게 만든다.

저글링은 시간적인 여유가 없이 바쁜 상태를 의미하는 게 아니다. 가난한 사람들이 일자리를 두 개 이상 가지고 바쁘게 살아가기도 하지만, 어떤 경우에는 가난한 사람들이 여유 시간을 많이 가지면서도 여전히 저글링을 한다. 농민에게는 수확 주기의 마지막 시기가 저글링이 가장 사납게 진행될 때이다. 이때는 지난번의 수확에서 거둬들였던 소득이 다 떨어져 가는 시기이다. 그리고 또, 우리가 진행한 여러 연구에 따르면 사람들의 유동성 지능이 낮아지고 실행 제어 능력도 감소하는 시기이기도 하다. 게다가 작물이 잘 여물도록 (혹은 익도록) 기다리는 것 말고는 농부들이 할 일이 거의 없는 시기이기도 하다. 시간 소비 자료를 보면 이 시기 동안에 농부들이 일하는 시간은 얼마 되지 않는다.[7] 하지만 이 시기에 수많은 저글링이 진행된다. 저글링은 시간에 쫓기는 문제가 아니다. 여러 가지를 동시에 생각해야 하는 압박감의 문제이다. 어떤 사람의 대역폭 가운데서 많은 부분이 지금 막 떨어지려고 하는 허공의 공에 소모된다.

한 걸음 뒤처져 있다는 것, 그리고 저글링이 바로 결핍의 덫을 정의할 수 있는 두 가지 특징이다. 결핍의 덫에 사로잡혀 살아간다는 것은 누릴 수 있는 것보다 훨씬 적은 것밖에 누리지 못한다는 것

2부 결핍의 악순환

이다. 공이 땅에 떨어지기 전에 재빠르게 잡아서 다른 공이 떨어지기 전에 다시 하늘로 던져 올리는 일을 끝없이 이어 가야 하는 것이다. 엉망진창의 임시방편을, 갈수록 점점 복잡하고 어려워지는 그 임시 방편을 끝없이 찾아서 이어 가야 하는 것이다. 그런데 이 결핍의 덫의 대부분은 결핍 아래에서 나타나는 행동의 결과이다. 이런 사실은 한 가지 명백한 의문을 제기한다. 고정된 어떤 자원을 관리할 수 있는 방법은 여러 가지가 있는데, 어째서 우리는 그렇게 끔찍할 정도로 비효율적인 방법에만 집착할까? 왜 우리는 그 덫에서 빠져나오지 않을까?

| 덫에서 탈출하는 법

우리는 앞에서 이미 사람들이 결핍에서 벗어나지 못하는 중요한 이유 하나를 확인했다. 터널링이 결핍된 어떤 것을 빌리도록 유도한다는 사실을 확인한 것이다. 그리고 이자율이 높을 때 (예를 들어 코얌베두 시장의 노점상들의 경우처럼) 이 기본적인 충동은 더 많은 결핍을 야기한다. 이것은 단지 노점상들의 문제만은 아니다. 5장에서 살펴보았던 산드라의 이야기, 페이데이론의 돌려막기 악순환에 허우적거리던 그녀의 이야기이기도 하다. 그런데 이 메커니즘이 비록 강력하다 하더라도, 결핍의 심리가 사람들이 결핍에서 벗어나지 못하도록 하는 데는 또 다른 여러 이유들이 있다.

결핍의 덫에서 빠져나오려면 우선 계획 수립이 필요하다. 그런데 결핍이라는 심리 상태에서는 계획을 쉽게 세우지 못한다. 계획을 세우는 일은 중요하지만 긴급하지 않다. 터널링이 사람들로 하여금 중요하지만 긴급하지 않은 것을 무시하게 만드는 바로 그 특성을 가지고 있다는 말이다. 계획을 세우려면 한 발 뒤로 물러나야 한다. 하지만 끊임없이 저글링을 해야 하는 사람으로서는 현재 상황에 사로잡혀 있을 수밖에 없다. 지금 막 떨어지는 공에 초점을 맞추고 집중하는 상황에서 전체 그림을 보기란 끔찍하게 어렵다. 아마도 당신은 지금 당장 그 공 잡기를 멈추고 싶겠지만, 그럴 방법을 알아내기 위해서는 너무도 많은 것을 해야 한다. 지금 당장 방세를 마련해서 갚아야 한다. 지금 당장 마감 기한을 지켜서 일을 끝내야 한다. 이런 상황에서 장기적인 계획은 터널 밖에 있지 터널 안에서는 보이지 않는다.

그리고 당연한 얘기지만, 어쩌면 가장 중요한 점일지도 모르는데, 미래를 계획하는 데는 대역폭이 소요된다. 그런데 결핍이 이 대역폭의 많은 부분을 이미 쓰고 있다. 코얌베두 시장의 노점상들은 날마다 수십 가지의 생각들, 근심거리를 달고 산다.

'채소와 과일을 각각 어느 정도나 사야 할까? 품질은 어느 정도로 봐야 할까? 다음 날 장사를 위해서 어떤 상품을 남겨 두어야 할까? 이렇게 남겨 둔 상품을 밤새 누가 훔쳐가지나 않을까? 품질은 잘 유지될까? 요즘은 왜 이렇게 장사가 잘 안 될까? 이런 일이 앞으로도 계속될까?'

장사를 하는 사람이면 누구나 이런 생각을 하고 산다. 부자라면 이따금씩 나타나는 불운을 견딜 만큼 여유가 있어서 이런 결정들을 무난하게 하면서도 잡다한 생각이나 근심을 툭툭 털어 버릴 수 있겠지만, 가난한 노점상들로서는 그렇게 할 수가 없다. 온갖 근심거리들은 한 번 달라붙으면 떨어지지 않는다. 이런 것들이 노점상들의 대역폭에 부담을 준다. 그리고 노점상들이 어떤 선택을 한다 하더라도 근심은 그 뒤로도 계속 머리에 남아 떠나지 않는다.

'다음 주에 있을 축제 때 대목 경기를 누리기 위해서 물건을 왕창 떼어다 놓는 게 정말로 좋을까? 괜히 모험을 하는 게 아닐까? 잘못되면 어떡하지?'

이런 생각들이 노점상들을 끊임없이 괴롭힌다. 그리고 이런 생각들은 앞에서도 살펴봤듯이 매우 실질적인 대역폭 세금을 부과한다. 이런 상황에서 결핍의 덫에서 벗어나기 위한 어떤 계획을 세우는 데 집중하기란 어려울 수밖에 없다.

게다가 설상가상으로 탈출에 필요한 현실적인 계획은 앞서 우리가 간단히 설명했던 것보다 훨씬 더 복잡하다. 하루에 5루피씩 따로 떼서 절약하는 것이 올바른 전략일까? 어떤 날에는 이보다 더 많이 떼야 하지 않을까? 그런데 진짜 그 5루피를 꼭 써야 할 데가 있어서 따로 떼 놓을 수 없는 날에는 어떡하지? 언제나 그렇지만 이런 고민은 노점상에만 국한된 게 아니다. 앞서 서문에서 우리는 센딜과 숀이 현재의 궁지에서 벗어나기 위해 세운 간단한 '계획'을 소개했었다. 새로운 모든 제안을 거부하는 것, 그리고 새로운 물건을 일절 사지 않음으로써 지출 자체를 원천적으로 봉쇄한다는 계획이었다. 하지만 실제 현실에서는 계획을 세우는 것이 훨씬 더 어렵다. 손은 정말로 물건을 하나도 사지 말아야 할까? 치과 진료를 받는다든가 타이어를 미리 교체한다든가 하는 것처럼 장기적으로 절약 효과가 있는 지출은 어떻게 해야 할까? 그리고 빚을 갚기로 했는데 어떤 것부터 먼저 갚아야 할까? 가장 급한 빚부터? 가장 오래된 빚부터? 아니면 가장 큰 빚부터? 저글링과 결핍의 덫은 해야 하는 일을 수없이 비교하게 하는데, 이 속에서 최선의 길을 찾아내기란 결코 쉬운 일이 아니다.

마지막으로, 설령 어떤 계획을 세웠다 하더라도 이 계획을 실천한다는 또 하나의 산을 넘어야 한다. 앞서 살펴봤듯이 아무리 의도가 좋다 하더라도 현실에서는 흔히 실패로 끝나고 만다. 특히 매력적인 어떤 프로젝트의 제안이나 구매 기회를 마주했을 때 사람들은 끝내 유혹에 굴복해서 '예'라는 말을 하고 만다. 어떤 계획에 따르는 데는 충분한 대역폭과 인지 제어가 필요하다. 그런데 결핍이 이 둘을 거의 남겨 놓지 않는다.

저글링도 결핍에서의 탈출을 더욱 어렵게 만든다. 예상치 못한 일들이 늘 일어난다. 예컨대 당신이 마침내 어떤 계획을 마련했다고 치자. 그런데 난데없이 차량 등록 갱신을 하지 않은 일로 과태료를 부과받는다. 바쁘다 보니 등록 갱신을 하지 못하고 자꾸 미루다가 그만 이런 일이 일어난 것이다. 이것은 받아야 할 또 하나의 공이 허공으로 던져진 셈이나 마찬가지이다. 당신은 다시 또 그 공을 받아야 하고 그 공에 집중해야 한다. 이렇게 해서 당신은 다시 결핍의 덫으로 끌려 들어간다.

이 모든 것은 느슨함의 부족으로 더욱 복잡해진다. 코얌베두 시장의 어떤 노점상이 현명하게도 날마다 지출을 거의 다 절약한다고 치자. 이 사람은 지출을 경계하며 신중하다. 그래서 현금을 모은다. 그런데 어느 날, 수많은 날들 중 딱 하루, 잠깐 방심해서 어떤 충동적인 구매를 한다. 집중력을 잃어버리고 산만해진 나머지 계산을 잘못해서 어떤 물건의 가치를 가격에 비해 지나치게 높게 평가한 것이다. 모아둔 돈이 여기 이렇게 있으니까 저렇게 훌륭한 물건을 살 수 있겠다 혹은 사도 된다, 하는 생각이 든 탓이다. 이렇게 해서 몇 주 동안 들였던 정신적인 노력과 물질적 자제는 물거품이 되어 버린다. 결핍의 늪에서 벗어나려면 철저한 경계심이 필요하다. 이따금씩 발휘되는 경계심이 아니라 끊임없이 지속되는 경계심이어야 한다. 거의 모든 유혹에 거의 언제나 저항하려면 그럴 수밖에 없다.

그런데 의지력은 훈련을 통해서 단련되고 강화되지 않는가? 그렇다면 가난한 사람은 날마다 의지력을 시험받아야 하므로 보다 강한 의지력을 가지지 않을까? 하지만 의지력을 쓸수록 의지력이 커진다는 사실을 입증하는 증거는 거의 없다.[8] 가난한 사람이 더 강한 의지력을 가지고 있다는 상식은 터무니없이 잘못된 것이다. 그리고 설령 가난이 의지력을 높인다 하더라도, 결핍의 덫에서 벗어나려면 완벽에 가까울 정도로 실수를 하지 말아야 하는데, 과연 그 의지력이 이 정도 수준이 될 수 있을지도 의심스럽다. 사실, 가난한 사람의 의지력이 날마다 시련을 겪으면서 오히려 줄어든다는 증거는 많이 있다.

최근에 이루어진 연구는 자기 절제(자제력)는 사용될 때마다 고갈됨을 보여 준다. 예를 들어서 어떤 논문은 다이어트를 하는 사람들을 먹음직스러운 온갖 종류의 과자들이 마련된 방에 들여보낸 다음에 이들에게 컴퓨터로 수행하는 과제를 제시했다.[9] 연구자들은 이 피실험자들을 두 집단으로 나누었는데, 한 집단의 경우 과자를 눈에 잘 띄도록 컴퓨터 책상 바로 옆에 있는 탁자에 두었고 다른 한 집단의 경우 이 과자를 멀리 떨어진 곳에 두었다. 컴퓨터 수행 과제를 마친 뒤에는 피실험자들이 대형 용기에 든 아이스크림을 먹을 수 있도록 자연스럽게 배치를 했는데, 여기에 대한 두 집단의 반응 결과가 달랐다. 과자 바로 곁에 앉아서 과자의 유혹에 지속적으로 저항하면서 작업을 했던 집단은 아이스크림의 유혹에 금방 굴복했다. 과자가 멀리 떨어져 있어서 상대적으로 유혹을 덜 받았고 또 그만큼 저항을 적게 해도 되었던 집단에 비해서 아이스크림을 더 많이 먹은 것이다. 이 분야 연구자들은 의지력을 근육에 비유한다. 근육을 많이 쓰면 피로해지듯이 의지력도 마찬가지로 많이 쓸수록 피로해진다는 것이다. 이 설명에 따르면, 유혹에 저항해야 하는 지속적인 필요성은 의지력을 약하게 만들며, 따라서 결핍의 덫에서 벗어나는 일은 한층 더 어려워진다.

2부 결핍의 악순환

| 문제의 뿌리를 뽑아라

결핍의 덫이 특히 지독할 수밖에 없는 이유가 있다. 어디에서 단 한 번만 돈이 뚝 떨어져서 모든 빚을 갚을 수만 있다면 악순환의 굴레에서 벗어날 수 있다고 느낀다는 점이다. 끊임없이 한 걸음씩 뒤처져서 허덕이는 사람은 이렇게 하소연한다.

"만일 나에게 조금만 더 많은 시간이 주어진다면, 이런 상황에서 벗어나 앞으로는 계속 앞서가는 삶을 살아갈 텐데……."

코얌베두 시장의 노점상도 만일 (하루에 5루피씩 모아서 마련하는 게 아니라) 어디에선가 1,000루피의 돈이 뚝 떨어져 빚지지 않고도 그날 팔 물건을 자기 돈으로 살 수만 있다면, 부채의 늪에서 빠져나올 것이고 앞으로 그의 소득은 예전의 두 배가 될 수 있다. 그렇다면 어떤 경우에서든, 사람들이 각자 필요로 하는 자원을 한꺼번에 몽땅 제공하면 이 사람들을 결핍의 덫에서 탈출시킬 수 있지 않을까?

이렇게 하면 어떤 일이 일어날지 알아보기 위해서 우리는 코얌베두 시장의 노점상들에게 그들이 필요로 하는 현금을 주기로 했다. 우리는 경제학자 딘 칼런Dean Karlan과 함께 노점상 수백 명을 대상으로 한 가지 실험을 진행했다. 이들 가운데 절반에 대해서는 아무것도 하지 않은 채 그냥 일 년 동안 재정과 관련된 사항들을 관찰하고 기록만 했다. 하지만 다른 절반에게는 결핍의 덫에서 탈출할 길을 마련해 주었다. 이 사람들이 지고 있던 빚을 우리가 갚아 준 것이다. 그러니까 우리는 하룻밤 사이에 그들을 빚쟁이에서 잠재적인 저축 실천자로 만들어준 셈이다. 그리고 당연한 결과지만 이 사람들의 소득은 두 배가 되었다.

우리는 결핍의 덫이 어떻게, 왜 만들어지는지 알고 싶었다. 여기에 대해서는 가령 다음과 같은 몇 가지 설명이 있을 수 있다. 우선, 저축한 돈을 안전하게 보관할 데가 없기 때문에 저축을 하기보다는 차라리 남에게 돈을 빌린다는 설명이 있다. 이 사람들은 은행에 계좌를 가지고 있지도 않으며 집에 현금을 두는 것을 불안하게 여긴다. 가족 중 누구라도 훔쳐갈 수 있기 때문이다. 만일 그렇다면, 우리가 이 사람들에게 그 돈을 주면 이 사람들은 당연히 그 돈으로 내구성이 있고 안전한 어떤 물건을 사 버릴 것이다. 그리고는 다시 돈을 빌려서 계속 장사를 할 것이다. 이것이 이 사람들이 결핍의 덫에서 벗어나지 못하는 이유에 대한 첫 번째 설명이다.

또 이런 설명도 가능하다. 노점상들은 근시안적이라서 미래를 내다보지 못하고, 그 바람에 결핍의 덫에서 헤어나지 못한다는 설명이다. 그러나 우리가 보기에 이런 설명은 사실과 다른 것 같다. 이들은 새벽 세 시에 일어나서 붐비는 오토릭샤를 45분 동안이나 타고 가서 그날 팔 물건을 산다. 그리고 온종일 뜨거운 태양 아래에서 장사를 한다. 근시안적인 사람이라면 도저히 할 수 없는 행동이다. 하지만 그럼에도 불구하고, 적어도 재정 면에서는 이 노점상들이 미래에 거의 신경을 쓰지 않는다고 주장할 수도 있다. 만일 이 주장이 옳다면, 우리가 노점상들에게 1,000루피를 준다 하더라도 이 돈은 금방 탕진되고 말 것이다. 근시안적인 사람은 그 적지 않은 돈을 헛되이 낭비할

2부 결핍의 악순환

것이고, 원래 자신이 있던 결핍의 덫으로 빠르게 되돌아갈 것이다.

또 다른 설명도 가능하다. 노점상들이 복리의 놀라운 힘을 모르기 때문에 그렇다는 설명이다. 아닌 게 아니라 이 노점상들이 그 빚에서 해방되는 데 겨우 50일밖에 걸리지 않는다는 사실을 알고서는 우리도 깜짝 놀랐다. 그러니 그 사람들도 이런 사실을 알면 깜짝 놀라지 않겠는가? 돈을 빌리는 걸 당연하게 여기고 거기에 따르는 누적 비용을 대수롭지 않게 여기는 노점상들은 차라리 돈을 빌리는 게 비용이 더 적게 들어간다고 생각할 수 있다. 이런 사람들에게 현금을 준다고 해서 복리에 대한 인식은 바뀌지 않을 것이다. 그래서 이 사람들이 돈을 빌리는 게 싸게 먹힌다는 생각에 다시 예전에 몸을 담갔던 부채의 늪으로 되돌아가는 것이 아니겠는가, 하는 것이 바로 세 번째로 생각할 수 있는 설명이다.

우리는 이 노점상들이 빚의 올가미에서 벗어나는 데 필요한 돈을 한 번에 몽땅 줌으로써 우리가 얻을 수 있는 정보의 양이 상당히 많을 것이라고 생각했다. 그래서 실제로 그렇게 했고, 그 다음부터 일 년 동안은 이제 빚쟁이 신세를 면한 노점상들의 행동을 추적했다.

처음 몇 달 동안 이 노점상들은 빚의 올가미에 다시 빠지지 않았다. 현명하지 않은 지출로 돈을 날려 버리지도 않았다. 돈을 안전하게 보관하기 위해서 돈을 물건이나 다른 형태로 바꾸어서 보관하려 들지도 않았다. 돈을 다시 빌리러 나서지도 않았다. 빚에 짓눌려서 사는 게 얼마나 위험한 일인지 깨달은 것 같았고, 앞으로도 계속 빚을 멀리하면서 살아갈 것 같았다. 이런 사실은 양적 자료와도 대체적으로 일치했다. 노점상들은 한 걸음 뒤처질 때 비용이 많이 든다는 사실을 충분히 이해하는 듯했다. 늘 해야 할 일을 다 못하고 사는 바쁜 사람들처럼 결핍의 덫에 사로잡혀 살면 매우 높은 비용이 들어간다는 사실을 충분히 잘 이해하는 듯 했다.

하지만 이야기는 이것으로 끝이 아니다. 시간이 흘러 다시 또 몇 달이 지나자 사람들은 조금씩 뒤처지기 시작했다. 보다 정확하게 말하면, 한 명씩 다시 예전의 상태로 돌아가기 시작했다. 그리고 1년이라는 시간이 지나자 모두가 1년 전 그 자리로 다시 돌아가 버렸다. 자료를 놓고 파악하건대, 비록 노점상들이 곧바로 다시 예전처럼 빚쟁이가 될 것이라는 일반적인 설명이 맞지 않긴 했지만, 한 차례의 탕감이 결핍의 덫에 빠진 사람들을 영원히 빚의 굴레에서 해방시킬 것이라는 예측도 빗나갔다.

우리는 이런 현상을 어떻게 설명할 수 있을까? 노점상들은 왜 이렇게 예전의 상황으로 돌아가는 걸까? 결핍의 덫은 도대체 무엇이기에 노점상들의 삶을 다시 예전으로 돌려놓을까? 소득을 두 배로 올릴 기회를 잡았음에도 불구하고 왜 노점상들은 결핍의 덫에서 영원히 벗어나지 못할까?

▎빈자를 제자리로 되돌리는 충격

이 문제의 핵심은 느슨함의 부족이다. 그 노점상들은 하늘에서 돈이 뚝 떨어졌음에도 불구하고 여전히 하루에 2달러도 되지 않는 돈으로 살아가고 있다. 물론 그 노점상들의 소득은 본인 외에 또 다른 사람들을 먹여 살리는 데 들어갈 것이다. 이런 노점상이 아끼고 아끼면서 살아가는데 갑자기 큰돈이 들어가야 할 일이 생긴다고 치자. 예컨대 친척 가운데 혼사가 있어서 축의금을 줘야 할 일이 생기는 것이다. 인도와 같은 나라에서는 가까운 사람의 경조사에는 많은 부조금을 주는 게 관습이다. 그러므로 이런 갑작스런 지출 항목에 대한 대처는 그 사람이 빚의 악순환에 사로잡혀 있는지 아니면 저축의 선순환을 타고 있는지에 따라서 달라진다.

빚을 지고 있는 노점상이라면 난감한 문제에 직면한다. 그 부조금을 마련하기 위해서 무엇을 포기해야 할까 하는 트레이드오프의 선택을 해야 한다. 아니면 아주 적은 금액으로 성의 표시만 할 수도 있다. 이 노점상은 터널링의 터널에 갇히고 만다. 그러나 이 노점상의 신용은 변변치 못하다. 이미 시장에서 팔 물건을 사는 데 필요한 돈을 빌린 상태이기 때문이다. 그래서 자기가 할 수 있는 최소한의 희생을 하면서 이 폭풍을 견뎌 낸다. 이 사람은 부조금을 마련하느라 희생해야만 하는 무언가 때문에 고통을 느낄 수도 있고 자기가 낼 수 있는 부조금의 금액이 적어서 굴욕감을 느낄 수도 있다.

그렇다면 이번에는 우리 덕분에 하늘에서 떨어진 돈으로 저축의 선순환을 타고 있는 노점상을 상상해 보자. 이 사람 역시 갑작스럽게 축의금이나 조의금을 내야 하는 상황에 맞닥뜨릴 때 터널링에 사로잡힌다. 이 사람으로서는 자기에게 압박감을 주는 이 필요를 어떻게

든 해소해야 한다. 그런데 '손쉬운' 해결책이 가까이 있다. 집에 모아
둔 돈이다. 물론 그 돈은 긴급 상황에 대비한 돈이긴 하지만, 이런 상
황이 바로 긴급 상황이 아니겠는가. 장사에 필요한 돈은 빌리면 되고,
모아둔 돈은 부조금으로 내면 된다. 그렇다면 이제 다시 또 들어가게
될 부채의 악순환에서는 어떻게 빠져나올까? 거기에 들어가는 비용
은 얼마일까? 이 질문들에 대해서 그 노점상이 어떻게 대답할지는 이
제 당신도 알 것이다. 그렇다. 바로 이 대답이다.

"지금 당장은 그 문제를 놓고 걱정할 여유가 없다."

그런 걱정들은 터널 바깥의 일이라 지금 터널 안에서는 보이지
않는다. 그러니 지금은 그냥 저지르고 마는 것이다. 이렇게 해서 이
노점상은 다시 결핍의 덫에 빠져든다. 자기에게 맞닥뜨린 충격을 돌
파할 수 있을 정도로 충분한 느슨함이 그의 예산에는 없기 때문이다.
이 사람에게 닥친 충격이 이 사람이 가지고 있는 느슨함보다 크기 때
문이다. 그래서 이 사람은 결핍의 심리에 빠져들고 만다. 비록 이런
사실을 직접적으로 뒷받침하는 증거가 없긴 하지만, 우리가 노점상
들을 대상으로 해서 얻은 자료는 분명 이런 해석을 뒷받침한다. 노점
상들은 곧바로 원래의 덫으로 되돌아가지는 않지만 한 사람씩 서서
히 원래대로 되돌아간다. 마치 충격이 노점상들을 한 명씩 저격하고
노점상들이 차례로 쓰러지는 것처럼 말이다. 많은 경우에 그 노점상
들은 자기에게 닥친 충격이 예전처럼 다시 돈을 빌리는 생활로 빠져
들게 만드는 도화선이라고 말했다.

시간이라는 측면에서 바라본다 하더라도 이 모든 상황은 다르지

않다. 늘 바쁘며 또 늘 한 발 뒤처져서 살아가는 사람에게 상당한 양의 시간을 선물로 준다고 치자. 마감이 임박한 일, 그리고 마감 기한이 지나 버린 빚이 이 사람에게서 갑자기 사라진다. 시간에 쫓겨 살던 이 사람은 한동안은 뒤처지지 않는 생활을 할 것이다. 그러나 나중에는 이 사람도 점점 다시 예전의 그 생활로 빠져들 것이다. 대형 프로젝트에서 예상치 않은 차질이 빚어진다거나, 갑자기 아파서 쉬어야 한다거나, 그냥 갑자기 무기력해진다거나 혹은 또 작업 능률이 일시적으로 떨어진다든가 하는 이유로 어느 날 갑자기 이 사람은 예전처럼 뒤처져서 살아가는 자기 모습을 발견할 것이다.

결핍의 덫을 간신히 벗어나 살아가는 사람들에게는 아주 작은 불안정성조차도 커다란 위협으로 작용한다. 충격을 흡수해서 완충 역할을 해 줄 느슨함이 거의 없는 상황에서는 어떤 규모의 불안정성이든 간에 이 충격이 거의 그대로 전달된다. 〈가난한 사람의 포트폴리오〉에서 저자들은 가난한 사람의 삶은 온갖 불안정성과 충격으로 가득 차 있다고 묘사한다. 하루 2달러 미만의 생활비로 살아가는 사람들이라고 해서 늘 2달러를 버는 게 아니다.[10] 어떤 날은 3달러를 벌고 어떤 날은 1달러를 번다. 최하층 사람들의 삶은 변동성이 높다. 미국을 비롯한 선진국에서는 이 변동성이 한층 낮긴 하지만 그래도 여전히 존재한다. 가난한 사람은 여러 가지 원천에서 다양하게 소득을 얻는다. 때로 이들은 일자리를 여러 개 가지기도 하지만, 사실 이런 일자리가 언제 사라질지는 아무도 모른다. 이런 일자리들 가운데 많은 경우가 시간제 일자리이고 게다가 근무 시간도 다양하다. 그리고 당연한 말이지만 실직이라는 심각한 문제는 언제든 일어날 수 있다. 갑작스럽게 자동차가 고장 난다거나 몸이 아프다거나 해서 돈이 들어가야만 하는 일은 가난한 사람을 압박한다. 다음에 제시하는 상황을 살펴보자. 뉴멕시코에 있는 한 커뮤니티칼리지가 진행한 어떤 면접 조사 내용을 인용한 것이다.

> 자동차 수리에 들어가는 비용은 전혀 예상치 못한 지출이다. 이 응답자들은 이런 자동차 수리비는 수백 달러씩 한다고 말하는데, 이 정도의 금액은 그 사람들이 밝힌 한 달 소득에서 상당한 비중을 차지한다. 이 수리비를 마련하기 위해서 응답자들은 친구나 친척에게 돈을 빌리거나 은행에서 대출을 받거나 (…) 혹은 학자금 대출처럼 하늘에서 돈이 뭉텅이로 떨어지길 기다린다.[11]

그런데 가장 문제가 되는 것은 새로운 충격이 나타날 때마다 이 충격을 완화하고 헤쳐 나갈 수 있는 느슨함이 충분하지 않다는 점이다. 불안정성이 그토록 큰 충격을 주는 이유도 바로 여기에 있다. 느슨함이 충분하지 않다면 자동차가 고장 났을 때 수리비를 어디서 마련하겠는가? 마음대로 쓸 수 있는 돈을 저축해 두고 있다면 이 돈을 쓰면 된다. 부자라면 다른 소비를 줄이면 된다. 예컨대 주말에 계획했던 우아하고 값비싼 저녁 식사를 포기하면 된다. 세컨드 카를 가지고 있다면 수리비를 마련할 때까지 고장 난 차를 그냥 세워 두면 된다. 부자라면 이런 선택들은 모두 쉽고 싸게 동원할 수 있는 해결책이다.

하지만 만일 저축해 둔 돈이 없고 취소할 저녁 예약을 한 적도 없고 세컨드 카도 가지고 있지 않다면, 자동차가 고장 난 일은 심각한 문제이다. 수리비를 어디에서 마련한단 말인가? 바로 이 순간에, 이 낭패를 당한 사람은 터널링 상태에 빠져 돈을 빌린다. 결핍의 덫으로 되돌가는 길을 걷는다.

이 모든 것들을 고려하면, 결핍에 대한 생각을 보다 깊이 파고들 필요가 있음이 분명해진다. 결핍은 단지 자원과 욕망 사이의 간극, 일반적으로 생각하는 그런 간극이 아니다. 노점상의 경우처럼 설령 오랫동안 느슨함의 여유가 있다고 하더라도, 문제가 되는 것은 바로 결핍의 심리에 사로잡히는 며칠이다. 결핍의 덫에서 해방되려면 자원을 욕망보다 평균적으로 많이 가지는 것만으로는 부족하다. 언제라도 닥칠 수 있는 커다란 충격을 충분히 제어할 수 있는 느슨함(혹은, 다른 메커니즘)을 가지는 것 역시 중요하다. 사회과학자들, 특히 경제학자들은 결과에 영향을 미치는 불확실성이 얼마나 중요한지 안다. 기업은 수익이 불확실할 때 투자를 줄이고, 가계는 소득이 불확실할 때 소비를 억제한다는 건 익히 알려진 현상이다. 하지만 현재 우리가 하고 있는 논의는 불확실성과 불안정성을 결핍이라는 또 다른 맥락에서 살피는 것이다. 그리고 우리가 이렇게 살핀 바로는, 결핍의 시기가 오래 지속되면 결핍은 결핍의 덫에서 우리를 꺼내 줄 행동들을 제거한다. 그리고 결핍의 덫이 없었다면 풍족했을 시기가 한순간의 결핍으로 인해 영원한 결핍의 시기로 빠르게 바뀐다.

여기에 한 마디 덧붙이자면, 그렇다고 해서 결핍의 덫을 피할 수 있는 유일한 방법이 모든 충격을 흡수하고도 남을 정도로 많은 부를 축적하는 것이라는 뜻은 아니다. 예컨대 코얌베두 시장 노점상들의 문제를 해결하는 유일한 방법이 이 사람들에 더 많은 돈을 주는 것은 아니라는 말이다. 오히려, 충격을 흡수할 장치들의 필요성이 강력하게 대두된다. 만일 그 노점상들이 싼 비용의 대출을 이용할 수 있거나 혹은 (순전히 긴급한 상황일 경우에만) 쉽게 찾아서 쓸 수 있는 예금 계좌를 가지고 있다면, 느슨함이 바닥난 그 결정적인 순간에 그들이 필요로 하는 느슨함을 바로 이런 충격 흡수 장치들이 제공해 줄 것이다. 또 비슷하게 이런 충격들에 대비한 보험이 문제를 해결할 수도 있다. 물론 많은 사람들은 이런 충격 흡수 장치들의 유용성을 알고 있었다. 하지만 이 장치들이 제공하는 편익은 우리가 예상했던 것보다 훨씬 더 컸다. 이런 것들은 위험을 관리하기 위한 완충장치일 뿐만 아니라 결핍의 덫으로 다시 빠져들지 않도록 막아 주는 방벽이기도 하다.

│ 풍요가 부르는 결핍

우리는 자신에게 닥친 충격을 이기지 못하고 다시 결핍의 덫에 사로잡혀 버린 노점상들을 탓할 수도 있지만, 완충 장치의 부족이라는 문제로 눈을 돌릴 수도 있다. 그런데 노점상은 언제라도 예상치 못한 지출이 발생할 수 있는 상황에 놓여 있음을 알고 있으면서도 왜 사정이 좋을 때는 여기에 대비해서 돈을 따로 모으지 않을까? 물론 이런 잘못을 인도의 노점상들만 저지르지는 않는다. 전 세계의 가난한 사람들은 모두 저금을 거의 가지고 있지 않다. 앞에서도 언급했지만 관련 연구들에 따르면 미국인의 절반은 갑작스런 긴급 상황에 닥쳤을 때 한 달 안에 2,000달러를 마련하지 못한다고 대답했다.[12] 그리고 이 자료는 또, 보다 많은 충격에 노출된 가난한 사람들이 가지고 있는 여유 자금은 상대적으로 훨씬 더 적다는 사실을 가르쳐 준다.

이런 식으로 바라보면, 노점상의 문제는 충격이 오기 이전부터 시작되었다. 결핍의 덫의 씨는 적어도 상대적으로 부유하던 시기에 뿌려졌다. 돈의 결핍에서 발생하는 이런 역학은 시간 결핍에서도 발생하는 것 같다. 당신이 어떤 일을 끝내려고 미친 듯이 일을 한다고 치자. 당신은 뒤처져 있고, 생활은 고달프기 짝이 없다. 이런 상황에서 당신은 다시는 이런 짓을 되풀이하지 않겠다고 다짐한다. 그리고 어쨌거나 마감 기한이 지나고 나면 당신은 마침내 압박에서 해방된다. 그리고 다음 차례의 마감 기한까지는 아직 몇 주씩이나 남아 있다. 그래서 당신은 오랜만에 느긋한 여유를 즐긴다. 그런데 몇 주에 뒤에는 그 많던 시간이 다 어디로 가 버렸는지 모른다. 당신은 다시 한 번 더 시간에 쫓기며 미친 듯이 일을 해야 한다. 노점상들이 겪는 결핍과 마찬가지로 당신이 겪는 결핍은 상대적으로 한가한 시기에 저지른 실수에서 비롯되었다.

시간이든 돈이든 넉넉하게 많을 때 사람들은 낭비한다. 우리는 지나치게 느긋한 생활을 한다. 2장에서 살펴보았던 사탕수수 농부 연구에서 그 농부들은 수확 직전에 무척 가난했다. 하지만 꼭 그 고생을 할 필요가 없었다. 수확 이후에 돈을 보다 잘 관리했더라면 다음 번 수확 직전에 돈에 쪼들리지 않아도 되었을 것이다. 여유가 있을 때 돈 관리를 잘못했기 때문에 수확 직전에 그토록 쪼들렸던 것이다. 이것은 가난할 때 돈을 빌리는 문제와 다르다. 돈이 풍족할 때 낭비하는 것과 관련된 문제이다. 그 결과 이 농부들은 얼마든지 피할 수 있음에도 불구하고 풍족한 시기 뒤에 번번이 결핍의 시기를 맞는다.

우리는 지금까지 결핍의 심리 상태에서 비롯되는 여러 문제들에 초점을 맞추어 왔다. 사람들은 터널링 상태에 빠지고 또 중요한 것을 무시한다. 대역폭에 세금이 매겨지고, 사람들은 멀리 보지 못하며 보다 충동적으로 행동한다. 이 모든 것들은 사람들은 풍족한 시기에 모든 것을 완벽하게 계산하고 멀리 내다볼 수 있다는 뜻이 될 수도 있다. 하지만 물론 그렇지 않다. 지난 수십 년 동안 이루어진 연구 결과를 보면, 심지어 (아니, 특히) 최상의 시기에도 사람들은 꾸물거리고, 현재에 과도하게 몰입하고, 또 분명하지도 않은 낙관에 취하는 경향이 있다. 지금 해야 할 필요가 있는 일을 나중으로 미루고, 저축해야 할 돈을 허황하게 낭비한다. 지금 자기에게 주어진 자원이나 저금 그리고 이런저런 성취를 잘못 배분하며 장차 닥칠지도 모를 결핍에 대비하는 일을 지나치게 게을리한다. 물론 이런 점에서는 부유한 사람이나 가난한 사람 모두 마찬가지이다. 그러나 부유한 사람은 기본적으로 느슨함을 가지고 있기 때문에 괜찮지만, 가난한 사람이나 바쁜 사람은 느슨함을 너무 조금밖에 가지고 있지 않아서 까딱 잘못하다간 어떤 충격 하나에도 버티지 못하고 결핍의 덫에 떨어지고 만다.

결핍의 덫에서 멀찌감치 떨어져 있으려면 풍족함 그 이상이 필요하다. 한 차례 꾸물거리거나 과도한 지출을 했다 하더라도 여전히 다시 다가올 대부분의 충격을 이겨 내기에 충분할 정도의 풍족함이 필요하다. 결핍의 덫에 떨어지지 않으려면, 세상이 안겨 줄 여러 차례의 충격과 본인이 스스로에게 부과하는 온갖 어려움을 쉽게 처리할 수 있도록 충분히 많은 느슨함이 필요하다.

이 모든 것들을 하나로 묶어서 말하면, 결핍의 덫은 결핍의 심리 상태라는 핵심에 뿌리를 두고 있으며 서로 연결된 여러 가지의 이유로 생성된다. 터널링은 우리가 우리에게 부족한 무엇인가를 (그게 시간이든 돈이든 간에) 빌리게 유도하고, 우리는 같은 물리적 자원을 덜 효과적으로 사용하며, 결국 스스로를 한 걸음 뒤처지게 만든다. 우리는 터널링 상태에 빠짐으로써 긴급하지 않지만 중요한 것을 무시하고, 결국에는 저글링을 하게 된다. 결핍의 덫은 결국, 끊임없이 수정·보수 작업을 해야 하는 값비싼 단기 처방이나 지연된 약속 등이 엉망진창으로 얽힌 복잡한 어떤 것이 되고 만다. 이 덫에서 빠져나갈 어떤 계획을 세울 대역폭이 우리에게는 없다. 설령 어떤 계획을 세웠다 하더라도 유혹에 저항하며 끝까지 버틸 대역폭이 없다. 게다가 우리에게 느슨함이 부족하다는 것은 우리에게 충격을 흡수할 능력이 없다는 뜻이기도 하다. 풍요로울 때의 귀중한 순간들을 활용해 장차 다가올 충격에 대비하는 완충 장치를 미리 마련하지 못하기 때문에 상황은 더욱 나빠진다.

┃ 또 다른 결핍의 덫

다른 지역으로 이사 간 사람을 상상을 해 보자. 예전에 살던 곳에서
는 아는 사람이 많이 있지만 이 도시에는 아는 사람이 한 명도 없다.
어느 정도 시간이 흐르자 외로움이 이 사람을 억누른다. 그는 전화로
고향 친구들과 수다를 떤다. 하지만 이것도 예전 같지 않다. 그는 밖
에 나가서 혼자 밥을 먹기가 부끄러워 집에서 텔레비전을 보면서 혼
자 밥을 먹는다. 밖으로 나가 사람을 만나 보는 건 어떨까? 그래서 그
는 만남을 주선하는 웹 사이트를 찾는다. 그리고 몇 차례 이메일을
주고받은 끝에 데이트를 날짜를 잡는다. 하지만 약속한 날이 다가오
자 점점 초조해진다. 여태까지는 한 번도 경험해 본 적이 없는 초조
함이다. 데이트는 시작부터 삐걱거린다. 몇 차례 유머를 날려 보지만,
워낙 경직된 상태인지라 의도한 대로 잘 되지 않는다. 그래서 결국
그날의 데이트는 기대한 만큼 성과를 거두지 못한다. 다음에 무슨 말
을 해야 할지 너무도 깊이 몰두한 나머지 상대방이 하는 말에는 제대
로 귀를 기울이지도 않았다. 그제야 그는 자기가 지나치게 많은 노력
을 하고 있음을 깨닫는다. 그 데이트는 즐거움이 아니라 재앙이다.

　이 사람을 두고 사회성 결핍이라는 덫에 갇혀 있다는 진단을 내
릴 수 있을지도 모르겠다. 그는 자기가 느끼는 외로움 때문에 친구
를 새로 만나기도 어렵다. 그의 외로움은 오히려 이 외로움을 증폭시
키는 행동들만 만들어 낸다. 그러나 이 결핍의 덫은 우리가 여태까지
살폈던 것과 다르다. 빌리기(대출)가 없다. 충격을 흡수하기 위한 완

충 장치 마련의 실패라는 요소가 없다. 대신에, 횡설수설한다거나 상대방의 말을 귀담아 듣지 않는 이 문제들은 상대방으로부터 호감을 이끌어 내기 위해서 지나치게 많이 노력하는 데서, 다시 말하면 결핍에 지나치게 많이 집중하는 데서 비롯된다.

여러 연구 결과에 따르면 외로운 사람들은 집중을 하는 경향이 있다.[13] 한 실험에서는 연구자들이 스스로를 외로운 사람이라고 평가하는 피실험자들에게 녹음기에 대고 이야기를 하라고 주문했다. 특별한 과제 없이 그저 자기 이야기를 하면 되는데 재미만 있으면 된다고 했다. 피실험자들이 기억해야 할 것은 나중에 누군가 이 녹음된 이야기를 듣고 자기를 평가할 것이라는 사실뿐이었다. 그러자 충분히 예상할 수 있는 결과가 나왔다. 객관적인 평가자들은 나중에 이 외로운 사람들이 녹음한 말을 듣고는 아무런 감동도 없고 즐거움도 없다고 평가했다. 또, 외로운 사람들이 그렇지 않은 사람들에 비해서 상당히 재미없다고 평가했다. 이건 놀라운 결과가 전혀 아니다. 어쩌면 당신은 이렇게 말할지도 모른다.

"그러니까 외롭게 살지."

그런데 이 실험의 또 다른 버전은 이런 해석이 어떤 중요한 점을 놓치고 있음을 보여 준다. 이 버전에서는 외로운 피실험자들이 먼젓번 실험과 동일한 방식으로 녹음기에 자기 이야기를 녹음했는데, 한 가지 다른 점이 있었다. 이번에는 누군가가 자기가 한 말을 듣고 평가나 판단을 할 것이라는 말을 따로 해 주지 않은 것이었다. 그랬기에 사람들은 그냥 혼자서 주절주절 자기 얘기를 했다. 그런데 객관적인 평가자들은 이 사람들이 녹음한 내용이 외롭지 않은 사람들이 한 이야기만큼 재미있다고 평가했다. 외로운 사람이 안고 있는 문제는 이 사람들이 따분하거나 매력적이지 않다는 게 아니었다. 이 사람들의 문제는 중요하다고 생각하는 어떤 얘기를 할 때 그 내용을 잘 말하지 못한다는 데 있었다. 이건 지식이 부족해서 생기는 문제가 아니었다. 앞서 서문에서 외롭게 살아가는 사람들이 다른 사람들의 감정을 보다 잘 간파한다고 했던 내용을 기억하자. 이런 점은 그 사람들이 누리는 집중배당금이다. 그러나 성공과 실패에 따라 갈리는 어떤 것의 가치가 매우 클 때 이 사람들은 자기들이 가진 그 기술을 제대로 구사하지 못하고 잇달아 실수를 하고 만다. 당신이 특히 말문이 막혔거나 바보처럼 굴었던 상황을 떠올려 보라. 만일 당신이 우리와 다르지 않다면, 아마도 무언가 잘되길 바라는 마음이 워낙 간절했기 때문에 그런 상황이 벌어졌을 것이다.

물론 말을 제대로 하지 못하고 횡설수설 더듬거리는 바보 같은 행동은 외로운 사람들에게만 나타나는 게 아니다. 초킹choking(역주 – 지나친 긴장감으로 기량을 제대로 발휘하지 못하는 질식할 것 같은 심리 상태를 가리키는 용어)과 같은 행동이 가장 많이 나오는 데가 바로 스포츠이다. 농구에서 자유투는 슛 가운데서도 가장 쉬운 슛이다. 링까지 거리도 그다지 멀지 않다. 그리고 아무도 막아서지 않는 자유로운 상태에서, 본인이 원하는 순간에 공을 던질 수 있다. 이름 자체도 벌써 자유투가 아닌가! 자유투 연속 성공의 세계 기록은 일흔두 살의 노인이 가지고 있는데, 이 사람은 무려 2,750번이나 연속해서 성공했다.[14] 누구나 충분히 연습만 한다면 90퍼센트 이상의 성공률을 기록하기는 그다지 어렵지 않다. 그러나 몇몇 농구 선수들은 이 자유투를 지독하게 어려워한다. NBA 2002-2003년 시즌에서 프로 선수인 브루스 보웬Bruce Bowen이 그랬다. 그해에 그의 자유투 성공률은 40퍼센트밖에 되지 않았다.[15] 자유투보다 훨씬 어려운 온갖 슛도 구사할 수 있었으니 기술 부족의 문제라고 할 수도 없었다. 그는 바로 그 시즌에서 3점슛 성공률 44퍼센트를 기록하면서 이 부문 1위를 기록했다. 3점슛은 자유투보다 훨씬 먼 곳에서 던져야 하며, 또 각도도 한층 어려울 때가 많다. 게다가 수비 선수가 달려드는 것을 피해서 짧은 시간에 빠르게 슛을 해야 한다. 하지만 그 시즌에 보웬은 자유투 성공률보다 3점슛 성공률이 더 높았다.

어떤 스포츠 종목이든 간에 팬이라면 프로 선수가 저지른 어처구니없는 실수 사례를 줄줄이 꿸 것이다. 어떤 농구 선수는 이길 수도 있었던 경기를 단 한 번의 자유투 실패로 내주고 만다. 골프 선수는 가장 중요한 순간에 가장 쉬운 퍼팅을 실패해서 승리를 날려 버린다. 어떤 선수의 기량이 아무리 출중하다 하더라도 결정적인 순간에서만큼은 극도의 공포를 경험하기 마련이다. 사람들이 언제나 터무니없는 실수를 두려워하기 때문에, 혹은 그 실수를 기대하기 때문에 스포츠는 관중을 흥분의 도가니로 몰고 간다.

연구자들은 지금 이런 초킹의 심리학을 예전에 비해서 훨씬 많이 이해하고 있다. 스포츠에서 많은 행동들은 의식적으로, 혹은 자동적으로 이루어진다. 선수는 자기 팔이 어떻게 움직이는지 생각하며 자유투를 던질 수도 있다. 골프에서 스윙을 할 때 팔로우 스윙을 하려고 집중할 수 있다. 혹은 머리를 비운 채 자동적으로 그 동작을 할 수도 있다. 프로 선수들의 경우에는 이런 동작이 워낙 일상적이라서 이런 동작을 자동적으로 수행한다. 아닌 게 아니라 프로 선수들은 어떤 동작을 무의식적으로 할 때 더 나은 기록을 낸다.[16] (혹시 다음에 계단을 내려갈 기회가 있으면, 자기 두 다리의 움직임을 생각하면서 걸어 보라. 하지만 그러다가 넘어지거나 넘어질 뻔했다고 해서 우리를 고소하는 일은 없기 바란다. 당신은 비록 계단 내려가기의 프로라고 생각하겠지만, 다리의 움직임을 일부러 의식하면서 다리를 움직이면 그 동작이 오히려 더 서툴러진다.) 초심자는 자유투를 던질 때 팔꿈치를 끌어당기는 걸 (혹은 테니스에서 공을 따라가듯이 라켓을 든 팔을 쭉 돌리는 것을) 기억하면 점수가 향상될 것이다. 이런 의식적인 주의력 집중은 도움이 된다. 그러나 프로는 이 모든 동작을 자동적으로 진행한다. 이런 수준의 기량을 가진 선수들의 세계에서는 어떤 동작에 집중하는 것이 연결된 근육이 서로 조응을 하는 데 오히려 방해가 된다. 전문가의 세계에서 초킹은 집중을 하기 때문에 일어난다.

초킹은 결핍이 낳는 보다 폭넓은 현상의 일각이다. 심리학자들은 다양한 과제 영역에서 성적과 주의력(혹은 각성) 사이의 관계를 그래프로 그리면 뒤집어진 U자 형태의 곡선이 나타난다는 사실을 발견했다.[17] 주의력이 너무 낮으면 성적이 낮게 나오고, 또 반대로 너무 높아도 성적이 다시 낮아진다는 것이다.

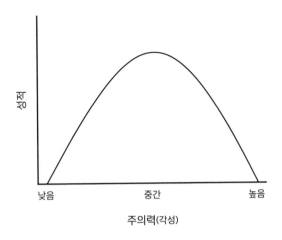

성적 / 주의력(각성)
낮음　　　중간　　　높음

　　주의력이 정점에서 지나치게 왼쪽으로 치우쳐 있는 과제를 할 때
는 집중을 더 많이 하는 것이 좋다. 그러나 다른 과제를 할 때는 (예
를 들어 농구 선수가 자유투를 던질 때는) 주의력을 너무 많이 기울이는 바
람에, 즉 도표에서 오른쪽으로 지나치게 치우치는 바람에 실패를 하
게 된다. 좋은 선수들에게 자유투는 정말 어려운 슛이다. 왜냐하면 이
들은 지나치게 많이 집중하기 때문이다. 브루스 보웬은 3점슛을 던질
때는 생각할 여유가 없었다. 그러나 자유투를 던질 때는 생각할 시간
이 너무 많았다. 게다가 문제는 생각을 많이 하지 않으려고 하면 할
수록 더 많이 생각하게 된다는 점이다. 심리학자들은 이것을 '반어적
과정ironic process'이라고 부른다.**18** 사람들은 북극곰을 생각하지 말라
는 말을 들을 때 다른 생각은 거의 하지 않고 북극곰만을 생각한다.
　　다시 외로운 사람 이야기로 돌아가자. 이제 우리는 그 사람들이
그토록 서투르게 행동하는 이유를 안다. 결핍이 그들로 하여금 집중

하게 하기 때문에 그들은 초킹 상태에 빠진다. 대화에서도 뒤집어진 U자 형태의 곡선이 나타난다. 대화에 집중하지 못하는 사람은 흥미를 잃는다. 반대로 너무 집중하는 사람은 지나치게 들러붙는 것 같은 인상을 준다. 외로운 사람이 어색하게 행동하고 말하는 이유는, 정확히 말해 이들이 자신의 외로움을 제어하는 것 외에는 다른 어떤 것도 생각할 수 없기 때문이다. 이들은 앞서 본 그래프에서 정점을 지나 오른쪽으로 너무 치우쳤기 때문에 그렇게 말하고 행동한다. 상대방의 말에 귀를 기울이며 편안한 화제로 대화를 이끌지 않고 '저 사람이 나를 좋아할까?' 혹은 '이 이야기가 정말 재미있을까?' 하는 것에만 지나치게 집중한다. 자유투를 던질 때 슛에 덜 집중해야 더 좋은 성적을 거두듯이 외로운 사람도 자신의 사회적 욕구에 덜 집중할 때 더 나은 결과를 얻을 수 있다. 하지만 결핍이 이것을 방해한다. 결핍은 외로운 사람의 마음을 잡아끌어서, 될 수 있으면 피해야 하는 바로 그 지점에 끊임없이 데려다 놓는다.

다이어트를 하는 사람도 비슷한 어려움을 겪는다. 다이어트를 할 때 가장 큰 과제는 자기 절제이다. 어떤 충동에 저항하는 가장 쉬운 방법은 애초에 그 충동을 느끼지 않는 것이다. 누가 한턱 내는 일이 떠오르지 않는다면 그 일을 피하기가 한결 쉽다. 만일 그 일이 떠오른다면, 그 생각을 빨리 지워 버릴수록 그 유혹에 저항하기 더 쉬워진다. 맛있는 디저트를 생각하는 것만으로도 유혹에 저항하기는 점점 더 어려워진다. 다이어트는 칼로리 결핍 상태를 만드는데, 이 결핍이 거꾸로 맛있는 디저트를 생각의 한가운데로 데려다 놓는다. 여러 연구 결과에 따르면, 다이어트를 하는 사람들에게 음식이 가장 먼저 그리고 가장 크게 머리에 떠오르는 이유는 이 사람들이 배가 고프기 때문이 아니라 이 사람들이 직면한 결핍 때문이다. 한 연구에서, 다이어터 중 음식에 대한 몰입 정도가 가장 강한 사람은 방금 전에 초콜릿을 먹은 사람임을 입증했다. 생리학적으로 이 사람은 칼로리를 더 많이 섭취했다. 그러나 생리학적인 측면에서 볼 때 이 사람은 초콜릿을 먹음으로써 현재 자기가 간절하게 열망하는 트레이드오프를 더욱 강렬하게 자극한 셈이다. 다이어트가 어려운 이유는 피하려고 노력하는 것에 자꾸만 집중하게 되기 때문이다.

외로움과 다이어트라는 이 두 경우에서 결핍의 핵심적인 특성, 즉 주의를 사로잡는다는 특성은 장애물로 바뀐다. 다이어트를 하는 사람과 외로움을 느끼며 사는 사람은 각자가 안고 있는 결핍이 그들로 하여금 그 결핍에 관한 모든 것에 집중을 하게 만들기 때문에 결핍과 투쟁을 벌인다.

▌한 가닥 희망

가난한 사람은 여전히 가난하고, 외로운 사람은 여전히 외롭고, 바쁜 사람은 여전히 바쁘고 또 다이어트를 하는 사람은 결국 실패할 수밖에 없다. 결핍은 결핍을 영속화하는 어떤 심리 상태를 만들어 낸다. 만일 이 모든 것이 냉혹한 현실이라면 당신은 이 사실을 받아들일 수 있겠는가? 그렇다면 또 다른 관점을 살펴보자. 즉, 가난한 사람은 능력이 부족하기 때문에 가난하다는 관점이다. 외로운 사람은 다른 사람들이 좋아할 만한 매력이 없기 때문에 외롭고, 바쁜 사람은 자기 생활을 체계적으로 계획하는 능력이 부족해서 바쁘며, 다이어트를 하는 사람은 의지력이 없어서 실패한다는 관점이다. 이런 관점에 설 때 결핍은 개인적인 차원의 어떤 깊은 문제에서 비롯된 결과이므로, 현재의 상황을 고치기는 무척 어렵다.

하지만 결핍이라는 심리 상태에 초점을 맞춰서 접근한다면 다르다. 결핍은 어떤 맥락의 결과이므로 고치기가 한결 쉽다. 결핍은 개인적인 어떤 특성이라기보다는 환경적인 조건, 결핍이 만들어 냈지만 얼마든지 (혹은 적어도, 흔히) 제어할 수 있는 조건의 결과이다. 결핍이 인간의 정신에 작용하는 역학을 더 잘 이해할수록 결핍의 덫을 피하거나 혹은 적어도 이 덫의 유해성을 누그러뜨릴 방법들을 찾아낼 가능성이 더 높아질 것이다.

7장

빈곤이라는 결핍

누군가를 비판하기 전에 반드시 그 사람의 신발을 신고 1마일을 걸어야 한다. 이렇게
어떤 사람을 비판하면 당신은 당신의 예전 위치에서 1마일 떨어져 그 사람의 입장을
이해할 수 있다.[1](역주-'남의 신발을 신는다'는 표현은 입장을 바꾸어서 생각한다는 뜻의 관용적
인 표현이다.

— 잭 핸디(《새터데이 나이트 라이브》의 수석 작가)

빈곤이 가장 널리 퍼져 있고 또 가장 중요한 결핍의 사례임은 틀림없
다. 현대 세계에서 빈곤의 폭과 깊이는 놀라울 정도이다. 유니세프는
날마다 22,000명의 어린이가 빈곤 때문에 죽어 간다고 추정한다.[2] 10
억 명 가까운 사람이 자기 이름조차 쓰지 못할 정도의 문맹이다.[3] 전
세계 어린이 가운데 절반은 세계 빈곤 기준을 밑도는 환경에서 살아
간다.[4] 16억 명이나 되는 사람이 전기의 혜택을 받지 못한 채 살아간
다. 미국과 같은 나라에서도 빈곤은 엄혹한 현실이다. 일정 시점을 기
준으로 미국 어린이 가운데 거의 절반이 정부가 저소득층에게 제공

하는 식료품 할인 구매권으로 배고픔을 해결한다.[5] 미국 가구의 약 15퍼센트는 한 해 중 특정 시점에 가족의 끼니를 걱정해야 했다.[6]

우리는 지금까지 여러 유형의 결핍을 다루었다. 그리고 이 과정에서 이 결핍들이 서로 자리를 바꿔도 맥락이 연결될 수 있다는 식으로 묘사하고 또 설명했다. 다이어트에서부터 처절한 빈곤까지 그리고 또 시간적인 압박까지 종횡무진 살펴보면서 이들 사이에 존재할 수 있는 차이점은 거의 고려하지 않았다. (어쨌거나 이건 우리가 우리의 주장을 담는 우리 책이니까. 우리가 이렇게 하겠다는데 누가 뭐라고 하겠는가?) 만일 모든 결핍이 각각의 결핍이 촉발된 원인과 상관없이 하나의 독특한 심리 현상을 일으킨다면, 우리는 모든 유형의 결핍을 동일한 것으로 바라보고 다룰 수 있다. 만일 여러 유형의 결핍을 관통하는 어떤 공통적인 심리가 있다면, 가난한 사람을 놓고 관찰한 모든 사항이 바쁜 사람이나 다이어트를 하는 사람에게도 유효하지 않겠는가?

제각기 다른 형태의 결핍이 공통적인 요소들을 가지고 있다고 해서 이 결핍들이 동일한 결과를 낳는다고 볼 수는 없다. 화학에서도 동일한 원소라 하더라도 구성 비율이 달라지면 제각기 다른 화합물이 생성되지 않는가. 예컨대 탄소와 산소는 생존에 필수적인 요소인 이산화탄소CO_2를 만들 수도 있고 치명적인 물질인 일산화탄소CO를 만들 수도 있다.[7] 이처럼 동일한 요소를 가지고도 매우 다른 결과가 나온다. 우리가 진행하는 결핍에 대한 분석도 비슷한 논리를 따른다. 분명 공통적인 요소들은 있다. 터널링, 빌리기, 느슨함의 부족, 대역폭 세금 등이 그런 것들이다. 그러나 이것들은 맥락에 따라서 다

2부 결핍의 악순환

른 방식으로 나타난다. 돈의 결핍의 경우에는 빌리기가 두드러진 특징으로 나타나지만, 외로움의 경우에는 빌리기가 어떤 의미인지조차 분명하지 않다. 이산화탄소에서 하나 더 붙어 있는 산소 원자처럼 빌리기라는 그 특정한 요소가 외로운 사람에서는 사라지고 없다. 그런데 빈곤의 여러 요소들은 결핍의 심리 상태에 특히 적대적인 환경을 조성한다.[8]

돈이 많고 매우 바쁜 어떤 교수는 여러 가지 프로젝트를 많이 떠안았기 때문에 결핍 상태에 놓여 있다. 만일 일을 적게 맡았더라면 덜 바쁠 것이다. 말하자면 결핍을 덜 느끼는 쪽을 선택할 수도 있었다. 그가 처하게 된 결핍의 정도는 어느 정도는 본인이 선택한 결과이다.

이런 재량은 결핍이 주는 스트레스와 충격을 제한할 수 있는 중요한 안전판을 제공한다. 이탈리아를 한 주 동안에 다 둘러보겠다며 정신없이 뛰어다니는 관광객을 생각해 보자. 이 사람은 시간의 결핍 때문에 이렇게 흥분해 있다. 그런데 이 사람은 어느 순간 '에이 관두지 뭐, 콜로세움은 다음에 와서 볼 거야.'라거나 '로마에 하루 더 머물면서 남쪽을 둘러볼 거야.'라고 말할 수도 있다. 이런 안전판은 결핍의 덫의 깊이와 이것이 주는 충격을 제한한다. 재량을 가지고 있는 사람들에게 결핍의 덫은 비록 위협적이긴 해도 그다지 큰 위협은 되지 않는다. 시간이 모자랄 정도로 약속을 많이 잡아 놓았다면, 이 가운데 몇 개는 지키지 못할 수 있다. 다이어트를 하는 사람도 도중에 약간의 일탈은 할 수 있다. 바쁜 사람이라도 휴가는 갈 수 있다.

그런데 빈곤이라는 조건 아래에서는 '휴가'를 갈 수 없다. 가난한 사람에게 가난하지 않겠다는 선택권은 주어지지 않는다. 다이어트를 하던 사람이 그냥 뚱뚱한 몸 그대로 살겠다고 하거나 바쁜 사람이 여러 일감 가운데 하나 혹은 몇 개를 포기하겠다고 할 수는 있지만, 빈곤의 세상에서는 이런 종류의 선택이 불가능하다. 인도 시골에 사는 가난한 사람에게 본인의 욕망을 조절해서 돈의 결핍 문제를 극복하라고 말한다면 얼마나 실없는 소리가 되겠는가? 기본적인 욕망, 예를 들어 의식주에 관한 것이나 질병으로부터의 해방 혹은 누군가의 어린 자식에게 기쁨을 안겨 주는 수수한 장난감조차도 포기하기 어렵다. 이렇게 스스로 선택한 게 아니라 강제로 떠맡겨진 결핍에 시달리는 사람은 가난한 사람만이 아니다. 심각한 의학적 문제에 직면한 다이어터, 심각하게 외로움을 느끼며 살아가는 사람, 그리고 집세를 벌기 위해서 새벽부터 늦은 밤까지 두 개의 직업을 가지고 죽어라 일을 해야 하는 사람들에게는 선택의 여지가 없다. 이처럼 재량의 부족은 특히 극단적인 결핍의 형태로 이어진다.

이 논의는 빈곤이라는 용어를 우리가 어떤 뜻으로 쓰는지 분명하게 밝혀 준다. 우리에게 빈곤은, 자기가 원하는 것 혹은 자기에게 필요하다고 생각하는 것을 바꿀 수 없는 경제적 결핍을 의미한다. 바꾸기 어려운 이런 필요 가운데 어떤 것은 (자급자족으로 살아가는 농민이 겪는 배고픔처럼) 생리적인 것이고, 또 어떤 것들은 사회적인 것이다. 우리가 우리에게 필요하다고 느끼는 것은 다른 사람들이 가지고 있는 것에, 그리고 우리에게 익숙한 것에 따라서 좌우된다. 예를 들어서 실내 화장실은 지금 선진국에서는 당연한 것이다. 이런 설비가 주어졌다고 해서 특별히 좋아할 사람은 거의 없다. 하지만 19세기 후반까지만 하더라도 이런 설비는 거의 생각도 할 수 없는 것이었다. 심지어 지금도 많은 지역에서는 이런 실내 화장실이 가장 절실한 것 중 하나이다. 인도의 자급자족 농민에게 이런 설비는 사치이고, 미국 뉴저지에 사는 누군가에게는 이 설비가 필수품이다. 자기 소유의 자동차를 운전한다는 것은 1950년대에는 미국에서도 특정한 사회적 신분의 상징이었다. 지금도 세계 대부분의 지역에서는 그렇다. 하지만 이런 곳을 제외한 곳에서 자동차 운전은 누구나 해야 하는 필수적인 일이다. 그렇다면 여기에서 심오하고 복잡한 질문이 제기된다. 이런 필요성들을 어떻게 정확하게 비교할까? 현대식 실내 화장실을 가질 여유가 없는 가난한 미국인은, 셔츠 하나 살 형편이 못 되는 인도의 가난한 농부나 승용차를 타고 다닐 여유가 없는 가난한 유럽인과 매우 비슷한 감정을 느낄까? 절대적인 것과 상대적인 것, 이 두 가지 형태의 빈곤이 심리적으로 어떻게 비교될 수 있을지 확인시켜 줄 증거는 거의 없다. 우리의 목적과 관련해 이런 것들은 모두 빈곤의 사례들 뿐이다.

빈곤은 또 다른 측면에서도 극단적이다. 갓 태어난 어떤 아기의 부모를 생각해 보자. 그런데 이 아기가 갑자기 얼마 살지 못하게 되었다. 아기와 함께할 수 있는 시간의 결핍이다. 이때 부모는 아기를 '조금만' 원할 수는 없다. 아기를 병원으로 데리고 가고, 잘 먹이고, 예쁘게 꾸미고, 껴안고, 목욕시키고, 편안하게 (영원히) 잠들도록 자장

가를 불러 줘야 한다. 이 많은 일을 다 해 줘야 온전하게 아기를 사랑할 수 있다. 하지만 부모로서는 아기를 사랑하는 것 외에도 어쩔 수 없이 해야만 하는, 즉 본인이 선택하지 않은 일들이 많이 있다. 난감하다. 그러나 만일 당신이 돈을 많이 가진 부모라면 다른 방식으로 시간의 결핍을 완화할 수 있다. 유모나 하녀를 고용하고, 음식을 만들어서 먹는 대신 주문해서 먹고, 회계사를 고용하고, 정원사를 고용하면 된다. 이렇게 하면 그만큼 시간이 절약될 테기 때문이다. 이와 비슷하게, 만일 당신이 다이어트를 하는 중인데 당신이 부자라면, 맛있지만 건강에는 좋은 음식을 사면 된다. 돈은 충분히 있으니까, 당신은 이 돈으로 다른 형태의 여러 결핍들을 보상할 수 있다.

그런데 이와 반대되는 방향의 결핍, 즉 돈의 결핍을 완화하기란 훨씬 더 힘들다. 하루에 몇 시간씩 더 일을 할 수는 있다. 하지만 대부분의 경우 시간은 넉넉하지 않고, 또 그렇게 추가로 일을 한다고 해도 더 벌 수 있는 돈은 몇 푼 되지 않는다. 그런데 바쁘기는 엄청나게 바쁘고 또 육체적으로나 정신적으로 엄청나게 지친다. 돈이 적다는 것은 시간이 적게 주어진다는 뜻이다. 돈이 적다는 것은 사회적인 관계를 맺기가 어려워진다는 뜻이다. 돈이 적다는 것은 건강에 나쁜 저질 음식을 먹어야 한다는 뜻이다. 이처럼 빈곤은 삶의 거의 모든 영역을 지탱하는 필수적인 요소들에서 결핍을 경험한다는 뜻이다.

우리는 결핍의 심리를 사용해서 어떤 '감정의 다리empathy bridge'를 만들려고 노력해 왔다. 우리는 어떤 한 가지 형태의 결핍(예를 들어, 시간의 결핍)에 대한 경험을 통해 이것을 다른 형태의 결핍(예를 들

어, 돈의 결핍)과 연결시키려고 했다. 우리는 정말 아주 조금만 더 시간
이 주어지면 좋겠다는 심리가 어떤 것인지 알고 있었다. 그래서 우리
는 바로 여기에서 출발해, 아주 조금만 더 많은 돈, 혹은 조금만 더 많
은 친구가 주어지길 필사적으로 소망하는 심정이 어떤 것일지 상상
할 수 있었다. 그리고 이 다리를 이용해서, 얼마 남지 않은 마감 기한
에 불만을 터트리는 바쁜 관리자와 집세를 낼 돈이 없어서 쩔쩔매는
한 가난한 세입자 사이에서 어떤 공통점을 도출했다.

하지만 이 감정의 다리를 놓기는 쉽지 않다. 관리자는 '그래 관두
지 뭐. 일과 생활의 균형이 중요하니까 일을 조금 줄여야지.'라고 말
할 수 있지만 세입자는 '그래 쫓겨나지 뭐. 집에서 쫓겨나면 어때?'라
고 말할 수는 없기 때문이다. 이처럼 시간과 돈 모두 대역폭에 세금
을 부과하지만 각각이 부과하는 세금의 규모, 즉 결핍이 초래하는 문
제의 심각성은 완전히 다르다.

▎ 방 안의 코끼리

빈곤에 대한 논의의 대부분은 모두가 애써 외면하는 '방 안의 코끼
리'(역주-이 표현은 모든 사람이 문제임은 알지만 쉽사리 꺼내지 못하는 곤란
한 문제를 가리키는 관용적인 영어 표현이다)와 같다.

당뇨병을 예로 들어 보자. 당뇨병 환자는 전 세계에 2억 8,500만
명이나 된다.[9] 이 병은 환자를 의식 불명, 실명, 사지 절단 그리고 심

지어 사망까지 이르게 하는 심각한 질병이다. 하지만 다행히도 지금은 관리가 가능한 질병이다. 정기적으로 알약을 복용하거나 주사약을 맞으면 증상이 심각하게 진행되지 않도록 막을 수 있다. 하지만 그럼에도 이 질병은 여전히 중요한 문제로 남아 있다. 이 문제의 한 부분은 약에 있다. 약으로는 이 병을 완치할 수 없기 때문이다. 그러나 보다 큰 문제는 환자의 심리에 있다. 어떤 약이든 간에 효력을 발휘하려면 환자에게 약이 투여되어야 한다. 그러나 당뇨병 환자는 약을 투여해야 하는 전체 시간 가운데서 50퍼센트에서 75퍼센트 동안만 약을 투여하므로[10] 지속적인 투여율은 상당한 수준으로 줄어들 수밖에 없다.

이런 사실이 얼마나 놀라운지 한번 생각해 보자. 수십 년에 걸친 의학적 연구 결과로 이 치명적인 질병이 관리 가능한 질병으로 바뀌었다. 그러나 당뇨병 극복은 마지막 단계에서 발을 헛디딘다. 사실 이 마지막 단계는 더할 나위 없이 간단하다. 알약을 복용하거나 주사약을 맞기만 하면 되는 것이니까 말이다. 그런데 이 마지막 단계가 의료계를 끈질기게 괴롭힌다. 20년 전이었다면 우리는 인간면역결핍바이러스HIV(역주-후천성면역결핍증후군AIDS(에이즈)을 일으키는 원인 바이러스)를 치료할 수 있는 항레트로바이러스제가 나타났다며 좋아서 펄쩍펄쩍 뛰었을 것이다. 그러나 수백만 명이나 되는 사람들이 약을 지속적으로 투여받지 못해서 사망했다. 결핵의 경우 이 문제가 특히 심각해서 개발 도상국에서는 이 문제를 해결하기 위해서 집중적인 관찰과 표준화된 치료법인 이른바 '직접 관찰 단기 치료법DOTS'이

고안되었다. 누군가 날마다 환자를 방문해서 환자가 약을 잘 투여하는지 확인하는 치료법이다. 그런데 몇몇 국가에서는 결핵 환자들에게 이런 치료를 제공할 여유가 없다. 약이 비싸서 그런 게 아니라 (약 자체는 그냥 값이 싼 항생제이다) DOTS에 들어가는 비용이 너무 크기 때문이다. 의학 분야에서 이루어진 놀라운 성취들이 약물투여 비준수 nonadherence라는 인간 행동의 특이한 변덕에 가로막혀서 비틀거리는 셈이다.

약물투여 비준수는 많은 사람들에게 영향을 미친다. 그러나 이런 현상은 특히 한 집단에 집중된다. 바로 가난한 사람들이다. 모든 소득 계층에 속한 사람들이 일반적으로 약을 제때 투여하지 않지만 특히 가난한 사람들의 경우에 이런 현상은 심하게 나타난다. 에이즈든 당뇨병이든 결핵이든 간에 동일한 양상이 반복되고 있다. 지역이 어디이든 약의 종류가 무엇이든 혹은 약 투여를 중단할 때의 부작용이 무엇이든 간에 가난한 사람이 약을 꾸준하게 투여하지 않는다는 사실 하나만은 변함이 없다.

그럼 여기에서 전혀 다른 맥락으로 넘어가 농업의 경우를 살펴보자. 단위 면적의 경작지에서 나오는 수확량은 사회의 모든 측면에 영향을 미친다. 이 수확량은 식품의 가격, 무역, 환경 오염 그리고 심지어 지구의 가용인구를 결정한다. 그런데 이 수확량은 농부에게는 무엇보다도 중요하다. 총소득이 거기에 따라서 좌우되기 때문이다. 의학계에서와 마찬가지로 농업 부문에서도 기술이 획기적으로 발전해서 (예를 들면, 보다 나은 종자의 개발, 새로운 영농법 개발, 유기농법 개발 등)

생산량 증가 및 지속 가능성 확대에 엄청난 기여를 했다. 그런데 의학계에서 의사가 고민했던 것과 동일한 문제가 농업 관계자들을 끊임없이 괴롭힌다. 바로 농부의 행동이다.

농부는 잡초 제거가 수확량을 획기적으로 개선한다는 사실을 수천 년 동안 알고 있다. 잡초는 작물이 흡수할 영양분과 수분을 뺏는데, 잡초를 제거하는 작업에는 별다른 기술이 필요 없다. 그저 지루하게 단순 작업을 하기만 하면 된다. 그러나 특히 가난한 지역의 농부들은 이런 잡초 제거 작업을 하지 않는다. 아프리카의 일부 지역들에서 이렇게 잡초를 제거하지 않음으로써 발생하는 손실이 전체 수확량의 28퍼센트가 넘는다는 추정도 있다.[11] 아시아에서는 제멋대로 자란 잡초가 유발하는 비용은 쌀 전체 생산량의 50퍼센트까지 된다고 한다.[12] 물론 이런 추정이 지나치게 부풀려졌을 수는 있다. 그러나 수확량이 10퍼센트만 늘어난다고 해도 이틀쯤 잡초를 제거하는 데 들인 노동에 비하면 놀라운 대가이다. 게다가 잡초 제거는 돈이나 토지를 따로 들이지 않고도 수확량을 늘릴 수 있는 방법이며, 전체 수확량의 10퍼센트 증가는 전체 소득의 20퍼센트 내지 30퍼센트의 증가로 이어진다. 엄청난 양이다. 그럼에도 불구하고 많은 농부들은 정기적으로 잡초를 제거하는 작업을 하지 않는다. 게다가 가난한 농부일수록 이런 경향은 더 높다.

약물 투여와 농업에 이어 이번에는 육아를 놓고 살펴보자. 연구자들은 사람들이 아이를 어떻게 훈육하는지 연구하는 데 많은 시간을 들이고 있다. 부모들은 필요하지 않은 상황에서 목소리를 높일까?

아이들이 사랑과 지지를 필요로 할 때에 이것을 적절하게 제공할까? 규칙의 일관성을 지킬까, 아니면 그때그때의 기분에 따를까? 아이들이 잘할 때 긍정적인 피드백을 제공할까? 아이들을 텔레비전 앞에 앉혀 두기만 하지 않고 얼마나 많은 시간을 아이들과 함께 보낼까? 아이들이 숙제를 할 때 옆에서 도와줄까?

이런 연구가 수십 년간 이어지는 과정에서 중요한 사실 하나가 드러났다. 가난한 사람은 훌륭한 부모가 되기 어렵다는 것이다. 가난한 부모는 아이들을 거칠게 대하고, 훈육 과정에 일관성이 없으며, 감정적인 교류를 덜하고, 애정 표시를 덜 한다.[13] 가난한 부모는 아이들을 화풀이 대상으로 삼는 경향이 높다.[14] 어떤 날은 어떤 일을 두고 아이를 꾸짖어 놓고, 그 다음날 아이가 꾸지람을 들은 행위와 반대되는 행위를 했는데도 아이를 꾸짖는다. 구체적이고 실제적인 여러 가지 방식으로 아이들과 함께 하지 못한다.[15] 아이들이 숙제를 할 때 덜 도와준다. 아이들에게 책을 읽어 주기보다는 텔레비전을 보도록 방치한다.[16] 좋은 가정 환경이란 어떤 것인지 많이 알려져 있는데, 이런 환경을 가난한 부모는 아이들에게 덜 만들어 주는 경향이 있다.

가난한 사람은 많은 점에서 부족하다. 미국에서 가난한 사람은 비만일 가능성이 상대적으로 더 높다.[17] 대부분의 개발 도상국에서 가난한 사람은 자식을 학교에 덜 보낸다.[18] 가난한 사람은 충분히 저축을 하지 않는다. 가난한 사람은 아이들에게 예방 주사를 덜 맞힌다.[19] 한 마을에서 가장 가난한 가구는 손을 적게 씻고 또 식수를 정수해 마시지 않는 경향이 가장 높다.[20] 가난한 여자는 임신했을 때 적절한 음식을 먹거나 태아를 위해 조심하는 경향이 낮다.[21] 이런 종류의 증거는 널리고 널렸다.

이런 온갖 사실들은 마치 음험한 의도를 가진 어떤 지루한 주장처럼 계속 이어지는데, 바로 여기에서 (코끼리처럼) 어마어마하게 크고 까다로운 문제가 제기된다. 이 문제는 지독할 정도로 오래 방치된 것이고, 그러다 보니 이제는 어쩐지 지겹기까지 하다. 바로 이 문제이다.

'왜 가난한 사람들은 그렇게 다양한 분야에서 그렇게 형편없이 행동할까?'

이것이 바로 방 안에 있는 코끼리, 누구나 문제임은 인식하지만 쉽사리 말을 꺼내지 못하는 난감한 문제이다. 우리는 이 코끼리를 정면으로 바라보기로 한다.

실패를 유발하는 빈곤

난처한 사실을 직면했을 때는 우선 당연히 이런 사실들을 해석하는 게 맨 처음으로 할 일이다. 어쩌면 가난한 사람은 약을 먹는 데 '실패하는' 게 아닐지 모른다. 어쩌면 이 약이 너무 비싸서 사 먹지 못할지도 모른다. 이 사람들은 왜 잡초를 뽑지 않을까? 너무 바쁘기 때문이다. 왜 아이들을 더 잘 돌보지 않을까? 자기들도 비슷한 환경에서 성장했기에 아이를 돌보는 방법을 배우지 못했기 때문이다. 이런 상황과 비용 그리고 경험 등의 요인이 어느 정도의 역할을 함에는 틀림없다. 그러나 관련 자료를 꼼꼼하게 들여다보면 이런 요인들만으로는 그 '실패들'을 온전히 설명할 수 없음을 알 수 있다. 예를 들어서 메디케이드(역주 – 주정부가 연방정부의 지원을 받아서 가난한 사람에게 실시하는 의료 공공 부조 제도) 혜택을 받는 미국의 가난한 사람들은 약값 걱정을 하지 않아도 되지만 이 사람들은 약을 정기적으로 먹는 데 실패한다. 시골 지역의 가난한 사람들은 수확기와 수확기 사이에 시간이 넉넉하게 남아돌지만 잡초 제거 작업을 하지 않는다. 이런 실패를 단순히 환경적인 요인으로만 돌릴 수는 없다. 그 중심에 행동과 관련된 어떤 문제가 도사리고 있기 때문이다.

이 난처한 사실을 대할 때 사람들이 드러내는 또 하나의 본능적인 반응은 그 사실의 진위 자체를 의심하는 것이다. 가난한 사람들이 실패를 하든 그렇지 않든 이 문제는 관찰자의 눈에 들어오지 않는다. 어쩌면 그 사람들은 실패를 하는 게 아닐지도 모른다. 그런 자료를 만든 사람들이 편견을 가지고 있을지도 모른다. 이런 주장을 뒷받침하는 설득력 있는 심리 현상은 많이 있다. 예를 들어서 한 연구에서 피실험자들은 어린 소녀인 한나가 시험을 치르는 동영상을 지켜본다.[22] 그런데 이 소녀의 실력이 모호하다. 어려운 문제는 잘 맞히면서 쉬운 문제는 잘 틀린다. 그런데 한 집단의 피실험자가 보는 한나 뒤의 동영상 배경은 가난한 환경이다. 즉, 한나가 가난한 가정 출신임을 암시한다. 여기에 비해 다른 집단의 피실험자가 보는 한나의 배경은 그녀가 중산층에 속하는 가정 출신임을 암시한다. 이 두 집단이 한나가 시험을 치르는 것을 지켜본 뒤에 그녀의 성취도 및 수학 능력을 추정했는데, 두 집단의 추정 내용은 확연히 달랐다. 전자 집단은 '가난한' 한나가 틀리는 데 초점을 집중했고 후자 집단은 '부유한' 한나가 정답을 맞히는 데 초점을 집중했다. 그래서 전자 집단은 한나의 성취도 및 수학 능력을 후자 집단보다 낮게 추정했다.

즉 가난한 사람과 관련된 자료를 해석할 때는 편견이 쉽게 개입할 수 있다는 말이다. 우리가 가난한 사람(기본적으로 어떤 실패에 의해서 가난하다고 규정된 사람)에 대한 부정적인 선입견을 매우 강하게 가지고 있다고 전제할 때, 그들이 저지른 개인적인 실패를 그들의 탓으로 돌리는 건 당연하다. 그렇다면 연구자들이 가난한 사람이 불리한 조건에서 피치 못하게 실패를 한다고 '보는' 것이 뜻밖의 일일까? 불행하게도 그렇지 않다. 좀 더 자세히 들여다보면, 아무리 해도 코끼리를 방 밖으로 쉽게 데리고 나올 방법은 없다. 이 자료들 대부분은 편향된 인식의 결과가 아니라 실제로 상관성을 드러내기 때문이다.

또한 이런 자료들을 연구자들이 가진 정치적 편견 때문에 생겨난 것이라고 배척할 수도 없다. 이 자료들은 대개가 특정한 이념을 가지고 있지 않은 연구자들이 만든 것이며, 또 그런 특정한 이념을 가진 연구자들이 정리한 자료는 그 이념과 반대되는 내용을 암시하는 경우가 많기 때문이다. 게다가 이런 자료들은 연구자들이 처음부터 의도해서 얻어낸 것이라기보다는 다른 연구 과정에서 우연히 부수적으로 정리된 것들이다. 농학자들과 의학 연구자들은 소득이 유일한 변수인 곳에서 대량의 자료를 수집한다. 그리고 (처음부터 이런 내용만을 부각하려 한 게 아니고) 다른 많은 상관 관계 속에 존재하는 또 하나의 상관 관계로서 이런 내용을 제시한다. 이들은 가난한 사람에 대한 어떤 발견을 하려고 자료 수집에 나선 것도 아니었으며, 또한 이런 발견들을 떠들썩하게 자랑하려고 들지도 않는다. 게다가, 연구자들이 가난에 초점을 맞추고 접근할 때 이들은 흔히 가난한 사람에 대해서 우호적인 생각, 편견일 수도 있는 어떤 관점을 가지고 임한다. 가난에 초점을 맞추고서 가족이나 비만 혹은 다른 여러 분야를 파고드는 연구자들은 기본적으로 연구 대상인 가난한 사람들에게 친밀함을 가지고 있다. 그래서 이들은 자기들이 발견한 사실(즉, 가난한 사람은 개인 차원이 아니라 집단 차원에서 어떤 부정적인 속성을 가지고 있다는 사실)이 솔직히 불편하다고 속내를 털어놓는다. 어쩌면 가장 설득력 있는 부분은 이런 증거의 폭과 깊이가 아닐까 싶다. 이 증거는 하나의 연구 작업에서 나온 게 아니다. 수많은 노력들이 쌓이고 쌓여서 이런 자료가 나왔다. 그들은 이렇게 높이 쌓인 자료에서 거대한 코끼리를 우리 앞에 내놓은 것이다.

우리가 이 코끼리를 아예 존재하지 않는다고 칠 수 없다면, 우리는 이 코끼리를 어떻게 이해할 수 있을까? 한 가지 방법은 실패가 가난을 낳는다고, 다시 말해서 가난한 사람들은 상대적으로 열등한 능력을 가지고 있기 때문에 가난하다고 가정하는 것이다. 만일 올바른 선택을 하느냐 마느냐에 따라서 소득이 결정된다고 한다면, 계속 실패를 하는 사람은 결국 가난하게 되는 게 당연하다. 그런데 이 관점에는 명백하게 잘못된 부분이 존재한다. 어떤 사람이 (자기 의지나 능력과 상관없이) 어느 대륙에 태어났느냐에 따라 이 사람이 가난하게 살아갈 가능성이 매우 크게 좌우되기 때문이다. 그러나 우리 사회의 일반적인 견해로 자리 잡고 있는 이 견해는, 빈곤과 실패 사이의 강력한 상관성을 실패가 빈곤을 유발한다는 식으로 설명한다.

그러나 우리가 확보한 자료로 보건대 인과관계는 반대 방향으로 형성됨을 강력하게 암시한다. 즉 빈곤(결핍의 심리 상태)이 실패를 유발한다는 것이다.

┃ 좋은 부모의 조건

훈육을 주제로 한 어떤 연구는 항공 관제사에 초점을 맞추었다. 항공 관제사가 흥미로운 것은 이들이 하는 일이 날마다 바뀌며 또 온 신경을 집중해야 할 정도로 치열하다는 점이다.23 비행 중인 항공기들이 많은 날도 있고, 또 기상 조건이 나쁘면 항공기가 너무 붐벼서 이착륙이 지연되기 일쑤다. 이런 날에는 (모든 비행기가 안전하게 착륙하는 데 몇 시간 동안 집중하느라 터널링 상태에 빠져 있기 때문에) 인지 부하가 매우 높아진다. 그렇지 않은 날에는 한결 여유롭다. 하늘에 (그리고 항공 관제사들의 마음속에) 비행기가 많이 떠 있지 않기 때문이다. 그런데 연구자들은 하늘에 떠 있는 비행기 숫자를 보고 그날 그 항공 관제사가 집에 돌아가서 아이들을 얼마나 잘 돌볼지 예측할 수 있다는 사실을 확인했다. 혹은, 보다 노골적인 표현을 허락해 준다면 이렇게 말할 수

2부 결핍의 악순환

있다. 항공 관제사가 관제탑에서 편안한 하루를 보낸 뒤에는 집에서 '중산층'처럼 행동했고, 바쁘고 힘들게 하루를 보낸 뒤에는 집에서 '빈곤층'처럼 행동했다.

물론 이런 사실은 당신도 잘 알 것이다. 당신이 무척 길고 힘든 하루를 보내고 집으로 돌아왔다고 치자. 이때 당신이 원하는 것은 평화와 고요함이다. 그런데 아이들은 시끄럽게 떠들면서 텔레비전으로 만화 영화를 보고 있다. 사실 텔레비전의 음량은 그다지 높지 않음에도 불구하고 그 소리가 무척 귀에 거슬린다. 그래서 당신은 아이들에게 텔레비전을 끄라고 말한다. 물론 나름대로 최대한 부드럽게 말한다. 그런데 아이들은 지금은 자기들이 텔레비전을 보는 시간이라면서, 평소에 숙제를 다 하고 나면 그 시간에 텔레비전을 봐도 된다고 분명히 약속하지 않았느냐고 따진다. 숙제도 다 했다고 한다. 이 말에 당신은 잠시 망설인다. 하지만 아무래도 소음이 너무 크게 느껴진다. 그래서 결국 벌컥 화를 내고 만다.

"그 빌어먹을 텔레비전 끄란 말이야!"

나중에 당신은 이 행동을 후회한다. 사랑하는 아이들을 그런 식으로 대하는 건 본인도 바라는 바가 아니다. 하지만 당신은 그렇게 할 수밖에 없었다.

물론 당신도 그렇게 화를 낸 이유가 있을 것이다. 그러나, 훈육에 대한 연구가 똑 부러지는 정답이 무엇인지 알려주지 못하고 있긴 해도 분명한 몇 가지 직관적인 원칙은 이미 알려져 있다. 그런데 이런 원칙들 중에서도 일관성은 가장 중요하다. 부모의 언행에 일관성이 없으면 아이들로서는 여러 가지 것들(규율, 행동 원칙, 위안 등)을 학습하기가 어렵고 또 언제나 두려울 수밖에 없다. 일관성을 유지하는 것, 사실 이건 말이 쉽지 실천하기는 어렵다. 좋은 부모가 되기란 어렵다. 심지어 어떻게 하면 되는지 잘 알고 있을 때조차도 그렇다. 일관성은 지속적인 주의력과 노력, 꾸준함을 필요로 한다.

훌륭한 훈육은 일반적으로 대역폭을 요구한다. 복잡한 판단과 희생을 요구한다. 아이들이 좋아하지 않는 일을 하게 하려면 동기 부여가 필요하다. 약속을 했으면 꼭 지켜야 하고, 계획에 따라서 활동해야 하고, 교사를 만나서 아이들이 학교에서 어떻게 지내는지 전해 들어야 하며, 과외 활동을 할 수 있도록 해 주고 또 지켜봐야 한다. 하지만 이런 일은 누구에게든, 그리고 그 사람이 어떤 자원을 얼마나 많이 가지고 있든 간에 쉽지 않다. 대역폭이 축소되어 있을 때는 두 배로 힘들다. 이런 순간에는 끈기를 가지고 참으며 또 옳다고 생각하는 일을 하는 데 필요한 정신적 자유(느슨함)를 충분히 가지고 있지 않다. 낮의 복잡하고 부산스러웠던 하늘은 그날 밤에도 항공 관제사의 정신을 부산하고 복잡하게 만든다. 직장에서 힘든 하루를 보낸 항공 관제사는 집에 돌아와 좋지 않은 부모가 된다.

가난한 사람은 자기만의 비행기들을 마음속 하늘에 띄워 두고 있다. 가난한 사람은 집세, 대출금, 연체된 청구서, 다가오는 결제일 등을 놓고 머릿속으로 저글링을 한다. 이들의 대역폭은 결핍을 관리하는 데 소진되었다. 항공 관제사의 머리가 지끈거리는 것과 마찬가지로 가난한 사람의 머리 역시 지끈거린다. 항공 관제사의 머릿속에서 비행기들이 복잡하고 부산하게 윙윙거린다는 사실을 알지 못하는 사람이, 일관성 없이 아이들에게 텔레비전을 *끄*라고 고함을 지르는 이 항공 관제사를 보고 뭐라고 말할까? 아마도 육아 기술이 모자란다고 결론을 내릴 것이다.

최근에 이루어진 한 연구는 이런 사실을 입증했다. 앞서 살펴보았듯이 가난한 부모는 한 달에 한 번씩 정부로부터 식료품 할인 구매권을 받는다. 그런데 한 달이 거의 다 지나갈 무렵에는 이 할인 구매권이 동이 난다. 이 시기는 부모의 대역폭이 거의 소진된 때, 부모 노릇하기가 가장 힘든 때이다. 경제학자 리사 제니티안Lisa Gennetian과 그녀의 동료들은 이 시기는 또한 식료품 할인 구매권을 받는 부모의 아이들이 학교에서 돌출 행동을 해서 야단맞을 가능성이 가장 높은 시기이기도 하다는 사실을 입증했다.[24]

좋은 부모가 되는 데는 많은 것이 필요하다. 그러나 무엇보다도 정신적 자유가 필요하다. 하지만 이것은 가난한 부모로서는 언감생심 사치일 뿐이다.

▌쌓이고 쌓이는 가난

가난한 사람은 돈에만 쪼들리는 게 아니다. 이들은 대역폭에도 쪼들린다. 이런 사실은 뉴저지 쇼핑몰 사람들을 대상으로 한 (자동차 수리비 300달러-3,000달러) 연구와 사탕수수 농부 연구에서도 확인했다. 가난을 경험하는 사람(혹은 돈 문제로 골머리를 앓는 사람)은 여러 가지 테스트에서 상당한 정도로 낮은 점수를 기록했다. 이런 사람은 유연성 지능이 낮았다. 실행 제어 능력도 낮았다. 정신이 결핍에 시달릴 때 이 사람은 모든 일에 대한 정신적 여유가 부족해진다.

　이 사실은 중요하다. 훈육과 관련된 행동만이 아니라 많은 행동들이 대역폭에 의존하기 때문이다. 예를 들어서 대역폭에 지나치게 많은 세금이 부과될 경우 건망증을 앓을 가능성이 한층 더 높아진다. 이때 문제가 되는 것은, 예를 들어 자동차를 처음 샀던 해가 언제인지 기억하는 것과 같은 서술 기억declarative memory이라고 부르는 것이라기보다는,(역주-서술 기억은 각자가 겪은 사건에 대한 기억인 일화 기억episodic memory과 객관적 지식에 관한 기억인 의미 기억semantic memory으로 구분된다) 정해진 날짜에 병원에 간다거나 세금을 기한 안에 낸다든가 하는 것처럼 미래에 수행하기로 계획한 할 일에 대한 기억인 미래 계획 기억prospective memory이다. 이런 과제들이 머릿속에서 생생하게 유지되어야 한다. 그런데 대역폭이 축소되면 이런 과제들은 무시당하고 만다. 가난한 사람이 약을 정기적으로 투여하지 못하는 이유를 이제 알겠는가? 그래도 이런 사실이 믿기 어려운 사람들이 있을 것이고, 이 사람들은 그토록 중요한 일을 어떻게 잊어버릴 수 있겠느냐고 말할 것이다. 하지만 기억은 그런 식으로 작동하지 않는다. 장기적 가치의 기능으로서 기억하지 않는다는 것이다. 진통제를 정기적으로 복용해야 한다는 사실을 잊어버리는 사람은 아마도 없을 것이다. 통증이 이 사실을 끊임없이 일깨워 줄 것이기 때문이다. 그러나 당뇨병과 같은 질병들은 '침묵의' 병이라서 증상이 즉각적으로 나타나거나 감지되지 않는다. 그렇기 때문에 이런 경우에는 대역폭에 과부하가 걸린 사람에게 약을 투여해야 한다는 사실을 일깨워 줄 요소는 아무것도 없다.

또 다른 결과는 작업에서의 생산성 감소이다. 드라이브스루 주문을 처리하는 일에서부터 잡화류 선반을 정리하는 일에 이르기까지, 거의 모든 과제는 작업 기억을 요구한다. 작업 기억은 여러 개의 정보 조각들을, 이것들이 필요한 용도에 맞게 온전하게 다 사용될 때까지 머릿속에 생생하게 살려 두는 능력을 일컫는다. 그런데 빈곤은 이 작업 기억에 세금을 부과함으로써 사람이 일을 제대로 수행하지 못하도록 만든다. 뇌의 컴퓨터 프로세서가 다른 근심거리에 메모리를 빼앗겼기 때문에 생산성은 떨어질 수밖에 없다. 이런 일이 비극적 상황을 빚어낸다. 자기가 한 노동에 대한 보수를 그 누구보다도 절실하게 필요로 하는 가난한 사람이 일을 생산성 높게 제대로 해내지 못한다.

대역폭에 지나치게 많은 세금이 부과되었다는 것은 새로운 정보를 처리할 능력이 그만큼 줄어들었음을 뜻한다. 머릿속이 잡생각으로 부글부글 끓고 있는 학생이 어떻게 강의 시간에 강의 내용에 집중할 수 있겠는가? 집세를 마련할 걱정에 휩싸여 있는 저소득층 대학생이 있다고 치자. 이 학생이 강의에 집중할 수 있을까? 지금까지 우리가 언급했던 자료들은 소득과 학업 성적 사이의 상관성 가운데 대부분을 이 대역폭 세금이라는 개념으로 설명할 수 있음을 암시한다. 많은 공중 보건 정책들은 가난한 사람이 끊임없이 새로운 정보를 흡수하는 걸 전제로 한다. 갖가지 홍보 활동을 통해서 일반 대중에게 건강한 식생활, 금연, 산전 건강 관리, 에이즈 검사 등이 얼마나 중요한지 가르친다. 가난한 국가들에서는 지도원들이 시골 구석구석으로 가서 주민들에게 가장 최근에 어떤 작물이 환금성이 높은지 그리고 어떤 해충이 유행하는지 알려준다. 그런데 이런 노력들은 가난한 사람들에게 그다지 효과가 없다. 이 사람들은 여전히 담배를 끊지 못하고 또 최근에 개발된 효과적인 농법이 무엇인지 알지 못한다. 그 이유가 무엇인지 이제 당신은 잘 알 것이다. 새로운 정보를 받아들이려면 작업 기억이 필요한데, 이것이 부족하기 때문이다.

대역폭 세금이 과도하게 부과된 상황은 자기 절제를 발휘할 자원이 그만큼 부족한 상황이기도 하다. 당신이 하루 종일 매우 힘들게 일을 했다고 치자. 이렇게 고된 하루를 마치고 잠자리에 들 때 당신은 치아 건강을 위해서 평소보다 칫솔질을 세심하게 할까? 아니면, '괜찮아, 내일 아침에 할 거야.'라면서 양치질을 생략하거나, 혹은 대충 시늉만 하고 말까? 답은 뻔하다. 게다가 우리는 빈곤과의 (보다 일반적으로 말해서, 결핍과의) 쉼 없는 투쟁이 자기 절제를 고갈시킨다는 사실을 지금까지 줄곧 살펴봤지 않은가. 여유가 거의 없을 때는 저항할 필요가 있는 것들이 왜 그렇게 많은지, 결국 자기 절제는 동이 나고 만다. 자, 그럼 또 이런 상상을 해 보자. 당신은 가난한 농부다. 당신은 지금 다음 한 주 동안 어떻게 돈을 마련해서 필요한 지출을 하며 버텨 나갈지 고민이다. 이가 아프다고 칭얼대는 아이를 병원에 데리고 가야 하는데 그럴 돈이 없다. 이런 생각을 하느라 밤에 잠을 설친다. 혹은 그 일 때문에, 오래전에 친구들과 만나기로 약속했었는데 그 약속을 포기해야 할 수도 있다. 그리고 또 조만간 잡초도 뽑아야 한다. 아침에 일어나면 몸은 천근만근 무겁고 걱정은 여전히 머릿속에 맴돈다. 양치질을 거르는 것과 마찬가지로, '오늘은 기필코 잡초 제거 작업을 하고 말겠어!'와 같은 결심은 너무도 쉬워서 오히려 머리에 잘 떠오르지 않고 또 지켜지지 않는다.

이런 사실은 흡연 자료에서도 찾아볼 수 있다. 재정적인 문제로 스트레스를 받는 흡연자는 금연에 성공할 가능성이 낮다.[25] 가난한 사람은 비만 문제에서도 마찬가지로 고난을 겪는다. 건강한 식습관은 대단한 자기 절제의 결과이다. 한 연구는 저소득층에 속한 여성들이 소득이 더 높은 사람들이 사는 동네로 이사를 가면 고도 비만 및 당뇨병의 비율이 엄청나게 줄어든다는 사실을 밝혀냈다.[26] 여러 가지 다른 요인들도 작용했겠지만 스트레스의 감소가 상당한 역할을 했음은 거의 분명하다. 또한 좋은 부모가 되려면 자기 절제가 필요하다. 몸이 아픈데도 일을 하러 출근하려면 자기 절제가 필요하다. 직장 상사나 고객에게 대들지 않으려면 자기 절제가 필요하다. 정기적으로 직업 훈련 강좌에 참가하려면 자기 절제가 필요하다. 시골의 오지 마을에 살면서 아이들을 학교에 보내려면 자기 절제가 필요하다. 이처럼 빈곤을 둘러싼 수많은 '실패'들은 대역폭 세금이라는 개념을 통해서 설명할 수 있다.

마지막으로, 이런 상상을 해 보자. 당신은 내일 매우 중요한 프레젠테이션을 해야 한다. 당신은 이 프레젠테이션 준비에 몰입했고, 드디어 그날이 내일로 다가왔다. 큰일을 앞두고는 충분히 휴식을 취해야 함을 알기에 당신은 평소보다 일찍 퇴근해서 집으로 돌아간다. 가족과 맛있게 저녁을 먹고 잠자리에 든다. 그런데 프레젠테이션 생각이 머리에서 떠나지 않아 쉽게 잠을 이루지 못한다. 결국 당신은 밤새 잠을 설치고 만다. 수면 연구자들이 하는 주장에 따르면, 이런 일은 당신한테만 일어나는 게 아니다. 한 연구에서는 평소 수면에 아무런 문제를 느끼지 않는 38명의 피실험자들에게 최대한 빨리 낮잠을 자라고 했다.[27] 그런데 이들 가운데 일부에게는 낮잠을 자고 난 다음에 사람들 앞에서 연설을 해야 한다고 일러 주었다. 사람들은 대부분 남 앞에 나서서 연설하기를 좋아하지 않는다. 아닌 게 아니라 이런 말을 들은 피실험자 집단은 잠에 일찍 들지도 못했거니와 충분히 깊은 잠을 자지도 못했다. 불면증 환자에 대한 어떤 자료는 이들이 다른 사람들에 비해서 걱정거리를 많이 달고 산다는 사실을 밝혀냈다.[28] 요컨대 머릿속에 생각할 게 많이 들어 있으면 잠을 자기 어렵다는 말이다.

결핍의 생각 때문에 수면을 방해받는 것은 어쩌면 결핍이 대역폭세금을 부과하는 방식 가운데서 가장 치명적이고 장기적으로 해를 끼치는 방식일지도 모른다. 외롭게 살아가는 사람들을 대상으로 한 여러 연구들에 따르면, 이 사람들은 잠을 상대적으로 적게 자며 또한 그들의 수면의 질은 떨어진다.[29] 이런 효과들은 가난한 사람에게 특히 강력하게 나타나는데, 이 사람들의 수면의 질 역시 낮다.[30] 그런데 수면 부족은 심각한 재앙을 초래할 수 있다. 미군은 수면 부족이 아군 병사에게 총질을 할 가능성을 높인다는 사실을 입증했다.[31] 1989년에 알래스카에서 발생한 유조선 엑손 발데스 호의 재앙적인 기름 유출 사건의 원인도 부분적으로는 승무원의 만성적인 수면 부족에 있음이 드러났다.[32] 수면 부족 효과는 차곡차곡 쌓인다. 여러 연구 결과에 따르면 두 주 동안 네 시간 내지 여섯 시간밖에 잠을 자지 못하면 이틀 연속 꼬박 잠을 자지 못한 상태와 비슷한 수준으로 업무 능력이 떨어진다.[33] 수면 부족은 대역폭을 한층 더 훼손한다.

가난한 사람들이 가장 흔히 시달리는 결핍들 가운데 하나가 대역폭 결핍이다. 부족한 돈을 어떻게든 쪼개고 만들어서 살아가려는 힘겨운 투쟁이 이 사람들에게서 대역폭이라는 필수적인 자원을 박탈한다. 여기에 따른 결핍은 어린 시절부터 경험한 영양 부족 및 스트레스와 관련이 있는 표준적인 생리적 특성과 전혀 다른 것이다. 또한 대역폭은 빈곤에 의해서 항구적으로 훼손되지도 않는다. 이것은 돈에 쪼들림에 따라서 나타난 지금 이 순간의 인지 부하이다. 즉, 소득이 늘어나고 형편이 나아지면 인지 능력이 향상된다는 말이다.[34] 사탕수수 농부들의 대역폭은 사탕수수 수확이 끝나고 수입이 들어오자마자 원상태를 회복했다. 빈곤은 기본적으로 대역폭에 세금을 매기며 정신 능력을 축소한다.

대역폭은 사람들이 하는 거의 모든 행동을 지탱한다. 우리는 대역폭을 이용해서 포커에서 자기가 이길 가능성을 계산하거나 다른 사람의 표정을 읽고, 감정 표현을 자제하거나 충동을 참거나 책을 읽거나 혹은 창의적으로 생각한다. 대부분의 고급 인지 기능은 대역폭에 의존한다. 그러나 사람들은 대역폭에 매겨진 세금은 쉽게 간과하고 만다. 아마 이런 비유가 가장 적절하지 않을까 싶다. 당신이 지금 무언가 다른 일을 하는 (예를 들어 인터넷 서핑을 하는) 사람을 상대로 어떤 이야기를 나눈다고 치자. 그 사람이 어떤 다른 일을 하고 있는지 당신이 모른다면, 이 사람이 하는 대꾸를 듣고 당신은 이 사람을 어떻게 평가하겠는가? 뚱딴지 같은 소리를 하는 엉뚱한 사람이다? 정신이 혼란스러운 사람이다? 당신과의 대화에 관심이 없는 사람이다? 지능이 낮은 사람이라고 생각하진 않을까? 그렇다, 대역폭 세금이 과도하게 물린 사람도 이와 같은 평가를 받을 수 있다.

그러므로 가난한 사람이 어떤 상태인지 이해하고자 한다면 정신을 딴 데 두고 있는 자기 자신을 상상하면 된다. 당신은 지난밤에 잠을 거의 자지 못했다. 그래서 어떤 것이든 또렷하게 생각하기 어렵다. 자기 절제는 그야말로 어렵기 짝이 없는 과제 같다. 당신은 계속해서 산만해지고 쉽게 불안해진다. 그리고 이런 일이 날마다 반복해서 일어난다. 빈곤은 물질적인 여러 어려움뿐만 아니라 정신적인 어려움도 함께 제기한다.

이런 논리로 바라보자면 방 안의 코끼리는 더 이상 난해한 수수께끼가 아니다. 애초에 가난한 사람들이 저지르는 실패들은 그들에게 주어진 빈곤이라는 불운의 한 부분이다. 이런 상태에 놓이면 누구든 실패를 할 수밖에 없을 것이다. 과거에도 그랬고, 현재에도, 미래에도 그렇다.

| 대역폭 세금이 문제인가

우리는 이 장을 방 안의 코끼리를 가리키는 몇 가지의 작은 관찰로 시작했다. 매우 다양한 조건과 환경 아래에서 빈곤은 실패와 상관이 있어 보인다. 우리는 이런 발견에 대해서 대역폭 세금이라는 설명을 내놓았다. 하지만 실제로 이것이 정확한 설명임을 어떻게 안단 말인가? 예를 들어서 당신은 그 대역폭 세금이 당뇨병 약이나 결핵 약을 정기적으로 복용하지 못하는 것에서부터 잡초 제거를 잊어버리기까지의 모든 실패를 설명하기에 충분히 광범위한 근거가 될 수 있을지 의심을 품을 수도 있다. 하지만 우리 생각에 대역폭 세금은 충분히 폭넓은 근거이다. 앞서 2장에서 뉴저지의 쇼핑몰 사람들을 대상으로 한 자동차 수리비 300달러-3,000달러 실험에서 피실험자로 참가했던 저소득층 집단을 절대적인 기준으로 가난하다고 규정할 수는 없지만, 이들의 대역폭 세금은 상당히 컸다. IQ 점수로 따지면 약 13점에서 14점이나 되었으며, 실행 제어 점수도 이와 비슷하게 나왔다. 한편 사탕수수 농부를 대상으로 인도에서 진행한 일련의 연구에서도 우리는 대역폭 세금이 IQ의 9점에서 10점이나 되는 편차를 유발하며 실행 제어 능력에 훨씬 더 큰 영향을 미친다는 사실을 확인했다. 이런 내용은 앞서도 언급했듯이 인지 기능에 대한 매우 큰 효과이다. 표준적인 지능 지수 분류 기준에 따르면, '우수'가 '평균'이 될 수 있고 또 '평균'이 '평균하'나 심지어 '경계선'으로 바뀔 수도 있다. 대역폭 세금이 충분히 클뿐만 아니라, 이것이 전혀 다른 두 가지 맥락 속에서 발견된다는 사실은 우리의 주장을 강력하게 입증해 주는 증거이기도 하다. 인도 시골 지역의 가난한 사람들은 뉴저지의 쇼핑몰에서 쇼핑을 하는 저소득층 구매자들과 다르다. 하지만 이 두 집단은 넓은 의미에서 비슷한 대역폭 세금의 부담을 지고 있다. 그러므로 대역폭 세금이 전 세계의 모든 가난한 사람들의 삶에서 매우 비슷하게 큰 역할을 하고 있다는 주장은 결코 터무니없지 않다.

대역폭 세금이라는 개념은 일련의 다양한 현상들을 설명할 수 있으므로 매력적인 설명 수단이 될 수 있다. 농부들이 잡초를 제거하지 않는 데는 물론 문화적인 이유가 있을 수 있다. 당뇨병 환자들이 약을 주기적으로 먹지 않는 이유가 부작용 때문일 수도 있다. 이런 식의 설명들은 도처에 널려 있다. 가난한 사람들이 처한 환경은 제각기 다르기 때문이다. 뉴저지의 트렌턴에 사는 사람들이 모르는 사실을 나이로비에 사는 사람들이 알 수도 있다. 나이로비에서 상식으로 통하는 것이 필리핀 시골에서는 그렇지 않을 수 있다. 이에 비해, 대역폭이라는 단일하고 본질적인 메커니즘은 행동, 시간 그리고 공간을 아우르는 다양한 선험적 사실들을 모두 설명할 수 있다. 물론 특정한 환경은 그 환경에 놓인 가난한 사람들의 삶을 이해하는 데 중요하다. 하지만 대역폭이라는 개념은 본질적으로 중요하며 또 그 모든 것들에 적용될 수 있다.

대역폭의 역할을 이해하면 우리는 가난한 사람들이 놓인 특정 환경을 보다 잘 이해할 수 있다. 대역폭이라는 개념을 받아들이면 질병, 소음 그리고 영양 부족이 참혹한 삶의 원인이라는 단순한 생각에서 벗어날 수 있다. 예컨대 우리는 이것을 대역폭 세금의 추가적인 형태로 이해할 수 있다. 가난한 사람은 특정한 기초 능력이 부족하다는 인식을 예로 들어 보자. 우리는 이것을 확립된 사실로 바라보는 대신, 대역폭 세금이 어떻게 능력 부족의 한 가지 이유가 될 수 있을지 고민할 수 있다. 어떤 형태의 학습이든 간에 (그것인 사회적 기술을 학습하는 것이든 혹은 올바른 소비 습관을 만드는 것이든) 대역폭을 필요로 한다. 그러므로 만일 가난한 사람의 대역폭이 부족하다면 그가 유용한 기술을 습득하기에 불리한 위치에 놓인다는 말이다.

이 모든 결론은, 빈곤을 들여다보고 이해할 수 있는 새로운 렌즈가 필요함을 제시한다. 우리는 이미 정리되어 있는 자료(약물의 정기적인 투여, 잡초 제거 작업, 훈육 그리고 그 밖의 행동들에 대한 자료)를, 결핍에 관한 고려 사항에 대한 정보가 곁들여진 인식의 렌즈를 통해 바라볼 필요가 있다. 그런 행동들을 각자 별개의 설명을 요구하는 독립된 것으로 바라보지 않고, 과도하게 세금이 부과된 대역폭의 예측 가능한 결과물로 바라보아야 옳다. 이런 관점을 취하면, 자료를 수집하는 과정에서 새로이 초점을 맞춰야 할 어떤 기준이 나타난다. 연구자들은 빈곤을 연구할 때 여러 물질적인 조건에 초점을 맞추는 경향이 있다. 그러나 심리적인 여러 조건들, 즉 대역폭을 함께 바라보아야 한다. 이런 식으로 바라보면 이해할 수 없는 기존 수수께끼들의 해법이 보일 수 있다. 가난한 사람을 이해하기 위해서 우리는 가난한 사람들이 집중을 하고 터널링 상태에 빠지고 온갖 실수를 저지른다는 사실을, 즉 돈만 부족한 게 아니라 대역폭도 부족하다는 사실을 인식해야 한다.

결핍을 위한 설계

8장

가난한 사람들의 삶을 개선하는 법

제2차 세계 대전 때 미군은 착륙 직후의 비행기가 자주 사고를 내는 문제로 곤란을 겪었다. 조종사가 보조 날개 대신에 바퀴를 접어 넣곤 했기 때문이다.[1] 착륙한 직후에 바퀴를 집어넣는다는 건 충분히 상상할 수 있듯이 좋은 행동이 아니다. 이 문제를 해결하기 위해 미군은 전문가 한 사람을 초빙했다. 알폰스 차파니스Alphonse Chapanis 중위였는데, 그는 조종사들의 머릿속으로 들어가기에 이상적인 조건을 갖춘 사람이었다. 적어도 그렇게 보였다. 심리학을 전공한 사람이었기 때문이다. 사고를 일으킨 조종사들은 왜 그렇게 부주의했을까? 조종사들이 극도로 피곤했던 것일까? 작전을 마치고 무사하게 귀환하는 순간에 한껏 고조되었던 긴장이 너무 일찍 한꺼번에 풀려 버렸기 때문일까? 이것은 훈련을 강화하면 해결될 문제일까?

한 가지 단서가 곧바로 드러났다. 이 문제는 B-17과 B-25 폭격기 조종사들에만 한정된다는 점이었다. 왜인지 수송기 조종사들은 이런 실수를 하지 않았다. 이 단서의 도움을 받아서 차파니스는 자신의 편견을 깼다. 조종사의 머릿속을 들여다보는 대신에 조종석 안을 들여다보기로 한 것이다. 이 폭격기들에서는 바퀴를 제어하는 조종간과 보조 날개를 제어하는 조종간이 나란히 배치되어 있었고 또 모양도 거의 비슷했다. 이에 비해서 수송기 기종들에서 이 두 조종간은 전혀 다르게 생겼고 또 위치도 서로 멀리 떨어져 있었다. 폭격기 조종사와 수송기 조종사의 사고율을 가른 것은 조종석의 설계였다. 하나는 조종석이 실수를 하기 쉽게 되어 있었고 하나는 그렇지 않았던 것이다.

이 일을 계기로 조종석 설계가 바뀌었다. 차파니스를 비롯한 여러 사람들은 많은 조종사들이 저지른 실수가 조종사 개인의 실수가 아닌 조종석 설계의 실수였음을 깨달았다. 그때까지만 해도 사고를 방지하기 위한 노력의 초점은 조종사들을 훈련시켜 긴장을 늦추지 않도록 하는 데, 다시 말해서 실수를 하지 않는 '탁월한 조종사들'을 양성하는 데 맞춰졌다. 하지만 차파니스가 내린 결론으로 이런 교육 방침은 철회되었다. 물론 조종사들은 잘 훈련받아야 한다. 그리고 또 최고 가운데서도 최고를 가려서 뽑아야 한다. 그러나 아무리 훈련을

3부 결핍을 위한 설계

잘 시키고 또 잘 선발한다고 하더라도 혼동을 일으킬 수밖에 없는 조종석에서는 누구라도 실수를 하게 마련이다.

실수는 피할 수 없다. 그러나 사고는 얼마든지 피할 수 있다. 조종석 설계는 실수가 쉽게 일어나지 않도록 해야 하며, 또 더 중요하게는 실수가 비극으로 이어지지 않도록 예방해야 한다. 그래야 좋은 조종석이다. 차파니스는 폭격기의 바퀴 조종간 끝에 작은 고무 휠을 달아서 촉감만으로도 그것이 바퀴 조종간임을 알 수 있도록 했고, 이렇게 함으로써 오랫동안 미군을 괴롭혔던 문제를 해결했다. 좋은 조종석은 실수를 할 수도 있는 순간에 이런 사실을 조종사에게 알려 준다. 고도계 옆에 붙어 있는 저고도 경보 장치는 저공비행을 하는 조종사가 정말 그렇게 낮게 날려 하는 것인지 확인시켜 준다. 오늘날 비행기가 한층 안전해진 이유는 더 나은 엔진과 날개를 장착했기 때문만이 아니라 인간이 저지르는 실수를 보다 잘 제어할 수 있게 되었기 때문이다.

| 형편없는 행동, 혹은 형편없는 환경

차파니스는 처음에는 조종사의 행동에 집중한다는 잘못된 길로 나아갔었다. 빈곤을 연구하는 많은 연구자들이 차파니스처럼 가난한 사람의 행동에 초점을 맞춤으로써 잘못된 길로 나아간다. 예를 들어 미국의 저소득층을 위한 여러 훈련 프로그램은 외면받고 있다.[2] 사람들이 등록을 해 놓고서 출석을 하지 않는다든가 도중에 그만둔다. 심지어 보조금만 타려고 이런 프로그램에 등록하는 사람들도 있다. 개발 도상국의 소액 금융 프로그램들도 고객들이 고수익 활동에 투자를 하는 게 아니라 빚을 갚거나 (납부 마감일이 코앞으로 다가온 학교 등록금 등과 같은) '급한 불'을 끄거나 심지어 생활비로 써 버리는 일 때문에 머리를 싸매고 있다.[3] 그리고 또 백신 접종 사업은 백신 접종을 하러 오는 사람이 없어서 성과를 거두지 못하는데, 그 결과 많은 개발 도상국들에서는 여전히 예방할 수 있는 무서운 질병들이 창궐하고 있다.

우리는 이런 사실들을 우리가 직접 진행했던 연구 작업에서 확인했다. 한때 우리는 생활 보호 대상자들이 일자리를 찾을 수 있도록 도움을 주는 복지 프로그램에 자문 위원으로 참여하기도 했다. 그런데 해결해야 할 가장 까다로운 문제들 가운데 하나가 바로 가난한 사람 그 자신이었다. 일을 하러 갈 때는 그 작업장에 맞는 옷차림을 하고 가라고 귀에 딱지가 앉도록 말했지만 이 사람들은 이런 지시를 어기기 일쑤였다. 또 많은 사람들이 정해진 양식에 맞지도 않는 오자투성이의 이력서를 제출했다. 때로는 지식이나 기술이 부족해서 이런 일이 일어나기도 하지만, 대부분의 실수는 예상할 수 있는 것이었다. 심지어 이러저러한 내용의 지시를 받고 난 뒤에도 이들은 필요한 이력서 양식을 마련하지 못했고 또 부적절한 옷을 입지 말라는 당부를 어겼다. 그리고 취업 면접 일정이 잡히고 나서도 이 사람들은 이력서를 지참하지 않았다. 아무런 준비도 하지 않은 채로 나타났으며, 또 많은 사람들이 아예 면접장에 나타나지도 않았다.

하지만 상황이 이런데도 그 프로그램들을 설계한 사람들 가운데서 차파니스와 동일한 관점을 취한 사람은 찾아보기 드물었다. 조종석 안을 들여다보지는 않고, 문제가 그 가난한 사람들에게 있다고만 생각했던 것이다. 이 사람들은 가난한 사람들의 이해 부족이나 동기 부족이 문제의 핵심이라고 생각한다. 그래서 당사자들을 교육하거나 그 사람들에게 동기를 부여하려 시도하며 그런 실패들을 보완하려 한다. 선진국에서 이런 현상은 '복지의 문화'를 주제로 하는 논의로 이어진다. 이렇게 해서 나온 해법 가운데 하나는 어떤 사람이 복지 혜택을 받을 수 있는 햇수를 제한하자는 내용이다. 이런 해법은 실직자가 일자리를 찾을 수 있도록 동기를 부여하겠다는 단순한 충동에서 나온 것이다. 이것은 또한 지원 프로그램들에 강제성을 부여해서 사람들이 따르지 않을 경우 응징하는 식으로도 이어졌다. 그래서 공무원들은 때로 단순한 전달자의 지위에서 벗어나서, 예컨대 깨끗한 식수를 공짜로 나눠 주는 사람이 아니라 벌금을 부과하는 사람이 되기도 했다. 또, 강력한 인센티브를 갖추고 있는 조건부 현금 제공 프로그램들(예를 들면, 일정하게 정해진 '훌륭한' 행동을 하는 데 따라서 지원금의 양이 결정되는 식의 프로그램)이 나타나기도 했다.

왜 조종사의 활동이나 동작이 아니라 조종석의 설계를 살펴보지 않을까? 왜 사람들이 저지르는 실패가 아니라 프로그램의 구조를 보지 않을까? 물론 조종사가 실수를 할 수도 있지만 그런 어처구니없는 착륙 사고가 재발하지 않도록 하려면 무엇보다 조종석의 설계를 현명하게 수정하는 것이 중요하다. 그런데 그 사실을 인정했으면서, 왜 우리는 이것과 동일한 시도를 가난한 사람들에게는 적용하지 못할까? 가난한 사람들이 저지르는 실수까지도 감안하는 더 안정적이고 효과적인 프로그램을 설계하는 쪽으로는 왜 눈을 돌리지 않을까?

빈곤 퇴치를 목적으로 내세운 여러 프로그램에도 동일한 질문을 할 수 있다. 결석자가 태반인 데다 도중에 그만두는 사람들이 부지기수인 여러 직업 훈련 프로그램들을 보자. 근심거리가 많아 정신적 자유가 고갈된 사람들이 강의에 결석하면 어떻게 될까? 강의 도중에 수강생이 딴생각을 하면 무슨 일이 일어날까? 당연히 그다음 시간에는 강의가 훨씬 더 어려워진다. 한두 번 빠지고 나면 당연히 그만둘 수밖에 없다. 강의에 꼬박꼬박 참석해 봐야 무슨 말인지 도통 알아듣지 못할 테니까 말이다. 이전 강의를 듣지 않았으면 다음 강의를 이해하지 못하게 되어 있는 빡빡한 커리큘럼은 대역폭이 과도하게 소모된 학생들에게는 적절치 않다. 한두 번 강의에 빠진 사람들은 도저히 극복할 수 없는 진도의 격차 때문에 결국 그 프로그램에서 자의로든 타의로든 탈락할 수밖에 없다. 그런데 이런 프로그램을 설계한 사람들은 참가자들이 충분히 동기 부여가 되어 있다면 실수를 하지 않을 것이라고 가정한다. 그리고 제시간에 강의실을 찾아오는 성의조차 보이지 않는 사람들이라면 굳이 돌봐줄 이유가 없다고 생각한다. 이런 사람들은 직업 훈련의 기회를 받을 '자격도 없다'는 것이다.

그러나 결핍의 심리는 가난한 실직자들이 얼마나 동기 부여를 받든 저지르고 마는 이런 실수가 일상적이며, 어쩌면 불가피하다는 사

3부 결핍을 위한 설계

실을 암시한다. 이런 상상을 해 보자. 당신이 하루 종일 힘들게 일을 하고 집으로 돌아오는데, 머릿속에는 온통 돈 걱정뿐이다. 이번 달 집세를 어떻게 마련해야 할지, 각종 청구서와 독촉장이 요구하는 돈을 어떻게 마련해야 할지, 그리고 딸의 생일 파티에 들어갈 돈은 또 어떻게 마련해야 할지……. 요즘 당신은 밤에 잠도 제대로 못 잔다. 하지만 몇 주 전 당신은 컴퓨터 교육을 해 주는 훈련 프로그램에 등록했다. 컴퓨터 기술을 익히면 보다 좋은 일자리를 얻을 수 있지 않을까 싶어서였다. 그러나 지금 같아서는 이런 교육을 받아도 도무지 이득이 될 것 같지 않다. 이득이 된다고 해도 그런 미래는 너무도 요원하고 추상적이다. 당신은 당장 닥친 문제들로 너무도 지치고 힘이 빠져 있다. 이런 상태에서는 교육을 받으러 나간다고 하더라도 글자가 머리에 들어오지도 않는다. 지금까지는 몇 주 동안 꾸준히 다녔지만, 그러다가 최근에 몇 차례 빠졌다. 그러고 나서 강의실에 나가니 진도가 뒤처져서 강의 내용을 전보다도 더 못 알아듣게 됐다. 결국 당신은 지금으로서는 강의를 들어 봐야 아무런 도움이 되지 않는다고 판단하고 그만두기로 결심한다. 나중에 형편이 지금보다 나아지면 그때 다시 등록하기로 한 것이다. 그런데 당신이 등록했다 포기한 그 프로그램은 실수를 너그럽게 감싸 주도록 설계되어 있지 않다. 이 프로그램은 당신의 실수를 용서하지 않으며, 실수한 사람은 다시는 그 프로그램에는 얼씬도 하지 못하게 되어 있다. 당신이 저지른 그 실수는 충분히 예상할 수 있는 것이었는데 말이다. 결국 그 프로그램은 피할 수 없었던 실수를 이유로 들어 당신을 내쫓은 것이나 다름없다.

하지만 일이 꼭 이렇게 되어야 할 이유는 없다. 가난한 지원자들이 아무런 실수를 저지르지 않아야 한다거나 행실을 바꿔야 한다고 우길 게 아니라 조종석의 설계를 다시 하면 된다. 예를 들어서 커리큘럼과 시간표를 바꾸고 강좌를 모듈화해서, 뒤처진 사람이라도 자신의 학습 수준에 맞추어 아무 때나 다시 배울 수 있도록 하면 된다. 한 번 강의에 빠져 뒤처지는 바람에 결국은 쫓겨난다고? 이건 아니다. 이런 사람을 위해서 진도가 한두 주 늦은 또 다른 강좌를 마련하면 된다. 물론 이렇게 하면 전체 과정을 이수하기까지 시간이 더 걸리겠지만, 어쨌거나 강좌를 이수할 수는 있다. 하지만 현재의 여러 훈련 프로그램들은 수강생들이 저지를 수 있는 실수를 용납하지 않는 식으로 설계되어 있다. 그런데 가난한 사람들은 (그리고 심지어, 아니 어쩌면 가난한 실직자들은 특히 더) 많은 것들에 치인다. 그래서 이 사람들은 모범생처럼 수업에만 집중할 수 없다. 결핍에 휘둘리고 맞서 싸우느라 훈련 프로그램에 한두 번 빠지는 것은 중학생이 땡땡이를 치고 수업을 빼먹는 것과는 다르다. 하루 종일 하는 일이 공부인 학생들을 대상으로 하는 교육이야 당연히 기초 단계에서 심화 단계까지 선형적으로 설계되어야 마땅하지만, 날마다 저글링을 해야만 하는 가난한 사람들에게는 이런 방침이 맞지 않다.

실수를 포용하자는 말은 실수를 저지른 사람이 개인적으로 져야 하는 책임까지 없던 걸로 하자는 게 결코 아니다. 실수를 너그럽게 포용하는 것은, 가난한 사람들이 자기 행동에 스스로 책임을 지면 더 나아질 수 있음을 (실제로 많은 사람들이 그렇게 된다) 보장해 주는 길이다. 실수를 포용하자는 것은 가난한 사람들이 자기가 부닥친 환경을 돌파하기 위해서 충분히 많은 노력을 할 기회를 보장해 주는 것이다. 실수를 포용한다고 해서 열심히 노력할 필요 자체가 없어지지는 않는다. 오히려 그런 도전에 참여한 사람들이 보다 나은 결과를 얻기 위해 열심히 노력할 수 있도록 길을 터 준다. 조종석의 바퀴 조종간에 고무 휠을 덧씌움으로써 애국적이고 헌신적인 조종사들이 보다 안전한 운항을 할 수 있도록 했던 것도 바로 이런 발상을 바탕으로 하고 있었다. 이것은 사소한 뒤처짐이 (이 뒤처짐은 대역폭 세금에 따른 피할 수 없는 결과이다) 노력 자체를 원천적으로 봉쇄하지 않도록 보장하는 방법이다.[4]

효과가 없는 인센티브

앞서 인센티브의 일환으로 어떤 사람이 복지 프로그램에 적극적으로 참여하지 않을 경우, 혹은 이 사람이 어떤 실수를 할 경우 그가 받을 수 있는 복지 혜택을 제한하기도 한다고 말한 것을 기억하는가? 이런 발상은 가난한 사람들이 직업 훈련 프로그램 등의 복지 프로그램에 지속적으로 참가하지 않는 이유가 그들에게 동기 부여가 부족하기 때문이라는 판단을 전제로 한다. 사람들이 복지 프로그램에 너무도 쉽게 등록하고 또 그만두는 것은 제도 자체가 너무 물렁하기 때문이라는 것이다. 미국에서는 이런 문제를 고치려고 기본적인 복지 프로그램에 연한을 설정했다. 그래서 '빈곤 가구를 위한 한시 부조 프로그램TANF'이 시행되고 있는데, 이 제도에 따라 누구든 평생 총 60개월(5년) 동안만 이 프로그램의 혜택을 받을 수 있다.[5]

이런 제한이 일리가 있을 수는 있다. 제한 자체가 결핍을 발생시키고, 이런 결핍의 상황에서는 현재 확보된 자원을 더욱 잘 쓸 수밖에 없을 것이기 때문이다. 그러니까 이런 방침은 거의 기본적으로 결핍의 심리에 의존한다. 그러나 여기에는 문제가 있다. 우리는 지금까지 이런 마감 기한은 사람들이 온통 그 생각만 하며 압박감을 느낄 때 비로소 효과를 발휘한다는 사실을 확인했다. 그러나 마감 기한이 아주 먼 것이나 마찬가지인 장기적 제한은 막판에 가서야 비로소 압박감을 준다. 그전까지는 별로 효과가 없다. 평소 터널링 상태에서 끊임없이 저글링을 해야 하는 사람들에게 몇 년 뒤에 있을 제한 따위는 눈에 보이지도 않는다. 너무 멀리 있기 때문이다. 그 제한이 눈에 보일 정도로 가까이 다가오기 전까지 사람들은 그것을 무시해 버린다. 실제로 이런 제한은 떠오르지도 않는다. (그런 게 있었던가?) 그리고 마침내 그 제한이 눈에 보이게 되었을 때는 이미 너무 늦었다. 물론 이런 결과는 TANF 같은 제도를 개발한 사람들이 의도했던 내용이 전혀 아니다. 사람들이 의식도 하지 못한 상태에서 5년이라는 마감 기한이 그냥 지나가 버리고, 그 마감 기한은 마지막 순간에야 비로소 공황에 빠진 사람들의 눈에 들어오고, 그래서 추가 지원은 가망이 없어지고……. 결국 이렇게 끝나 버리고 만다. 이는 가난한 사람들에게 동기 부여를 하지도 못하고 처벌만 할 뿐이다.

터널링이라는 개념을 제대로 이해하면 보다 효과적인 제한을 설정할 수 있다. 어떤 제한이 터널링 상태에 빠진 사람의 행동에 영향을 미치려면 터널 안으로 들어가야 한다. 우선 이 사람에게 제한이 발동되기까지 남은 기간을 지속적으로 상기시키는 방법이 있다. 이렇게 이 문제에 주의를 기울이게 함으로써 멀리 있는 문제를 터널 안으로 강제로 끌어들일 수 있다. 또 다른 방법으로는 제한의 구조를 바꾸는 것이다. 앞서 우리는 마감 기한을 짧게 여러 번 설정하는 것이 길게 한 번만 설정하는 것보다 생산성을 높인다는 것을 확인했다. 그러므로 짧은 기간 동안 여러 번에 걸쳐 제한을 설정하는 것이 보다 나은 해법이 될 수 있다. (즉 '평생에 걸쳐 몇 년'으로 설정하기보다 '몇 년에 걸쳐 몇 달'로 설정하는 것이 더 낫다는 말이다.) 그리고 기한을 어겼을 때 빚어지는 결과가 충격은 덜하더라도 더욱 긴박하도록, 또 당사자들이 쉽게 파악하고 쉽게 살아남을 수 있게 설정해야 한다. 평생 다시는 혜택을 받지 못하게 하는 것이 아니라 평생 동안 받을 수 있는 지원금의 액수를 줄이는 등의 방식이 하나의 예가 될 수 있다.

인센티브를 어떻게 설정해야 (그리고 설정하지 말아야) 하는지 말해주는 일반적인 교훈이 하나 있다. 터널 바깥에 놓이는 인센티브는 효과가 없을 가능성이 높다. 터널 안에 있는 사람들에게는 보이지 않기 때문이다. 예를 들어 당신이 하루 벌어 하루 먹고 살기에 급급한 사람들이 자녀에게 예방 접종을 시키도록 홍보하는 일을 맡았다고 하자. 그렇다면 이 사람들에게 지금 당장 장려금을 주는 게 효과가 있을까, 아니면 한 달 뒤에 장려금을 주는 게 효과가 있을까? 인도 라자

스탄 주의 시골에서 진행된 한 연구에서는 1kg의 렌즈콩만으로도 사람들이 예방 접종을 받으러 오도록 하는 데에 큰 효과를 발휘했음을 증명했다.[6] 제법 먼 미래의 보상 및 처벌은 터널 안에 갇혀 있는 사람들에게는 효과가 덜하다. 몇 년 뒤에 지급되는 저축 프로그램에 대한 막대한 보조금은 좋기는 하다. 그러나 이 저축은 '중요하지만 긴급하지는 않은 것'이다. 이것은 터널 밖에서 일어나는 일이며, 따라서 무기한 연기될 수 있다. 인센티브가 효과가 있으려면 우선 눈에 띄어야 한다. 그리고 대부분의 인센티브는 제대로 설계되지 않는 한 터널 바깥에 떨어져 사람들의 눈에 보이지 않고, 결국 아무런 효과도 발휘하지 못한다.

▌대역폭을 절약하라

조건부 현금 급여CCT가 가난한 사람들에게 돈을 지원하는 대중적인 방법으로 점점 더 널리 확산되고 있다. 이것은 가난한 사람에게 주어지는 지원금의 액수를 그 사람의 훌륭한 행동에 따라 결정하는 제도이다.[7] 여러 연구들은 이 제도가 효과가 있다고 보고한다. 피급여자들이 이 인센티브에 적극적으로 반응한다는 것이다. 하지만 이것은 동전의 한 면만 바라본 결과이다. 동전의 다른 면을 보면 많은 잠재 피급여자들이 반응하지 않고 있다. 여기에서도 인센티브는 터널 바깥에 놓인다. 현금 지급은 미래에 이루어지지만, 현재 터널링 상태에 있는 사람들에게 그 바람직한 행동은 지금 당장 해야 하는 일이 아니다. 게다가 여기에서는 또 다른 의문이 제기된다.

설령 그 인센티브를 터널 안으로 가져올 수 있다 하더라도, 굳이 그렇게까지 해야 하는가?

각각의 추가 인센티브는 대역폭에 세금을 부과한다. 아이의 의료 검진에 따른 지원금을 보장받으려면 부모는 미리 예약을 해야 하고, 그 예약을 잊지 않고 기억해야 하며, 시간을 내서 병원에 다녀와야 하고, 그리고 (병원에 가는 걸 좋아하는 아이는 없으니까) 아이가 병원에 군소리 없이 따라오도록 살살 구슬려야 한다. 이 각각의 단계에는 모두 어느 정도의 대역폭이 필요하다. 단 하나의 행동을 할 때조차 이렇다. 그런데 조건부 현금 급여 프로그램은 이런 행동 (수백 개까지는 아니라고 하더라도) 수십 개를 하라고 한다. 그리고 그 인센티브 제도를 이해하고 필요한 트레이드오프를 결정하는 데에도 (즉, 인센티브를 추구하는 것과 포기하는 것 중 과연 어느 쪽이 더 가치가 있는지, 그리고 추구한다면 언제 추구할지 결정하는 데에도) 어느 정도의 대역폭이 필요하다.

우리는 '가난한 사람들이 자신의 대역폭을 정말 이런 식으로 사용하길 바라는가?' 라는, 반드시 해야 하는 질문을 결코 하지 않는다. 우리는 가난한 사람들이 여러 가지 일 중 가장 할 가치가 있는 일을 결정하는 데 드는 비용을 결코 고려하지 않는다. 우리는 빈곤 퇴치 프로그램을 설계할 때 가난한 사람들에게 현금이 부족하다는 사실에만 초점을 맞추는 경향이 있다. 대역폭 역시 현금만큼이나 희소하고 부족하다고 생각하지 않는다는 말이다. 이러한 현상은 우리가 그들을 가르치려 한다는 점에서 분명히 드러난다. 우리가 대다수의 문제에 대해 보이는 첫 번째 반응은 사람들에게 부족한 기술을 가르치려는 것이다. 훈육 문제에 직면한 사람들에게는 훈육 기술을 가르치는 프로그램을 제공하고, 지나치게 많은 돈을 지나치게 높은 금리로 빌리는 등 재정적인 문제를 겪는 사람들에게는 금융 강좌를 제공하고, 또 사회성이 부족한 직장인들에게는 사회성 기술을 가르치는 강좌를 제공한다. 우리는 마치 교육이 부작용이라고는 있을 수 없는 순수하게 선한 것이라고만 생각한다. 그러나 대역폭이 제한된 상태에서는 부작용이 얼마든지 있을 수 있고, 또 교육이 늘 좋은 것만은 아니다. 교육이 기본적으로 좋은 것임은 부정할 수 없지만, 우리는 교육이 가난한 사람에게 아무런 대가를 요구하지 않는다고 생각한다. 그러나 실제로 교육에 매겨지는 대역폭의 가격은 상당히 비싼 편이다. 피교육자가 교육에 집중하지 못해서 노력이 아무런 성과도 내지 못할 수도 있고, 피교육자가 교육에 집중한다 해도 여기에 대한 대가로 일정량의 대역폭을 세금으로 물어야 한다. 가난한 사람이 실제로 훈련 프로그램이나 인센티브에 집중할 때, 그가 포기해야 하는 기회비용은 무엇일까? 추가된 강좌에 들이는 시간과 노력이, 책을 읽거나 아이들과 함께 놀아 주면서 쓰는 시간과 노력보다 정말로 더 가치가 있을까?

그리고 설령 교육이 올바른 것이라고 하더라도, 교육을 받는 데 쓰이는 대역폭을 아낄 수 있는 길이 여러 가지 있다. 이런 내용은 경제학자인 앙투아네트 쇼어Antoinette Schoar와 그녀의 공동 저자들이 수

행한 연구에서 잘 드러난다. 이들은 도미니카 공화국의 ADOPEM[8]
이라는 소액 금융 기관과 함께 작업했는데, 이 기관을 이용하는 사
람들은 잡화점, 미용실, 식당 등을 운영하는 자영업자들로서 대개 직
원을 두지 않고 혼자서 가게를 운영했다. 그런데 이 기관은 고객들이
회계 장부 기입을 제대로 하지 못하며 회계 및 금융에 대해서 마땅히
알아야 할 것을 모르는 게 문제라고 생각했다. 이 문제에 대한 해법
은 간단해 보였다. 고객들에게 금융 교육을 시키는 것이었다. 그래서
쇼어는 전 세계의 자영업자들이 보편적으로 활용할 수 있는 프로그
램인 표준 금융 훈련 모듈을 입수했다. MIT 금융학과 교수였던 쇼어
가 이 모듈을 보고 뱉은 첫 마디는 이랬다.

"세상에, 이렇게 지겨울 수가!"

이 교육 프로그램은 몇 주에 걸친 과정이었고 전통적인 회계 기
법들에 초점을 맞추어 현금 출납, 재고 관리, 외상 매입 및 매출, 수익
및 투자 계산 등을 가르쳐 주는 내용이었다.

대역폭이 무제한으로 보장된 세상에서라면 이런 것들을 알아 둬
서 나쁠 게 없다. 그러나 현실에서는 그렇지 않다. 그래서 쇼어는 자
기가 더 나은 프로그램을 만들어야 한다고, 그렇게 할 수 있겠다고
생각했다. 그녀는 그 지역에서 가장 성공한 자영업자들을 모아서 이
들이 재정 및 금융 관련 문제를 어떻게 관리하는지 살폈다. 이 사람
들은 복잡한 회계에 빠져 있지 않았다. 그러나 자기들만큼 성공하지
는 못한 자영업자들이 하지 않는 어떤 일을 했다. 바로 어림짐작의
경험 법칙을 따랐던 것이다. 예를 들면, 이 중 대부분이 자기 가게의

현금을 하나의 계좌로 몰아 놓고, 이 계좌를 통해서 자기 자신에게 월급을 지급했다. 이렇게 하면 가게에서 번 돈이 얼마인지, 그리고 자신이 가게에서 가져가는 돈이 얼마인지 분명하게 드러난다. (여성 사장들 중에는 어떤 돈은 브래지어의 왼쪽 컵에 넣고 어떤 돈은 브래지어의 오른쪽 컵에 넣는 방식으로 회계를 구분하는 사람들도 있었다.) 이것은 복식 부기 방식이 아니지만 효과적이고 매우 단순했다. 성공한 자영업자들은 이런 방식으로 대역폭을 경제적으로 사용함으로써 그에 따른 이득을 극대화했다.

쇼어는 이런 효과적인 어림짐작 회계 기법들을 수집하고 이를 바탕으로 전혀 다른 종류의 금융 교육 강좌를 개발했다. 이 강좌는 기존 강좌들에 비해서 수강 기간이 훨씬 짧았고 또 이해하기도 쉬웠다. 이 강좌는 교육생들의 대역폭을 훨씬 적게 소비시켰는데, 이는 자료로도 확인되는 사실이다. 출석률은 훨씬 높았고, 강좌가 끝난 뒤 교육생들은 무척 만족했으며, 또 교육 과정을 더 늘려 달라고까지 했다. 심지어 많은 사람들이 자비를 들여서라도 들을 테니 추가로 강좌를 개설해 달라고도 했다. 보통은 제발 교육을 받으라고 사람들을 구슬려야 하는데, 정반대의 현상이 나타난 것이다.

필요한 대역폭이 줄어듦에 따라 강의는 한층 쉽게 이해되었고 또 그만큼 효과적이었다. 추가로 이루어진 설문 조사를 통해, 교육생들이 복잡한 회계 법칙보다 어림짐작의 법칙을 더 많이 실천한다는 사실이 확인되었다. 그리고 또 이런 어림짐작의 법칙은 수익을 높이는 효과도 불러왔다. 이 강좌를 들은 교육생들의 경우 실제 매출액이 늘어났던 것이다. 바뀐 회계 방식 때문에 문제가 발생할 수 있는 몇 주 동안에 특히 더 그랬다. 이 기간 동안에 매출액이 25퍼센트나 상승한 것이다. 이에 비해 전통적인 방식을 고수한 금융 교육에서는 이런 상 승효과가 전혀 나타나지 않았다. 이 사례가 일러 주는 교훈은 명백하 다. 대역폭을 경제적으로 사용하면 보다 높은 수익을 창출할 수 있다 는 것이다.

문제가 되는 것이 사람들이 선택해야 하는 트레이드오프이든, 교 육이 실행되는 방식이든, 제시되는 인센티브이든, 실패를 처리하는 방식이든 간에, 결핍의 심리를 온전하게 이해하면 여러 사회 프로그 램의 설계 방식을 획기적으로 바꿀 수 있다. 물론 이렇게 바꾼 방식 중 어떤 것도 빈곤을 퇴치하는 마법의 만병통치약이 될 수는 없다. 문제의 근원이 깊기 때문이다. 그러나 결핍의 심리와 이로 인해 생기 는 실행의 어려움을 인식한다면, 빈곤 퇴치를 위한 노력의 성과를 분 명히 개선할 수 있다.

▌대역폭은 넓힐 수 있다

당신은 투잡을 하는 싱글맘 직장인이다. 당신은 무척 많은 것을 놓고 저글링을 한다. 앞에서 얘기한 돈 관련 저글링뿐만 아니라 아이들 양 육, 비싼 돈이 들어가는 양육에 대한 저글링도 해야 한다. 당신은 정 부의 보조금이 많이 지급되는 한 프로그램을 알고 있다. 데이케어 프로그램이다.(역주-미취학 아동·고령자·신체 장애인 등에 대한 전문적 훈련을 받은 돌보미가 주간에 가족 대신 아이를 돌봐 주는 복지 프로그램) 하지만 이 프로그램에서는 당신의 두 아이 중 하나만 혜택을 받을 수 있다. 게다가 이 프로그램은 일찍 끝나서, 당신이 두 번째 직장에서 일을 마치고 난 다음에 가려면 너무 늦다. 그래서 당신은 궁여지책을 쓴다. 작은아이를 당신의 할머니에게 맡기는 방법이다. 당신은 큰아이가 학교를 마치면 이 아이를 할머니 집으로 데려다주고 데이케어가 끝난 작은아이까지 할머니 집으로 데려다줄 수 있도록 시간을 조정해야 한다. 그리고 당신은 서비스 분야에서 일하므로 아이들을 돌볼 시간을 내려면 상사로부터 따로 허락을 받아야 한다. 이 사람은 좋은 사람이라서 당신을 어떻게든 도우려고 애를 쓴다. 하지만 환경이 언제나 이렇게 호의적이지만은 않다.

자, 여기서 이런 가정을 해 보자. 우리가 당신에게 정부가 보조금을 무척 많이 지급하는 어떤 보육 프로그램을 제시한다. 이때 당신은 이 프로그램을 통해서 정확하게 무엇을 얻을까? 분명 아이들을 데려다주고 데려오는 데 걸리는 시간을 절약할 수 있을 것이다. 또 돈도 절약될 것이다. 이 프로그램이 예전의 프로그램에 비해서 비용이 적게 들 것이고, 또 할머니의 시간을 덜 뺏어도 되니 그 시간도 돈으로 환산할 수 있다. 그러나 당신은 무엇보다 소중한 것을 받을 수 있다. 이것으로 많은 것을 살 수 있다. 당신이 현재 초조해하고 걱정하고 이 모든 일을 처리하는 데 소모하는 정신적 여유, 즉 정신적 대역폭을 고스란히 환급받을 수 있다. 인지 부하가 그만큼 줄어든다. 앞에

3부 결핍을 위한 설계

서도 살펴봤듯이 이렇게 하면 당신의 실행 제어 능력, 자기 절제 능력(자제력)은 한층 커진다. 심지어 훈육의 질도 개선된다. 당신의 전반적인 인지 능력, 집중력뿐만 아니라, 직장에서 수행하는 작업 등 무슨 일을 하든지간에 그 일의 질이 높아진다. 이런 관점에서 보자면 직장인 싱글맘의 육아를 돕는 것은 보기보다 훨씬 중요하다. 가장 깊은 종류의 인적 자원, 즉 대역폭을 새롭게 만들어 내는 일이기 때문이다.

전문가들이 이런 보육 프로그램을 평가할 때는 보통 좁은 관점에서 결과를 바라본다. 어떻게 하면 어머니가 보다 많은 시간을 일할 수 있는가, 혹은 이 어머니가 꾸물거리는 시간을 어떻게 하면 줄여줄 수 있는가 하는 관점이다. 하지만 이 프로그램이 만드는 것은 정신적 자유, 즉 보다 넓은 대역폭이지 쉽게 양을 측정할 수 있는 어떤 것이 아니다. 만일 이 프로그램이 성공한다면 이것이 주는 편익은 여러 측면에서 나타날 수밖에 없다. 다른 모든 것을 떠나서, 이 프로그램이 가져다주는 정신적인 영향력을 직접 목격할 수 있다. 수혜자의 작업 기억이 개선되고 충동을 제어하는 능력이나 절제력이 개선된다. 우리는 기존의 프로그램을 비관적으로 바라보는데, 이런 견해는 기존 프로그램이 이런 영향력을 제대로 평가 및 측정하지 못하는 데서 일부 비롯되었을 수도 있다. 보육 프로그램을 지나치게 좁은 관점에서 바라보면 이 프로그램이 가지는 보다 폭넓은 편익들을 놓칠 수 있다. 이런 점들을 전부 고려한다면, 이 프로그램의 성공은 훨씬 많은 효과를 가져다준다. 하지만 만일 가장 근본적인 요구가 자리한 곳이나 편익이 저절로 생겨나는 곳을 바라보지 못한다면 이 프로그램이 가져다줄 정신적인 영향력을 과소평가할 수밖에 없다.

보육 프로그램 외에도 대역폭을 창출할 수 있는 사례들은 이 세상에 널려 있다. 우선 재정이라는 분야만 하더라도 그렇다. 가난한 사람들이 일상적으로 하는 저글링은 대부분 하루하루 급한 불을 끄는 데서 비롯된다. 만일 우리가 이렇게 급한 불을 끄는 일을 도울 수 있다면, 우리는 가난한 사람들에게 새로운 대역폭을 만들어 주는 셈이 된다. 이런 급한 불들의 공통적인 특성은 긴급하다는 사실이다. 급한 불을 급하게 끌 급전이 필요하다. 이 돈은 어떤 커다란 투자를 하기 위한 게 아니다. 사소한 용도로 쓰일 작은 돈, 예를 들면 아이의 교복을 사는 데 필요한 돈이다. 가난한 사람이 가장 절실하게 필요로 하는 것은 동네의 고리대금업자가 쉽게 줄 수 있는 것, 즉 빠르게 빌리고 또 빠르게 갚을 수 있는 소액의 급전이다. 그런데 가난한 사람에게 제공되어야 할 이런 돈은 흔히 반대되는 원칙에 따라 배분된다. 즉 오랜 시간 대상을 신중하게 선정하여 큰돈을 주는 것이다. 이런 대출은 투자를 하기에는 유익할 것이다. 하지만, 하루하루 급한 불을 끄면서 살아가는 사람들의 머릿속에 투자를 생각하는 대역폭 따위는 존재하지도 않는다. 이런 사정을 이해하고 나면, 가난한 사람들은 소액금융기관이 버젓이 있음에도 여전히 동네의 고리대금업자를 찾아간다는 사실이 전혀 놀랍지 않다. 인도에서 우리는 가난한 시골 사람들을 대상으로 금융 서비스를 하는 KGFS와 공동으로 어떤 초단기 소액 대출 상품을 시험했다. 그리고 평균 10달러 미만의 대출 수요가 매우 높다는 사실에 깜짝 놀랐다.[9] 이 상품은 대출자가 재산을 일구는 데는 도움이 되지 않는다. 이 작은 돈을 빌려서 성공한 자영업자 혹은 기업가가 될 수는 없다는 말이다. 겉으로만 보자면 이 정도 금액의 돈이 누군가의 삶을 바꿀 수 있을 것 같지 않다. 그러나 사실은 얼마든지 그렇게 할 수 있다. 결핍의 덫은 하루하루 급한 불을 끄느라 터널링에 빠져서, 당장은 보이지 않는 어마어마한 비용이 드는 일들을 하는 데서 시작된다. 이를 바꾼다면 우리는 빈곤의 논리를 바꾸어 놓을 수 있다.

또한 우리는 문제의 원천으로 거슬러 올라갈 수도 있다. 개발 도상국에서는 흔히 소득의 흐름이 느리고 변덕스럽다. 노동자들이 안정적인 정규직 상태를 유지하지 못하기 때문이다. 심지어 선진국에서도 많은 저소득 피고용자들이 불안정한 소득 때문에 불안하게 살아간다. 앞서도 살펴보았지만 소득의 변동성은 궁극적으로 저글링을 유발하는 주요 원인이다. 이런 불안정성을 완화하려고 노력하면 어떨까? 전 세계의 가난한 사람들이 안정적인 일자리와 소득을 누리도록 하는 데 더욱 초점을 맞춘다면 이는 심리적으로 강력한 힘을 발휘할 것이다.

여기서 한 걸음 더 나아갈 수도 있다. 우리는 긴급 의료 체계나 강수 보험처럼, 어떤 거대한 타격에 집중하는 경향이 있다. 물론 이런 것들도 중요하다. 그러나 어떤 사람이 저글링 상태에 빠져 있을 때에는 아주 작은 충격도 똑같이 커다란 효과를 발휘할 수 있다. 병든 젖소 한 마리로도 가난한 농부가 결핍의 덫에 빠져들지 않게 할 수 있다. 그러므로 이런 사소해 보이는 충격들로부터 가난한 사람을 보호

할 방법을 모색해야 한다. 미국이라는 선진국에서 불규칙한 노동 시간(예를 들어, 어떤 주에는 50시간 일하고 어떤 주에는 30시간만 일하는 식)과 같은 단순한 요소가 저글링을 유발하고 결핍을 영속화시킬 수 있다. 이런 불안정한 근무 시간은 가난한 사람에게는 실직보다 더 무서운 위협이 될 수도 있는데, 이 충격을 흡수해 줄 어떤 보험을 만드는 것도 해법이 될 수 있다.

앞서 저글링에서 비롯되며 터널링을 초래하는 여러 충격의 대부분을 얼마든지 예측할 수 있음을 확인했다. 갑작스럽게 필요해진 비료를 사는 데 필요한 돈은 농부에게 충격으로 다가오는데, 어떻게 보면 이 필요는 예측하고자 하면 오래전에 예측할 수 있었던 것이다. 이런 갑작스런 필요는 해마다 제기되는데, 저글링을 하느라 눈코 뜰 새 없이 (정신적으로) 바쁘다 보면 이 필요가 슬금슬금 가까워지는 걸 눈치 채지 못한다. 이는 그런 충격들을 흡수할 여러 완충법을 찾아내는 게 얼마나 중요한지 말해 준다. 한 가지 방법은 가난한 사람들이 저금의 여유를 쌓아 가도록 돕는 금융 상품을 개발하는 것이다. 앞서 살펴보았던 결핍 관리를 위한 여러 가지 기법을 사용하면 된다. 예를 들면 터널링을 가난한 사람들에게 유리하게 활용할 수 있다. 현재의 급한 불을 끄기 위한 돈을 빌리려고 할 때 높은 수수료를 받고 빌려주는 것이다. 비록 수수료가 높긴 해도 급한 상황에서 이 대출은 매우 매력적으로 보일 것이다. 그러니 우리는 이 수수료를 따로 떼서 그 사람의 계좌에 넣어 저금을 할 수 있도록 하면 된다.

하지만 더 좋은 방법이 있다. 급한 불을 아예 예방하는 상품을 개

3부 결핍을 위한 설계

발하는 것이다. 우리는 앞서 결핍의 덫과 저글링은 흔히 자원이 상대적으로 풍족한 시기에 이 자원을 느슨하게 관리하기 때문에 생겨난다는 사실을 확인했다. 그렇다면 바로 이 시기에서부터 도움의 손길을 내밀 수 있지 않을까? 농부가 한철 농사를 지어 수확을 하고 한 해의 노동에 대한 보상을 한꺼번에 받을 때, 이것을 맡아 두었다가 한 달에 한 번씩 조금씩 나눠 주는 상품을 만들면 된다. 물론 이것은 그저 하나의 예시일 뿐이다. 더 넓게 보면, 우리는 퇴직자의 금융 계획을 위해 막대한 자원을 쓴다. 가난한 사람을 도와 끊임없이 저글링을 하고 급한 불을 끄는 데서 벗어나도록 도와주는 일 역시 가난한 사람들에게 강력한 힘이 될 수 있다.

이 모든 제안은 빈곤에 대해서 보다 깊은, 그리고 어쩌면 조금은 색다른 관점을 반영한다. 이러한 관점은 가난한 사람에게 확실히 부족한 자원이나 수입뿐만 아니라, 비록 다소 불분명하긴 해도 물질적인 자원만큼이나 결정적인 역할을 하는 대역폭이라는 자원에도 초점을 맞춘다. 대역폭을 고려하자는 것은, 적절한 시기에 현금을 지원해 주는 등의 아주 단순한 조치가 커다란 이익을 낼 수 있음을 믿자는 것이다. 제대로만 한다면, 어떤 사람에게 100달러를 지원함으로써 그의 마음에 평화를 줄 수 있다. 그리고 이 마음의 평화를 되찾으면 그 사람은 더 많은 일을 더 잘할 수 있으며 값비싼 대가를 치러야 하는 실수도 피할 수 있다. 일례로, 말라위에서 시행된 현금 지원 프로그램 덕에 저소득층 수혜자들의 심리적 압박감이 40퍼센트나 줄어들었다.[10] 적절한 시기에 현금을 지원하는 방법을 이해하고 또 이런 행위들이 주는 효과를 측정하는 것은 대역폭 개념을 전제로 한 여러 정책들을 향해 나아가는 긍정적인 발걸음이다.

이 모든 것은 빈곤 정책의 개념을 근본적으로 새로 세우자는 제안이기도 하다. 이러면 우리는 제각기 다른 행동이 어떻게 연결되어 있는지 인식할 수 있다. 우리는 집세와 식비와 학교 등록금이 모두 가계 예산에 속한다는 것을 알고 있다. 그러니 이제는 교육, 보건, 금융 그리고 보육을 별개의 문제로 보는 대신, 이 모든 것이 한 사람의 대역폭 능력의 일부라고 생각해야 한다. 국세청에서 날아온 세금 폭탄이 가계의 예산을 황폐하게 만들 수 있듯이, 대역폭에 매겨진 세금 역시 한 사람이 관여할 수밖에 없는 여러 영역의 어느 부분에서든 심각한 낭패를 초래할 수 있음을 알아야 한다. 하지만 역으로, 병목 현상을 유발하는 어떤 문제를 해결하면 이에 따른 파급 효과는 멀리까지 미친다. 보육 프로그램은 어린이를 돌보는 것 이상의 효과를 낸다. 그리고 올바른 금융 상품은 비상시를 대비한 저금 이상의 효과를 낸다. 이런 것들 하나하나가 모두 대역폭을 해방시키고, IQ를 높이고, 절제력을 강화하고, 명징한 사고력을 유지시켜 주고, 나아가 숙면을 보장한다. 말도 안 되는 소리라고? 천만에, 자료가 입증하는 진실이다.

▌질기게 남는 문제

빈곤과의 싸움은 줄곧 어려운 투쟁의 연속이었다. 온갖 정책과 프로그램이 나왔지만 번번이 실패를 거듭하거나 기껏해야 고만고만한 성공만 거두었다. 사회 안전망은 끈질기게 달라붙어 좀처럼 헤어나기 힘들다. 미국에서는 어떤 사람이 한 번 사회 안전망에 떨어지고 나면, 혼자 자립하려고 노력해도 번번이 다시 안전망으로 떨어진다.[11] 그리고 직업 훈련 프로그램도 그저 그런 효과밖에 없는 것 같다. 이런 프로그램들의 효과가 얼마나 되는지 추정한 연구자들은 이 프로그램들이 주는 몇 가지 이익을 확인하고는 충분히 투자 가치가 있다고 말한다. 하지만 이런 것들로는 빈곤의 경로를 수정할 수 없다. 이사를 감으로써 환경을 바꾸는 것도 조금밖에 도움이 되지 않는다. 미국에서 진행된 한 실험에서는 수천 가구가 저소득층이 밀집된 동네에서 더 높은 소득층의 사람들이 밀집한 동네로 이사를 갔다.[12] 이 변화는 가난한 사람들에게 스트레스라는 측면과 삶의 질이라는 측면에서 상당한 영향을 주었다. 그러나 이들에게 내재된 빈곤의 여러 양상은 바뀌지 않았다.

　세계적인 차원에서 보더라도 결과는 비슷하다. 소액의 투자 자금을 빌려주는 소액 금융 제도는 가난한 사람에게 매우 큰 영향을 줄 수 있는 제도로 칭송받고 있다. 이 소액 금융의 영향력이 긍정적인 것 같지만, 그럼에도 불구하고 여러 논문이 내린 결론을 보면 이는 빈곤의 본질적인 논리를 바꾸는 것 같지는 않다.[13] 보육 프로그램들이 어린이의 학습에 어느 정도 긍정적인 영향을 주긴 한다. 교육은 강력하지만 상당히 제한적인 결과만을 이끌어 낸다. 비영리 기관들은 여러 해 동안 가난한 사람들의 다양한 요구에 대응할 수 있는 총체적인 해법을 제시하려고 노력해 왔다. 이들이 훌륭한 일을 하고 있음은 부인할 수 없지만 이들 역시 그저 고만고만한 성과밖에 거두지 못한 것도 사실이다.

이 책은 현재의 빈곤 퇴치와 관련된 여러 사회 프로그램들을 비평하는 책은 아니다. 빈곤은 해결하기 어려운 문제이다. 작은 성과밖에 보장되지 않는다 하더라도 사회적 자본을 투자할 가치가 충분한 영역이기도 하다. 하지만 이 책은 어떻게 하면 보다 나은 결과를 이끌어 낼 수 있을지에 초점을 맞춰서 어떤 제안을 하는 책이다. 제한적인 성과밖에 거두지 못하는 프로그램들을 보며, 우리는 이 프로그램들이 정작 가난한 사람들은 원하지도 않거나 중요하게 여기지도 않는 것을 들이밀고 있는 게 아닌가 생각한다. 그러나 어쩌면 이런 프로그램들이 무엇을 제공하느냐가 아니라, 그것들을 어떻게 제공하느냐가 문제일지도 모른다. 제2차 세계 대전 당시 미군 폭격기의 조종석처럼 이런 프로그램들은 보다 나은 설계를 통해서 개선되어야 큰 성과를 거둘 수 있다. 그리고 이 '보다 나은 설계'는 결핍의 심리에서 빚어지는 집중과 대역폭에 대한 근본적인 통찰을 포괄해야만 가능할 것이다.

3부 결핍을 위한 설계

9장

조직의 결핍을 관리하라

미주리에 있는 급성 환자 전문 병원인 세인트존스병원St. John's Regional Health Center은 수술실에 관한 문제를 하나 안고 있었다.[1] 연간 약 3만 건이나 되는 외과 수술이 32개 수술실에서 이루어졌는데, 그러다 보니 수술실 일정을 조정하는 일이 너무 어려웠다. 수술실 일정은 언제나 빈틈없이 꽉 차 있었다. 2002년에 이 병원의 수술실들은 그야말로 100퍼센트 가동되었다. 그래서 응급 환자가 발생하면 (사실 이 병원에서 이루어지는 전체 수술의 20퍼센트가 응급 환자 수술이었다) 병원은 어쩔 수 없이 오래전부터 예정되었던 수술을 뒤로 미룰 수밖에 없었다.

"그 결과 의사들은 새벽 두 시에 수술을 하기도 하고, 두 시간짜리 수술을 하려고 몇 시간을 기다리기 일쑤였다. 또 의사를 포함한 직원들은 예정에 없는 추가 근무를 하는 일이 잦았다."

이 병원에서 일어났던 놀라운 사건들을 연구한 논문의 일부이다.

수술실에 비해 수술 건수가 더 많은 이런 상태는 전형적인 결핍의 사례이다. 세인트존스병원은 결핍의 덫에 갇혀 있었다. 이 병원은 끊임없이 뒤처져 있었고, 또 그렇게 뒤처져 있었기에 수술 일정을 수시로 바꾸어야 했다. 의사를 포함한 직원들은 수면 부족 및 근무 규정과 싸워야 했고, 점점 더 비효율적인 조직으로 바뀌어 갔다. 이런 상태를 정상적인 상태로 재조정하려면 많은 비용이 들 수 있다. 그리고 이런 재조정 노력은 적어도 단기적으로는 결핍 상태를 악화시킬 수 있다. 그렇잖아도 모자라는 예산 중 일부가 재조정에 '낭비'되기 때문이다. 세인트존스병원의 이런 상태는 어떤 사람이 무리하게 일정을 잡는 바람에 지나치게 많은 과제에 치이는 상황과 비슷하다. 이런 사람은 자기가 해야 할 과제들이 시간을 많이 잡아먹는다는 걸 알고 있다. 그래서 잠시 물러나 (시간이 많이 드는) 재조정 작업을 할 엄두도 내지 못한다.

하지만 세인트존스병원은 어떻게든 탈출구를 찾아내야 했다. 병원 경영진은 건강 관리 개선 센터IHI에서 자문관을 초빙했다. 이 자문관은 이런 문제를 분석적으로 연구했으며, 또한 병원에서 일상적으로 겪는 압박으로 터널링 상태에 빠지지도 않는 사치를 누리던 사람이었다. 그런데 그는 다소 놀라운 해법을 권했다. 수술실 하나의 일정

3부 결핍을 위한 설계

을 아예 비워 두라는 것이었다. 수석 외과 의사이자 외상외과 의사인 케네스 라슨Kenneth Larson 박사가 어떤 반응을 보였을지는 여러분도 충분히 상상할 수 있을 것이다.

"그렇잖아도 수술실이 모자라서 미칠 지경인데, 수술실 하나를 비우라고? 제정신이 아니군!"

라슨은 자기가 이렇게 생각했다고 회상했다.

하지만 그 권고에는 심오한 논리가 담겨 있었다. 결핍을 관리하는 데 주효한 어떤 논리였다. 겉으로 보면 병원에 부족한 것은 수술실이었다. 아무리 병원을 개편한다 하더라도 그 문제는 도저히 풀 수 없는 과제였다. 하지만 조금만 더 깊이 들여다보면, 부족한 것은 조금 다른 것이었다. 수술은 예정된 수술과 예정되지 않은 수술 두 가지 종류였다. 지금 당장은 예정된 수술이 모든 수술실을 차지했다. 그러나 예정되지 않은 수술은 언제나 갑자기 나타나 수술실의 일정을 당장 바꾸라고 고함을 질러 댔다. 이에 의사들은 일정을 바꾸어야 했고, 여기에 들어가는 비용은 적지 않았다. 이 비용의 일부는 금전적 비용(잔업 수당)이었고 또 일부는 의료적 비용(의료 과실의 증가)이었다. 그러나 그 비용에는 효율성도 일부 포함되어 있었다. 직원들이 급하게, 그것도 심야에 일을 해야 했기에 효율성이 떨어졌던 것이다. 직원들은 평소처럼 능숙한 솜씨를 발휘하지 못했고, 수술은 평소보다 시간이 더 오래 걸렸다.

응급 상황으로 인해 수술실이 재배정되지만 않는다면, 다시 말해서 모든 사람들이 정해진 일정에 따라서 정해진 시간만큼만 일을 한다면, 수술실은 모든 수술을 충분히 감당할 수 있었다. 사실 수술실의 부족(결핍)은 수술 공간의 부족은 아니었다. 다만 긴급 상황에 대처할 능력이 부족했을 뿐이다. 이런 상황은 빚을 진 가난한 사람의 경우와 매우 비슷하다. 이런 사람들의 재정적 능력은 보통 지출이 수월하게 되고 이따금씩 날아드는 갑작스런 충격만 없다면 현재보다 조금 더 여유롭게 살 수 있는 정도이다. 그러나 이들의 지출 대부분은 빚을 갚는 데 들어간다. 이는 그저 예산이 빡빡해지는 정도의 문제가 아니다. 전체 예산의 대부분이 뒤처진 상황을 만회하기 위해 낭비된다는 뜻이다. 세인트존스병원의 사례에서도, 이 병원의 수술실이 지나치게 '모자랐던' 것은 아니다. 다만 그렇지 않아도 넉넉하지 않은 수술 공간이, 긴급한 수술을 수용하느라 수술이 밀린 상태를 만회하는 데 계속 낭비되었던 것이다.

이와 관련해서 세인트존스병원의 개편 작업을 이끌었던 크리스티 뎀프시Christy Dempsey는 다음과 같이 말했다. 그는 현재 한 외상 전문 응급 병원의 부원장이다.

"예상치 못하게 발생하는 긴급 상황을 예측할 수는 없으므로 수술실 하나를 완전히 비워 두는 것은 효율적이지 않다고, 당치도 않은 소리라고 다들 펄쩍 뛰었습니다."

나중에야 드러나는 사실이지만 '계획에 없던' 수술이나 '예측하지 못했던' 수술과 같은 표현들은 조금 어폐가 있다. 이런 긴급한 수술이 있을지 몰랐다는 뜻이 되기 때문이다. 물론 각각의 개별적인 수술들이야 닥치기 전엔 미리 알 수 없지만, 이런 긴급한 수술들은 항

3부 결핍을 위한 설계

상 있었으므로 가난한 사람이나 바쁜 사람에게 닥치는 충격과 마찬가지로 충분히 예측할 수 있다. 예정에 없는 긴급 수술을 위해서 수술실 하나를 비워 두는 게 뭐가 문제인가? 당연히 해야 하는 조치 아닌가? 이렇게 하면 긴급 상황이 발생한다 하더라도 다른 수술실은 미리 세워 둔 계획에 따라서 별다른 차질 없이 운용될 것이고, 갑작스럽게 닥친 긴급 수술은 따로 마련된 수술실에서 진행하면 되니까 말이다.

이 조치는 효과가 있었다. 긴급 상황에 대비해 수술실 하나를 비워 두자 병원이 수용하는 수술 건수는 금세 5.1퍼센트 증가했다. 그리고 새벽 세 시 이후로 진행되는 수술 건수도 45퍼센트나 줄어들었고, 그만큼 병원의 수익도 개선되었다. 개선 작업에 따른 시련은 겨우 한 달밖에 이어지지 않았다. 이 한 달의 기간이 지나자 새로운 운영 방식은 안정적으로 자리를 잡았다. 그리고 그 뒤 2년 동안 이 병원의 수술 건수는 해마다 7퍼센트에서 11퍼센트 증가했다.

아닌 게 아니라, 병원 경영진이 이런 변화가 준 편익을 높이 평가하자 다른 현명한 통찰들도 줄지어 뒤를 이었다. 예전에는 의사들이 자기 수술 일정을 되도록 주초에 잡으려고 했었다. 주말 가까이 수술 일정이 잡혀 있으면 까딱하다간 수술이 주말로 밀릴 수도 있으니, 그런 상황을 피하기 위해서였다. 그러다 보니 대기 수술(역주 – 응급 수술이 아니라 미리 계획해서 일정을 잡는 수술)이 주초에 편중되는 현상이 빚어졌다. 그런데 긴급 상황에 대비해서 수술실 하나를 비워 두는 조치가 시행되고 얼마 지나지 않아, 세인트존스병원의 대기 수술은 주초

에서 주말까지 고르게 배치되었다. 그리고 그 뒤로도 또 다른 개선들이 계속 이어졌다.[2]

▌느슨함의 가치를 과소평가하지 말 것

세인트존스병원의 사례는 결핍의 덫에 관한 본질을 생생하게 보여준다. 이 병원이 겪었던 수술실 부족은 사실 느슨함의 부족이었다. 많은 조직이 원활하게 돌아가려면 느슨함이 필요하다.[3] 지금은 거의 쓰지 않지만 예전의 릴투릴reel-to-reel 테이프 녹음기에서는 여분의 테이프 분량이 반드시 필요했다. 커피 그라인더도 원두를 가득 채우면 잘 돌아가지 않는다. 도로도 교통량이 전체 수용 용량의 70퍼센트 이하일 때 원활하게 돌아간다. 도로의 교통 정체는 느슨함이 부족해서 일어난다. 원칙적으로 만일 어떤 도로의 교통량이 수용 용량의 85퍼센트이고 모든 차량이 동일한 속도로 주행한다면, 모든 차량은 일정한 차량 간격을 유지하면서 달릴 수 있다. 그런데 만일 어떤 운전자가 속도를 조금이라도 더 낸다고 치자. 하지만 이 운전자는 금방 브레이크를 밟을 수밖에 없고, 그러면 뒤를 따르던 차량들도 연이어 브레이크를 밟아야 한다. 이렇게 되면 전체 도로의 주행 속도는 낮아진다. 그리고 이미 확인된 사실이지만, 도로에서 평균 주행 속도가 떨어지기는 쉬워도 다시 올라가기는 어렵다. 어떤 운전자 한 사람이 무심코 엑셀을 밟았다가 곧 브레이크를 밟는 이 사소한 충격이 전체 도로의 교통 흐름을 늦추는 엄청난 효과를 만들어 낸다는 것이다. 여기에서 몇 개의 충격이 더 보태지면, 도로는 완전히 주차장이 되어 버린다. 어떤 도로의 교통량이 수용 용량의 85퍼센트일 때 차량은 도로를 원활하게 주행한다. 하지만 여기에는 아주 작은 충격을 흡수할 수 있을 정도의 여유, 즉 느슨함이 한 치도 없다.

그런데 이런 사정을 잘 아는 사람들조차도 느슨함의 가치를 과소평가한다.

이런 상상을 한번 해 보자. 당신은 어떤 회사의 관리직 사원이다. 당신 곁에는 당신이 필요로 하는 일들을 언제나 금방 알아채고 바로 해 주던 놀랍도록 유능한 보조자가 있었다. 그런데 감사실에서 당신의 보조자가 여유 시간을 너무 많이 누린다는 사실을 알아냈다. 그래서 업무 조정 지시가 떨어지고, 그 보조자는 당신뿐 아니라 다른 두 사람의 일도 함께 보조하게 되었다. 부서의 시간 소비 통계에 따르면 이렇게 하는 게 훨씬 더 효율적이라는 것이다. 그러나 이제 그 보조자는 당신이 일을 할 때 마감 기한이 얼마 남지 않았음을 제대로 알려 주지 못하게 되었다. 이렇게 되자, 늘 빡빡한 일정을 소화하던 당신은 아주 작은 충격조차도 이겨 내지 못하고 그만 뒤처지게 되었다. 이렇게 뒤처지자 당신은 저글링을 하게 되고 또 그럴수록 점점 더 뒤처졌다. 사실 그 보조자는 느슨함의 중요한 원천이었다. 그는 당신의 정규 업무 용량이 전부 다른 일에 사로잡혀 있을 때 '긴급하게 발생하는 일'을 대신 처리했었다. 그 보조자가 세인트존스병원의 비워 둔 수술실처럼 여유 시간을 많이 누린 덕분에 그가 그만큼 높은 가치를 가질 수 있었던 것이다.

해야 할 일이 많을 때 일반적으로 드는 충동은 모든 것을 한 가방 안에 다 넣을 수 있도록 시간의 짐을 되도록 빡빡하게 싸야 한다는 생각이다. 시간의 짐을 빡빡하게 싸지 않을 때는 어쩐지 충분히 많은 일을 하지 않는다는 느낌이 든다. 사실, 효율성 전문가들은 '사용되지 않는' 시간을 많이 보내며 빈둥거리는 직원에게 시간을 '좀 더 효율적으로' 사용하라고 나무란다.[4] 하지만 이러면 느슨함이 사라지고 만다. 시간의 짐을 빡빡하게 싸면, 비록 다른 사람들이 볼 때는 그저 일정을 약간 더 빡빡하게 잡았을 뿐이라고 생각할 수도 있겠지만, 이 사람의 전체 일정은 꽉 막힌 도로에서 오도 가도 못하는 사람들처럼 완전히 망가지고 만다. 예를 들어서 당신이 어떤 약속에 늦는다고 치자. 그런데 여유 시간 없이 다른 약속이 잡혀 있어서, 당신은 이 두 번째 약속에도 늦는다. 그리고 또 그 다음 약속에도……. 이렇게 가다 보면 그날의 마지막 약속은 어쩔 수 없이 다음 날로 미뤄진다. 물론 다음 날의 일정도 '매우 효율적으로' 잡혀 있기 때문에 이 도미노 현상은 계속 이어지고, 결국 연속적인 약속 지연에 따르는 엄청난 비용을 고스란히 당신이나 당신의 부서, 당신의 조직이 부담해야 한다. 어쩐지 익숙한 상황 아닌가? 당연하다. 느슨함의 가치를 제대로 평가하지 않았기 때문이다. 이런 상황에서는 아주 사소한 충격, 즉 아주 작은 추가 과제만으로도 결핍의 덫에 빠지고 만다. 오늘의 빚을 갚으려고 내일의 돈을 높은 금리로 빌리는 빚쟁이의 신세가 되고 만다. 당신에게는 그 사소한 충격조차 흡수할 느슨함이 없기 때문이다.

사람들은 여유를 마련하지 못한다. 지금 당장 해야 할 일에 초점을 맞추느라 미래에 어떤 일이 일어날지 충분히 생각하지 않기 때문이다. 현재의 긴박함은 눈앞에 선명하게 보이는 데 반해, 미래의 긴박함은 덜 급하고 상상하기도 한층 어렵다. 추상적인 미래가 구체적인 현재와 비교되면 느슨함은 사치처럼 느껴진다. 긴박함 속에서는 어쨌거나 충분한 여유를 느끼지 못하니까 말이다. 그렇다면 당신은 어떻게 해야 좋을까? 해야 할 일이 많음에도 예상치 못한 일에 대비해 바쁜 시간을 쪼개서, 가령 월요일과 수요일 오후 세 시에서 네 시까지 한 시간은 무조건 비워 두어야 할까? 사실 그렇게 하는 게 옳다. 실제로 당신은 30분이면 갈 수 있는 거리를 갈 때 40분이라는 시간을 배정하지 않는가? 또 갑자기 돈이 필요할 때에 대비해 전체 예산 중 일부를 따로 떼서 저금하지 않는가? 결핍에 직면하면 느슨함은 사치품이 아니라 필수품이 된다. 그런데도 우리는 여기에 대한 대비를 너무도 자주 외면한다. 물론, 크게 보면 결핍이 이렇게 하지 못하도록 발목을 잡기는 하지만 말이다.

▎느슨함이냐 군살이냐

느슨함을 제대로 관리하지 못하는 것은 개인뿐만 아니라 조직도 마찬가지이다. 1970년대에서 1980년대 초에는 많은 기업들이 승리에 도취되어 우쭐댔다.[5] 어떤 곳에서는 현금이 넘쳐나다 보니 경영진이 돈을 흥청망청 써 댔다. 이 기업들은 부동산 매입과 기업 인수에 과다한 지출을 했으며, 흥정을 제대로 하지 않았고, 또 손익 계산에 둔감했다. 현금을 워낙 엉망으로 쓰는 바람에 몇몇 정유 회사들의 자산 가치는 이 회사들이 소유하고 있던 기름 가격보다 낮았다. 시장은 이 회사들이 자산을 몽땅 낭비해 버릴 것이라고 예측했다. 1980년대에 불었던 차입 매수LBO(역주 – 인수할 기업의 자산이나 향후 현금 흐름을 담보로 금융 기관에서 돈을 빌려 기업을 인수하는 것)의 광풍은 이런 문제를 해결하고자 하는 시도였다. 차입 매수의 논리는 단순했다. 이 기업들을 사들여 빚더미에 짓눌리게 만듦으로써 압박을 가하는 것이었다. 다시 말해, 풍족함이라는 환경에서 결핍이라는 환경으로 몰아넣는 것이었다. 빚에 따른 규제(우리 식으로 말하자면, 결핍에서 비롯되는 집중)가 경영 성과를 개선해 줄 것이라는 믿음을 가지고 있었기 때문이다. 경영진이 보다 많은 관심과 주의를 기울일 것이고, 더욱 신중하게 지출할 것이며, 또한 보다 많은 수익을 낼 것이라고 전망했던 것이다.

사실 다수의 논문이, 차입 매수가 다른 면에서는 몰라도 해당 기업의 성과만큼은 개선했음을 입증했다.[6] 한 가지 이유는 '기업의 군살'이 경영진의 인센티브 문제를 악화시킨다는 점이었다. '군살'은 남의 돈이기에 경영진은 돈을 형편없이 썼다. 눈먼 돈이나 다름없는 '군살'은 경영진이야 마음껏 즐길 수 있지만 주주가 보기에는 아무런 쓸모가 없는 사치로 소비되는 돈이다. 그러므로 부채를 늘리고 군살을 줄임으로써 경영자는 예산을 보다 현명하게 쓸 수 있게 된다.

또한 차입은 결핍의 심리에 따른 효과를 생성했다. 기업들은 마감 기한이 생산성을 높이는 것, 그리고 상대적으로 소득이 적은 사람이 특정 구간의 택시 요금을 더 잘 아는 것과 비슷한 이유로 '군살을 빼고 날씬'해졌다. 비용을 줄이기 위해서 조금도 경계심을 늦추지 않는 경영자로 살아가려면 엄청난 양의 인지적 노력이 필요하다. 협력 업체들과는 끊임없이 협상을 해야 하고 또 어떤 비용이 발생할 때는 이 지출을 결정하기 전에 모든 항목을 세밀하게 따져 봐야 한다. 이런 집중력은 결핍이라는 환경 아래에서 발휘하기는 한결 쉽지만, 반대로 풍족함이라는 환경 아래에서 발휘하기는 어렵다. 심지어 어떤 '사치'를 하든 어차피 사장이 자기 돈을 쓰는 셈인 사기업에서조차도, 현금이 넘쳐 날 때는 '군살'을 불리기 시작한다.

하지만 앞서도 살펴봤듯 느슨함은 한편으로는 낭비이지만 또 다른 한편으로는 유익하다. 진짜 낭비와 유익한 느슨함을 구분하는 것은 어려운 일이고, 또 실제로 차입 매수된 많은 기업이 파산의 벼랑 끝으로 몰렸다.[7] 이런 급박한 현실 속에서 그 기업들은 터널링 상태에 빠졌다. 1980년대가 군살 제거가 얼마나 강력한 힘을 발휘하는지 알려 줬다면, 2000년대는 경영진이 근시안에 빠지면 어떤 위험이 생길 수 있는지 알려 줬다. 어쩌면 이 둘 사이에 연관성이 있을지도 몰랐다. 군살, 다시 말해 느슨함을 지나치게 많이 없애면, 이런 회사의 경영진은 오늘의 빚을 갚으려고 미래의 빚을 당겨다 쓰게 된다.

| 화성으로 떠난 우주선이 추락한 이유

1998년 12월, 나사NASA는 화성 기후 탐사 궤도우주선Mars Climate Orbiter을 쏘아 올렸다.[8] 지구와 그토록 가까운데다 크기도 비슷하고, 심지어 하루의 길이도 비슷하지만 생명체가 살고 있을 가능성은 아주 조금밖에 없는 화성에서 이 우주선이 수행할 과제들은 인류가 수백 년 동안 품었던 염원을 담고 있었다. 이 우주선이 독자적으로 중요한 어떤 발견을 해낼 수 있을 것 같지는 않았지만 이 우주선은 일종의 선봉대였다. 그 뒤로 계속 이어질 탐사에 필요한 소중한 자료를 전송할 예정이었기 때문이다. 이런 자료를 바탕으로 언젠가는 유인 우주선이 화성에 착륙할 수도 있는 일이었다. 궤도우주선의 발사는 수만 시간의 노력을 포함해 1억 2,500만 달러의 예산이 들어간 우주 사업의 백미였다. 이 우주선은 이름이 암시하는 것처럼 화성의 궤도를 안정적으로 돌도록 설계되었고, 이 궤도를 돌면서 자료를 수집할 터였다.

우주선을 어떤 행성의 궤도에 진입시켜 그 궤도를 돌도록 하는 일은 무척 어려운 일이다. 우주선이 행성에 접근할 때는 이 행성의 인력이 작용한다. 만일 우주선이 너무 느린 속도로 접근하면 행성의 인력을 감당하지 못해 추락하고 만다. 하지만 너무 빠른 속도로 접근하면 상대적으로 약한 인력 때문에 엉뚱한 방향으로 날아가 버린다. 우주선이 적절한 속도로 (그리고 물론, 적절한 각도로) 접근해야만 행성의 인력이 우주선을 안정적인 궤도에 올려놓는다. 이 적절한 속도가 얼마인지 알아내는 데에 매우 복잡하고 정밀한 계산이 필요하다는 건 말할 필요도 없다. 나사의 궤도우주선은 화성에 접근할 때 궤도 진입에 딱 맞는 속도를 내기 위해 역추진 엔진을 가동해야 한다. 그런데 이 우주선이 보내는 신호가 지구에 도착하기까지는 약 10분이라는 시간이 걸리므로, 모든 사항은 사전에 미리 설정되어 있었다. 지구의 통제소에서 할 수 있는 것이라고는 가만히 앉아서 10분 전에 우주선이 전송한 내용을 듣는 것뿐이었다. 평범한 엔지니어들로서는 부러워할 수밖에 없을 정도로 정밀하게 이루어진 천체 물리학 계산을 바탕으로 화성 기후 탐사 궤도우주선은 화성을 향해 날아갔다. 그리고 다행히도 화성에 도착할 때까지는 텅 빈 우주 공간에서 놀라운 일은 그다지 일어나지 않았다.

발사된 지 아홉 달 반이 지난 1999년 9월 23일, 우주선은 화성에 도착했고 드디어 궤도 진입을 시작했다. 이 과정은 화성 뒤쪽에서 이루어지도록 설계되었고, 그 바람에 우주선과의 통신은 몇 분 동안 끊길 수밖에 없었다. 우주선과의 통신이 끊기고 제법 시간이 흘렀는데도 우주선은 아무 정보도 전송하지 않았다. 우주선이 화성 뒤를 돌아서 다시 앞으로 나왔을 시간에도 마찬가지였다. 우주선에 문제가 발생했다는 뜻이었다. 10초가 지나갈 때마다 희망은 조금씩 사라졌고, 결국 지상의 통제소도 포기했다. 우주선은 화성에 추락한 것으로 추정되었다.

그 뒤 정밀한 조사가 진행되었다. 도대체 무슨 일이 일어났을까? 왜 우주선이 화성에 추락했을까? 이런 일이 다시 일어나지 않도록 하려면 어떻게 해야 할까? 어떤 점이 잘못되었을까? 실패, 특히 복잡한 체계에서 발생한 실패에는 보통 여러 가지 이유가 따라붙는다. 하지만 이 경우 원인은 충분히 명백했고 또 기삿거리로 쓰기도 좋았다. 역추진 엔진이 너무 강력한 역추진력을 뿜어냈던 것이다. 그러나 특히 흥미로운 점은 그 추진력의 세기였다. 나사는 실제 추진력과 의도했던 추진력 사이의 비율이 어딘가 낯익은 수치인 4.45, 즉 미터법과 영국식 측정법 사이의 힘의 변환 비율임을 밝혀냈다. 그리고 곧, 이런 당혹스러운 결과가 나온 이유가 밝혀졌다.

화성 기후 탐사 궤도우주선과 같은 위성들은 여러 하청업체들이 제작한 부품들을 조립해 최종적으로 완성된다. 그리고 어떤 회사에서 제작한 역추진 엔진은 입력 자료를 영국식 측정법 기준에 따라 읽었다. 그런데 또 다른 회사가 제작한 중앙 처리 장치는 입력 수치를 미터법 단위로 제공했다. 그래서 중앙 처리 장치가 'X'라고 말할 때마다 역추진 엔진은 'X의 4.45배'로 알아들었다. (즉, 중앙 처리 장치가 '10뉴턴'이라는 뜻으로 '10'이라고 말하면 역추진 엔진은 '10파운드', 즉 44.5뉴턴으로 알아들었던 것이다.) 그래서 우주선은 속도를 지나치게 낮추었고, 그 바람에 화성의 중력을 이기지 못하고 추락하고 말았다. 엄청난 비용이 들어간 코미디가 화성 탐사라는 거창한 이름으로 펼쳐진 셈이었다.

실수는 피할 수 없다. 나사의 엔지니어들도 이런 점을 잘 안다. 점검과 시험이 끝없이 이어지는 이유도 여기에 있다. 그럼 무슨 일이 일어난 걸까? 발사를 앞둔 몇 달 동안 제트 추진 연구소(역주 – 나사의

　　　　　　　　　　　　　　　3부 결핍을 위한 설계

산하 기구)의 모든 팀은 시간에 쫓기고 있었다. 쫓기는 것을 넘어 뒤처져 있었다. 일손이 모자랐고, 프로젝트의 모든 부분에 세세하게 주의를 기울이지 못했다. 모든 사람이 뒤처져 있었던 것이다. 급한 불을 끄는 데 매달리는 조직이 대부분의 직원들을 급한 불을 끄는 일에 배치하고 새로운 프로젝트에는 상대적으로 적은 직원을 배치한다는 것은 이미 밝혀진 사실이다. 하지만 다른 산업 분야와 달리 항공 우주 분야 엔지니어들에게는 기한 연장이라는 통상적인 방식이 허용되지 않는다. 천체 궤도의 상황, 즉 화성 및 다른 행성들의 위치에 따라 좁은 특정 시간대로 발사 시점이 결정되기 때문이다. 천체의 달력을 상대로 협상을 하기란 어려울 수밖에 없다.

마감 기한이 빡빡하다 보니 터널링 현상이 나타났다. 발사 예정일에 모든 게 집중되었다. 이 목표와 직접적으로 관련이 없는 일은 미뤄졌고, 나중에 밝혀진 사실이지만 그렇게 미뤄진 작업은 끝내 엔지니어들의 점검을 받을 기회를 얻지 못했다. 4.45배의 실수도 이렇게 미뤄진 일 가운데 하나가 원인이 되어 일어났다. 엔지니어들이 가지고 있던 자료는 발사 전, 이미 무언가 잘못되었음을 알려 주고 있었다. 그리고 이 자료를 본 엔지니어들은 어떤 불일치가 존재한다는 사실을 알아차렸다. 하지만 이 불일치의 원인이 무엇인지 알아내는 것은 수많은 할 일 목록에 추가될 또 하나의 과제였다. 그리고 얼마 남지 않은 시간 안에 그 모든 과제들을 다 처리할 수는 없었다. 재앙을 부른 실수는 또 있었다. 역추진 엔진과 프로세서의 조응 시뮬레이션 역시 생략된 것이다. 이 시뮬레이션만 제대로 되었다면 무엇이 잘못되어 있는지 바로 알아낼 수도 있었다. 통상적인 점검 과정이 생략되면서 장차 커다란 재앙이 될 불씨는 간과되고 말았다. 이는 모두 마감 기한을 지키려다 빚어진 실수였다. 이제 우리가 굳이 말하지 않더라도 이런 일이 터널링의 필연적인 결과임을 잘 알 것이다.

그런데 사실 이 일은 뒤늦은 통찰이 아니었다. 우주선의 화성 추락 사고가 일어나기 전, 나사가 제트 추진 연구소에 보낸 한 보고서가 이 문제를 제기했었다. 이 보고서는 처음에 있었던 (아마도 인력 부족에 따른) 몇 차례의 프로젝트 일정 연기로 인해 편법이 동원될지도 모른다고 주장했다. 엔지니어들은 장시간 일을 했고 또 자주 실수를 저지른다면서, 맨 처음 있었던 일정 연기로 인해 보다 많은 비효율이 초래되고 있다고 지적했다. 게다가 반드시 해야 하는 점검 조치를 하지 않고 그냥 넘어가고 있다는 사실도 지적했다. (아마도 엔지니어들은 그 작업들이 덜 급한 일이라고 생각했을 것이다.) 그러면서 자칫 앞뒤가 뒤바뀌거나 하는 실수가 추락 사고로 이어질 수 있다고 예고했다.

이것은 단순한 뒤처짐의 이상 징후이다. 화성 기후 탐사 궤도우주선 추락 사고 조사위원들이 철저하게 해부를 한 뒤, 이 실패를 초래한 조직 차원의 원인에 주목했다. 그리고 나사가 채용했던 '더 빠르게, 더 낫게, 더 싸게'라는 비용 절감 및 일정 단축을 강조하는 패러다임이 그 원인 중 하나라고 결론을 내렸다. 우주선 제작 엔지니어들은 시간에 쫓기면서 터널링 현상에 사로잡히기 시작했다. 그리고 반드시 해야 하는 점검을 무시하고 생략했다. 중요하긴 해도 급하지 않았기 때문이다. 제시간에 우주선을 쏘아 올려야 한다는 당장의 시급한 일이 아니었던 것이다.

┃ 급한 불 끄기의 덫

세인트존스병원과 나사 모두 급한 불 *끄기*의 덫에 빠졌었다. 조직 연구자들인 로저 본Roger Bohn과 람찬드란 자이쿠마르Ramchandran Jaikumar가 지적하듯이, 급한 불 *끄기*에 매달리는 조직들에서는 몇 가지 공통점을 찾아볼 수 있다.[9] 첫째, 풀어야 할 문제는 많은데 주어진 시간은 충분하지 않다는 점이다. 둘째, 긴급한 문제들은 해결하지만 아무리 중요하더라도 긴급하지 않은 문제들은 미룬다. 셋째, 그 결과 반드시 해야 할 일의 양이 급격히 늘어난다. 간단히 말하면, 주어진 시간의 대부분은 이미 일어난 불을 *끄*는 데 쓰이지만, 불이 나지 않도록 예방하는 데는 시간을 쓰지 않는 바람에 새로운 불이 끊임없이 일어난다는 말이다. 세인트존스병원의 의사들은 지금 당장 진료를 해야 할 환자를 감당하느라 너무 바쁜 나머지 한 발 뒤로 물러서서 전체 환자들의 상태와 대기 환자 및 응급 환자의 구성 비율을 살펴볼 여유가 없었다. 나사의 엔지니어들은 각 부품의 마감 시간을 지키느라 너무 바쁜 나머지 이 부품들이 제대로 결합됐는지 점검할 여유가 없었다. 급한 불 *끄기*의 덫은 결핍의 덫 중 특별한 유형이다.

  5년에 걸쳐 미국의 4대 영화 제작사를 연구한 어느 논문은 급한 불 *끄기*의 사례를 여럿 증명했다. 이 문제와 관련해서 영화사의 한 관리자는 다음과 같이 말했다.

"우리가 전통적인 프로젝트에 자원을 배분하는 모습을 보면 알겠지만, 우리는 언제나 늦게 시작하고, 또 사람들을 해당 프로젝트에 충분히 일찍 (…) 그리고 필요한 만큼 많이 투입하지 않습니다. (…) 어떤 프로젝트를 시장에 내놓을 때 자원이 가장 많이 할당되는 시점이지요."[10]

그리고 이 연구를 진행한 연구자들은 여러 해에 걸친 연구를 바탕으로 다음과 같은 결론을 내린다.

"현재의 알앤디R&D 관리와 관련된 논의에서, 이 프로젝트를 완수하기 위해 투입된 엔지니어들이 프로젝트 개시 직전 마지막 며칠 동안 장시간 과로하는 모습은 지극히 일상적이다."

급한 불 끄기의 부작용은 단순히 실수를 유발하는 데서 그치지 않고, 보다 중요한 문제를 일으킨다. 너무도 명백하게 예측할 수 있는 실수, 중요하지만 긴급하지 않은 과제들을 무시하는 실수를 유발하는 것이다. 사람들은 문자 그대로 긴급한 문제라는 불을 끄느라 바쁘다. 하지만 다른 문제들은 아무리 중요하다 해도 대부분의 긴급한 일들에 파묻힌다. 화재 현장으로 달려가는 소방관은 화재라는 긴박한 문제에 몰입한 나머지, 안전벨트를 매야 한다는 중요하지만 긴박하지 않은 문제를 무시한다. 그래서 출동 도중 추락해서 사망하는 사고가 놀라울 정도로 많이 일어나고, 구조적인 문제는 결코 고쳐지지 않는다. 중요하긴 하지만 때가 올 때까지 좀 놔둬도 된다는 것이다. 마이크로소프트가 윈도우 2000 소프트웨어를 발표할 때, 이 소프트웨어에는 이미 알려진 버그 28,000개가 들어 있었다.[11] 그 프로젝트 팀은 자기들이 많은 문제를 안고 있는 제품을 발표한다는 사실을 알고 있었지만, 이미 마감 기한에 다급하게 쫓기고 있던 처지였다. 그 결과 그들은 출시가 끝나자마자 곧바로 이미 알고 있던 버그들을 수정하기 위한 첫 번째 패치 작업에 돌입했다. 하지만 곧 새로운 버그들이 나타나기 시작했다는 보도들이 이어졌다.

급한 불 끄기 덫은 엄청난 저글링을 해야 한다는 시련을 포함하고 있다. 코앞에 닥친 마감 기한에 집중해서 어떤 일을 끝내고 나면, 어느 새 다른 과제의 마감 기한이 코앞에 닥쳐 있다. 사람들은 대부분 어느 시점에선가 이런 게 바로 자기 모습임을 깨닫고, 결핍이 덫이 되는 이유와 같은 이유 때문에 급한 불 끄기도 덫이 될 수 있음을 깨닫는다. 누구든 급한 불을 끄기 시작하면, 이 과정에서 다치지 않고 빠져나오기란 쉽지 않다. 여러 팀이 이미 끝마쳤어야 하는 어떤 프로젝트에 미친 듯이 달라붙어 있다면 다음 순서로 예정되어 있던 프로젝트 착수에 늦을 수밖에 없고, 결국 이런 악순환에서 영원히 벗어날 수 없다.[12]

결핍과 느슨함의 논리를 이해하면 급한 불 끄기 덫에 빠질 가능성을 줄일 수 있다. 하지만 터널링이 다른 중요한 고려 사항을 무시하게 한다는 사실을 우리는 잘 알고 있다. 적어도 조직에 적용할 수 있는 해법이 하나 있다면 느슨함을 노골적으로 확보하는 것이다. 은행들이 리스크를 관리하기 위해 시도해 온 방식에서 교훈을 얻을 수 있다. 은행들은 기업의 경영자들이 수익에만 집중하는 터널링 상태에서는 리스크를 충분히 고려하지 않는다는 사실을 오래전부터 알고 있었다. 이는 2008년 금융 위기가 잘 보여 주었듯 결코 과장이 아니다. 보다 최근에는 많은 은행들이 '리스크 담당 최고 책임자Chief Risk Office'라는 직책을 도입했는데, 이 사람들은 다른 경영진과 독립적으로 존재하면서 CEO에게 직접 보고를 한다. 또 이들은 금융 상품, 대출 그리고 그 밖의 거래들을 리스크의 관점에서 철저하게 검토하고 승인해야 한다. 가장 매력적인 거래와 거대한 수익 및 매출 목표에 집중하는 (그래서 터널링에 빠져 있는) 다른 관리자들과 다르게 이 사람들은 오로지 리스크 관련 사항만 주시한다.

비슷한 맥락으로, 조직에서 군살을 빼는 일이 진행되는 동시에 느슨함도 확보해야 할 때, 이 조직은 현재의 자원을 최대로 활용하는 문제에 매몰되어 있지 않은 내부자를 필요로 한다. 일상적인 터널링에서 면제된 이 사람이 하는 일은 조직에 충분한 느슨함이 확보되도록 하는 것이다. 이 사람은 오늘 당장 완수해야 할 일이 아니라, 내일 일어날지도 모르는 어떤 충격이 뒤집어 놓을 상황에 집중한다. 현재의 긴급한 프로젝트가 안고 있는 문제를 해결하는 데 집중하는 사람들이 미래의 프로젝트에 할당된 시간이나 돈을 빌려 와 조직이 확보하고 있는 느슨함을 고갈시키고, 나아가 조직을 미래의 대역폭 블랙홀에 밀어 넣는 일이 일어나지 않도록, 누군가는 이를 감시하고 차단해야 한다. 세인트존스병원의 수술실 부족 문제를 해결한 자문관이 수술실 배정 문제를 둘러싼 온갖 격렬한 갈등에서 완전히 자유로운 사람이었다는 사실은 결코 우연이 아니다.

┃ 돌아가는 길이 가장 빠른 길

진정으로 효율적인 노동자는 자신의 하루를 온갖 일로 빽빽하게 채우지 않으며 편안하고 여유로운 일을 느긋하게 하는 사람이다.[13]

— 헨리 데이비드 소로

나사에서 배울 교훈이 하나 더 있다. 제트 추진 연구소의 엔지니어들이 일에 뒤처지기 시작했을 때, 이 연구소의 책임자들은 대부분의 경영자들이 선택하는 바로 그 정책을 밀고 나갔다. 작업 시간을 늘린 것이다. 이는 그들이 시간의 결핍을 인식했기 때문이다. (우주선 발사 시점이 며칠 남지 않았다!) 그래서 그들은 자기들이 처한 시간 결핍의 문제를 해결하기 위해 더 많은 사람을 투입했다. 물론 이것은 시간 결핍 상황에서 흔히 보이는 대응 방식이다.

"프로젝트 진행이 예정보다 늦다고? 그럼 일정을 따라잡기 위해 더 많은 사람들을 투입해야지!"

그런데 어떤 조직이 관련 인력을 조달하기 어려울 경우에는 어떻게 할까? 예를 들어서 시간이 매우 촉박해서 새로 사람을 고용해 직무 교육을 시킬 여유가 없다면? 이럴 경우에는 적어도 그 기간 동안만이라도 기존 인력의 작업 시간을 늘린다. 표면적으로만 보자면 한정된 자원을 최대한 활용할 수 있는 매우 합리적인 해결책이다. 하지만 이것은 보기보다 그렇게 좋은 대응이 아닐 수 있다. 이런 대응은 한 가지 형태의 결핍, 즉 어떤 프로젝트를 완성하는 데 남은 시간은 인식하지만 또 다른 형태의 결핍, 즉 대역폭은 무시한다. 축소된 대역폭이 작업 성과에 미치는 영향을 무시하는 셈이다.

예를 들어 휴대폰 사용에 대해 생각해 보자. 현재 미국의 10개 주가 운전 중 휴대폰 사용을 금지하고 있다.[14] 이것은 일리가 있는 조치이고, 다른 주에서도 이 대열에 합류할 게 확실하다. 한 손으로 휴대폰을 쓰면서 다른 한 손으로만 운전을 하면 확실히 비효율적이고 운전할 때 반응 속도가 느릴 수밖에 없다. 그러나 이는 보이지 않는 어떤 중요한 가정을 전제로 한다. 이미 밝혀진 사실이지만, 운전 중 휴대폰을 사용하는 운전자가 사고를 낼 확률은 그렇지 않은 운전자에 비해서 상당히 높다.[15] 그러나 헤드셋을 사용하는 운전자도 마찬가지이다.[16] 그러니까 문제는 손이 아니라 정신이라는 것이다. 어떤 시뮬레이션 연구에서 핸즈프리 전화를 사용하는 운전자들은 운전에만 집중하는 운전자들에 비해서 교통 표지판을 두 배나 더 많이 놓쳤다.[17] 우리는 운전을 육체적 자원을 필요로 하는 활동이라고 여기지만 사실은 그렇지 않다. 안전한 운전을 하려면 두 손만이 아니라 다른 것, 즉 대역폭도 필요하다.

비슷한 맥락으로, 사람들은 흔히 여러 과제를 놓고 자기에게 주어진 시간을 조정할 때 대역폭을 간과한다. 여러 일의 일정을 조정할 때 우리는 어떤 일을 완수할 때까지 걸릴 시간만 생각하지, 각각의 작업이 요구하거나 받아갈 대역폭은 생각하지 않는다. 제트 추진 연구소가 우주선 발사 시점이 임박했다는 문제에 어떻게 대응했는지 생각해 보자. 엔지니어들을 더 오랜 시간 작업에 붙잡아 두었다. 하지만 이렇게 작업 시간이 늘어났음에도 불구하고 엔지니어들은 그에

3부 결핍을 위한 설계

비례해서 보다 많은 대역폭을 들이지는 않았다. 그러므로, 잔업을 한 엔지니어들은 작업 시간이 늘어났음에도 불구하고 총 대역폭의 양은 적게 들였을 것이라는 주장이 가능하다.

거의 백 년쯤 전에 헨리 포드는 시간과 대역폭의 차이를 인식했다. 그가 자기 공장 노동자들에게 주당 40시간 노동만 하도록 결정한 데는 분명 인도주의적인 의식뿐만 아니라 수익에 대한 열망도 작용했을 것이다. 이와 관련해서 어떤 사람은 다음과 같은 해석을 내놓았다.

> 헨리 포드가 1926년에 그 유명한 주 40시간 노동제를 채택했을 때 전 미 제조업자 협회 회원들은 그를 맹렬하게 비난했다. 하지만 적어도 12년에 걸쳐 진행된 그의 실험은, 하루 노동 시간을 열 시간에서 여덟 시간으로 줄이고 6일제 근무를 5일제 근무로 바꿀 때 전체 노동자의 생산량이 늘어나고 단위 생산 원가가 줄어든다는 사실을 입증했다. 포드는 노동 시간이 줄어드는 데 따른 사회적 이득을 소리 높여 외쳤지만 다른 한편으로는 늘어난 소비 시간이 모두에게 이득임을 확고하게 표명했다. 하지만 그의 주장의 핵심은 노동 시간의 축소가 생산량의 증가를 뜻한다는 것이었다.[18]

포드가 했던 실험의 원 출처를 찾기란 어렵다. 그러나 포드가 이 실험을 한 이후 거의 백 년이라는 세월 동안 비슷한 연구들이 진행되었다. 건설 사업을 대상으로 한 어느 논문은 다음과 같은 사실을 확인했다.

"주 60시간 이상의 작업 일정이 약 두 달 이상 계속 이어질 경우, 동일한 인력이 주 40시간 일을 할 때 예측되었던 완공 시점보다 훨씬 많이 지연될 정도로 생산성의 감소 효과가 발생한다."[19]

건설업과 전혀 다른 어떤 산업 분야의 경우, 한 소프트웨어 개발자는 자기 직원들이 한 주에 60시간씩 일을 할 때 처음 몇 주 동안은 훨씬 많은 양의 업무를 처리했지만, 다섯째 주가 되면서 직원들이 한 주에 40시간씩 일을 할 때보다 생산량이 점점 떨어지기 시작했다고 밝혔다.[20]

또 다른 연구는 의료 인력 한 명이 맡아야 하는 환자의 수가 늘어날 때 흉부외과에서 어떤 일이 일어나는지 관찰했다.[21] 여기에서도 단기적으로는 생산성이 향상되는 효과가 나타났다. 환자들에게 제공되는 서비스는 좀 더 빠르게 처리되었다. 그러나 여기에는 대가가 따랐다. 보다 많은 환자를 보다 빠르게 처리함으로써 진료의 질이 낮아졌고 환자가 사망할 가능성은 그만큼 높아졌다. 게다가 이렇게 함으로써 얻을 수 있었던 이득도 오래 지속되지 않았다. 작업 하중 증가가 오래 지속되자 환자 한 명에 들어가는 시간도 결국 늘어나고 만 것이다.

생산성에 미치는 충격은 다른 방식으로도 나타날 수 있다. 다음은 작업 현장에서의 혁신을 연구한 연구자의 증언이다.

면담을 마칠 때마다 나는 모든 사람에게, 자신이 갑자기 전지전능한

3부 결핍을 위한 설계

힘을 가지게 된다면 조직의 혁신을 꾀하기 위해서 무엇을 가장 먼저 하겠느냐고 물었다. 이 질문에 가장 많이 나왔던 공통적인 대답은 시간이었다. 그런데 응답자들은 흔히 이 시간에 조건을 달았다. 똑같은 종류의 시간을 양적으로 더 많이 보장하겠다는 게 아니었다. 특정한 결과를 요구하거나 특정한 조건에 구애되지 않는, 보다 자유로운 시간을 원했던 것이다. 전무이사도 '놀 시간 (…) 창문 밖을 멍하게 바라볼 시간 (…) 이런저런 일들을 정리할 시간 (…) 책을 읽고 그 내용을 실천해 볼 시간'을 간절하게 갈망한다는 말로 이런 바람을 표현했다.[22]

사실 어떤 면에서 이러한 결과는 전혀 놀랍지 않다. 사람이 육체적으로 피곤하면 휴식이 필요하듯, 정신적으로 고갈되면 회복이 필요하다. 그런데 이런 회복 과정 없이 결핍 상태가 계속 이어지면 대역폭 세금은 점점 쌓인다. 이런 메커니즘을 쉽게 이해하려면 잠처럼 단순한 걸 놓고 생각하면 된다. 더 많은 시간 동안 일을 해야 해서 시간 결핍에 시달리는 사람들은 날마다 아직 남아 있는 시간에 보다 많은 것을 욱여넣으려고 한다. 그래서 긴급하지 않은 것은 무시하고 미봉책으로 대처한다. 이때 잠은 무시당할 유력 후보가 된다. 사람은 시간이 모자랄 때 잠을 몇 시간 덜 자고 그 시간을 작업 시간으로 돌린다. 하지만 잠이 생산성에 미치는 효과를 알게 되면 깜짝 놀랄 것이다. 잠을 충분히 자지 못한 직원은 동기 부여가 덜 되고 실수를 보다 많이 저지르며 자리를 더 자주 비운다는 사실을 여러 논문들이 입증해 왔다.[23] 어떤 영리한 연구는 서머 타임 제도가 시행될 때 시간이 바뀜에 따라 잠을 빼앗긴 사람들이 그 시간을 어떻게 소비하는지 살핌으로써 이런 사실을 입증했다. 이 연구 결과, 잠을 포기하고 생긴 한 시간 중 20퍼센트 이상을 쓸데없는 웹 서핑으로 보낸다는 사실을 발견한 것이다.[24] 이 연구는 이런 과정이 축적될 때 나타나는 효과가 훨씬 더 심각함을 보여 준다. 작업 시간이 누적되고 수면 시간이 줄어들수록 생산성은 결국 저하된다.

그러나 대부분의 기업은 여전히 대역폭이 아니라 시간만 관리한다. 어떤 연구자 집단은 한 대형 회계 법인에 소속된 37세의 파트너(역주-지분을 소유한 동업자) 회계사를 다음과 같이 묘사한다. 이 사람은 결혼했으며 네 아이의 아버지였다.

일 년 전에 우리가 그를 처음 만났을 때 그는 하루에 열두 시간에서 열네 시간 동안 일을 했다. 그는 늘 녹초였으며, 저녁 시간을 온전하게 가족과 함께 보내기 어려울 정도였다. 그래서 그는 가족에게 죄의식을 느꼈고, 또 그런 생활을 불만스러워했다. 잠도 늘 부족했다. 운동할 시간도 낼 수 없었고, 음식도 건강한 음식을 찾아 먹지 못해 운전 도중이나 일과 도중에 패스트푸드로 때울 때가 많았다. 그런데 이 사람의 경험은 특별한 게 아니다. 우리는 대부분 직장에서 급한 일이 생기면 일을 더 많이 (더 오랜 시간) 한다. 그러다 보니 필연적으로 육체적·정신적·정서적으로 고갈된다. 이런 현상은 결국 집중도를 저하시켜 사람을 산만하게 만든다. 이런 기업 문화 아래에서는 직원의 이

직률이 높아지며 또한 직원의 의료비 지출도 늘어난다.[25]

또한 이 연구를 진행한 연구진은 한 '에너지 관리' 프로그램을 시험적으로 실행했다.[26] 이 프로그램에는 산책 시간이 포함되어 있었고, 수면처럼 핵심적인 요소들에 집중하는 내용도 포함되어 있었다. 그런데 이 연구를 통해서, 12개 은행의 106명 직원이 여러 측면에서 업무 성과가 향상되는 상황을 확인했다. 물론 말이 안 되는 일일 수도 있다. 그렇다면 과연 사람들이 자기 몸을 관리하면 어떤 차이가 생길까? 컴퓨터 작업을 장시간 하는 사람이라면 반복성 긴장 장애RSI와 같은 신체적 손상을 겪지 않기 위해 정해진 시간마다 휴식을 취해야 한다. 또한 컴퓨터 시각 증후군을 치료하거나 예방하려면 20분에 한 번씩은 모니터에서 눈을 떼고 다른 곳을 바라보거나 적어도 20초 동안 눈을 쉬게 해 줘야 한다는 것이 의학계의 권고 사항이다.[27] 그렇다면, 사람의 인지적 체계는 육체적 체계와 어떻게 그토록 다를 수 있을까?

여기에서 우리가 얻을 수 있는 보다 깊은 교훈은, 결핍에 따른 압박이 아무리 우리를 만류한다 하더라도 그에 굴하지 않고 대역폭을 관리하고 강화하는 데 집중할 필요가 있다는 점이다. 작업 시간을 늘리거나, 사람을 보다 열심히 일하게 한다거나, 휴가를 반납하게 하는 일 등은 모두 매우 높은 금리의 돈을 빌리는 터널링의 반응과 같다. 이렇게 돈을 빌릴 때는 장기적으로 빚어질 결과를 아예 무시한다. 정신과 의사들은 급성 스트레스 환자들이 점점 늘어나고 있다고 보고

한다.

"이 환자들은 견딜 수 있는 한계의 마지막까지 착취당한다. 이 사람들의 생활에는 휴식하고 이완할 여유, 그리고 스스로를 돌아볼 여지가 조금도 남아 있지 않다."**28**

한 주에 40시간, 혹은 50시간, 혹은 60시간씩 일을 하는 건 놀랄 일도 아니다. 그러나 정신을 잠시 일에서 해방시키는 일은 중요하다. 근무 시간을 늘리는 것보다, 대역폭이 효과적으로 사용될 수 있도록 하는 게 중요하다는 말이다.

물론, 항상 급한 불을 *끄*기 바쁜 상황에서부터 대역폭을 강화하지 못하는 상황에 이르는 이 모든 실수들은 개인적 차원의 문제이며, 누구든 이 문제의 희생자가 될 수 있다. 그러나 조직이 이 문제를 한층 확대하는 경우도 있다. 어떤 팀의 구성원 한 명이 뒤처지거나 급한 불 *끄*기의 악순환에 빠져들면 팀 내 다른 구성원들은 더 많은 결핍을 느낀다. 한 사람의 대역폭에 세금이 부과되면 조직 안에서 연속적으로 잘못된 결정이 내려지고, 이 결정들이 보다 더 큰 결핍을 유발할 수 있으며, 이 때문에 또 다른 사람들의 대역폭에도 세금이 부과될 수 있다. 조직에서 도미노 효과가 일어나는 바람에 한 사람으로부터 시작된 불길이 조직 전체 구성원을 급한 불 *끄*기의 악순환과 대역폭 축소로 몰아넣을 수 있는 것이다. 하지만 올바른 통찰력을 가진 조직은 결핍이라는 어려운 문제를 성공적으로 관리할 환경을 조성할 수 있다.

3부 결핍을 위한 설계

손님 내쫓기의 달인, 베니하나

미국의 다른 많은 기업가들이 그랬던 것과 마찬가지로 히로아키 아오키(일명 '로키') 역시 혈기 왕성한 청년 시절을 보냈다.[29] 1950년대에 10대 소년이었던 그는 일본에서 학창 시절을 보내며 라우디 사운즈Rowdy Sounds라는 록밴드를 만들었다. 체육에도 소질을 보였는데, 1960년 하계 올림픽에 플라이급 레슬링 선수로도 출전했으며, 체육 장학생으로 미국 대학교에 진학했다. 그리고 결국 나중에는 미국 플라이급 챔피언에 올라 레슬링 명예의 전당에도 이름을 올렸다. 그 뒤 그가 나이를 먹고 성숙해지면서 그의 창의성, 에너지 그리고 부지런함은 점점 사업 쪽으로 방향을 바꾸었다. 레슬링 선수로 활동하는 동안 커뮤니티 칼리지에서 음식점 경영 준학사 학위를 땄으며, 여유 시간이 날 때마다 할렘에서 아이스크림 장사를 했다.

아오키가 가장 큰 성공을 거둔 사업도 처음에는 작게 시작했다. 아이스크림 장사를 해서 번 돈 10,000달러로 그는 뉴욕 웨스트 56번 가에서 베니하나라는 이름을 내걸고 테이블 네 개짜리의 일본식 스테이크집을 열었다. 처음 몇 해 동안에는 수익이 들쭉날쭉했다. 그러나 맛과 분위기로 입소문을 타기 시작하면서 마침내 이 식당은 유명인들이 즐겨 찾는 곳이 되었다. (예를 들면 무하마드 알리와 비틀즈가 단골 고객이었다.) 아오키는 이 식당을 시작으로 체인점을 늘려 나갔다. 처음에는 뉴욕으로 체인점이 퍼져 나갔다가 나중에는 미국 전역으로, 그리고 또 전 세계로 확대되었다. 오늘날 베니하나는 전 세계 17개국에 진출해 있다. 아오키는 2008년에 사망했는데, 이때 그가 세운 제국의 자산 가치는 무려 1조 달러가 넘었다. 그의 이미지는 친자 확인 소송, 가족 간 소송, 골동품 자동차 수집, 온갖 괴짜 취미들 그리고 어느 꽃의 일본어 이름을 그대로 쓴 '베니하나'라는 상호에 담긴, 어쩐지 신비롭고 이국적인 뒷이야기(아오키는 제2차 세계 대전 때 미군이 도쿄를 폭격한 뒤, 자기 아버지가 폐허 속에서 붉은 꽃 한 송이를 보았다고 했다) 등으로 인해 특히 유별나서 수많은 패러디의 대상이 되기도 했다.

베니하나 식당에 한 번이라도 가 본 사람이라면 누구나 이 식당이 왜 그토록 독특한지 잘 알 것이다. 요리사가 손님 바로 앞에서 요리를 하기 때문이다. 아닌 게 아니라 '요리' 자체가 하나의 예술 행위이다. 칼을 집어던졌다가 받고, 음식을 철판에서 곧바로 손님의 접시 위로 던지며 양파 링으로 화산이 폭발하는 모습을 연출한다. 음식을 내놓을 때마다 번번이 박수가 터지는 식당은 아마도 베니하나밖에 없을 것이다. 유튜브에서 베니하나를 검색하면 수만 건의 조회수를 기록한 수백 개의 동영상이 나온다. 이 모든 것이 베니하나가 거두는 성공에 기여한다. 아오키는 단순한 오락거리를 만들어 내는 것 이상의 일을 해냈다. 그는 요식업소가 직면한 결핍을 깊이 이해했으며, 또 이 문제를 해결했다.

사람들은 식당을 음식, 실내 장식 그리고 서비스 차원에서만 생각한다. 사실 고객으로서 우리가 식당에서 기대할 수 있는 건 이게 전부이다. 그러나 이 세 가지 모두 훌륭했는데도 결국 문을 닫고 만 식당들도 많다. 손님을 식당 안으로 끌어들인다고 해서 요식업의 성공이 보장되는 건 아니다. 식자재 조달 및 운영에 관한 여러 의사 결정이 수익성을 결정한다. 식당들이 직면하는 문제는 전체 비용 중 고정 비용이 차지하는 비율이 매우 높다는 점이다. 물론 음식에 비용을 지출하긴 하지만, 이 비용은 직원 임금, 집세, 전기세, 보험료 등의 경상비에 미치지 못한다. 손님이 많든 적든 이 경상비는 고정적으로 지출된다. 그 결과 요식업에서 중요한 것은 고정 비용을 빼고 남는 부분이 된다. 매출이 고정 비용을 회수할 수 있는 수준으로 오른 뒤부터는 나머지 매출의 대부분이 이익으로 돌아간다. 바로 여기에서 매우 흥미로운 산수 계산이 생겨났다. 손님이 많은 토요일 밤의 세 좌석은 두 좌석보다 수익을 50퍼센트밖에 더 낼 수 없지만, 만일 처음 두 좌석의 매출에서 고정 비용을 회수한다면 나머지 한 좌석의 매출은 대부분 이익으로 떨어진다.

아오키는 (그리고 다른 식당 주인들은) 요식업이 좌석 결핍의 문제를 해결하는 사업임을 깨달았다. 얼마나 많은 좌석을 채울 수 있을까 하는 문제가 핵심이라는 것이다. 만일 보다 많은 테이블에 손님을 앉힐 수 있다면 보다 많은 좌석을 확보하는 게 된다. 한 테이블에 앉는 사람의 수를 더 많이 한다면 보다 많은 좌석을 확보하는 셈이다. 또 테이블의 회전수를 늘린다면 (즉, 저녁에 한 테이블에 손님을 모시는 횟수가 보다 많아진다면) 보다 많은 좌석을 확보하게 된다.

베니하나에 위협적인 요소로 비쳤던 것이 사실은 결핍이라는 문제를 해결하는 영리한 해결책이었다. 요리사의 공연이 전제되기에 베니하나는 모르는 사람끼리도 스스럼없이 함께 공동 테이블(커뮤널

테이블)에 앉을 수 있다. 그리고 여덟 명이 앉을 수 있는 공동 테이블은 같은 인원수가 앉을 수 있는 개별 테이블보다 좌석 효율성이 훨씬 높다. 일행 네 명이 함께 와서 두 명짜리 테이블 두 개를 붙일 때까지 기다릴 필요가 없어졌다. 게다가, 베니하나 공동 테이블의 회전율은 훨씬 높다. 요리사는 손님 앞에서 연극 공연을 하듯이 (그리고 매우 빠르게) 요리를 한다. 손님은 이쪽 편에 있고 요리사는 저쪽 편에 있으며 메뉴는 단출하고 주문 시간은 제한되어 있다. 요리사는 손님에게 맞춰 요리를 완성하는 속도를 조절한다. 음식은 손님의 접시로 던져지고, 손님은 빠르게 그 음식을 먹어야 한다. 왜냐하면 그 다음 요리가 곧 자기 접시에 던져질 것임을 눈으로 확인하기 때문이다. 게다가 디저트인 아이스크림도 불판 가까이에 있으므로 빨리 녹는다. 또 쇼 하나가 끝나면, 요리사는 인사를 하고 손님은 박수를 친다. 쇼가 끝났으면 관객은 일어나서 나가야 한다. 자리에서 젓가락을 씹으며 멀뚱히 앉아 있을 수 없다. 모든 쇼가 끝나 철판이 깨끗하게 정리가 되고 다른 사람들이 자리에서 일어나는데 주변에서 그냥 얼쩡거리고 있을 수도 없다. 이것은 베니하나가 하룻밤 기준으로 테이블당 훨씬 많은 손님을 받을 수 있다는 뜻이다. 어떤 사람들은 베니하나가 다른 식당들에 비해 매출액 1달러당 순수익을 10센트 이상은 더 챙긴다고 추정한다.[30]

3부 결핍을 위한 설계

| 매출 상승의 열쇠, 결핍

베니하나는 잘 연출된 음식 외에도 많은 조직이 귀담아 들어야 할 중요한 교훈을 준다. 기업이 진정으로 희소한(결핍된) 자원을 포착할 정도로 안목이 있다 하더라도 희소성(결핍) 관리의 복잡성이나, 희소성 관리를 조금만 더 잘해도 얻을 수 있는 편익의 가치를 과소평가하는 경우가 흔하다.

조직 운영을 전공하는 코넬대학교의 연구원 셰릴 킴스Sheryl Kimes는 멕시코 식당 체인인 쉐비스Chevys로부터 수익 개선 방안을 찾아달라는 의뢰를 받아 일하면서 이 사실을 발견했다.[31] 그녀는 우선 이 회사가 안고 있는 과제들을 보다 더 잘 파악하기 위해 먼저 직원들과 대화부터 시작했다. 이 과정에서 적어도 한 가지 과제는 분명해졌다. 차례를 기다리는 손님들의 줄이 너무 길다는 점이었다. 그런데 이것은 어떤 점에서 보자면 굳이 나쁘다고만 할 수는 없었다. 이 식당이 사람들에게 인기가 높다는 시각적인 증거였기 때문이다. 하지만 이는 자부심을 가질 일이긴 했어도 그 긴 줄 자체가 곧바로 돈으로 바뀌지는 않았다. 밖에서 기다리게 할 게 아니라 안으로 들어오게 해서 주문을 하고 매출을 올리게 만들어야 했다. 밖에서 기다리는 손님은 불평할 수밖에 없고, 그러다가 그냥 가 버릴 수도 있었다. 요기 베라Yogi Vera가 말했듯이 '이제 아무도 그 식당에는 두 번 다시 가지 않을 거야. 사람이 너무 많으니까.'[32]라고 하는 사람들이 얼마든지 있을 것이기 때문이다. 가격을 올릴지 아니면 식당을 확장할지 파악하기 위해서 킴스는 우선 관련 자료의 통계부터 철저히 분석했다. 이렇게 하면 직원들이 느끼는 인상보다 상황을 조금은 더 정확하게 파악할 수 있을 것이기 때문이었다. 그녀가 알고 싶었던 정보는 이런 것들이었다. 테이블당 매출은 얼마인가? 어느 테이블의 점유 시간이 가장 긴가? 어느 테이블의 회전수가 가장 높은가?

그런데 결과는 놀라웠다. 보기에는 줄이 매우 길고 손님들이 오래 기다리는 것 같았지만 자료로 드러난 사실은 그렇지 않았다. 테이블 사용률이 예상보다 훨씬 낮았던 것이다. 식당 안 좌석의 과반수가 차 있는 시간은 일주일에 겨우 다섯 시간 정도였다. 그러나 밖에 줄이 늘어서 있는 시간은 그보다 더 많았다. 도대체 어떻게 된 것일까? 자료 속의 두 가지 단서가 이 문제를 해결하는 데 도움이 되었다. 첫째, 좌석 사용 시간에 상당한 변동성이 있었으며, 특히 한 팀이 식사를 끝내고 난 뒤 다음 팀이 식사를 하기 시작할 때까지의 시간의 변동성이 가장 높았다. 심지어 매우 바쁜 시간대에서도 이 시간은 무척 길었다. 둘째, 쉐비스와 같은 식당들은 친구나 동료들끼리 즐겨 찾는 곳이라는 인식이 일반적이었지만 실제로 자료가 말하는 내용은 좀 달랐다. 손님들 중 70퍼센트가 혼자 왔거나 둘이서만 온 사람들이었다. 그러니까 손님의 특성에 맞는 좌석 제공이 제대로 되고 있지 않았던 것이다. 킴스는 자기가 파악한 내용이 맞는지 알아보기 위해서 관련 자료를 바탕으로 쉐비스에게 가장 효율적인 방식이 무엇인지, 특히 어떤 크기의 테이블을 중점적으로 배치해야 할지 컴퓨터 시뮬레이션을 돌렸다. 그러자 명쾌한 해법이 도출되었다. 두 사람이 앉을

3부 결핍을 위한 설계

수 있는 테이블을 보다 더 많이 마련해야 한다는 것이었다. 경영진은 즉각 이 개선안을 도입했고, 결과는 엄청났다. 매출액이 5퍼센트 이상 늘어난 것이었다. 이는 1년 기준으로 한 지점에서만 약 12만 달러나 되는 금액이었다. 물론 새로운 테이블을 구입하거나 실내를 리모델링하고, 그 밖의 다른 변화를 도입하는 데 비용이 더 들긴 했지만, 여기에 들어간 비용은 첫 해에 늘어난 매출액으로 이미 빠지고도 남았으며 그 다음 해부터 발생한 추가 매출액은 온전히 순수익으로 남았다. 결핍 관리에 대한 투자가 매우 높은 수익률을 기록한 것이다.

킴스가 개선 방안을 제시하기 전까지 쉐비스는 결핍 관리를 제대로 하지 못했다. 결핍과 관련된 과제들이 그처럼 중요한지 미처 깨닫지 못했기 때문이다. 게다가, 식당 하나의 문제를 해결하는 데만도 어마어마한 분량의 컴퓨터 작업이 필요했으니, 그 과제들은 결코 만만하지 않았다. 게다가 매장은 한 군데가 아니다. 기업은 흔히 결핍 관리를 어떻게 하느냐에 따라서 성공하기도 하고 실패하기도 한다.

10장

일상 속의 결핍

의사와 케이블 방송국 A/S 기사 사이에는 공통점이 하나 있다. 몇 시 정각에 보자고 약속을 해 놓고선 이 약속을 지키는 경우가 거의 드물다는 점이다. 물론 예정대로 시간을 정확하게 지키기란 어렵다. 조금만 꾸물거리거나 예상과 다르게 시간을 많이 잡아먹는 일은 반드시 일어나는데, 이런 충격을 흡수해 줄 느슨함이 전혀 마련되어 있지 않기 때문이다. 처음에는 얼마든지 제어할 수 있을 것 같았던 일정이 점점 걷잡을 수 없이 늦춰진다. 이렇게 되면 모든 약속을 다 서둘러 해치워야 한다. 당사자는 오로지 눈앞에 닥친 일에 몰두하고 터널링 상태에 빠져들 수밖에 없다. 미래의 시간을 빌려서 현재의 일에 투입한다. 빡빡한 일정 때문에 당사자는 벼랑 끝에 선 사람의 심정이 된다. 까딱하면 모든 약속에 다 늦을 수도 있다. 아니, 결국 늦고 만다. 거의 날마다, 약속을 지킬 수 없는 선을 일찌감치 넘어 버린다. (그런데 고객들이 왜 이런 일을 그냥 참고 넘길까? 이는 또 하나의 의문이다.)

우리 동료들 가운데 한 사람도 (이 사람은 한 재단의 대표이다) 개인 일정을 빡빡하게 짜기로 유명하다. 약속 하나가 끝나면 곧바로 다음 약속이 기다리고 있다. 그는 이런 식으로 하루를 보낸다. 그러다 보니 그는 의사나 케이블 방송국 A/S 기사들처럼 연속적으로 약속을 어길 가능성이 매우 높다. 그가 이렇게 늦는다 하더라도 그와 만나기로 약속한 사람들은 이런 일을 그냥 참을 수밖에 없다. 그에게 돈을 빌리러 오는 사람들이기 때문이다. 하지만 그는 빡빡한 일정 속에서도 늦지 않는다. 다음 약속이 예정된 시각 5분 전에 비서가 나타나서 '5분 남았습니다.'라고 말해 준다. 그리고 현재 진행 중인 약속이 끝나는 시간에 비서는 다시 나타나서 이런 사실을 알린다. 비서의 이런 명백한 개입 덕분에 그 친구는 결핍의 덫에 빠지지 않는다. (사실 기업 경영자들 가운데 많은 사람들이 이런 일을 해 주는 헌신적이고 숙련된 비서를 곁에 두고 있다.)

비서가 문을 두드리는 행위는 특별히 혁신적인 개입은 아니다. 그러나 심오한 어떤 사실을 생생하게 일러 주는 것만은 분명하다. 어떤 사람의 환경에서 일어나는 아주 작은 변화라도 결핍의 결과를 바꾸어 놓을 수 있다. 결핍의 심리는 원초적이며, 이것을 '스스로' 바꾸기는 어려울 수 있다. 하지만 그렇다고 하여 올바른 결과를 얻기 위해 심리 자체를 바꿀 필요는 없다. 방금 말한 재단의 대표도 정해진 약속에 따라서 누구를 만날 때면 터널링 상태에 빠져든다. 그런데 그가 쓰는 계책은 결핍 심리에 대응하기 위해서 환경을 바꾸는 것이다. 사실 그 환경을 극단적으로 바꾸는 것도 아니다. 비서가 느슨함을 추가로 만들어 주지 않기 때문이다. 약속은 여전히 연이어 있고, 그 사람은 여전히 매 약속 때마다 터널링에 빠져든다. 비서는 결핍의 심리가 해를 끼치는 일이 일어나지 않도록 막아 주기만 할 뿐이다. 이는 고속도로에 설치된 요철에 비유할 수 있다. 전체 도로에서는 아주 작은 변화이지만 운전자의 졸음을 쫓아 주고 운전자가 무심코 차선을 이탈하는 것을 막아 사고를 예방하는 기능을 충분히 한다. 이것은 운전자로 하여금 더 많이 집중하게 하거나 잠을 더 자게 하는 것보다 훨씬 쉽다.

마찬가지로, 우리는 우리가 놓인 환경을 '결핍으로부터 안전한' 환경으로 만들 수 있다. 보다 나은 결과를 얻으려 하는데 일이 자꾸만 나쁘게 풀리는 이유를 이해하고, 도로의 요철 부분에 해당하는 해결책을 도입하거나 도움을 줄 비서를 고용할 수 있다. 그런데 이때 이런 조치를 하기 위한 논리가 중요하다. 즉, 결핍을 이해하면 다른 차원에서 생각할 수 있고 또 지속적으로 제기되는 여러 가지 문제들을 제어하는 데 도움을 받는다는 사실을 올바르게 이해하고 받아들여야 한다.

터널 안에 무엇을 넣을까?

결핍을 관리하는 쉽고 단순한 수단은 바로 터널 안에 있는 것에 영향력을 행사하는 것이다. 그런데 이 수단은 쉽게 과소평가되곤 한다. 이는 앞서 예로 들었던 비서가 잘하는 것으로, 상사가 어떤 일에 여전히 집중하는 터널링 상태에 빠져 있을 때 비서가 그를 강제로 다음 약속으로 끌고 가는 방식이다. 우리는 경제학자들인 딘 칼런Dean Karlan, 마거릿 맥코넬Margaret McConnell 그리고 조너선 진먼Jonathan Zinman과 함께한 작업에서 볼리비아, 페루 그리고 필리핀의 가난한 사람들을 위해서 터널 안으로 저축을 넣어 그들 눈에 띄게 하려는 시도를 한 적이 있다.[1] 이런 시도는 가난한 사람은 어느 정도는 터널링 상태에 빠져 있기 때문에 저축을 할 생각을 아예 하지 않는다는 가설을 전제로 한 것이었다. 저축은 중요하긴 하지만 긴급한 과제는 아니다. 그래서 저축은 가난한 사람들에게 거의 늘 터널 밖에만 존재한다. 저축보다 긴급한 일이 언제든 있기 때문이다. 그래서 우리는 한 달에 한 번씩 문자 메시지나 편지로 사람들에게 무슨 용도로 저축을 하고 있으며 저축액은 얼마나 되는지 묻는 식으로, 그 사람들이 저축을 떠올릴 수 있도록 잠시 동안이나마 저축을 터널 안으로 밀어 넣었다. 그런데 이 사소한 조치만으로도 사람들의 저축액은 6퍼센트 증가했다. 이런 조치를 자주 한 것도 아닌 데다 강제성도 전혀 없었음을 염두에 둔다면 (문자 메시지나 편지를 보내는 것은 비서가 문을 열고 들어오는 것에 비하면 훨씬 덜 강력하고 덜 생생한 방식이다), 이런 효과는 놀라울 정도로 큰 것이었다. 우리는 교육을 하거나 의지를 단련시키는 방식이 아니라, 그저 터널링 상태에 빠졌을 때 간과하기 쉬운 중요한 일을 일깨워 주는 것만으로도 사람들의 저축액을 늘릴 수 있었다.

터널링은 금융 상품에 대한 새로운 아이디어를 제공한다. 금융 및 재정에 관한 결정들은 당연히 터널 안에서 일어난다. 누군가가 가난한 당신에게 빚을 갚거나 집세를 내야 한다는 사실을 일깨워 줄 수도 있다. 이런 사람 혹은 기관은 (앞서 예로 들었던 비서와 마찬가지로) 당신이 아무리 터널링 상태에 빠져 있다 하더라도 그 사실을 터널 안으로 들고 들어와 당신에게 보여 준다. 그런데 기본적으로 저축에 신경써 줄 헌신적인 비서는 따로 없다. 따라서 (우리가 가난한 사람들에게 했던 것과 같은 의식적인 개입이 없기 때문에) 저축과 관련된 홍보나 캠페인은 대개 가난한 사람들 눈에는 보이지 않는 터널 바깥에서 진행된다.

물론 터널링에 대한 통찰을 활용해서 가난한 사람들을 착취하는 일도 일어난다. 높은 금리로 돈을 빌려주고선 임박한 이자 폭탄을 상기시키지 않는 것이다. 잊고 있던 어떤 것을 상기시켜 주는 것이든 혹은 이자 폭탄이든 간에 이런 효과들은 유독 가난한 사람들에게 압도적으로 큰 영향을 미친다. 터널링 상태에 빠져 있고 그에 따른 결과로 고통을 받는 사람은 대부분 가난한 사람들이기 때문이다.

상기시킬 대상은 돈에 국한되지 않는다. 바쁜 사람은 운동하러 가는 것을 쉽게 잊어버린다. 중요하긴 해도 긴급한 일이 아니기 때문이다. 트레이너와의 개인 교습을 등록하면 이런 문제가 조금은 해결된다. 트레이너가 보내는 문자 메시지가 터널 속의 사람이 까맣게 잊고 있던, 운동하러 가야 한다는 사실을 상기시키기 때문이다. 이렇게 되면 운동하러 헬스장에 가는 것은 무시할 수 없는 일이 된다. 트레이너가 터널 안으로 따라 들어와서 운동하러 오라고 독촉하기 때문이다. 이 트레이너는 터널 안에 늘 함께 있으면서 운동하러 가야 한다는 사실을 잊지 않게 해 준다.

이렇게 우리를 일깨워 주는 상기자뿐만 아니라 충동 역시도 터널 안으로 쉽게 들어간다. 슈퍼마켓은 이런 사실을 오래전부터 알고 판촉에 활용해 왔다. 이들이 쉽게 돈을 버는 방법은 계산대 근처에 초콜릿이나 사탕을 진열해 두는 것이다. 이때 사탕은 '아, 저 사탕 먹고 싶다.'라는 즉각적인 충동이라는 형식으로 계산대 앞에 선 고객의 터널 안에 불쑥 들어간다. 많은 충동들이 이런 식이다. 하지만 이런 충동들은 아무리 중요하고 또 당사자가 원하는 것이라고 하더라도 사람들의 눈에 띄지 않을 때는 사람들의 의식에 존재하지 않는다. 그 사람을 간절하게 압박하지 않기 때문이다. 그러나 사람의 눈에 띌 때는 스스로를 강력하게 주장하며 다른 충동들(이 경우에는 다이어트 충동이다)을 터널 밖으로 밀어낸다.

이런 관찰을 토대로 한다면 저축을 하려는 충동도 일으킬 수 있지 않을까? 그래서 우리는 다른 프로젝트에서 이 실험을 해 보았다. 슈퍼마켓의 계산대 근처에 '충동 저축'이라는 이름의 어떤 상품 카드를 매달아 놓고 고객의 반응을 살핀 것이다. 이 카드는 사람들이 저축을 하는 목적이기도 한 대학교, 주택, 혹은 자동차 등의 사진을 담고 있었고, 우리는 손님이 이 카드를 '구입'하면 실제로 저축이 이루어질 수 있도록 했다. 이들이 카드를 사는 데 쓴 돈이 곧바로 그 사람의 은행 계좌로 입금되도록 한 것이다.[2]

이 카드는 어떤 사람이 잠재적으로 가지고 있는 목적을 전면에 내세움으로써 터널링과 싸울 뿐만 아니라, 그 목적이 머리에서 사라지기 전에 '카드 구입'이라는 어렵지 않은 행동을 할 방법을 제시했다. 가난한 사람을 대상으로 금융 서비스를 제공하는 IFRM 트러스트라는 기관과 함께 소규모로 시범 운영했던 이 프로그램에서, 우리는 예상보다 훨씬 많은 사람들이 매장 계산대 위에 매달린 이 카드를 보고 충동적으로 저금을 한다는 사실을 확인했다. 바쁘게 살아가는 사람의 컴퓨터 모니터에 이따금씩 가족사진이 불쑥 나타나게 하는 것도 (이때 이 사진이 늘 있는 배경화면이 아니라 불규칙하게 나타나서 주의를 사로잡기만 하면 된다), 이렇게 하지 않았더라면 바쁜 생활 속에서 그냥 잊고 무심코 지나갔을 수도 있는 어떤 것을 떠올리게 하는 데 효과가 있다.

상기자는 매우 강력한 힘을 발휘할 수 있다. 그러나 이들은 보통 과소평가되는데, 어쩌면 상기자 자체가 너무도 명백하기 때문이 아닐까 싶다. 2008년에 매사추세츠 차량 등록국은 비용을 절감하는 방안 하나를 생각했다. 사람들에게 차량 재등록 시기가 임박했음을 알려 주는 우편물에 들어가는 비용이 적지 않으니, 이 우편물을 발송하지 않기로 한 것이다.[3] 어떤 점에서 보자면 충분히 일리가 있는 발상이고 조치이다. 하지만 우리 논지에 따르면 이런 행위가 얼마나 어리석은지 잘 알 수 있다. 차량 등록 말소 시기는 차량마다 다르며, 지난

번 재등록 시점에 따라서 달라진다. 편지든 뭐든 이런 사실을 상기시켜 주지 않으면 제 날짜를 정확하게 기억했다가 재등록하기란 쉽지 않다. 정말 바쁜 사람들과 정말 가난한 사람들에게 이 상기자는 제시간에 재등록을 해서 과태료를 물지 않게 해 주는 유일한 도우미이다. 아닌 게 아니라 매사추세츠주 정부는 그 단순한 정책 변화로 뜻하지 않게 (정말 의도하지 않은 것이었을까?) 엄청나게 많은 수입을 올렸다.

상기자는 믿을 수 없을 정도로 단순하게 작동하지만 자주 간과된다. 정책 입안자들은 저축에 대한 시민의 태도를 어떤 방향으로 유도하려고 수백만 달러의 예산을 쓰기도 하지만 사람들이 기꺼이 저축을 하겠다는, 잠시 잊고 있었던 생각을 떠올리게 하는 데는 실패한다. 우리는 적지 않은 돈을 들여 헬스장에 등록하지만, 헬스장에서 운동해야 한다는 생각이 우리의 터널 안에 계속 머물게 하려면 어떻게 해야 할지 곰곰이 생각하지는 않는다.

▌ 깜박해도 무너지지 않는 세상

작년에 우리 두 사람은 저축을 완전히 무시하고 살았다. 사실, 꽤 오래전부터 우리 중 어느 한 사람도 저축에 대해 생각하지 않았다. 무엇이 이런 경솔한 행동을 유발했을까? (심지어 우리 둘 중 한 사람에게는 아이들도 있는데!) 그런데 실제로는 저축을 완전히 잊고 사는 게 대단히 경솔한 행동은 아니었다. 연금 저축에서부터 학자금 마련 저축에 이르기까지 우리의 저축은 상당히 안정적으로 진행되고 있다. 그렇다면 실제로 저축하는 행동을 하지도 않으면서 어떻게 저축이 이루어지고 있을까? 사실 이런 일은 우리 두 사람에게뿐만 아니라 대부분의 사람들에게서도 일어나고 있다. 우리 두 사람은 아주 오래전부터 수입의 10퍼센트가 자동적으로 저축되도록 하는 서비스를 받고 있다. 그래서 비록 우리의 일상은 저축을 완전히 무시하고 까맣게 잊은 상태에서 이루어지지만, 그럼에도 우리는 상당한 금액을 모을 수 있었다. 자동 이체가 있기 때문에 가능한 일이다.

이 사례는 단순한 통찰 하나를 제시한다. 무언가를 무시할 때, 무시에 맞서 싸우는 것보다 무시가 유도하는 결과를 바꾸는 것이 더 효과적일 수 있다는 통찰이다. 미국에서 새로운 직장을 얻으면 퇴직 연금 상품의 일종인 401(k)의 가입 여부를 묻는 서류의 빈칸을 채워 제출해야 한다. 보통 이 서류를 제출하지 않으면 가입이 되지 않는데, 이 연금에 가입하지 않으면 말년이 비참해질 수도 있다. 하지만 막 새 직장을 얻은 사람일 경우 이런저런 일로 머릿속이 복잡해지고 터널링 상태에 빠질 수 있다. 이때 퇴직 연금 가입 서류를 작성해야 한다는 사실은 무시당하고 까맣게 잊힌다. 그런데 통찰력이 넘치는 한 연구에서 연구자들은 그런 무시가 빚어내는 결과를 바꿀 때 어떤 일이 벌어지는지 살폈다.[4] 이에 따라 새로 취직한 사람들은 개정된 서류 양식을 받았는데, 이 양식에는 다음과 같은 내용이 들어 있었다.

"당신은 금리 3퍼센트로 401(K) 연금에 가입되었습니다. 만일 가입을 원하지 않거나 다른 금리 방식을 원하신다면 이 서류의 빈칸을 채워 제출해 주십시오."

그러니까 그 서류 양식을 무시해도 연금에 가입해서 저축을 할수 있게 된 것이다. 연금에 가입하고 싶던 사람들에게는 그 서류 양식을 무시하고 잊어버렸다 하더라도 아무런 위험이 발생하지 않은 것이다. 이렇게 서류의 양식을 바꾼 결과는 놀라웠다. 3년이라는 짧은 기간이었지만 401(k) 연금 가입률이 엄청나게 높아진 것이었다. 새로 취직한 사람들에게 연금에 가입하지 않을 사람만 서류를 제출하라고 한 회사들에서는 이 연금의 가입률이 80퍼센트를 넘었다. 이에 비해 기존 방식대로 연금에 가입할 사람만 서류 양식을 제출하라고 한 회사들에서는 가입률이 45퍼센트밖에 되지 않았다. 어떤 결정이 무시당해 이루어지지 않을 때 일어나는 결과를 바꾸면 무시로 인해 일어나는 문제를 해결하는 데 놀랍도록 큰 영향을 미친다는 사실을 알 수 있다.

물론 본인이 아닌 다른 누군가가 초기 설정 사항을 정해 놓아, 본인이 직접 내용을 까다롭게 따져야만 하는 것은 무척 많다. 하지만 대다수의 경우에는 본인이 초기 설정 사항을 직접 수정할 수 있게 되어 있다. 자동 이체 설정이 가장 좋은 예이다. 다달이 자동차 할부금을 내야 하는 사람이 이 설정을 해 놓으면, 터널링 상태에 빠져 납입 기한을 놓쳐 버리는 낭패를 당하지 않아도 된다. 청구서를 얼마든지 무시해도 된다. 그래도 납입금은 꼬박꼬박 입금될 것이기 때문이다. 그 결과, 자동차 등록이나 운전면허증 갱신, 세금 납부처럼 자동화될 수 없는 일만이 바쁘게 사느라 터널링에 빠져 있는 사람들을 괴롭힌다. 그러나 이런 것들보다 더 어려운 문제들이 있는데, 바로 유언장을 쓰거나 정기적으로 의료 검진을 받는 등의, 상기자가 따로 없으며 마감 기한도 없고, '자동 이체'도 되지 않는 일들이다.

이런 발상은 반복적이고 예측이 가능한 일들에 폭넓게 적용된다. 집에서 일을 하며 어떤 마감 기한 때문에 터널링 상태에 빠져 있는 사람들을 생각해 보자. 이 사람은 아마도 자기가 먹는 음식의 질은 무시할 것이다. 그저 손이 닿는 가까운 곳에 있는 음식을 아무거나 먹을 것이다. 사실 이런 상태에 놓인 사람들은 정신적으로 지쳐 있으므로 즉각적인 유혹이 가장 강한 음식, 건강에는 덜 좋은 음식을 선호하는 경향이 있다. 냉장고에 다양한 음식이 갖춰져 있으면 이 바쁜 사람들은 얼마 지나지 않아 몸무게가 부쩍 늘어난다. 반면 냉장고에 오로지 건강식품만 갖추어져 있는 사람은 마감 기한과 상관없이 날씬한 허리를 유지할 것이다.

뱅크 오브 아메리카가 진행한 '거스름돈은 저금하세요Keep the Change'라는 프로그램은 무시의 심리를 긍정적인 목적에 맞추어 유용하게 활용할 수 있음을 생생히 입증했다.[5] 다음은 이 은행이 제시한 설명이다.

'거스름돈은 저금하세요' 프로그램과 함께라면 여러분은 저축액을 자동적으로 불려 나갈 수 있습니다. 이 프로그램에 등록만 하시면, 여러분이 우리 은행의 체크카드로 물건을 구매할 때 거스름돈을 돌려받지 않고 그 차액을 여러분의 당좌 예금 계좌에서 저축 예금 계좌로 즉시

3부 결핍을 위한 설계

이체·입금해 드립니다. 커피 한 잔을 마실 때마다, 자동차 주유를 할 때마다 그리고 잡화점에서 물건을 살 때마다 여러분은 작은 거스름돈을 모아 저축할 수 있고, 여러분의 저금은 그만큼 더 늘어날 겁니다. 이보다 더 간편한 저축이 있을까요?

이 프로그램은 (비록 금리가 낮고 수수료가 높다는 등의 이유로 줄곧 비판을 받고 있긴 하지만) 소비하고자 하는 사람들의 충동을 억제하는 것이 아니라 이 충동을 이용함으로써 사람들이 저축을 하도록 한다는 점에서 매우 잘하고 있다.[6] 즉, 사람들은 저축을 무시하지만, 이 프로그램은 사람들이 가장 자연스럽게 하는 행위인 소비를 하는 동안에 자동적으로 저금을 하게 만드는 것이다.

| 일회성 경계와 지속적 경계

바쁜 일상을 보내는 전문직 종사자가 규칙적으로 헬스장에 운동을 하러 가기란 헬스장에 등록하는 일보다 훨씬 어렵다. 이럴 수밖에 없는 이유 한 가지는 분명하다. 등록에 따르는 고통은 윗몸 일으키기를 할 때의 고통이나 30분 동안 일립티컬 머신을 밟을 때의 고통과 비교할 수 없다. 누구나 수긍할 만한 이유이다. 그러나 이것 말고도 또 다른 이유가 있다. 등록은 단 한 번으로 끝나지만, 규칙적으로 운동을 하려면, 즉 옳은 일을 몇 번이고 반복하려면 철저한 경계심을 지속적으로 유지해야 하기 때문이다. 우리는 지속적 경계와 일회성 경계라는 두 가지 선택지 가운데 하나를 고르는 것이라고 할 수 있다. 지속적 경계를 선택하면 그 선택을 계속 반복해야만 한다. 예를 들어 헬스장에 계속 나가야 하고, 어려울 때를 대비해 계속 저축을 해야 하고, 건강에 좋은 음식을 계속 먹어야 하고, 가족과 함께 보내는 유익한 시간을 지속적으로 내야 한다. 어떤 것은 심지어 초긴장 수준의 경계를 요구하기도 한다. 만일 헬스장에 가는 걸 한 번 빼먹는다고 치자. 여기에 따르는 손실은 당신이 여태까지 힘들게 노력해서 쌓은 것의 아주 작은 일부에 지나지 않는다. 하지만 먹어야 할 약을 한 번 건너뛸 경우 매우 심각한 문제가 일어날 수 있다. 혹은 단 한 차례 경계심을 늦추는 바람에 비싼 가죽 재킷을 사기 위해 몇 달 동안 힘들게 일해야 할 수도 있다. 이에 비해 일회성 경계는 바람직한 어떤 결과를 얻기 위해서 단 한 번만 (혹은 적어도, 아주 가끔씩만) 고통을 겪으면 된다. 자동 이체 신청을 한 번 해 놓으면 그 다음부터는 기한에 맞춰서 자동차 할부금을 납입해야 한다는 걱정을 하지 않아도 된다. 세탁기를 한 대 사면 날마다 혹은 며칠에 한 번씩 빨래방에 가지 않아도 된다. 휴대폰을 사면서 부가 할인 옵션을 선택하면 여러 가지 귀찮은 일로부터 한꺼번에 해방될 수 있다.

특히 터널링 상태에 빠져 있는 사람의 경우에는 옳은 일을 여러 번 지속적으로 하는 것보다 딱 한 번만 하는 것이 훨씬 쉽다. 그러나 좋은 부모 되기, 저축하기 혹은 건강한 음식 먹기처럼, 대부분의 좋은 행동들은 지속적인 경계를 요구한다. 게다가 더 나쁜 소식은, 자기에

3부 결핍을 위한 설계

게 부족한 것을 남에게 빌리기, 잘못된 충고 따르기, 충동구매와 같은 나쁜 행동들은 대부분 단 한 번만 해도 고통을 유발한다는 것이다. 딱 한 번 돈을 빌렸을 뿐인데, 이 일로 당신은 구덩이를 파게 되고 이후 오랫동안 그 구덩이에서 빠져나오기 위해 버둥거려야 한다.

바로 여기에서 교훈 하나를 얻을 수 있다. 지속적인 경계를 해야 하는 행동을 단 한 번의 행동으로 바꿀 수만 있다면 반드시 그렇게 하라는 교훈이다. 싱크대 한쪽에 놓여 있는 과자를 집으려 할 때마다 신경을 쓸 게 아니라, 아예 그 과자를 샀던 슈퍼마켓에서 딱 한 번 신경을 쓰라는 말이다. 평범한 과제의 대부분이 이와 같은 구조를 가지고 있다. 집을 깨끗하게 정돈된 상태로 유지하려면 지속적인 경계가 필요하다. 하지만 (경제적인 여유가 있다면) 도우미를 고용한다는 단 한 번의 경계만으로 지속적인 번거로움의 고통을 해결할 수 있다. 한 달에 한 번씩 날아오는 청구서를 해결하느라 늘 신경을 곤두세우는 대신 자동 이체 설정 한 번으로 문제를 해결할 수 있다. 하이패스를 구매하면 고속도로를 다닐 때마다 현금을 준비하지 않아도 된다. 폭을 더 넓혀 생각해 보자. 터널링은 무시를 유발하므로, 쉽게 무시되곤 하는 것들을 일회성 행동으로 바꾸는 것은 매우 강력한 효과를 발휘할 수 있다. 아이들과 함께 놀아 주는 것은 상당히 번거로운 일이지만, 일주일에 한 번 정기적으로 진행되는 활동에 아이들과 함께 등록한다면 단 한 번의 등록만으로 당신은 지속적인 경계 없이도 매주 아이들과 함께 놀아 줄 수 있다.

이런 원리는 역으로도 적용된다. 문제가 될 수도 있는 일회성 행동을 지속적인 경계를 필요로 하는 행동으로 바꾸면 된다. 몇몇 정책 입안자들은 자동차 구매에 '냉각 기간'이라는 제도를 제안했는데,[7] 이와 비슷한 제도는 돈, 시간, 칼로리 등 모든 형태의 빌리기(대출)에 현명하게 적용될 수 있다. 이는 어떤 행동을 실제로 하기 전에 그 결정이 과연 올바른 것인지 여러 번에 걸쳐 확인하도록 하는 장치이다. (이메일로 유혹적인 제안이 날아들 때마다 '감사합니다. 당신의 제안을 받아들일 수도 있을 것 같습니다. 일주일 안에 확답을 드리겠습니다.'라는 답장을 자동으로 보내도록 설정할 수 있다.)

때로 당신은 자동차 갱신을 지속적인 경계 행동으로 바꾸고자 할 수도 있다. 몇 년 전 당신이 든, 최소한의 보장만 받을 수 있는 자동차 보험에 비해 더 많은 혜택이 제공되는 보험이 있는지 알아본 때가 마지막으로 언제인가? 선택 사항들은 계속 바뀐다. 당신이 예전에 했던 어떤 일회성 선택이 잘못되었을 수도 있다. 또한 영화 CD 대여 서비스를 계약할 때 우리는 한 달에 여러 편의 영화를 보고 또 빌려 본 영화는 즉각 반납할 것이라고 생각했다. 그런데 지금 보니, 한 편씩 빌릴 때마다 대여료를 지불하면 편당 얼마씩 대여료를 지불해야 하는지, 전체적으로 보면 어느 편이 유리한지 알아보기가 번거롭고 싫다. 그러나 어떨 때는 계약이 자동적으로 갱신되는 것을 선택하기보다는 예전에 했던 일회성 선택이 지금도 유효한지 이따금씩 확인하는 게 더욱 현명한 선택일 수 있다.

그렇다면 금융 대출은 어떨까? 나쁜 결과를 초래할 가능성이 있는 일회성 선택인 신속 대출을 금지해야 옳을까? 5장에서 살펴보았던 〈패밀리 퓨드〉 실험에서 우리는 가난한 사람에게 대출 선택권을 박탈하면 이들의 성적이 전반적으로 높아진다는 사실을 확인했다. 그러나 현실에서 일어나는 일들은 심리 실험실에서 일어나는 일보다 훨씬 복잡하다. 어떤 대출은 나쁘지만 어떤 대출은 좋다. 어떤 대출이 좋은지 나쁜지 어떻게 판단해야 할까? 심지어 우리가 제시한 이론 내에서도 사람들에게 필요한 느슨함을 주는 대출이 있다. 자동차가 고장 나서 수리비가 필요할 때는 설령 비싼 대출일지라도 대출을 해야 (직장에 지각을 하고, 해고될 위험에 처하고, 그 바람에 하지 않아도 될 실수를 하는 등의) 더 지독한 일이 일어나는 걸 예방할 수 있다. 역설적이게도, 결핍은 신속한 해결책이 악영향을 끼칠 가능성을 높이긴 하지만 동시에 또 그런 해결책이 필요하게 될 가능성도 함께 높인다.

결핍의 심리는 터널링에 대비하고 다른 중요한 일을 무시하지 않도록 차단할 필요성을 일깨운다. 즉, 단 한 번의 터널링이 일어나는 순간 나쁜 선택들을 하기가 더욱 어려워지도록 설정하고, 좋은 행동들은 경계를 거의 요구하지 않는 대신 가끔 재평가만 하도록 조정해야 한다. 이것이 결핍의 심리에서 얻을 수 있는 교훈이다.

| 미래의 나를 믿지 마라

터널링과 무시의 세상에서는 많은 것이 타이밍에 좌우된다. 우리가 저지르는 많은 실수들이 터널 안에서는 보이지도 않을 정도로 어슴

푸레하게 보이는 미래에 대한 결정을 내릴 때 일어난다. 오늘 당장에는 도저히 동의할 수 없는 것들을 한 달쯤 전에는 너무도 쉽게 동의했다. ('오늘은 너무 바빠서 안 돼!'라고 말할 것을 한 달쯤 전에는 '그럼, 그때는 일정이 하나도 없으니까, 괜찮아.'라고 했다.) 현재 우리가 해야 하는 일은 구체적이고 긴박하지만, 한 달 전에는 모호하고 비현실적인 먼 미래의 일이었다. 사람들이 지나치게 많이 잡아 놓은 약속 때문에 쩔쩔매는 이유도 바로 여기에 있음을 우리는 앞에서 충분히 살펴봤다. 돈이 없어서 쩔쩔매는 사람들이 비싼 물건을 덜컥 사 놓고선 나중에야 아무런 대책이 없음을 깨닫는 이유도 바로 여기에 있다. 여섯 달 전에는 6개월 분할 납부 방식의 세탁기가 그렇게 매력적이었는데, 여섯 달이 지난 지금은 무거운 짐으로 변해 버렸다.

그러나 결핍의 심리를 온전히 이해하면 이 심리를 유리한 방향으로 이용할 수 있다. 미래의 결핍을 제대로 이해하지 못한다는 이 심리적 특성을 유리하게 제어하지 못할 이유가 없다. 그 유명한 '점진적 저축 증대Save More Tomorrow' 프로그램도 결핍이 덜한 미래의 일에 대해서는 기꺼이 일을 저지르고 마는 심리를 이용했다.[8] 지금 당장은 형편이 어려워서 저축을 할 수 없다고 느끼는 사람들이라도 앞으로 봉급이 오를 때마다 저축 공제를 늘려 나가겠다는 데 동의한다. 지금 당장은 아무런 희생을 하지 않아도 되고, 아직은 추상적이기만 한 미래에는 기꺼이 그럴 용의가 있다는 말이다. 이 프로그램을 실시한 결과는 놀라웠다. 한 기업에서 이 제안을 받은 사람들 중 75퍼센트 넘는 사람들이 그렇게 하겠다고 했고, 제안을 거부한 사람은 소수였다.

3부 결핍을 위한 설계

그리고 세 번째 봉급 인상 때까지 각 개인의 저축률은 세 배로 늘어났다.

여기에서 특히 영리한 점은 일어날 거라 예상하는 어떤 일(봉급 인상)과 일어나면 좋겠다고 생각하는 어떤 일(저축액 증가)을 결합시켰다는 것이다. 이 둘 사이에는 자동적으로 어떤 연관성이 형성된다. 돈을 빌릴 때도 이와 비슷한 일이 일어난다. 다음과 같은 사고 실험을 보자. 착취적인 대부업체의 횡포를 막기 위해 어떤 주 정부가 페이데이론 업체에게 수수료를 낮추라고 명령했다. 이에 따라 200달러에 대한 수수료가 50달러에서 25달러로 인하되었다. 조건에서도 이런 대부업이 여전히 수익성이 있으며 해당 업체들이 살아남는다고 가정한다. 그런데 다른 주 정부에서는 다른 정책을 개발했다. 수수료는 여전히 50달러이지만, 이 중 25달러만 대부업체에 돌아가고 나머지 25달러는 대출자 명의의 계좌로 입금되는 방식이다. 이 계좌에 200달러가 모이면 (이 경우에는 꼬박 여덟 달이라는 대출 기간이 필요하다) 대출자는 더는 돈을 빌리지 않아도 된다. 대출이 필요할 때는 대출을 하는 대신 자기 계좌에서 돈을 찾으면 된다. 대출자는 수수료 50달러를 갚을 때마다 25달러를 저축함으로써 여덟 달 만에 '자기 자신에게 돈을 빌려주는 대부업자'가 될 수 있다.

간단히 말하면, 지금보다는 형편이 좋을 미래에 실행하려고 한 바람직한 결정이라고 하더라도, 그 미래가 코앞으로 다가오고 여전히 형편이 나쁘다면 사람들은 그 결정을 실행하지 않는다는 말이다. 그러므로 미리 그 일을 하고, 미래(예측)와 현재(소망)를 현명하게 연결해야 한다. 당신이 지금 운동의 중요성에 집중하고 있다면, 바로 지금 헬스장에 회원으로 등록해 개인 트레이너 교습을 신청하고, 친구와 내기를 걸고, 다음에 다른 문제 때문에 터널에 갇힌다 하더라도 이런 사실을 떠올리게 해 줄 장치를 마련하라. 만일 지금 쇼핑을 할 때 당신의 생각이 건강식품에 충분히 집중되어 있다면, 당신의 정신이 더는 음식에 신경을 쓰지 않을 미래를 대비해 미리 건강에 좋은 식품을 사서 냉장고에 넣어 두라는 말이다. 또한 책이나 광고를 본 뒤 당신의 정신이 노년의 삶에 집중하고 있다면 곧바로 행동을 취하라. 봉급에서 일정 금액이 자동으로 당신 계좌로 저축이 되도록 하라. 또, 변호사를 불러서 유언장을 쓰라. 이렇게 하지 않으면, 나중에 언젠가 이런 일을 하겠다고 계획을 세우더라도, 막상 그때 가면 당신은 또 다른 터널에 갇혀 이런 것들을 기억도 하지 못할 것이다.

▎선택지는 되도록 줄일 것

결핍은 대역폭에 세금을 부과한다. 이 때문에 결핍 관리에서 핵심적인 관심사는 대역폭을 절약하는 일이다. 바쁜 사람들이 일분일초를 아까워하고 가난한 사람들이 돈에 집중하듯이, 결핍 상태에 있는 사람은 누구나 대역폭의 배분 및 소비 방식에 상당한 영향을 받는다.

대역폭은 제한된 정보 처리 역량을 할당하는 것과 연관이 있다. 이런 맥락에서, 더 큰 정보 처리 역량을 요구하는 의사 결정은 즉각적으로 대역폭을 요구한다. 시간을 최대한 활용하고자 하는 관리자는, 여러 의사 결정을 종합적으로 파악하는 데 능숙하며 여러 가지 선택지들의 핵심에서 본질적인 여러 요소들을 뽑아내 명확하게 제시할 수 있는 보조자들을 높이 평가한다. 이에 비해 정리되지 않은 대량의 자료를 전달하는 부하 직원은 관리자의 눈에 무능하게 비친다. 명확하고 단순하게 자료를 취합하는 작업은 인지 역량의 소비를 효율적으로 할 수 있는 최상의 방법이다.

그러나 우리는 정보를 제시할 때 이런 사실을 놓치곤 한다. 이는 두 경제학자 매리앤 버트랜드Marianne Bertrand와 아데어 모스Adair Morse가 진행했던 페이데이론 연구에서 생생하게 드러난다.[9] 이들은 페이데이론 대출을 받으려는 사람들을 두 개의 집단으로 나누었다. 그리고 한 집단에게는 대출자들이 감당해야 할 연간 실효 이자율(역주-이자를 복리로 계산할 때 적용하는 이자율)을 정리한 표를 보여 주었다. 이 이자율은 443퍼센트로, 신용 카드의 이자율 16퍼센트와 뚜렷하게 대비되었다. 그리고 또 다른 집단에게도 비슷한 자료를 정리한 표를 보여 주었는데, 이 표는 이자율이 아니라 대출자들이 갚아야 할 구체적인 돈이 얼마인지 적시했다. 예를 들면 2주 뒤에는 45달러, 한 달 뒤에는 90달러 등이었고, 신용 카드로 빌릴 경우에는 2주 뒤에 2.50달러, 한 달 뒤에는 5달러 등이었다. 연구자들은 두 집단에게 비슷한 자료를 조금 다른 방식으로 제시했는데, 한 집단에게는 이자율이라는 추상적인 측정치를 제시해서 그 의미를 금방 파악하기 어렵게 했고, 다른 집단에게는 금액을 제시해서 자기 주머니에서 얼마의 돈이 나가는지 쉽게 파악하도록 했다. 그 결과, 자기들이 갚아야 할 돈을 액수로 제시받은 집단에서 페이데이론 대출을 한 사람의 비율이 훨씬 낮았다. 그만큼 구체적이었기 때문이다. 이에 비해 이자율은 어딘지 낯설고 멀게 느껴진다. 일상생활에서 이자율은 쉽게 접할 수 있는 게 아니고 또 손으로 만질 수 있는 구체적인 물건이 아니라서 이를 구체적인 어떤 것으로 변환하려면 상당한 지적 노력이 들기 때문이다. 대역폭에 세금이 매겨질 때 구체적인 금액은 추상적인 용어에 비해서 훨씬 많은 의미를 전달한다.

영양 성분표 라벨도 비슷한 문제를 제시한다. 이 라벨들은 엄청나게 많은, 그러나 어딘지 낯선 정보를 홍수처럼 사람들에게 쏟아 낸다. 오늘날의 소비자들은 칼로리 정보뿐만 아니라 지방 칼로리, 몸에 좋은 지방 대 몸에 나쁜 지방, 필수 영양소(당신은 오메가3 지방산을 섭취하고 있나요?), 각종 비타민과 미네랄의 일일 섭취 권장량 등 온갖 정보를 얻는다. 이 모든 것이 버거운 양의 정보 처리를 요구하고, 이런 정보를 처리할 쉬운 방법이 없을 때는 어떻게 행동해야 할지 알기 어렵다. 예컨대 베이글빵이 몸에 얼마나 해로울지 말하기는 좀 어렵지 않은가.

그저 (선택지를 비교한 뒤 어떤 것을 취하는 대신 어떤 것을 포기하는) 트레이드오프를 하는 것에도 세금이 부과될 수 있다. 이런 상상을 해보자. 당신은 처리해야 할 일을 산더미처럼 쌓아 두고 있다. 그런데 절친한 친구가 멀리 이사를 갈 예정이고, 이 친구를 위한 송별회가 예정되어 있다. 당신은 비록 할 일이 많긴 하지만 송별회 자리에 반드시 참석해야 한다. 그래서 당신은 그 자리에 참석은 하되 오래 앉아있지는 않기로 결정한다. 그 자리에 얼마나 오래 있을지는 송별회의 분위기 그리고 현장에서 느끼는 직감에 따라서 판단하려고 한다. 당신은 송별회장에 도착한다. 그리고 한 시간이 지난 뒤에는 '이제 그만 일어나서 가야 하나?' 하고 고민하기 시작한다. 송별회장의 분위기는 즐겁다. 게다가 너무 일찍 자리를 뜨면 오해를 받을 수도 있다. 그런데 해야만 하는 일들이 자꾸 마음에 걸린다. 한 시간 동안 있었으면 충분하지 않을까? 혹시 무례하고 인정머리 없어 보이지는 않을까? 이런저런 생각으로 당신은 망설인다. 그리고 조금 더 머문다. 그러나 이제 당신의 마음은 이미 다른 곳에 가 있다. 당신이 송별회장에 있음으로써 포기해야 하는 것 때문에 마음이 편치 않아서, 떠나는 친구를 다른 친구들과 함께 그리는 그 자리에 진정으로 함께하는 것 같지 않다. 잠시 동안은 일을 잊어버리고 마음 편하게 있자고 생각하지만, 마음속으로는 계속 일어날지 말지 고민한다.

바쁜 사람들은 가족이나 친구와 함께할 시간을 갈망한다. 바쁜 일정에서 시간을 쪼개는 일은 여간 어려운 게 아니다. 그리고 설령 그런 시간을 마련한다 하더라도 유쾌한 기분은 이미 사라지고, 마음은 다른 곳에 가서 지금 이렇게 보내는 시간을 일하는 데 들이면 일을 이만큼 하고도 남을 텐데, 하는 계산만 한다. 우리가 알기로 결핍의 트레이드오프를 다룰 때 가장 현명하게 결론을 내는 방법 중 하나는 유대교의 안식일이다. 안식일이라는 개념은 매우 오랜 역사를 지니고 있다. 안식일에는 일을 하지 않는다. 이메일을 보내지도 않고 글을 쓰지도 않고 요리도 하지 않는다. 심지어 운전도 하지 않는다. 이 날은 평온함, 고요함, 회복감처럼, 유대교도가 아닌 사람이나 평범한 사람은 몇 년에 한 번 경험할 수 있을까 말까 한 기분을 느낄 수 있는 날이다. 안식일은 최소 두 가지 이유에서 탁월한 무형의 발명품이다. 하나는 그 어떤 선택도 요구하지 않으며, 따라서 그 어떤 딜레마도 존재하지 않는다는 점이다. 트레이드오프도 없고, 그저 시간이 마냥 널려 있는 날이다. 그리고 또 하나의 이유는, 금요일 해질녘부터 토요일 해질녘까지라는 안식일의 시간이 한 주에 한 번씩 꼬박꼬박 찾아온다는 점이다. 이 시간 동안에는 아무리 바쁘다 하더라도 어떤 질문을 해서도 안 되고 어떤 계획도 세울 필요가 없다. 유대교 학자인 아브라함 조슈아 헤쉘Abraham Joshua Heschel은 안식일이 신이 내린 시간의 선물이라고 여긴다.[10]

애트킨즈 박사가 제안한 일명 '황제 다이어트'는 유대교의 안식일을 떠올리게 한다. 대부분의 다이어트는 트레이드오프를 권장한다. 일정량의 칼로리, 일정량의 탄수화물 식품을 정하고, 또 여러 가지 것들을 금지한다. 다이어터는 자기가 좋아하는 식품들을 골고루 섭취할 수 있지만 섭취하는 칼로리의 총량은 제한을 받는다. 각자 기호에 따라 선택할 수 있는 '유연성'을 제공하는 셈이다. 하지만 앞선 예시의 송별회 참석자처럼 이것은 그렇잖아도 대역폭 세금이 부과된 사람에게 트레이드오프에 따르는 대역폭 소모까지 감당시키는 셈이다. 트레이트오프를 생각하다 보면 마음은 심란해지게 마련이며, 이런 상황은 특히 다이어트에는 좋지 않다. 다이어트를 하려면 음식에 집중하게 되는데 이럴 때는 음식에 저항하기 더욱 어렵기 때문이다. 어떤 연구는 지켜야 할 규칙의 복잡도가 제각기 다른 다이어트에 다이어터들을 무작위로 배치하고 관찰한 뒤에 아래와 같은 결론을 내렸다.

"인지적 압박감이 큰 체중 관리 프로그램을 포기하게 만드는 가장 강력한 원인은 사람들이 인식하는 규칙의 복잡성이다."[11]

여러 가지 유형의 황제 다이어트는 다이어터가 이런 문제를 해결하는 데 도움을 준다. 끊임없이 요구되는 트레이드오프의 부담을 제거하고 탄수화물을 소량 섭취할 것만을 요구한다. 이럴 때 선택은 매우 쉬워진다. 탄수화물 함량이 낮은 음식들은 트레이드오프의 부담 없이 마음껏 먹어도 되기 때문이다. 하지만 탄수화물 함량이 높은 다른 선택지를 고르기는 사실상 불가능하다. 하지만 여기에도 약간의 트레이드오프의 여지는 열려 있다. 작은 크기의 디저트나 빵 몇 조각 정도는 허용이 되기 때문이다. 하지만 이것은 일반적인 다이어트에 비하면 훨씬 적은 양이다. 황제 다이어트가 특별히 훌륭하다고 확신하지 않는 사람들도 있다. 그러나 심리학적으로 보자면, 이 방법에 한 가지 강점이 있는 건 분명하다. 칼로리 섭취를 줄이고 섭취하는 모든 음식을 계산하는 대신, 안식일처럼 금지 사항이 단순하며 트레이드오프의 가능성을 현저하게 줄여 준다는 점이다.

│ 시시각각 달라지는 대역폭

대역폭에 관한 또 한 가지의 중요한 점은 대역폭이 시간의 흐름에 따라서 변할 수도 있다는 사실이다. 2장에서 살펴보았던 사탕수수 농부들을 떠올려 보자. 이 농부들은 수확 직전에는 상대적으로 더 가난했고 수확 직후에는 상대적으로 더 부유했다. 그러나 더 중요한 사실은 수확 직전에는 대역폭이 더욱 작았고 수확 직후에는 대역폭이 더욱 컸다는 사실이다. 이와 마찬가지로, 정부로부터 식료품 할인 구매권을 제공받는 사람들은 물론, 다달이 봉급을 받는 저소득 노동자들은 지출을 원하는 대로 할 수 없기 때문에 월말이 다가올수록 대역폭이 작아지며 월초에 대역폭이 가장 크다. 그러므로 어떤 정책을 마련하거나 프로그램을 설계할 때 이런 타이밍을 고려하는 게 좋다. 만일 어떤 관계자가 (보건 행정에서부터 기업 회계에 이르기까지, 어느 정도의 대역폭이 요구되는 거의 모든 일에 포함되는) 어떤 일을 사람들에게 가르치고자 한다면, 언제 이 교육을 실시하는 것이 가장 효과적일까? 사탕수수 농부들을 대상으로 한다면 수확 직전이 좋을까, 아니면 수확 직후가 좋을까? 가난한 사람들을 대상으로 한다면, 이 사람들이 선물을 마련하기 위해서 한 푼이라도 더 절약해야 하는 크리스마스 직전이 좋을까, 아니면 크리스마스 직후가 좋을까? 대역폭의 시간대별 변화 양상을 이해하고 나면 교육 대상자들이 가장 귀를 기울일 수 있는 시간대와 이 사람들의 마음이 딴 곳에 가 있는 시간대를 구분해서 달력에 표시할 수 있을 것이다.

가난한 사람들의 대역폭이 더 잘 작동하는 순간에 맞춰 이들을 위한 여러 가지 행사를 최적으로 연계시킬 수 있다는 점 역시 대역폭 시간대가 중요한 이유이다. 이런 사실은 다음에 소개할 연구가 생생하게 입증했다. 비료는 농부들에게 높은 수익을 안겨 준 것으로 드러났다. 예를 들어 케냐의 옥수수 농부들은 비료를 사용할 때 75퍼센트 이상의 수익을 더 거두었다.[12] 하지만 대다수의 케냐 농부들은 비료를 사용하지 않는다. 비료가 높은 생산성을 보장해 준다는 사실을 모르기 때문이 아니다. 대부분의 농부들이 비료를 살 계획이라고 하지만 실제로 비료를 산 농부는 3분의 1밖에 되지 않는다. 이들이 흔히 대는 이유는 돈이 다 떨어졌다는 것이다. 하지만 이 사람들이 하는 말의 본뜻은 비료를 살 돈이 필요할 때 그 돈이 없다는 것이다. 농부들은 수확 직후에 돈을 손에 넣지만, 정작 비료를 살 돈이 필요한 시점은 그보다 여러 달 전, 돈이 없어서 쪼들리고 대역폭에 세금이 무겁게 부과되어 있는 바로 그 시점이다.

수중에 돈이 있는 시점과 비료가 필요한 시점 사이의 간극에 다리를 놓기 위해 몇몇 연구자들은 한 가지 단순하고 영리한 장치를 개발했다.[13] 농부들로 하여금 돈이 넉넉한 시기인 수확 직후에 비료를 사게 하고 파종을 할 때 비료를 받게 한 것이다. 이 단순한 변화로 케냐에서 비료를 사용하는 농부의 비율은 29퍼센트에서 무려 45퍼센트로 늘어났다. 돈이 부족한 시기를 피해 중요한 결정을 하게 함으로써, 더 중요하게는 돈과 대역폭이 넉넉한 시기에 그런 결정을 하게 함으로써 실패를 극복할 수 있도록 한 것이 성공 요인이었다.[14]

대역폭의 자연스러운 변화 양상을 이해하면 바쁘게 살아가는 사람들에게도 도움을 줄 수 있다. 바쁜 사람들은 흔히 자기가 낼 수 있는 시간을 토대로 자기가 해야 할 일들에 시간을 배정한다. 예를 들면 이런 식이다.

'어떤 일을 하려면 일정량의 시간이 필요한데, 나는 이 시간을 수요일 오전 열한 시에 낼 수 있겠군.'

하지만 시간대가 언제이든 간에 과제는 언제나 대역폭을 소모한다. 어떤 일은 대역폭을 많이 쓰고 어떤 일은 대역폭을 적게 쓴다는 차이가 있을 뿐이다. 계획한 대로 모든 일들이 착착 잘 진행되고 있는지 확인하고자 전화 회의를 모니터링하는 작업은 직장의 사장이나 고객과 단 둘이 만나 긴장감 넘치는 대화를 하는 일에 비해 대역폭이 훨씬 적게 소모된다. 그럼에도 불구하고 사람들은 흔히 이런 사항을 고려하지 않고 자기가 낼 수 있는 시간에만 초점을 맞춘다. 또한 사람의 대역폭은 하루라는 시간대 안에서도 바뀐다. 그렇다면 과연 우리는 자신이 해야 하는 과제들을 현명하게 배치하고 있을까? 많은 대역폭을 요구하는 과제를 하루 중 대역폭이 가장 높아지는 시간대에 맞추어 할당하고 있을까?

대역폭을 활용한다는 것에는 과제를 수행하거나 프로그램을 진행할 시간대를 적절하게 선택하는 것뿐만 아니라 최선의 순서를 설정하는 것도 포함된다. 지금 이 책의 원고를 쓰는 것처럼 기간이 오래 걸리는 작업의 경우 우리는 매일 아침 시간을 따로 빼 둔다. 그리고 이 시간대를 필사적으로 지키는데, 때로는 이렇게 하기가 무척 힘들다. 예를 들면 여섯 명이 참석하는 어떤 회의를 우리 때문에 다른 시간으로 맞춰야 할 때처럼 말이다. 우리는 단순히 몇 시간을 확보하려는 게 아니었다. 대역폭이 높은 시간대를 지켰던 것이다. 하지만 이 일은 썩 잘되지는 않았다. 집필 과정이 특별히 효율적이지는 않았던 것이다. 그리고 우리는 우리가 뭔가 잘못했음을 깨달았다. 우리는 그렇게 지킨 시간을 집필에 쏟기 전에 이메일을 확인하고 원고 외의 다른 긴급한 일들을 처리했으며, 그런 다음에야 비로소 원고 작업을 시작했던 것이다. 그래도 아홉 시 정각까지는 어떻게든 집필 작업을 시작할 준비를 마쳤다. 하지만 때로는 무선 인터넷 공유기 전원을 끄는 극단적인 행동을 해야 할 때도 있었을 정도로 무척이나 힘들었다. 프로젝트의 일정이 예정보다 많이 늦어졌다는 메시지가 날아들었던 것만 봐도 우리가 얼마나 심각한 수준으로 뒤쳐져 있었는지 알 수 있다. 또 어떤 메시지들은 긴급하게 돈을 마련해야 하는 일을 상기시키곤 했다. 우리는 평온한 마음으로 원고를 쓸 준비가 되어 있지 않았던 것이다. 온갖 잡생각들이 질주하는 기차처럼 정신적인 소음을 냈다. 그러니까 우리는 매일 아침 원고를 쓰기 전에, 바구니 가득 들어 있는 도넛을 바라보는 다이어터처럼 행동했던 셈이다.

┃ 사소하지만 사소하지 않은 번거로움

저소득층 고등학교 졸업생 가운데 다수는 대학에 진학하지 않는다.[15]

그래서, 이들이 대학에 진학하지 않는 이유는 등록금을 낼 여유가 없어서라는 가정을 전제로 한 여러 재정 지원 프로그램들이 마련되었다. 그러나 이 프로그램들은 심각할 정도로 활용도가 낮다. 지원을 받겠다고 신청한 사람들이 너무도 적은 것이다. 놀라운 일이 아닐 수 없다. 그래서 한 연구자들이 이유를 찾으려 나섰다.[16] 이들은 그 프로그램들을 진행하는 기관을 찾은 고등학교 졸업생들을 (그리고 이들의 가족을) 세 집단으로 나눈 다음에 이들 각각에게 대학 진학에 필요한 재정 지원 수혜 신청서를 나누어 주었다. (연구자들이 설문 대상으로 삼은 고등학교 졸업생과 이들의 가족은 납세 관련 서류를 작성하는 데 도움을 받으러 온 사람들이었다.) 첫 번째 집단의 경우에는 단순히 이들이 그 프로그램에 지원하는 경향만 관찰했다. 그리고 두 번째 집단에 대해서는 그들이 모르고 있을 수도 있는 정보를 주었다. 이 학생들은 자기들이 적법하게 받을 수 있는 돈이 있는지 모를 수도 있었기 때문이다. 세 번째 집단에 대해서는 세금 관련 전문가들이 붙어 학생들이 적법하게 받을 수 있는 돈을 친절하게 설명했을 뿐만 아니라 그들과 함께 지원 서류 작성 작업을 함께했다. 단순히 이 프로그램이 제공하는 혜택에 대해 알려 주는 것만으로는 뚜렷한 차이가 드러나지 않았다. 그러나 서류 작성 작업을 직접 도운 경우에는 전혀 달랐다. 놀라운 결과가 나타났다. 재정 지원 신청서를 더 많이 제출했을 뿐만 아니라 29퍼센트나 더 많은 학생이 대학에 진학한 것이다.

서류 양식의 빈칸을 채우는 것은 누구에게나 번거로운 일이다. 그래서 할 수만 있다면 피하고 싶고, 잊어버리고 싶고, 또 최대한 꾸물거리며 뒤로 미루려 한다. 그러나 대역폭에 이미 세금이 무겁게 부과되어 있거나 약간의 결점이 있을 경우 그 일은 저소득층에게 한층 까다로운 난관이 된다. 가족 가운데 아무도 대학교에 진학하지 않은 경우, 이 가족이 서류를 작성하는 데 도움을 받았을 때 지원서를 제출한 비율은 도움을 받지 않은 경우의 세 배나 되었다.

바로 여기에 결핍을 관리하는 방식에 대한 깊은 깨달음이 자리하고 있다. 잘못된 계획, 미루기 그리고 망각 등은 어렵지 않게 올라갈 수 있는 계단도 거대한 장벽으로 만들어 버린다. 그러나 사람들은 자기 삶을 조직할 때나 다른 사람들을 위한 프로그램을 설계할 때 이런 난관을 간과한다. 어떤 사람에게 서류 양식을 주고 집에서 작성해 오라고 하면 이 사람은 그 과제를 잊어버릴 수도 있다. 하지만 그 자리에서 바로 서류를 작성할 수 있도록 도와주면 계단은 그저 계단이 된다. 물론 서류 양식의 빈칸을 채우는 일은 '아주 쉬운' 계단이다. 하지만 이 계단도 어떤 사람들에게는 자동차를 재등록하거나 파종 시기에 비료를 뿌리는 일처럼 쉽게 올라갈 수 없는 (그래서 얼마든지 좌절을 주는) 장애물이 될 수 있다. 대역폭에 세금이 부과될 때는 아무리 사소한 일이라도 엄청나게 큰 피해를 주는 난관이 될 수 있다.

예를 들어서 정부로부터 어떤 혜택을 받고 있는 사람들은 그런 혜택을 받을 자격을 입증할 서류를 제출하라는 요구를 받는다. 경우에 따라서는 이런 요구가 매년 반복된다. 당신도 충분히 예상하겠지만, 많은 수혜자들이 이런 재심사 과정에서 탈락한다. 그래서 이런 재심사 과정이 결과적으로는 정부의 혜택을 가장 많이 필요로 하는 사람들을 걸러 내는 역할을 한다. 대역폭에 가장 무거운 세금이 부과된 사람이 서류 제출을 미룰 가능성이 가장 높은데, 사실은 바로 이런 사람들이 정부의 혜택을 가장 절실하게 필요로 한다.

대역폭에 세금이 부과되는 논리를 이해하려면 이런 식으로 생각하면 된다. 예를 들어 재정 지원 신청서를 작성하는 데 상당한 수수료의 부담을 져야 한다고 상상해 보자. 이는 말이 안 되는 일이다. 돈에 쪼들리는 사람들을 돕고 돈이 필요한 사람을 상대로 하는 프로그램인데, 이렇게 부담을 준다면 누가 이 프로그램에 지원하겠느냔 말이다. 그러나 대역폭이 부족한 사람들을 대상으로 하는 프로그램을 준비하면서 상당한 대역폭 소모를 요구하는 방식으로 프로그램을 설계하는 경우가 흔하다. 세 개의 공으로 저글링을 하느라 정신이 없는 사람에게 공 하나를 더 던져 주는 격이다.

물론 번거롭고 어려운 절차들을 모두 다 없애 버리자는 말은 아니다. 이런 절차가 필요할 때도 있다. 재정 지원 프로그램들은 많은 정보를 필요로 하기 때문에 지원 양식이 복잡할 수밖에 없다. 또한 조건이나 환경이 바뀌므로 재심사도 반드시 필요하다. 그래야 자격을 갖춘 사람들이 더 많이 혜택을 받을 수 있다. 하지만 방식을 얼마든지 다르게 할 수 있지 않을까. 우선, 납세 관련 자료를 이용하면 그 많던 서류 양식의 빈칸은 자동적으로 채워진다. 결핍을 관리할 때 우리가 저지르는 실수는, 번거로운 절차를 없애면 비용이 많이 든다는 한쪽 면의 논리만 보고 대역폭 세금이라는 또 다른 면을 과소평가한다는 점이다. 하지만 통계 자료를 놓고 확인하면, 사람들이 쉽게 무시하고 마는 대역폭 세금이 상상을 초월할 정도로 클 수도 있다. 아무리 사소한 번거로움이라도 성공한 프로그램과 실패한 프로그램을 가를 수 있다. 혜택을 필요로 하는 사람이 수혜자가 되느냐 되지 못하느냐, 다시 말해서 대학생이 되느냐 되지 못하느냐를 가르는 결정적인 변수가 될 수 있는 것이다.

| 풍요는 결핍의 어머니

결핍을 보다 더 잘 관리하는 방법이 무엇인지 생각할 때 반드시 명심해야 할 점은 결핍이 흔히 풍족함에서 비롯된다는 사실이다. 마감 기한 직전의 피 말리는 급박함은 보통 그보다 몇 주 전에 비효율적으로 낭비했던 넉넉한 시간에서 비롯된다. 농부는 특히 추수하기 직전 몇 달 동안 돈에 쪼들린다. 추수를 끝낸 직후 풍요롭던 몇 달 동안 돈을 현명하게 쓰지 못했기 때문이다.

앞서 1장에서 소개했던, 마감 기한을 보다 짧게 여러 번 제시할 때 과제를 보다 잘 수행하더라는 실험을 기억하는가? 비록 대부분의 사람들은 마감 기한이 일을 더욱 잘하는 데 도움이 된다는 사실을 알고 있지만, 마감 기한은 흔히 인정을 덜 받는다. 방금 말한 실험의 또 다른 버전에서는, 어떤 피실험자들에게 본인 스스로 마감 기한을 선택하게 했는데[17] 이런 선택이 도움이 되었다. 스스로 마감 기한을 정한 집단은 마감 기한이 없는 집단에 비해 보다 많은 성과를 올리고 또 그만큼 많은 돈을 받았다. 그러나 이들이 자유롭게 선택한 마감 기한은 마땅히 발휘했어야 할 강력한 압박감을 충분히 발휘하지 못했다. 이들은 타의로 마감 기한이 설정된 사람들에 비해 25퍼센트 적은 돈을 벌었던 것이다. 우리는 이런 현상을 우리가 가르치는 학생들에게서도 확인했다. 한 강의에서 우리는 학생들에게 마지막 리포트 제출일을 각자 알아서 정하라고 했다. 그러자 몇몇 학생들은 현명하게도 해당 학기가 끝나기 훨씬 이전으로 설정했다. 그러나 대부분의 학생들은 그렇게 하지 않았고, 결국 다른 수강 과목들의 리포트 마감 기한이 한꺼번에 몰린 시기에 마감 기한의 엄청난 압박을 느끼면서 리포트를 써야 했다.

결핍의 세상에서 마감 기한을 길게 설정하는 것은 문제에 대처하는 방법 중 하나이다. 초반의 풍족한 상태는 낭비를 촉진한다. 그리고 마감 기한이 가까이 다가오면 터널링과 무시가 자리를 잡는다. 길게 설정한 마감 기한을 짧게 여러 번으로 나누어 설정할 때 이런 상태를 막을 수 있다. 돈에 관해서도 마찬가지다. 한 해의 소득을 일시불로 손에 넣은 농부도 초반에는 풍족하다가 나중에는 극심한 결핍에 시달리는 양상을 반복한다. 만일 이 농부가 한 해 소득을 한꺼번에 받지 않고 다달이 나누어 받는다면 어떨까? 또 식료품 할인권을 지급받는 저소득 가구도 마찬가지이다. 이 사람들이 한 달이라는 기간 동안 소득을 골고루 지출하지 못한다는 사실은 앞에서도 확인했다. 대역폭 중 대부분이 일을 계획하고 기억하고 통제하고 트레이드오프를 판단하고 실행하는 데 소모된다. 그런데, 소득 지급을 주 단위로 하면 어떨까? 아니면, 필요할 경우 큰돈이 들어가는 지출에 대응할 수 있도록 월 단위와 주 단위를 결합해서 큰돈은 월 단위로 지급하고, 작은 지출에 들어갈 작은 돈은 주 단위로 지급하면 안 될까? 풍족함과 결핍이 반복되는 주기에 맞서 싸울 방법은 이 주기의 곡선이 평평해지도록 만드는 것, 즉 풍족함의 산을 깎아서 결핍의 골을 메우는 것이다.

| 여유가 우리를 살린다

풍족함과 결핍의 주기가 그토록 나쁜 이유는 앞에서도 살펴보았듯 결핍이 우리를 덫에 빠트려 헤어나지 못하게 할 수 있기 때문이다. 풍족한 시기에 자기 활동을 매끄럽고 수월하게 하지 못하는 게 문제가 아니다. 그런 시기에 미래를 위해 느슨한 여유를 마련해 둬야 하는데 그렇게 하지 못하는 게 문제이다. 앞서 6장에서는 인도의 코얌베두 시장 노점상들의 사례를 통해 느슨함이 지나치게 적을 때 어떤 일이 일어나는지 확인했다. 이 사람들은, 초기의 풍족함을 잘만 활용했더라면 결핍을 얼마든지 피할 수도 있었는데도 그렇게 하지 못했다. 그리고 아주 작은 충격이 닥치자 금방 부채의 덫에 다시 빠져들었다. 이런 위험은 잠재적인 충격을 흡수할 완충 장치인 느슨함을 충분히 남겨 두지 않을 때 발생한다. 그런데 문제는 이런 충격들이 사람을 단순히 다치게 하는 데 그치지 않고 결핍의 심리에 찌들 수밖에 없는 지점까지 사람을 몰아넣는다는 것이다. 결국 이 사람은 터널링에 빠지고 돈이든 시간이든 자기에게 부족한(결핍된) 것을 빌리며, 머지않아 한 걸음 뒤처지고 결국은 영원히 이런 상태에서 벗어나지 못한다.

그럼에도 불구하고 사람들이 이런 충격을 흡수해 줄 장치를 마련하지 않는다는 사실은 놀라울 따름이다. 이 질문을 직접적으로 파고드는 연구가 충분히 되어 있지는 않지만, 그래도 어떠한 사실을 추정할 수 있는 단서들은 제법 많이 있다. 우선, 검증된 자료들을 보면, 사람들은 발생 가능성이 낮은 사건들은 무시하는 경향이 있다.[18] 홍수나 지진에 대비해 보험을 충분히 들지 않는 이유도 바로 여기에 있다. 모든 것이 별 문제 없이 잘 돌아가고 있을 때에도 암울한 미래를 상상할 수는 있다. 하지만 우리는 이 먹구름의 가능성을 과소평가하며 적절한 대비를 하지 않는다. 그리고 수많은 잠재적 충격들 가운데 어떤 하나가 우리를 덮치면, 아무런 대비가 되어 있지 않은 우리가 맞이할 상황은 한층 심각해진다. 정확히 말하면, 우리는 발생 확률이 낮은 어떤 사건들의 총체와 맞닥뜨린다. 당신이 세우고 있는 계획을 망가뜨릴 수도 있는 것은 홍수나 지진뿐만이 아니다. 당신이 아플 수도 있고, 당신 가족 가운데 누군가가 아플 수도 있다. 혹은 강도를 당할 수도 있고 교통사고를 당할 수도 있다. 또 누군가 갑작스럽게 결혼을 한다고 선언할 수도 있고, 예상치 않게 아이를 낳을 수도 있다. 물론 이런 일들은 가능성이야 있지만 발생 확률은 매우 낮다. 그러나 문제는 이들 가운데 어떤 것이라도 우리에게 충격으로 다가올 수 있

3부 결핍을 위한 설계

다는 점이다. 그러니 이 충격에 대비할 완충 장치를 마땅히 마련해 둬야 한다.

그런데 이 완충 장치는 풍족한 시기에 마련할 필요가 있다. 시간의 결핍이 예상되는 시기에 넉넉한 시간이 주어진다면, 빡빡한 일정이라 하더라도 어느 정도의 여유를 누릴 수 있다. 이럴 때 당신은 당신이 해야 하는 여러 가지 과제 및 약속을 별다른 비용을 들이지 않고도 조정할 수 있게 된다. 돈에 대해서도 마찬가지다. 설령 돈이 흘러넘친다고 느끼지 않는다 하더라도 풍족한 시기에는 어려울 때에 대비해서 저금을 할 수 있다. 그런데 사실 이렇게 하기는 쉽지 않으며, 자연스럽게 느껴지지도 않는다. 왜냐하면, 설령 그 충격과 결핍이 일어날 수 있음을 안다고 하더라도 풍족할 때는 그런 식으로 느껴지지 않기 때문이다.

결핍은 힘이 세다. 그러나 결핍의 논리를 이해하면 결핍이 빚어내는 부정적인 결과를 최소화할 수 있다. 우리는 우리가 처한 환경을 '결핍으로부터 안전한' 곳으로 만드는 방향으로 나아갈 수 있다. 화재경보기에 투자하거나 새로 태어날 아기를 위해 적금을 드는 것처럼, 짧은 순간의 어떤 깨달음이 편익의 효과를 지속적으로 발휘하게 할 수 있다.

결론

우리 지식의 섬이 넓어짐에 따라 우리 무지의 해변 역시 넓어진다.[1]

— 존 A. 휠러

이 책은 아직 완성되지 않았으며 여전히 최종적인 형상을 향해 나아가는 중인 어떤 학문으로 당신을 초대한다. 당신이 이 책을 통해 결핍학이라는 학문을 피상적으로나마 한 번 살펴본 덕분에, 이따금씩 분출되는 감정 과잉 문제부터, 외로움이나 빈곤과 같은 고질적인 문제에 이르는 여러 가지 문제에 대해 지금까지와는 다른 방식으로 생각할 수 있게 된다면 좋겠다.

　새로운 관점 아래에서 낯익은 대상을 보면, 예상외의 어떤 것을 전혀 뜻밖의 지점에서 찾아낼 수 있다. 우리 두 사람은 스크램블이라는 휴대폰 게임을 종종 한다. 이것은 일에서 잠시 놓여나 하는 휴식이고, 또 시간을 때우는 행위이다. 그렇다, 꾸물거리며 일을 미루기 위한 수단인 것이다. 이 게임은 단순하고 쉬워서 우리는 이 게임에서 상당한 실력을 갖추고 있었다. 그러나 이 책을 집필하다 보니 어느 순간 우리 점수가 상당히 내려가 있었다. 마감 기한을 앞두고 긴장감 속에서 원고를 써 내려가다 보니 점수가 형편없이 떨어져 버린 것이다. 이것만 보더라도 대역폭 세금이 얼마나 강력한 충격을 주는지 생생하게 알 수 있다. 비록 우리 자신이 결핍 및 대역폭 세금과 관련된 여러 가지 연구를 진행했고 또 거기에 따른 자료를 숱하게 보았음에도 불구하고, 스크램블 게임에서 우리가 세우는 점수가 그렇게나 많이 떨어질 수 있다는 사실은 충격적이었다. 우리는 '인지적으로 피곤한' 기분을 희미하게 느끼긴 했지만, 점수가 30~40퍼센트씩이나 떨어질 줄은 전혀 예상하지 못했다. 더구나 스크램블 게임은 단순하고 재미있는 과제가 아닌가? 우리는 우리 정신이 최대 성능으로 가동되지 않아서 그랬을지도 모른다는 생각도 했지만, 어쨌거나 우리가 얼마나 많은 대역폭 세금에 시달리고 있었는지 제대로 평가하지 않은 것만은 분명하다.

당신도 이와 비슷한 경험을 한 적이 있을 것이다. 당신 삶에서 어떤 활동이 더 무거운 대역폭 세금을 매기는가? 그리고 이 활동들은 어디에 눈에 확 띄는 충격을 가하는가? 그 일을 한 뒤 운전을 난폭하게 혹은 서툴게 하지 않았는가? 잠이 쏟아질 때 운전을 하지 말아야 한다는 것쯤은 누구나 아는 상식이다. 하지만 골치 아픈 문제를 해결하느라 머리를 많이 쓴 뒤에도 운전을 하지 말아야 한다는 생각을 한 적은 없는가? 그럴 때는 당신이 하는 농담도 덜 웃기지 않던가? 더 무뚝뚝해지고 퉁명스러워지지 않았나? 잘못된 판단을 더 많이 내리지 않던가? 이럴 때 당신은 다음과 같은 말을 한 적이 있는가?

"나의 대역폭에 세금이 무겁게 부과되어 있을 수 있으니까, 지금은 중요한 결정을 내리고 싶지 않아."

사람들은 대역폭을 간과한다. 당신이 무척 바쁜데 다음에 할 일을 결정해야 할 때, 당신은 현재 당신이 확보하고 있는 시간을 고려하고 또 그 일이 얼마나 많은 시간을 잡아먹을지 고려한다. 하지만 당신의 대역폭 상태는 거의 고려하지 않는다. 어쩌면 당신은 '지금 나에게는 삼십 분밖에 없으니까, 요 작은 일은 해치워야지.'라고 말하겠지만, 이런 말은 아마 거의 하지 않을 것이다.

"내 대역폭은 많이 소모되어 지금은 거의 남아 있지 않으니까, 좀 쉬운 일부터 먼저 해야겠어."

물론 어떤 일을 하는데 일의 성과가 나지 않자, 그 일을 제쳐 두고 다른 일을 손에 잡으면서 은연중에 이런 말을 하는 것일 수 있다. 하지만 이 말은, 당신은 그렇잖아도 부족한 자원에 세금을 부과했음을 스스로 인정하는 말이기도 하다.

우리는 시간을 조정하고 관리하기는 해도 대역폭을 관리하지는 않는다. 사람들이 시시각각 바뀌는 자신의 인지 능력에 관심을 기울이지 않는다는 사실은 놀랍기만 하다. 이 인지 능력을 신체 능력, 즉 먹고 자고 활동하는 것의 잠재적인 효과에 대응하는 신체 능력과 비교해 보라. 현대 사회를 사는 대부분의 노동자들이 그렇듯 우리는 생활을 꾸려 나가는 데 자신의 정신을 사용한다. 그러나 자기 정신의 하루 리듬이 시간대에 따라서 어떻게 달라지는지는 거의 모른다. 만일 우리의 직업이 온갖 종류의 상자를 한 곳에서 다른 곳으로 옮기는 일을 하는 것이라면, 어떻게 해야 이 작업의 효율성을 극대화할 수 있는지, 다시 말해 언제 힘을 최대한 쓰고 또 언제 쉬엄쉬엄 해야 할지 잘 안다. 하지만 상자가 아니라 온갖 생각들을 옮기는 일이라면 어떤가? 제한된 인지 능력을 최대한 활용하는 방법을 알고 있는가? 아니다, 거의 모를 것이다.

그리고 우리가 한 개인으로서 시시각각 크기가 변하는 자신의 대역폭에 대해서 잘 알지 못하는 것처럼, 사회과학자로서의 우리도 요동치는 사회의 대역폭에 대해 잘 알지 못한다. 과학자들은 자기 이론이 주장하는 것의 크기를 측정하고자 하는 경향이 있다. 그래서 사회과학자들은 결핍의 물질적 규모를 측정한다. 실직자의 수, 특정 분기의 생산량이나 수익 등이 그러한 측정 대상이다.

하지만 우리는 경제의 인지적 측면에 대해서는 거의 아무것도 모른다. 우리 개인의 대역폭의 크기가 끊임없이 등락을 반복하는 것과 마찬가지로 사회의 대역폭 크기 역시 등락을 반복한다. 2008년의 경기 침체가 인지 능력의 쇠퇴를 심대하게 초래한 사실을 알아낼 수 있지 않을까? 아마도 대역폭은 상당한 폭으로 떨어졌을 것이다. 실업률이 계속 높아지는 상황에서 의사 결정의 수준은 떨어질까? 이런 의문들에 답을 할 자료가 우리에게는 없다. 그리고 2008년의 상황과 관련한 자료를 측정하기란 너무 늦었다. 하지만 앞으로 있을 호황기 및 불황기에 대한 자료는 얼마든지 모을 수 있다. 최근 몇 년 동안 사회적 복지, 즉 국민총생산GNP과 비슷한 개념인 국민총행복GNH을 측정하고자 하는 노력이 진행되었다. 그렇다면 국민총대역폭GNB, Gross National Bandwidth을 측정하지 못할 이유도 없다.

이런 자료에서 우리는 국가 전체의 차원만이 아니라 국가의 하위 집단들 각각이 얼마나 다른지 알아낼 수 있다. 실업률이 5퍼센트에서 10퍼센트로 올라간다면, 이는 노동 인구 20명 중 추가로 한 명이 경제적으로 더욱 쪼들리는 삶을 살아간다는 뜻이다. 대역폭으로 눈을 돌리면 이 증가율을 보다 폭넓게 느낄 수 있다. 요즘 같은 시대에는 보다 많은 사람들이 돈에 대해 생각하고 있을 것이다. 아마도 여유 자금을 조금 가지고 있던 사람들조차도 지금은 느슨함을 잃어버리고 어떠한 결핍에 시달리고 있을 것이다. 최근에 실업자가 된 사람의 친구나 친척 혹은 이웃과 같은 지인들이 결핍에 따른 효과를 보이고 있을지도 모른다. 인지 능력에 가해진 충격의 폭은 경제적인 충격의 폭보다 얼마든지 더 클 수도 있다.

이건 경기 침체기에 대한 이야기만은 아니다. 경제 성장의 동력인 생산성을 놓고 이야기해 보자. 생산성을 결정적으로 좌우하는 것은 대역폭이다. 노동자들은 효율적으로 일해야 한다. 관리자들은 현명한 투자 결정을 내려야 한다. 학생들은 인적 자본을 보다 튼튼하게 쌓기 위해서 열심히 공부해야 한다. 이 모든 일에는 대역폭이 요구되기에 오늘날 진행되는 대역폭의 작은 감소는 미래의 상당한 생산성 감소로 이어질 수 있다.

또한 이것은 경제에 대한 이야기만은 아니다. 대역폭은 핵심적인 자원이다. 우리는 훈육, 학습, 헬스장에 운동하러 가기 그리고 다른 사람들과 관계 맺기 등과 같은 활동에서 대역폭을 사용한다. 대역폭은 우리가 생각하고 선택하는 데 영향을 미친다. 경제가 불황기로 접어들면 사람들의 소비 지출은 줄어든다. 마찬가지로 인지의 불황기로 접어들 때 (훈육이나 운동에서부터 저축과 이혼에 이르는) 사람들이 살아가는 삶의 모든 분야가 영향을 받을 수밖에 없다.

물론 대역폭 측정을 국가적 차원에만 한정할 필요는 없다. 예컨대 기업도 대역폭 개념을 활용해서 '현재 우리 직원들의 대역폭 상태는 어떨까?'라는 질문의 답을 찾으려고 노력할 수 있다. 개인도 마찬가지이다. 어떤 중요한 결정을 하기 전에 자기 대역폭이 잘 가동되고 있는지 확인할 수도 있다. 우리는 앞에서 이미 관련된 여러 실험들을 살펴보았고, 보다 많은 것을 이끌어 낼 수 있으며, 또 새로운 방법들도 개발되고 있다. 어떤 사람들은 결핍에 초점을 맞출 것이다. 어떻게 하면 느슨함을 가장 잘 측정할 수 있을까? 어떻게 하면 사람들이 트레이드오프 생각에 몰두하고 있는지 아닌지를 가장 효과적으로 알 수 있을까? 하지만 여기에서 더 나아가, 시시각각 변하는 인지 능력을 보다 총체적으로 측정할 수도 있을 것이다.

그리고 또 사회 프로그램 및 공공 정책의 유용성을 보다 정확하게 평가하기 위해 이런 측정치들을 사용할 수 있다. 실업자를 위한 프로그램에서 우리는 재취업에 초점을 맞춘다. 물론 이것도 중요하다. 그러나 실업이 대역폭에 미친 충격을 측정할 수도 있지 않겠는가? 만일 실업자들이 지금보다 더 큰 대역폭을 가질 수 있다면, 거기에 따른 편익은 보다 광범위한 사회 영역으로 확대될 것이다. 쉬운 예를 들어 보자. 자료에 따르면 부모가 실업 상태인 아이들의 학업 성적은 평균보다 낮다. 만일 대역폭이 이런 문제를 초래한 원인이고 우리가 대역폭의 충격을 어떻게든 누그러뜨릴 수 있다면, 이런 프로그램들이 줄 편익은 성적 향상이라는 좁은 범위를 넘어 훨씬 먼 곳까지 미칠 것이다.

대역폭에 초점을 맞춘다는 것은 대역폭을 보다 정확하게 측정한다는 것 이상의 의미를 지닌다. 2장에서 살펴보았던 패스트푸드 가게의 매니저가 겪는 문제를 보자. 이 사람은 직원들을 관리하는 데 너무 많은 시간을 빼앗긴다고 불평한다. 그렇다면 이 매니저는 무엇을 할 수 있을까? 직원들에게 동기 부여를 하는 데 자기 시간과 노력을 들여야 옳을까? 해고하겠다고 으름장을 놓아야 할까? 보다 강력한 인센티브를 제시해야 할까? 직원 교육 시간을 늘려야 할까? 직원들과 허심탄회한 대화를 더 많이 해야 할까? 이 매니저의 문제는 사실 이 매니저만의 문제가 아니다. 저임금 노동자를 고용한 사람들 가운데 많은 사람들이 생산성 및 근무 태만이라는 문제에 대해 고민한다. 그리고 방금 열거한 여러 가지 시도를 한다.

그러나 결핍의 심리에 초점을 맞출 경우 전혀 다른 해결책이 나온다. 동기 부여나 교육, 당근이나 채찍이 아니라 대역폭 확대에 집중해야 한다는 것이다. 저임금 노동자들은 경제적으로 쪼들리는 생활을 한다. 이런 생활이 개인의 삶에 어떤 영향을 미치는지는 앞에서 살펴보았다. 또한 이런 환경에서는 인센티브의 효과가 그다지 크지 않음도 앞에서 살펴보았다. 터널링 상태에 있을 때는 어떤 보상을 제시해도 모두 터널 바깥에 놓인다. 그러니 직원들이 경제적인 문제를 해결하여 더욱 선명하고 넓은 대역폭을 유지하는 데 도움을 주려면 금융 상품, 통근 조건 혹은 근로 조건 차원에서 구체적인 방법을 찾는 게 옳다.

이와 관련된 멋진 사례가 하나 있다. 앞서 5장에서 살펴봤듯이 많은 노동자들이 페이데이론에 의존한다. 하지만 페이데이론은 흔히 이미 끝낸 일을 담보로 한 대출이라는 사실에 주목해야 한다. 월말에 봉급을 받는 어떤 사람이 그달 중순쯤에 페이데이론 서비스를 받는다고 치자. 이 시점에 그는 이미 그가 받을 월급의 반을 확보한 상태이다. 그런데 페이데이론 서비스를 받는 원인 중 가장 큰 이유는 봉급을 주는 시점이 늦춰졌기 때문이다. 그렇다면 고용주가 부담이 적은 금융 상품의 형태로 봉급을 미리 조금 줄 수 있지 않을까? 이럴 경우, 결핍의 덫에 빠져서 대역폭에 무거운 세금을 납부하는 탓에 생산성이 떨어지는 상황을 예방할 수 있으니 고용주로서도 나쁜 선택만은 아니다. 직원들에게 올바른 금융 상품을 제공함으로써 직원들의 대역폭을 확대한다면 생산성이 개선될 테니 고용주로서도 좋은 일이다.[2]

이것은 대역폭을 중심에 놓고 생각할 때 전혀 다른 의문을 제기할 수 있으며, 전혀 다른 방식으로 문제를 해결할 수 있음을 보여 주는 하나의 사례일 뿐이다. 이번에는 가난한 사람들이 부유한 사람들에 비해 약을 꼬박꼬박 챙기는 경향이 비교적 낮은 현상에 대해 살펴보자. 이것을 두고 '피할 수 없는 인생의 현실이야.'라고 말할 수도 있을 것이다. 더 나아가 가난한 사람은 도통 책임감도 없고 규율도 없다는 식으로 말할 수도 있다. 혹은, 글로우캡[3]과 같은 약병 제품을 만들 수도 있다. 이 약병은 환자가 약을 먹을 시간이 되었는데도 뚜껑이 열리지 않으면 저절로 작동한다. 우선 불빛을 낸다. 그래도 뚜껑이 열리지 않으면 소리를 내기 시작한다. 그래도 뚜껑이 열리지 않으면 환자의 휴대폰으로 메시지를 전송한다. 이 약병은 이렇게 조금씩 알람의 강도를 높여 감으로써 어떤 문제에 집중하느라 터널링 상태에 빠져 있는 환자에게 약을 먹어야 한다는 사실을 알린다. 이 약병 덕분에 가난한 사람들이 약을 규칙적으로 복용하는 비율이 획기적으로 개선되었다. 이와 비슷한 제품 혹은 개입 역시 결핍의 심리에 대한 이해를 바탕으로 다른 여러 문제들을 해결할 수 있다. 글로우캡은 대역폭 축소로 빚어진 문제들을 해결하는 데 과학 기술을 얼마나 값싸고 간편하게, 또 효과적으로 사용할 수 있을지 잘 보여 준다. 이와 비슷한 깨달음이 다른 여러 영역에서 획기적인 개선 사례를 낳을 것임은 분명하다.

전 세계의 농업 부문의 생산성을 높이는 문제를 다룰 때도 굳이 새로운 종자 개발이나 농업 교육에 초점을 맞추지 않아도 된다. 효과를 충분히 잘 알고는 있지만 터널링 상태에 빠져 있는 바람에 생각도 못하고 놓쳐 버리고 마는 잡초 제거와 같은 작은 일들을 농부들이 잊어버리지 않고 잘할 수 있게 돕는 데 초점을 맞춰야 할지도 모른다. 농부들에게 잡초를 뽑을 시점과 해충을 구제할 시점을 일러 주는 획기적인 발명품, 농부를 위한 글로우캡은 무엇일까?

▌풍족함

결핍을 생각하는 과정에서 우리는 여러 가지 새로운 수수께끼에 부딪혔다. 사실 그래서 이 책도 예정보다 늦게 완성되었다. 여러 가지 이유가 있지만, 지난 몇 년을 되돌아보면 두 가지 이유가 특히 두드러진다. 첫째, 원고의 일부는 우리가 급격한 하향 곡선을 타고 있을 때 완성되었다. 또한 마감 기한을 코앞에 두고 원고를 쓸 때는 우리 두 사람 다 결핍 상태를 겪었다. 그리고 우리가 제시한 이론이 주장하듯 우리는 이 결핍의 덕을 제법 봤다. 보다 집중할 수 있었고 따라서 더욱 효율적으로 원고를 쓸 수 있었다.

그런데 대부분의 시간 동안 우리는 마감 기한에 다급하게 쫓기고 있다고 느끼지는 않았다. 짧지 않은 기간 동안 우리는 시간이 넉넉하다고 느끼며 작업을 했다. 그리고 이 기간 동안 시간은 빠르게 지나갔다. 정확하게 말하면 낭비된 것은 아니었지만, 쓴 원고의 단어 수로 계산한 하루 평균 생산성은 우리가 응당 유지해야 했던 작업량에 훨씬 못 미쳤다. 우리가 결핍을 느끼지 못했기 때문에 그랬던 건 아니냐고 물을지도 모르겠다. 하지만 이게 전부일까? 아니면, 풍족함의 심리라고 할 수 있는 무언가가 작용했던 것은 아닐까?

우리는 풍족함을 단순히 결핍이 없는 상태, 즉 객관적으로 볼 때 모든 조건이 잘 갖추어진 '표준적인' 상태로만 생각해 왔다. 하지만 돌이켜 보자면 우리에게 시간이 정말 넉넉하게 주어져 있다고 느낀 시기들도 있었다. 결핍뿐만 아니라 덜 특징적인 다른 시기들로부터도 멀리 동떨어진 것처럼 느껴졌던 그런 시기들이었다. 요컨대, 우리가 작업을 하는 동안에 풍족함의 심리가 발동한 시기들이 있었다. 그리고 풍족함의 심리가 그토록 흥미롭게 느껴진 이유는 풍족함이 자기 안에 장차 결핍으로 성장할 씨앗을 품은 것 같기 때문이다.

많은 사람들은 마감 기한 직전에야 아슬아슬하게 일을 마친다. 앞선 풍족함의 시기를 낭비했기 때문이다. 우리가 가르치는 학생들도 리포트를 제출할 때면, 몇 주나 되는 넉넉한 시간이 있었음에도 불구하고 마감 기한 직전 이틀 만에 리포트를 뚝딱 해치운다. (물론 많은 학생들은 하룻밤 사이에 다 써 버린다.) 물론 학생들도 처음 학기가 시작될 때는 이렇게 할 생각은 없었을 것이다. 이렇게 마감 기한 직전에 일분일초를 아껴 가며 작업을 하는 것은, 느긋하게 시간을 보내다가 발등에 불이 떨어지고 나서야 허둥지둥 급한 불을 끄는 기업의 경영진이나 길었던 휴가가 언제 끝나 버렸는지 모르겠다고 투덜대는 여행객이 경험하는 시간 관리 문제의 축소판이다.

마감 기한이 임박했을 때 느끼는 결핍의 경험은 흔히 시간이 넘쳐 나는 기간 동안 시간을 관리한 방식 때문에 나타난다. 결핍과 풍족함 사이의 긴밀한 관계는 다양한 곳에서 나타난다. 농부가 수확 직전에 돈에 쪼들린다면, 이것은 앞선 수확을 통해 손에 넣은 돈을 쓴 방식 때문에 빚어진 상황이다. 풍족한 시기에 한 행동이 궁극적으로 나타날 결핍을 키운다. 우리는 돈이 풍족할 때 저축을 하지 못한다. 마감 기한이 멀리 떨어져 있을 때 유유자적한다.

2008년의 금융 위기를 보자. 많은 사람들은 이 위기를 초래한 이유 가운데 하나가 인지적 맹점이라고 주장했다. 주택 가격은 1990년대 후반부터 2000년대 초반까지 지속적으로 상승했다. 이런 호황기에 집값의 갑작스런 하락은 상상하기도 어려운 먼 미래의 일로 보였으며, 따라서 그 문제는 전혀 걱정거리가 아니었다. 이 믿음은 굉장히 많은 선택들에 영향을 주었다. 집값이 앞으로도 계속해서 오른다면 (적어도 떨어지지 않는다면) 돈을 빌려서라도 주택을 사는 행동은 당연히 합리적인 선택이었다. 주택 담보 대출 비율이 높은 것도 전혀 이상할 게 없었다. 하지만 결과는 어땠는가? 집값은 떨어졌다. 몇몇 지역에서는 심각할 정도로 떨어졌다. 집값이 지속적으로 오를 것이라는 전망을 기초로 이루어졌던 모든 투자 결정은 엄청난 손실을 맞이했고, 그 결과는 전 세계의 금융 체계를 뒤흔들었다. 이 경우에도 금융 위기라는 예리한 결핍의 뿌리는 그 이전의 풍족했던 몇 년 동안에 이루어졌던 느슨한 행동들에서 시작된다.

물론 우리는 이 모든 일을 단순히 일반적인 행동으로 치부하며 중요한 가치를 부여하지 않을 수도 있다. 사람들은 으레 시간을 낭비하며 자만에 빠져 있다. 그러나 금융 위기 이전의 풍족함과 좋은 시절은 이런 경향을 증폭시켰다. 사람들의 자만심을 부추기고 강화했다.

결핍의 근원을 계속 거슬러 올라가면 풍족함에 다다른다. 경기 침체는 호황기에 했던 행동에 따른 결과이며, 마감 기한을 앞두고 허겁지겁 일하는 것은 그전 몇 주 동안 느긋했기 때문이다. 여러 중요한 문제에서 결핍이 주인공의 역할을 하지만, 사실 결핍이 활개칠 수 있는 무대를 마련한 것은 풍족함이다.

결핍처럼 풍족함에도 여러 문제를 관통하는 어떤 공통적인 논리가 작동할까?

우리는 이 질문에도 답을 해야 할 것이다. 하지만 이제 이 책을 드디어 끝냈으므로, 우리에게는 아직은 그 답을 준비하지 않아도 될 만큼 많은 시간이 남아 있다.

감사의 말

이 책을 완성하기까지 우리는 도움과 훌륭한 조언에 관한 결핍에 시달리지 않아도 되었다. 훌륭한 조력자들이 우리 생각이 제대로 된 꼴을 갖추도록 도왔으며 또 꼭 필요한 결정적인 연구들을 해 주었다. 크리스 브라이언, 리사 제니티안, 아난디 마니 그리고 지아잉 자오가 그런 사람들이었다. 아누즈 샤는 자기만의 독특한 역량으로 프로젝트를 수행했으며, 작업 기간 내내 놀라운 통찰력을 발휘하며 우리를 뒷받침했다. 우리 곁에는 또한 애니 리앙과 샤논 화이트라는 비범한 연구 보조자들이 있었는데, 두 사람은 우리 원고에 필요한 각종 연구 문헌들과 도표를 창의적인 방식으로, 지치지도 않고 찾아냈다. 제시카 그로스는 초기 저작물들을 찾아 주었으며, 릴리 잠폴과 애니 몸지안은 몇 가지 연구 작업을 수행했다. 이들은 모두 예리하고도 열정적인 의문들을 제기했고, 나중에 우리 작업에 참가한 이지 게인스버그와 데이비드 맥켄지 역시 소중한 도움을 주었다. 그리고 '아이디어 42'의 관계자들도 고마운 격려를 아끼지 않았다. 특히 카틴카 맷슨은 우리가 여러 가지 생각들을 버무려서 집필 가치가 충분히 있는 책을 쓸 수 있음을 깨우치는 데 도움을 주었다.

이 책은 좋은 친구들이 초고를 읽고 조언을 해 준 덕분에 한결 나은 내용을 갖출 수 있었다. 특히 빈두 아난스, 사무라 애틀라, 앰버 바타타, 에밀리 브레자, 앤디 콘웨이, 캐서린 에딘, 앨리사 피쉬베인, 로렌스 카츠, 마이클 루이스, 로리 리버만, 옌스 루트비히, 아나스타샤 만, 프랭크 쉴리바흐, 앙투아네트 쇼어, 히서 스코필드, 조쉬 슈워츠스타인, 샤로니 샤피어, 안드레이 슐라이퍼, 리처드 탈러, 로라 트루코, 닉 터크-브라운 그리고 에릭 워너에게 고마운 마음을 전한다. 이 책에 포함된 조사 작업은 우리가 각자 속한 프린스턴대학교와 하버드대학교는 말할 것도 없고 켈로그재단, 미국 국립과학재단, 캐나다 고등연구소, 존 사이먼 구겐하임 기념 재단, 그리고 미국 국립노화연구소로부터 든든한 지원을 받았다. 이 원고를 집필하는 기간에 학교에서 우리 강의를 들은 학생들은 우리의 원고 내용을 맨 처음 접했는데, 이들은 진지하게 듣고 반응하고 또 비평을 해 주었다. 그밖에도, 제대로 준비가 되지도 않은 우리 이야기를 소중한 시간에 기꺼이 들어주고 또 멋진 피드백을 해 준 사람들도 많다. 모두에게 고맙다. 특히 폴 골롭은 끈기 있고 현명한 최고의 편집자였다.

지난 몇 년 동안 우리는 과분할 정도로 많은 정서적 지지를 받았다. 이런 점에 대해서 특히 앰버 바타타, 사일루 챌러팔리, 앨리사 피쉬베인, 스리칸스 카디얄라, 아나스타샤 만, 짐 만과 재키 만 그리고 앨리 만, 미리 샤퍼와 샤로니 샤퍼, 그리고 소피 만-샤퍼와 미아 만-샤퍼에게 고마운 마음을 전한다. 아울러 종종 전화하지 못한 일, 휴가를 함께 가지 못한 일, 사라진 대역폭 때문에 정신이 없었던 일, 그리고 이 모든 것을 합쳐서 행방불명된 사람처럼 행동했던 모든 것에 사과한다. 우리는 이 모든 잘못에 대해 결픽에 비난의 화살을 돌릴 참이다.

공동 작업은 까다롭고 어려운 일이라고 누구나 입을 모아 말한다. 공동 작업을 하는 사람들끼리 아무리 죽이 잘 맞는다고 하더라도 의견이 달라서 좌절하는 일은 으레 있게 마련이다. 하지만 우리 두 사람은 이 길었던 공동 작업의 여정을 모두 마친 지금, 서로가 서로에게 완벽한 동반자였음을 새삼스럽게 깨닫고 서로에게 고마워하고 있다. 다만 이런 사실이 이 책에 고스란히 반영되어 있기를 바랄 뿐이다.

이 책에서 발견되는 잘못 중 어느 것도 우리를 도와준 사람들 탓이 아니다. 모두 우리 탓이다. 사실 우리 두 사람은 이런 잘못이 모두 본인이 아닌 상대방의 탓이라는 데 동의한다.

행동경제학은 무엇인가?

경제학은 인간 행동의 합리성을 전제로 한다. 예컨대 1,000원이라는 동일한 비용을 들일 때 적어도 900원의 편익(가치)을 보장하는 선택 A가 있고 1,500원의 편익을 보장하는 선택 B가 있다면, 당연히 B를 선택한다는 것이다. 혹은 1,000원의 편익을 보장받기 위해서 700원의 비용을 들이는 선택 C가 있고 1,200원의 비용을 들이는 선택 D가 있다면, 당연히 C를 선택한다는 것이다. 이것이 합리적인 선택이다.

그런데 실제로 인간은 이런 식으로 행동하지 않는다. 인간은 종종 어처구니없게도 1,000원의 비용을 들여서 900원의 편익을 추구하며, 1,000원의 편익을 보장받기 위해서 1,200원의 비용을 들인다. 그것도 기꺼이. 예를 들어, 전통시장에서 콩나물과 대파 그리고 무를 합쳐서 6,000원어치 사면서 덤으로 콩나물 조금 더 집어 가려고 1분 동안 흥정을 하는 사람이라면, 3,000만 원짜리 자동차를 살 때는 5,000분, 즉 83.3시간 혹은 3일하고도 반나절을 꼬박 바치는 노력을 기울여야 하지만 실제로는 그렇게 하지 않는다. 합리성에 어긋나는 행동이다.

사람들의 행동이 경제학을 골탕 먹이는 이런 현상을 설명하려면, 거꾸로 경제학이 사람들의 경제 활동에 골탕을 먹였다는 걸 인정하는 데서 출발해야 한다. 인간 행동은 합리적이지 않다는 사실을 전제해야 한다. 인간이 변덕스런 충동에 휩싸여 전혀 합리적이지 않은 행동을 한다는 사실을 전제로 해야 한다. 이럴 때 경제 현장에서 벌어지는 인간 행동의 원리를 정확하게 파악할 수 있고, 나아가 관리자는 직원을 보다 효율적으로 관리할 수 있으며, 생산자는 소비자의 구매 패턴을 보다 정확하게 예측함으로써 비용을 줄일 수 있다.

이처럼 인간 행동이 드러내는 비합리성의 합리성까지도 포괄함으로써 경제학의 외연을 넓히며 경제학을 보다 풍성하게 하려는 학문이 바로 행동경제학이다. 그러므로 이 행동경제학이 심리학적인 접근에서 비롯되었음은 당연하다.

결핍, 무언가가 필요에 미치지 못할 정도로 부족하다는 뜻이다.

제대로 쉴 틈도 없이 KTX며 비행기로 국내는 물론이고 해외를 수시로 드나드는 대기업의 CEO K씨와 신용불량자로 몰리기 직전의 벼랑 끝에서 카드 돌려막기로 간신히 버텨 나가는 실업자 P씨, 그리고 또 원만한 사회생활을 하고 연애도 하고 결혼도 하려면 살을 빼야 한다는 강박관념에 사로잡혀 있는 S씨, 이들에게 동일하게 적용되는 행동 원리가 바로 결핍의 효과임을 저자들은 다양한 일화와 조사 결과를 동원해서 조곤조곤 설명한다.

그런데 전혀 다른 분야의 전혀 다른 사람들이 부닥치는 문제가 결핍의 효과라는 하나의 원리로 꿰어진다고 해서 뭐가 달라질까? 사과와 감자칩과 치킨을 하나로 꿸 수 있는 공통점이 맛있다는 것이라고 해서, 그 사실을 이 책을 통해서 깨우친다고 해서 독자에게 뭐가 달라질까? 그런 대단한 발견은 알아도 그만 몰라도 그만 아닌가? 아니 뭐, 힘들게 알아내는 사람에게야 호사스런 취미요 아름다운 노력이 되겠지만, 몰라도 그만인 사람에게는 무슨 의미가 있을까? 의미가 있기는 할까?

물론 있다.

이 책은 행동경제학적 관심에서 출발했고 또 두 저자는 각각 경제학자와 심리학자로서 모두 행동경제학을 전공 분야로 연구하고 있지만, 경제경영적 차원보다는 시간과 돈과 칼로리 등의 '결핍'에 초점을 맞추어서 인간 심리-행동 차원으로 보다 더 깊이 육박해 들어

옮긴이의 말

간다. 이 노력의 지향점은 사회 차원에서 벌어지는 인간의 행동, 즉 경제학이다. 요컨대, 경제학을 멀리 지향하되 인간의 행동을 결핍이라는 주제에 맞춰서 심층적으로 파헤친다.

그렇다, 이 책은 경제학을 (바로 가까이서가 아니고) '멀리서' 지향하는 책이다.

두 저자의 공통점은 행동경제학에 관심을 가지고 있다는 것에서 한 걸음 더 나아간다. 이들은 사회의 여러 문제들을 해결하기 위한 해법을 모색하며 행동경제학적 설계를 하는 비영리 조직인 '아이디어42ideas42'의 공동 설립자이다. 그러니까 이 단체가 내세우는 활동 목적 아래에서 일종의 동반자 관계를 맺고 있는 사이라고 볼 수 있다. 이 단체는 홈페이지(http://www.ideas42.org/)에서 자기들이 하는 일을 다음과 같이 규정한다.

우리는 행동경제학이 사회의 여러 문제를 해결하는 데 도움이 될 수 있다고 믿는다. 하지만 우리에게는 시간이 한정되어 있다. 그래서 지금 당장은 미국뿐만 아니라 개발 도상국에서 소비자 금융, 에너지 효율성, 교육, 사회적 프로그램, 경제적 유동성(개인이나 가계가 자신의 소득이나 사회적 지위를 개선할 수 있는 능력) 그리고 보건 등의 문제에 초점을 맞추고 있다.

그러니까 기업 차원의 관점이 아니라 이것을 포함해서 개인, 가계, 정부 차원이라는 보다 넓은 의미의 경제적·경영적 관점과 목표를 가지고서 자기들이 할 수 있는 초점을 맞춘다는 말이다. 그래서 '멀리 지향한다'고 하는 것도 바로 이런 까닭이다.

가난한 사람은 왜 계속 가난할까? 바쁜 사람은 왜 계속 바쁠까? 가난한 사람은 왜 약을 제대로 챙겨 먹지 못할까? 가난한 사람은 왜 지능 지수가 낮고, 무책임하고, 미래 계획을 세우지 못하며 아무런 대책이 없을까? (이 책에서는 결핍의 여러 가지 양상 가운데서 특히 빈곤에 초점을 맞추어서 별도의 장을 마련해서 설명한다.) 약속에 늘 늦는 사람, 리포트 제출을 늘 늦게 하는 학생, 이들은 도대체 왜 이럴까?

그런데 이런 여러 가지 문제의 해결책을 모색하는 과정에서 이들이 포착한 중요한 단서가 바로 결핍이다. 결핍이라는 주제를 행동경제학적 관점에서 접근하면 해결책의 실마리를 잡을 수 있다고 보는 것이다.

독자에게 유익한 참고가 되길 바라며 한 가지 덧붙이자면, 개인적으로는 장성한 자식들을 둔 아버지라서 시간관념이 부족한 이 아이들의 '행동'을 늘 걱정해 왔다. 그런데 이 책을 통해서 녀석들에게 어떤 것이 '결핍'되었는지, 결핍의 어떤 원리가 녀석들을 사로잡아 악순환의 굴레에 가두고 있는지 보다 선명하게 파악할 수 있었다. 저자들의 탁월하고 독창적인 견해에 전적으로 공감했다.

저자들도 기대하듯이, 이 책은 비록 (저자들도 인정하듯이) 아직은 형성 과정에 놓여 있는 이른바 '결핍학'의 첫걸음이지만, 정책 입안자나 조직의 리더들이 중요한 정책을 결정하는 데 도움이 될 수 있을

옮긴이의 말

뿐만 아니라 개인의 자기 계발에도 도움이 됨을 확신한다. 인간 행동의 바탕에 깔린 심리를 파악할 수 있기 때문이다. 이것이 심리학의 힘이고 행동경제학의 힘이다.

저자 주

서문

1. 이 말은 여배우 마리 드레슬러가 했던 것으로 알려져 있다. 아울러 참조, Marie Dressler— Biography. IMDb., 2012년 11월 6일에 다음 웹페이지에서 검색, http://www.imdb.com/name/nm0237597/bio.

2. T. Smollett and J. Morley, eds., *The Works of Voltaire: The Maid of Orleans (La Pucelle D'Orleans)*, vol. 41 (New York: E. R. DuMont, 1901), 90.

3. 결핍에 대한 이 정의는 다분히 주관적이다. 돈은 많지만 욕망도 많은 사람은 원칙적으로 돈이 적지만 욕망도 적은 사람과 동일한 결핍감을 느낄 수 있다. 결핍에 대한 이런 주관적인 정의는 심리를 이해하는 데 꼭 필요하다. 물론 '결과'는 심리 및 물질적 실체에 똑같이 의존한다. 우리는 이 주관적인 접근을 오로지 심리를 이해하는 데만 사용한다. 이에 비해서 우리가 어떤 문제들을 분석할 때는 (예를 들어 7장에서는 빈곤이라는 문제를 분석한다) 주관성과 객관성을 함께 동원할 것이다.

4. 로버트 퍼트넘은 독창적인 저서에서 온갖 다양한 자료를 종횡무진으로 누비면서 미국인이 시민단체에 참여하는 어떤 경향을 드러내 보였다. 참조, Robert D. Putnam, *Bowling Alone: The Collapse and Revival of American Community* (New York: Simon & Schuster, 2000). 이 저서가 나온 이후로 이 분야에는 사회적 상호 관계에 대한 엄청난 양의 자료가 넘쳐나게 되었다. 참조, Jim Giles, "Computational Social Science: Making the Links," *Nature* 488 (August 23, 2012): 448–50. 물론, 사회적 자본(social capital)(이것은 사회적 결핍의 대척점에 서 있는 개념이다)의 중요성은 현재 경제 개발에서부터 도시가 보유하는 가치에 이르기까지 다양하고 폭넓은 문제들 속에서 논의되고 있다.

5. Todd Tucker, *The Great Starvation Experiment: Ancel Keys and the Men Who Starved for Science*. (Minneapolis: (University of Minnesota Press, 2008).

6. A. Keys, J. Brožk, A. Henschel, O. Mickelson, and H. L. Taylor, *The Biology of Human Starvation*, 2 vols. (Oxford: University of Minnesota Press, 1950).

7. S. A. Russell, *Hunger: An Unnatural History* (New York: Basic Books, 2006).

8. R. Radel and C. Clement-Guillotin, "Evidence of Motivational Influences in Early Visual Perception: Hunger Modulates Conscious Access," *Psychological Science 23*, no. 3 (2012): 232–34. doi:10.1177/0956797611427920.

9. B. Libet, C. A. Gleason, E. W. Wright, and D. K. Pearl, "Time of Conscious Intention to Act in Relation to Onset of Cerebral Activity (Readiness-Potential): The Unconscious Initiation of a Freely Voluntary Act," *Brain* 106, no. 3 (1983): 623–42.

10. H. Aarts, A. Dijksterhuis, and P. de Vries, "On the Psychology of Drinking: Being Thirsty and Perceptually Ready," *British Journal of Psychology* 92, no. 4 (2001): 631–

42. doi:10.1348/000712601162383.

11. P. Saugstad and P. Schioldborg, "Value and Size Perception," *Scandinavian Journal of Psychology* 7, no. 1 (1966): 102–14. doi:10.1111/j.1467-9450.1966.tb01344.x.

12. 시각적 인지에서 집중을 보다 많이 한다고 해서 정확성도 반드시 거기에 비례해서 높아지지는 않는다. 여러 연구 결과를 보면 동기 부여와 주의력 모두 초기의 시각적 과정에 침투하고 또 이것을 유도할 수 있음이 드러났다. 정신물리학적, 신경생리학적 그리고 행동과학적 증거들은 주의력이 어떤 자극의 특성을 증폭함으로써 그 자극의 강도를 변화시키고, 나아가 시각 기능의 다양한 측면들을 개선하거나 혹은 손상시킴으로써 지각 표상(perceptual representation)을 고양시킬 수 있음을 암시한다. 예를 들어서 관찰자들은 피실험자들이 자기에게 가해지는 자극을 실제보다 더 높게 인지한다고 보고한다. Marisa Carrasco, Sam Ling, and Sarah Read, "Attention Alters Appearance," *Nature Neuroscience* 7 (2004), 308–13; Yaffa Yeshurun and Marisa Carrasco, "Attention Improves or Impairs Visual Performance by Enhancing Spatial Resolution," *Nature* 396 (Nov. 5, 1998), 72–75; Remi Radel and Corentin Clement Guillotin, "Evidence of Motivational Influences in Early Visual Perception Hunger Modulates Conscious Access," *Psychological Science* 23, no. 3 (2012), 232–34.

13. 이 연구에서 가난한 집의 아이들은 부유한 집의 아이들보다 각 동전의 가치를 더 높게 평가한다. 물론 이 두 집단의 어린이들 사이에는 부모의 재산 외에도 서로를 구분해 주는 요인들이 많이 있다. 보다 최근에 이루어진 어떤 연구는, 가치에 대한 개체군별 수준 차이를 취하는 게 아니라 실험적으로 가치를 유도했다. 이 접근법을 사용한 최근 논문으로는 다음을 참조, Brian A. Anderson, Patryk A. Laurent, and Steven Yantis, "Value-driven Attentional Capture," *Proceedings of the National Academy of Sciences* 108, no. 25 (2011): 10367–71.

14. P. U. Tse, J. Intriligator, J. Rivest, and P. Cavanagh, "Attention and the Subjective Expansion of Time," *Attention, Perception, and Psychophysics* 66, no.7, (2004): 1171–89.

15. W. L. Gardner, C. L. Pickett, V. Jefferis, and M. Knowles, "On the Outside Looking In: Loneliness and Social Monitoring," *Personality and Social Psychology Bulletin* 31, no. 11 (2005): 1549–60. doi:10.1177/0146167205277208.

16. 하지만 그렇다고 해서 외로움을 느끼며 살아가는 사람들이 그렇지 않은 사람들에 비해서 사회성 기술 수준이 전반적으로 높다는 말은 아니다. 정반대이다. '사회성 기술(social skill)'이라는 용어는 의미를 정확하게 파악하고 사용해야 한다. 본문에서 말하는 이 연구는 사회적 단서들이 내포하는 암호를 해독하는 능력만을 측정할 뿐이다. 한편, 외로움을 느끼며 살아가는 사람들이 사회적인 상황에서 자기 행동을 통제하는 능력이 낮다는 사실은 수많은 연구들이 입증해 왔다. 6장에서 우리는 사회적인 상황에서 자기 행동을 통제하는 능력이 낮은 것 역시 결핍에 따른 충분히 예상할 수 있는 결과임을 설명할 것이다. 다음 저서는 이런 발상들을 한층 깊고 세밀하게 탐구한다, John T. Cacioppo and William Patrick, *Loneliness: Human Nature and the Need for Social Connection* (New York: W.W. Norton, 2008).

17. 참조, W. L. Gardner, C. L. Pickett, and M. B. Brewer, "Social Exclusion and Selective Memory: How the Need to Belong Influences Memory for Social Events," *Personality and Social Psychology Bulletin* 26, no. 4 (2000): 486–96. doi:10.1177/0146167200266007.

18. W. L. Gardner, C. L. Pickett, V. Jefferis, and M. Knowles, "On the Outside Looking In: Loneliness and Social Monitoring," *Personality and Social Psychology Bulletin*, 31, no. 11 (2005): 1549–60.

19. K. Vitasek, M. Ledyard, and K. Manrodt, *Vested Outsourcing: Five Rules That Will Transform Outsourcing* (New York: Palgrave Macmillan, 2010).

20. A. F. Bennett, "Structural and Functional Determinates of Metabolic Rate," *American Zoologist* 28, no. 2 (1988): 699–708.

21. 심리학에서 '결핍(scarcity)'이라는 단어는 우리가 본문에서 말한 것과는 다른 어떤 효과를 묘사하는 데 사용되기도 한다. 흔히 말하는 이른바 '희소성 원칙(scarcity principle)'은 어떤 것이 희소할 때 사람들이 그것을 더 많이 원한다는 뜻이다. 마케팅 담당자들은 이것을 폭넓게 활용하는데, 예를 들면 제한된 시간을 제시하면서 일부러 제품의 희소성을 강조해 구매욕을 충동질한다. 홈쇼핑 방송에서 호스트가 '자, 이제 세 개밖에 남지 않았습니다!'라고 말하는 것도 마찬가지 효과를 노린다. 희소성 원칙을 멋지게 묘사하는 내용으로는 다음 책 7장을 참조하라, Robert B. Cialdini, *Influence: Science and Practice*, vol. 4 (Boston, Mass.: Allyn and Bacon, 2001).

22. 경제학에서 이것은 효용 증대의 원칙이다. 어떤 자원을 보다 많이 가지면 효용은 그만큼 커진다. 경제학적 분석에서 (이 책에서도 마찬가지이지만) 보통 이런 선호들(말하자면 효용함수들)은 당연한 것으로 인정된다.

23. 다이어트와 분위기를 주제로 한 연구 논문으로는 다음이 있다, Peter J. Rogers, "A Healthy Body, a Healthy Mind: Long-Term Impact of Diet on Mood and Cognitive Function," *Proceedings—Nutrition Society of London* 60, no. 1 (CABI Publishing, 1999, 2001). 보다 최근에 이루어진 다음 연구는 다이어트와 관련된 생리학적인 여러 경로를 탐색했다, Doris Stangl and Sandrine Thuret, "Impact of Diet on Adult Hippocampal Neurogenesis," *Genes and Nutrition* 4, no. 4 (2009): 271–82. 문화와 빈곤에 관한 논의로는 최근의 다음 편저물을 참조하라, David J. Harding, Michele Lamont, and Mario Luis Small, eds., *The Annals of the American Academy of Political and Social Science* 629 (May 2010).

24. E. R. Kandel, *In Search of Memory: The Emergence of a New Science of Mind* (New York: W. W. Norton, 2007).

1장 집중과 터널링의 차이

1. MOOD—Calvin and Hobbes—Full Story. 다음 웹페이지에서 검색, http://web.mit.edu/manoli/mood/www/calvin-full.html.

2. *Dirtcandy*. 다음 웹페이지에서 검색, http://www.dirtcandynyc.com/?p=731.

저자 주

3. *Dirtcandy*. 다음 웹페이지에서 검색, http://www.dirtcandynyc.com/?p=2508. 아만다 코엔이 자기가 〈아이언 셰프〉에 출연한 사실을 홍보하고 이용하려고 이 요리를 메뉴판에 올렸을 것이라고 생각하는 사람도 있을 것이다. 텔레비전 프로그램에 경연 요리로 참가했던 요리는 도대체 어떤 맛일지 궁금해 하는 사람들을 식당으로 끌어들이겠다는 얄팍한 상술이 아니겠느냐고 생각할 수도 있다. 하지만 그녀는 이 요리가 전파를 타고 방송되기 오래 전에 메뉴판에 이 요리의 이름을 올렸다. 그러니 얄팍한 상술이라고 할 수는 없다.

4. 창의성과 시간적인 압박 사이의 관계는 이 이야기에서 암시하는 것보다 상당히 더 복잡하다. 많은 경우에 시간적인 압박은 창의성을 가로막을 수 있다. 그런데 우리가 오랜 경험을 통해서 직관적으로 깨우친 통찰이 있다. 수행해야 할 과제가 온갖 아이디어들을 분주하게 내놓을 필요로 있는 성질의 것이라면 시간적인 압박이 장애물이 될 수 있지만, 반대로 이런저런 많은 아이디어들을 하나로 통합하고 압축할 필요가 있는 과제라면 (아만다 코엔의 경우가 그랬다) 오히려 시간적인 압박이 도움이 될 수 있다는 사실이다. 이 주제를 다룬 훌륭한 논문으로는 다음이 있다, Teresa M. Amabile, Constance N. Hadley, and Steven J. Kramer, "Creativity Under the Gun," *Harvard Business Review* (August 1, 2002).

5. 비록 그 뒤에 추가로 연구를 하긴 했지만, 이 주제를 놓고 그녀가 맨 처음 썼던 논문은 여전히 이 분야의 훌륭한 입문서이다. Connie J. Gersick, "Time and Transition in Work Teams: Toward a New Model of Group Development," *Academy of Management Journal* 31, no. 1 (1988): 9 – 41. 이 독창적인 논문에서 그녀는 여덟 개 집단의 회의 자리를 처음부터 끝까지 함께 했다. 비록 우리는 지금 본문에서 단 하나만의 회의로 단순화해서 이야기하지만, 그녀가 연구는 여러 개의 회의를 토대로 한 것이다. 다음 논문은 리더들이 이런 통찰을 어떻게 활용할 수 있는지 다룬다, Ruth Wageman, Colin M. Fisher, and J. Richard Hackman, "Leading Teams When the Time Is Right" (*Organizational Dynamics* 38, no. 3 [2009] 192 – 203). 중간 지점의 전환점에서 그 집단은 특히 변화를 받아들일 준비를 갖추는데, 이런 점을 리더들이 활용할 수 있다는 말이다.

6. D. Ariely and K. Wertenbroch, "Procrastination, Deadlines, and Performance: Self-Control by Precommitment," *Psychological Science* 13, no. 3 (2002): 219 – 24. 이보다 앞서 진행되었던 한 연구는 대학생들이 마감 기한을 3주 제시받을 때에 비해서 한 주만 제시받을 때 과제 제출을 더 많이 하는 경향이 있음을 밝혀냈다, A. Tversky, and E. Shafir, "Choice under Conflict: The Dynamics of Deferred Decision," *Psychological Science* 3, no. 6 (1992): 358 – 61. 경제학자들은 어떤 다른 체계를 사용해서 마감 기한이 발휘하는 힘을 이론적으로 정리해 왔다. (이 체계는 이른바 '과도한 가치폄하'(hyperbolic discounting) 이다. 사람들은 보상이 눈앞에 가까워질수록 금액이 적더라도 더 빨리 받는 쪽을 선택한다는 이론이다.) 이와 관련된 전체적인 개괄을 파악하려면 다음을 참조, Shane Frederick, George Loewenstein, and Ted O'Donoghue, "Time Discounting: A Critical Review," *Journal of Economic Literature* (2002). 이 관점에서는 임박한 마감 기한은, 먼 미래의 보상을 임박한 보상으로 변환함으로써, 우리가 보다 효율적으로 행동하도록 만든다.

7. J. L. Kurtz, "Looking to the Future to Appreciate the Present: The Benefits of Perceived Temporal Scarcity," *Psychological Science* 19, no. 12 (2008): 1238 – 41. doi:10.1111/j.1467-9280.2008.02231.x.

8. J. J. Inman and L. McAlister, "Do Coupon Expiration Dates Affect Consumer Behavior?" *Journal of Marketing Research* (1994): 423 – 28; A. Krishna and Z. J. Zhang, "Short or Long-Duration Coupons: The Effect of the Expiration Date on the Profitability of Coupon Promotions," *Management Science* 45 no. 8 (1999): 1041 – 56.

9. 이 효과를 논문으로 입증한 사례로 다음을 들 수 있다, Paul Oyer, "Fiscal Year Ends and Nonlinear Incentive Contracts: The Effect on Business Seasonality," *The Quarterly Journal of Economics*, 113, no. 1 (1998): 149 – 85. 그가 하는 해석은 우리가 하는 해석에 비해서 덜 심리학적인데, 그는 심리적인 측면보다는 전체 기간 가운데서 특정 시간대별로 투여되는 노력에 초점을 맞추기 때문이다.

10. S. Kaur, M. Kremer, and S. Mullainathan, "Self-Control and the Development of Work Arrangements," *American Economic Review Papers and Proceedings* (2010).

11. M. Hastings, *Finest Years: Churchill as Warlord, 1940 – 45* (London: HarperPress, 2009).

12. 여기에서 우리는 일련의 연구들을 간략하게만 묘사하고 그냥 넘어간다. 피실험자 집단 표본의 크기나 보다 조심스럽게 접근해야 하는 통계적 검증 등을 포함한 이 연구들의 여러 상세한 사항들은 다음에서 찾아볼 수 있다, Shah, Mullainathan, and Shafir, "Some Consequences of Having Too Little," *Science* 338, no. 6107 (November 2012): 682 – 85.

13. 블루베리 부자들이 단순히 지루해졌다거나 그 과제에 많은 시간을 허비하고 싶지 않았던 것도 아니다. 만일 그랬다면, 그들은 전체적으로 보다 적은 수의 라운드만 하고 일찌감치 게임을 끝냈을 것이다.

14. 자기 자신을 간지럼 태우는 것과 관련된 증거는 각각의 독립적인 피실험자를 대상으로 한 심리 실험실에서의 여러 실험 자료에서부터 기능성자기공명영상(fMRI)의 자료까지 매우 다양하게 많다. 다음 논문은 이와 관련된 논문들을 멋지게 잘 정리했다, Sarah-Jayne Blakemore, Daniel Wolpert, and Chris Frith, "Why Can't You Tickle Yourself?" *Neuroreport* 11, no. 11 (2000): R11 – R16. 이와 관련해서 널리 힘을 얻고 있는 견해는, 자기가 스스로 만들어내는 간지럼 태우기의 어떤 움직임은 본인이 충분히 예측할 수 있기에 효과가 감쇄된다는 것이다. 가상의 마감 기한 등과 같은 시간적인 압박을 설정한 정교한 선험적 작업에 관해서는 우리도 들은 바가 없다. 이 재협상의 문제는 자주 논의가 되고 있다. 가상의 마감 기한은 압박감을 주지 않는데, 그런 가상의 조건을 설정하는 사람은 이미, 언제든 그 마감 기한 재협상을 자기와 다시 할 수 있음을 알고 있기 때문이다.

15. *State Fire Marshal's Office Firefighter Fatality Investigation*, no. 05-307-04, Texas Department of Insurance, Austin, Texas. 이 사례와 관련해서는 특히 자료 조사를 맡아준 제시카 그로스Jessica Gross와 연락을 도와준 버튼 클라크Burton Clark 박사에게 고마움을 전한다.

16. P. R. LeBlanc and R. F. Fahy, *Full Report: Firefighter Fatalities in the United States—2004* (Quincy, MA: National Fire Protection Association, 2005).

17. Firefighter fatality retrospective study, April 2002. (Prepared for the Federal Emergency Management Agency, United States Fire Service, National Fire Data Center, by TriData

Corporation, Arlington, Virginia).

18. C. Lumry (2010년 1월 21일), *Amarillo Firefighter Fatality—COFT | Council On Firefighter Training*. 다음 웹페이지에서 검색, http://www.coft-oklahoma.org/news-updates/m.blog/21/amarillo-firefighter-fatality.

19. C. Dickinson, *Chief's Corner* (February 27, 2007), 다음 웹페이지에서 검색, http://www.saratogacofire.com/seatbelt.htm.

20. L. J., Williams, *Human Factors* 27, no. 2 (1985): 221 – 27. 터널 시야를 놓고 연구자들은 오랜 세월 동안 연구해서 매우 구체적인 어떤 사실을 밝혀냈다. 이와 관련해서 특히 물리적이고 육체적인 눈에 대한 연구가 많았다. 사람의 눈은 망막 한가운데 있는 황반 정면에 있는 어떤 목표물에 초점을 맞추게 되어 있다. 그런데 시각의 예리함이 떨어지는 황반 주변부에 사물들이 놓일 때는 어떨까? 이런 의문을 품은 연구자들은 사람들이 자기 눈의 황반에 비치는 어떤 사물과 관련된 작업을 수행하는 동안에 황반 주변부에 놓인 사물들을 얼마나 잘 포착할 수 있을지 측정했다. 이 과정에서 연구자들이 밝혀낸 사실은 놀랍다. 연구자들은 피실험자들이 모든 시각적 정보를 고스란히 유지하게 하면서 각자 수행하는 과제만 살짝 수정했다. 예를 들어서 모든 피실험자들이 동일한 'A'라는 글자를 바라보게 한 다음, 어떤 사람들에게는 그 글자가 'A'인지 아닌지 판단하라는 (쉬운) 과제를 주고 어떤 사람들에게는 그 글자가 모음인지 자음인지 판단하라는 (어려운) 과제를 준다. 이 실험을 통해서 드러난 사실이 있다. 비록 시각적인 경험은 동일하지만 그 글자에 대해서 보다 어려운 생각을 해야 하는 사람들은 주변 사물을 인식하는 데 상대적으로 서툴렀다. 그리고 그들이 과제에 보다 많이 집중할수록, 주변의 다른 사물들이 이들의 시야에서 사라졌다. 이것은 물리적이고 육체적인 차원의 눈 이야기이지만, 우리가 말하는 '터널링'은 이런 시각적 경험의 인식적 차원을 말한다. 주변에 존재하는 거의 대부분을 놓쳐 버리는, 다시 말해서 특정한 것만 바라보고 나머지를 바라보지 못하는 현상을 말한다.

21. Susan Sontag, *Regarding the Pain of Others* (New York: Farrar, Straus and Giroux, 2002), 46.

22. N. J. Slamecka, "The Question of Associative Growth in the Learning of Categorized Material," *Journal of Verbal Learning and Verbal Behavior* 11, no. 3 (1972): 324 – 32. 또 다른 연구에서는 피실험자들에게 미국의 각 주(州)를 말하라고 한 다음에 이들에게 몇 개의 주 이름을 가르쳐 줌으로써 '도움'을 줬는데, 이런 행위가 오히려 피실험자들의 기억력을 떨어뜨리는 결과를 초래한다는 사실을 확인했다. 참조, Raymond Nickerson, "Retrieval Inhibition from Part-Set Cuing: A Persisting Enigma in Memory Research," *Memory and Cognition* 12, no. 6 (November 1984): 531 – 52.

23. J. Y. Shah, R. Friedman, and A. W. Kruglanski, "Forgetting All Else: On the Antecedents and Consequences of Goal Shielding," *Journal of Personality and Social Psychology* 83, no. 6 (2002): 1261.

24. C. M. MacLeod, "The Concept of Inhibition in Cognition," in *Inhibition in Cognition*, ed. David S. Gorfein and Colin M. Macleod (Washington, D.C.: American Psychological Association, 2007), 3 – 23.

25. 본문의 그림은 명도가 다른 몇 개의 사물들만 제시한 것이다. 하지만 실제 실험에서 사용

된 것은 이것과 두 가지 점이 달랐다. 첫째, 피실험자들에게는 훨씬 더 많은 사물들이 제시되었다. 둘째, 이 사물들은 색깔은 매우 다양했고 피실험자들은 각 사물의 색깔도 기억해야 했다.

26. 이 결과들은 미발표된 실험에서 나온 것이다. 두 게임에서 각각 한 차례와 세 차례의 추정 기회를 얻은 피실험자들은 각각 한 차례씩만의 추정 기회를 얻은 피실험자들보다 7퍼센트 낮은 점수를 얻었다. (N=33, p<0.05).

27. Woody Allen—Biography, IMDb, http://www.imdb.com/name/nm0000095/bio.

28. B. Arends, "How to Save $10,000 by Next Thanksgiving," *Wall Street Journal*, November 20, 2011. 다음 웹페이지에서 검색, http://online.wsj.com/article/SB100014 24052970204323904577040101565437734.html.

29. 간략한 논의와 여러 사례의 목록은 다음에서 찾아볼 수 있다. Michael J. McCord, Barbara Magnoni, and Emily Zimmerman, "A Microinsurance Puzzle: How Do Demand Factors Link to Client Value?" *MILK Brief*, no. 7. 이 논문은 다음 웹페이지에서 확인할 수 있다. http://www.microinsurancecentre.org/milk-project/milk-docs/doc_details/835-milk-brief-7-a-microinsurance-puzzle-how-do-demand-factors-link-to-client-value.html.

30. X. Gine, R. Townsend, and J. Vickery, "Patterns of Rainfall Insurance Participation in Rural India," *The World Bank Economic Review* 22, no. 3 (2008): 539–566.

31. A. Aizer, "Low Take-Up in Medicaid: Does Outreach Matter and for Whom?" *The American Economic Review* 93, no. 2 (2003): 238–41.

32. D. L. Strayer, F. A. Drews, and D. J. Crouch, "A Comparison of the Cell Phone Driver and the Drunk Driver," *Human Factors: The Journal of the Human Factors and Ergonomics Society* 48, no. 2 (2006): 381–91. 아울러, D. Redelmeier and R. Tibshirani, "Association Between Cellular-Telephone Calls and Motor Vehicle Collisions," *New England Journal of Medicine* 336, no. 7 (1997), 453–58. 최근에 이루어진 다음의 대규모 자연적 연구(*심리 실험실 환경이 아니라 실제 현실에서 자료를 추적·관찰하는 연구)가 휴대폰 사용이 항공기 사고 가능성에 미치는 영향이 거의 없다는 놀라운 사실을 발견했음을 아울러 확인해 두고 다음을 참조하기 바란다. Saurabh Bhargava and Vikram Pathania, "Driving Under the (Cellular) Influence" (2008), 다음에서 구할 수 있다. SSRN 1129978. 운전과 관련된 위험을 다루는 현장 기반의 연구들을 전형적으로 괴롭히는 몇몇 문제들을 회피하는 위의 논문은 호기심을 자아내긴 하지만, 다른 자료의 많은 부분과 일치하지 않으며, 따라서 추가 연구 조사를 필요로 한다.

33. 음식을 먹으면서 운전을 하는 것과 관련된 실험은 우리가 알기로는 없다. 우리가 가지고 있는 최상의 자료는 "자동차 백 대의 연구(100-car study)"에 나오는 자료인데, 이 연구에서는 자동차 100대에 관찰 장비를 설치해서 열두 달에서 열세 달 동안 운전자의 운전습관을 추적했는데, 이 기록은 43,000시간이었고 모든 자동차가 달린 거리를 모두 합하면 총 320만 킬로미터였다. 이 실험을 통해서 여러 통계치들이 드러났는데, 우선 운전을 하는 도중에 음식을 먹으면 충돌 사고를 일으키거나 그런 사고 직전까지 갈 확률이 57퍼센트 높아졌다. 휴대폰 통화는 사고의 위험을 29퍼센트 높였다. 하지만 휴대폰으로 전화를 하려고 버튼을

누르는 행위는 사고의 위험을 무려 279퍼센트나 높였는데, 시각적인 산만함이 여전히 매우 치명적이라는 핵심적으로 중요한 사실을 밝혀낸 셈이다. 참조, Sheila G. Klauer et al., "The Impact of Driver Inattention on Near-Crash/Crash Risk: An Analysis Using the 100-Car Naturalistic Driving Study Data," no. HS-810 594 (2006).

34. 참조, Paul Taylor and C. Funk, "Americans and Their Cars: Is the Romance on the Skids?" (2006), 이 자료는 Pew Research Center의 웹사이트에서 구할 수 있다.

35. B. Boon, W. Stroebe, H. Schut, and R. Ijntema, "Ironic Processes in the Eating Behaviour of Restrained Eaters," *British Journal of Health Psychology* 7, no. 1 (2002): 1-10.

36. "Recession-Proof Your Business," *About.com Small Business: Canada*, 2012년 10월 22일에 다음 웹페이지에서 검색, http://sbinfocanada.about.com/od/management/a/recessionproof.htm.

37. 사람이 자기 자신과 갈등한다는 발상(즉, 본인이 하고 싶지 않은 일을 어떤 일을 하고 있다는 발상)의 역사는 길다. 그런데 이런 현상의 대부분은 자제력에 문제가 있어서 발생한 결과라고 사람들은 인식하고 있다. 예를 들어 다음을 참조, T. C. Schelling, "Self-Command in Practice, in Policy and in a Theory of Rational Choice," *American Economic Review* 74 (1984): 1-11.

2장 정신에 부과되는 세금

1. 대역폭 혹은 계산 용량은 사실 여러 가지 유형의 지능, 추론 능력, 단기 기억 능력, 작업 기억 용량(working-memory capacity), 유동성 지능(fluid intelligence), 인지 제어, 실행 제어, 주의력 제어, 갈등 관찰 등의 다양한 이름으로 이루어져 왔다. 전문적인 연구자들에게 이런 각각의 개념들은 분명히 차별성을 가지지만, 이 책에서는 굳이 구별을 할 필요는 없을 것 같다. (예를 들어서 몇몇 연구자들은 작업기억 속에 활성화된 상태로 유지될 수 있는 정보의 양인 작업기억 용량이 다른 많은 능력들의 근본이 되는 가장 중요한 요소라고 주장을 한다. 이와 관련해서는 예를 들어 다음을 참조, R. W. Engle, "Working Memory Capacity as Executive Attention," *Current Directions in Psychological Science* 11 (2002): 19-23.)

2. A. L. Bronzaft, "The Effect of a Noise Abatement Program on Reading Ability," *Journal of Environmental Psychology* 1, no. 3 (1981): 215-22; A. L. Bronzaft, and D. P. McCarthy, "The Effect of Elevated Train Noise on Reading Ability," *Environment and Behavior* 7, no. 4 (1975): 517-28. doi:10.1177/001391657500700406.

3. 인지심리학에서 주로 연구의 초점을 맞춰왔던 부분은 인지 과정에서 산만함이 수행하는 역할, 특히 이 산만함이 주의력 및 인지 부하(cognitive load)를 상대로 상호작용을 할 때의 역할이었다. 아무리 사소한 산만함이라도 커다란 영향, 때로는 상식적으로는 쉽게 이해할 수 없을 정도로 아주 심대한 영향을 미친다는 사실이 입증되었다. 산만함이 미치는 효과를 주제로 한 여러 실험적인 연구들은 각종 자극에 대한 반응시간 측정에서부터 현장 연구조사까지 다양하게 이루어졌으며, 또한 시각적·청각적·통증 인식, 운전, 수술, 작업성과 그리고 학습 성취 등의 다양한 과제들을 대상으로 삼아서 관찰했다.

4. 라비와 그의 동료들이 수행한 여러 연구들은, 작업 기억의 부하가 높은 상태에서는 사소한 산만함의 요인이라도 주의력을 보다 많이 사로잡는다는 사실을 입증했다. 예를 들어 한 연구에서는 서로 관련이 없는 두 개의 과제(즉, 시각적 주의력과 작업 기억)를 하나로 묶었다. 작업 기억과 관련된 과제에서 기억의 부하를 높이면 시각적 산만함을 회피하는 능력이 감소할 것이라는 가설을 입증하기 위해서였다. 자, 당신이 이 특이한 실험에 피실험자로 참가한다고 생각해 보자. 당신은 컴퓨터 모니터를 응시하고 있다. 이 모니터에는 일련의 디지털 숫자가 떠 있다. 0, 3, 1, 2, 4이다. 실험 진행자가 이 숫자를 기억하라고 한다. 그리고 다시 당신은 모니터에 나타나는 유명 인사들의 이름을 바라본다. 실험 진행자는 이 이름을 정치인과 연예인으로 분류하라고 한다. 그리고 각각의 이름에는 그 사람의 얼굴이 동반되는데, 실험 진행자는 이 얼굴은 무시하라고 지시한다. 그런데 어떤 시점에 디지털 숫자(예를 들면, 2)가 나타난다. 이때 당신이 해야 하는 과제는 그 숫자 다음에 나왔던 수(이 경우에는, 4)가 무엇인지 말하는 것이다. 이 실험을 보다 흥미롭게 만든 변용 실험이 두 가지 있다. 하나는 부하를 높이는 것이다. 기억 부하가 높은 상태에서 암기해야 할 각 숫자 배열의 규칙은 매번 시도할 때마다 달라지거나 아예 그런 규칙이 없다. 이것은 기억 부하가 낮은 상태에서는 제시되는 숫자의 배열 규칙이 예컨대 '0, 1, 2, 3, 4'처럼 고정되어 있는 것과 다르다. 이처럼 일정하게 정해진 규칙에 따라서 배열된 숫자의 조합은 외우기 어렵지 않지만, 배열 규칙이 계속 변하거나 일정하지 않은 숫자 배열을 외우려면 머리를 많이 써야 한다. 게다가, 무시해야 하는 얼굴들도 계속 바뀌었다. 산만함의 정도가 낮은 조건에서는 각각의 얼굴과 이름은 일치했다. 즉 빌 클린턴의 얼굴과 그의 이름, 그리고 믹 재거의 얼굴과 그의 이름이 함께 제시되었다. 그러나 산만함의 정도가 높은 조건에서는 이 이름과 얼굴이 뒤죽박죽으로 섞여서 제시되었다. 예를 들면 클린턴의 얼굴에 믹 재거의 이름이 제시되는 식이었다. 이런 조건은 엄청난 혼란과 산만함을 조장했다! 작업 기억에 높은 부하가 걸려 있을 때 훨씬 더 산만해질 수 있음이 밝혀진 것이다. 사람들이 높은 기억 부하 상태에 놓여 있을 때 얼굴과 이름이 일치하지 않는 조건의 제시는 그렇지 않은 상태에 비해서 훨씬 강력한 영향력을 행사했다. 참조, N. Lavie, "Distracted and Confused?: Selective Attention under Load," *Trends in Cognitive Sciences* 9, no. 2 (2005): 75–82.

5. R. M. Piech, M. T. Pastorino, and D. H. Zald, "All I Saw Was the Cake: Hunger Effects on Attentional Capture by Visual Food Cues," *Appetite* 54, no. 3 (2010): 579. 목표 지향적이고 자극을 유발하는 과정들이 인식과 인지에서 어떻게 상호작용하는지 이해하는 것이 매우 중요하다는 점 때문에, 특정한 정신적 혹은 물리적 사건들이 주의력을 사로잡을 수 있다는 발상은 주의력과 관련된 연구에서 늘 중심적인 과제의 지위를 지켜왔다.

6. 이것은 크리스토퍼 브라이언과 함께 했던 다음의 미발표 저작에 담긴 내용이다, C. J. Bryan, S. Mullainathan, and E. Shafir, "Tempting Food, Cognitive Load and Impaired Decision-Making." 아울러 또한 이것은 다음에서 이루어진 초청 강연의 내용이기도 하다, the United States Department of Agriculture, Economic Research Service, Washington, D.C., April 2010.

7. 이 연구에 참가한 피실험자는 389명이었다. 시간이 지난 뒤에 음식과 관련된 단어를 본 다이어트 실천자와 음식과 관련이 없는 단어를 본 다이어트 실천자의 차이는 (p값이 0.003일 정도로) 매우 유의미성이 높았다. 아울러, 다이어트 실천자와 그렇지 않은 사람들 사이에

저자 주

음식과 관련된 단어와 중립적인 단어가 보인 차이에서도 유의미성은 (p값이 0.047일 정도로) 상호 작용 수준이 상당히 높았다. 이때 연구자들은, 피실험자들에게 될 수 있으면 많은 단어를 찾아내라는 동기를 최소한으로만 부여했다.

8. 인지과학 및 신경과학 분야의 연구자들은 실행 제어 혹은 인지 제어가 행동을 유도하는 기제와 뇌 구조에 초점을 맞추어서 연구를 진행해 왔다. 예를 들어 다음을 참조, G. J. DiGirolamo, "Executive Attention: Conflict, Target Detection, and Cognitive Control," in *The Attentive Brain*, ed. Raja Parasuraman (Cambridge, Mass.: MIT Press, 1998), 401–23.

9. J. Raven et al., *Manual for Raven's Progressive Matrices and Vocabulary Scales*, research supplement no. 3, 2nd/3rd edition (Oxford: Oxford Psychologists Press/San Antonio, Tex.: The Psychological Corporation, 1990/2000): 신경심리학적 평가에서의 RPM 사용의 리뷰를 수록한, 국제 및 북아메리카의 표준적인, 여러 타당성 연구 결과들의 개요.

10. J. Raven, "The Raven's Progressive Matrices: Change and Stability over Culture and Time," *Cognitive Psychology* 41, no. 1 (2000): 1–48.

11. J. Raven, 위와 동일. 연구자들은 정규교육을 받은 덕분에 추가로 높게 받을 수 있는 IQ 점수는 지극히 작다고 주장한다는 사실은 기억할 가치가 있다. 예를 들어 다음을 참조, J. R. Flynn, "Massive IQ Gains in 14 Nations: What IQ Tests Really Measure," *Psychological Bulletin* 101 (1987): 171–91. 다음 책은 환경과 문화가 IQ 점수에 미칠 수 있는 한 가지 강력한 사례를 소개한다. Richard Nisbett's *Intelligence and How to Get It: Why Schools and Cultures Count* (New York: W. W. Norton, 2010).

12. 이 실험들의 구체적인 내용은 표본의 크기와 p값과 관련된 상세한 사항들과 함께 다음에 수록되어 있다. Anandi Mani, Sendhil Mullainathan, Eldar Shafir, and Jiaying Zhao, "Poverty Impedes Cognitive Function" (Working Paper, 2012).

13. A. Lusardi, D. J. Schneider, and P. Tufano, *Financially Fragile Households: Evidence and Implications* (National Bureau of Economic Research, Working Paper No. 17072, May 2011).

14. 그 크기에 관심이 있는 사람들을 위해서 덧붙이자면, 그 효과의 크기는 코엔의 d값이 0.88에서 0.94 사이의 범위에 걸쳐서 놓인다. 코엔의 d값은 합동표준편차로 나눈 평균들 사이의 차이로 계산할 수 있다.

15. L. Linde and M. Bergstrome, "The Effect of One Night without Sleep on Problem-Solving and Immediate Recall," *Psychological Research* 54, no. 2 (1992): 127–36. 일반적으로 기존 연구의 많은 부분은 수면부족이 주의력이나 기억력에서부터 계획이나 의사결정에 이르기까지의 다양한 인지 과정에 해로운 영향을 준다는 사실을 입증해 왔다. 이 분야의 가장 최근 개요는 다음 저서에 담겨 있다. Gerard A. Kerkhof and Hans Van Dongen, *Human Sleep and Cognition: Basic Research* 185 (Amsterdam: Elsevier Science, 2010).

16. "What Is a Genius IQ Score?" *About.com Psychology*, retrieved October 23, 2012, from http://psychology.about.com/od/psychologicaltesting/f/genius-iq-score.htm.

17. W. Mischel, E. B. Ebbesen, and A. Raskoff Zeiss, "Cognitive and Attentional

Mechanisms in Delay of Gratification," *Journal of Personality and Social Psychology* 21, no. 2 (1972): 204. 그 뒤 여러 해에 추가로 이어진 연구 작업에서 미셸과 그의 동료들은, 이 피실험자 어린이들이 성장한 뒤에 가지게 될 인지능력과 사회적 유능성을 예측할 수 있었다. 이런 점은 개인의 역할 대 어떤 행동의 상황적인 결정에 대한 연구자들의 이해를 보다 풍성하게 만들어 주었다. W. Mischel, Y. Shoda, and P. K. Peake, "The Nature of Adolescent Competencies Predicted by Preschool Delay of Gratifi cation," *Journal of Personality and Social Psychology* 54, no. 4 (April 1988): 687–96.

18. Thomas C. Schelling, *Choice and Consequence* (Boston: Harvard University Press, 1985).

19. 로이 바우마이스터, 캐슬린 보, 마크 무라벤 그리고 이들의 동료들은 여러 가지 실험을 통해서, 본인들이 '자아고갈(ego depletion)'이라고 이름을 붙인 현상 그리고 실행제어 및 자기절제의 유지와 축소를 증명했다. 여기에 대한 최근의 검토 및 발언에 대해서는 다음을 참조, R. F. Baumeister and J. Tierney, *Willpower: Rediscovering the Greatest Human Strength* (New York: Penguin Press, 2011).

20. Mischel, Ebbesen, and Raskoff Zeiss, "Cognitive and Attentional Mechanisms."

21. J. Lehrer, "DON'T!" *New Yorker*, May 18, 2009.

22. B. Shiv and A. Fedorikhin, "Heart and Mind in Conflict: The Interplay of Affect and Cognition in Consumer Decision Making," *Journal of Consumer Research* 26, no. 3 (1999): 278–92. doi:10.1086/209563.

23. W. von Hippel and K. Gonsalkorale, "'That Is Bloody Revolting!': Inhibitory Control of Thoughts Better Left Unsaid," *Psychological Science* 16, no. 7 (2005): 497–500. doi:10.1111/j.0956-7976.2005.01563.x.

24. 이 연구의 상세한 내용은 다음 논문에서도 찾아볼 수 있다. Mani, Mullainathan, Shafir, and Zhao, "Poverty Impedes Cognitive Function."

25. 표준적인 스트룹 과제는 피실험자들에게 문자열의 색깔을 말하라고 요구한다. 그래서 'XKYD'가 파란색으로 씌어 있으면 '파란색'이라고 대답해야 한다. 그런데 이 과제의 어려움은 이런 문자열이 그 자체로 어떤 색을 말하기 때문이다. 예를 들어서 'RED(빨강색)'가 파란색으로 씌어져 있을 경우가 까다로워진다. 다음 논문은 스트룹 과제를 매우 훌륭하게 요약한다. Colin M. MacLeod, "Half a Century of Research on the Stroop Effect: An Integrative Review," *Psychological Bulletin* 109, no. 2 (March 1991): 63–203. 그리고 스트룹 테스트가 소련 스파이를 적발하는 데 사용되었다는 일화는 자주 인용되는 이야기다. 빨강색으로 씌어진 'синий'는 대부분의 사람들에게는 아무런 문제가 되지 않지만, 소련 스파이는 감추고 있던 러시아어 실력 때문에 빨강색이라는 대답을 하기 전에 잠시 망설인다. 왜냐하면 그 단어는 러시아어로 '파란색'이라는 뜻이기 때문이다.

26. 상세한 내용은 다음 논문에 들어 있다. Mani, Mullainathan, Shafir, and Zhao, "Poverty Impedes Cognitive Function."

27. 예를 들어 참조, K. Alaimo, C. M. Olson, and E. A. Frongillo Jr., "Food Insufficiency and American School-Aged Children's Cognitive, Academic, and Psychosocial Development," *Pediatrics* 108, no. 1 (2001): 44–53.

저자 주

28. 한 가지 문제는 수확을 끝낸 피실험자들이 이 테스트를 두 번째 받는다는 사실이었다. 그 테스트를 이미 한 번 받았기에 익숙해진 덕분에 성적이 좋아졌을 수 있다. 이 문제를 제어하기 위해서 우리는 무작위로 백 명의 농부를 따로 선정해서 수확을 끝낸 뒤에 이 테스트를 처음 받게 했다. 이 농부들은 무작위로 선정된 사람들이었기에 우리는 이들을 수확 이전의 농부들과 비교에서 비슷한 효과를 발견했는데, 이것은 우리가 말하는 효과가 그 테스트를 한 차례 경험함에 따른 것이 아님을 입증했다. 우리는 또한 수확을 끝내긴 했지만 소득 지급이 늦어져서 여전히 가난한 상태이던 농부들도 따로 표본으로 모아서 조사했다. 이들은 수확 이전의 농부들과 비슷하게 행동했는데, 이것은 수확이라는 행사 자체는 우리가 내리는 결론과 아무런 관련이 없음을 입증한다.

29. N. Kusz, "The Fat Lady Sings," in *The Bitch in the House: 26 Women Tell the Truth About Sex, Solitude, Work, Motherhood, and Marriage* (New York: William Morrow, 2002).

30. D. Borchmann, *Fasting, Restrained Eating, and Cognitive Performance—A Literature Review from 1998 to 2006.*

31. 한 연구는 다이어트 실천자들에게 초콜릿바를 줄 때 (즉, 그들의 섭취 칼로리를 높일 때) 인지능력이 낮아지는 현상을 발견했다. 이것은 다이어트 실천자들이 초콜릿바를 먹음으로써 ('그 초콜릿바를 먹었으니까 그만큼 나는 또 무엇을 포기할 필요가 있을까?'라는 생각을 하게 되면서) 음식에 더 많이 사로잡히게 되었기 때문이라고 그 연구는 결론을 내렸다. N. Jones and P. J. Rogers, "Preoccupation, Food, and Failure: An Investigation of Cognitive Performance Deficits in Dieters," *International Journal of Eating Disorders* 33, no. 2 (March 2003): 185–92.

32. J. T. Cacioppo, J. M. Ernst, M. H. Burleson, M. K. McClintock, W. B. Malarkey, L. C. Hawkley, R. B. Kowalewski et al., "Lonely Traits and Concomitant Physiological Processes: The MacArthur Social Neuroscience Studies," *International Journal of Psychophysiology* 35, no. 2 (2000): 143–54.

33. 위와 동일.

34. 이 모든 연구에 관해서는 다음을 참조. John T. Cacioppo and William Patrick, *Loneliness: Human Nature and the Need for Social Connection* (New York: W. W. Norton, 2009).

35. R. F. Baumeister, J. M. Twenge, and C. K. Nuss, "Effects of Social Exclusion on Cognitive Processes: Anticipated Aloneness Reduces Intelligent Thought," *Journal of Personality and Social Psychology* 83, no. 4 (2002): 817.

36. R. F. Baumeister, C. N. DeWall, N. J. Ciarocco, and J. M. Twenge, "Social Exclusion Impairs Self-Regulation," *Journal of Personality and Social sychology* 88, no. 4 (2005): 589.

37. W. Lauder, K. Mummery, M. Jones, and C. Caperchione, "A Comparison of Health Behaviours in Lonely and Non-Lonely Populations," *Psychology, Health and Medicine* 11, no. 2 (2006): 233–45. doi:10.1080/13548500500266607.

38. 이 연구의 자세한 사항은 다음에서도 찾아볼 수 있다. Mani, Mullainathan, Shafir, and

Zhao, "Poverty Impedes Cognitive Function."

39. L. E. Bourne and R. A. Yaroush, "Stress and Cognition: A Cognitive Psychological Perspective," unpublished manuscript, NASA grant NAG2-1561 (2003), 다음 웹페이지에서 검색, http://humansystems.arc.nasa.gov/eas/download/non_EAS/Stress_and Cognition.pdf. 아울러 참조, Bruce McEwen's *The End of Stress as We Know It* (New York: Joseph Henry Press/Dana Press, 2002).

40. 이 분야의 연구 조사 내용은 다음 책에 멋지게 요약되어 있다, Robert M. Sapolsky, *Why Zebras Don't Get Ulcers* (New York: Henry Holt, 1994).

41. S. Vijayraghavan, M. Wang, S. G. Birnbaum, G. V. Williams, and A. F. T. Arnsten, "Inverted-U Dopamine D1 Receptor Actions on Prefrontal Neurons Engaged in Working Memory," *Nature Neuroscience* 10, no. 3 (2007): 376–84. doi:10.1038/nn1846.

42. Robert and J. Hockey, "Compensatory Control in the Regulation of Human Performance under Stress and High Workload: A Cognitive-Energetical Framework," *Biological Psychology* 45, no. 1 (1997): 73–93.

3장 짐 꾸리기와 느슨함

1. Dwight D. Eisenhower, *The Chance for Peace* (U.S. Government Printing Office, April 16, 1953).

2. 백 명이 조금 넘는 통근자들을 조사했고, p⟨0.05이다.

3. 관련된 흥미로운 결과는 다음 논문에서도 찾아볼 수 있다, Stephen Spiller, "Opportunity Cost Consideration," *Journal of Consumer Research* (forthcoming).

4. 타밀나두에 거주하는 주민 274명을 대상으로 한 이 조사는 2009년에 실시되었다. 이 조사에서 소득은 도시와 시골의 응답자들을 비교해서 구했는데, 두 지역의 소득 격차는 여섯 배나 되었다. 믹서기에서의 차이는 p⟨0.01로 상당한 유의미성 수준을 보였고, 텔레비전에서의 차이는 58.6퍼센트 대 60.8퍼센트로 경제적으로나 통계적으로 그다지 의미가 없었다.

5. K. Van Ittersum, J. Pennings, and B. Wansink, "Trying Harder and Doing Worse: How Grocery Shoppers Track In-Store Spending," *Journal of Marketing* (2010), 다음 웹페이지에서 검색, http://papers.ssrn.com/sol3/papers.cfm?abstract_id=1546461.

6. G. Antonides, I. Manon de Groot, and W. Fred van Raaij, "Mental Budgeting and the Management of House hold Finance," *Journal of Economic Psychology* 32, no. 4 (2011): 546–55. doi:10.1016/j.joep.2011.04.001.

7. Simpler saving: "The 60% Solution," *MSNMoney*, 2012년 10월 24일에 다음 웹페이지에서 검색, http://money.msn.com/how-to-budget/a-simpler-way-to-save-the-60-percent-solution-jenkins.aspx?page=0.

8. 예상되는 느슨함을 처리하는 대안에 관해서는 다음을 참조, G. Zauberman and J. G. Lynch, "Resource Slack and Propensity to Discount Delayed Investments of Time Versus Money," *Journal of Experimental Psychology: General* 134, no. 1 (2005): 23–

37.

9. J. M. Graham, *The Hive and the Honey Bee* (Hamilton, Ill.: Dadant & Sons, 1992).

10. 합판의 이런 허용 오차에 놀라는 독자라면 다음에서 보다 자세한 사항을 알 수 있을 것이다, *Plywood Standards*, Voluntary Product Standard PS 1-09, National Institute of Standards and Technology, U.S. Department of Commerce, 다음 웹페이지에서 확인할 수 있다, http://gsi.nist.gov/global/docs/vps/PS-1-09.pdf.

11. H. J. Brockmann, "Diversity in the Nesting Behavior of Mud-Daubers (Trypoxylon politum Say; Sphecidae)," *Florida Entomologist* 63, no. 1 (1980): 53-64.

12. 느슨함에 대한 이런 이론적 설명은 사람들은 단지 어떤 일을 완수하기에 필요한 만큼만 노력하는 데서 만족한다는 허버트 사이먼의 주장과 일맥상통한다. 참조, Herbert A. Simon, "Rational Choice and the Structure of the Environment," *Psychological Review* 63, no. 2 (1956): 129. 그가 바라보는 바로는 사람들은 최적화하고자 하는 인지 자원이 부족했다. 그의 논리에 따라서 표현하자면, 결핍은 덜 만족스러운 행동을 허용한다. 하지만 이런 견해는 꾸물거림의 어떤 일부 요소들을 포착하지만, 결핍의 효과는 사실 이 묘사가 암시하는 것보다 더 자동적이며 통제의 손길을 보다 더 많이 벗어난다. 뒤에서도 살펴보겠지만 통제불능성은 결핍을 이해하는 데 핵심적인 역할을 한다.

13. George Carlin, *Brain Droppings* (New York: Hyperion, 1997), 37.

14. 여기에 대한 놀라운 논의는 다음에서 확인할 수 있다, Brian Wansink, S. Adam Brasel, and Stephen Amjad, "The Mystery of the Cabinet Castaway: Why We Buy Products We Never Use," *Journal of Family and Consumer Science* 92, no. 1 (2000): 104-8. 사람들이 이토록 많은 물건을 부엌 수납장에 버려두는 이유 가운데 하나는 경제학자들이 '옵션가치(option value)'라고 부르는 것에 있다. 우리가 어떤 물건을 구입할 때 우리는 그 물건을 장차 사용하게 될지 알지 못하지만 만약의 경우에 대비해서 그 물건을 가지는 선택(옵션)을 하는 것의 가치를 평가한다. 하지만 실제로 이 경우의 심리적 현상은 이런 설명보다 훨씬 복잡하다. 결핍이라는 환경 아래에서는 사람들이 어떤 물건을 구매할 때 그저 무심하게 '만약의 경우에 대비한다'는 마음으로 구매하기보다는 나중에 사용하게 될 가능성에 대해서 보다 조심스럽게 접근해서 그 물건의 옵션가치를 신중하게 평가할 것이라고 주장할 수 있다.

15. *SSA | 2012 SSA Fact Sheet*, 다음 웹페이지에서 검색, http://www.selfstorage.org/ssa/Content/NavigationMenu/AboutSSA/FactSheet/default.htm.

16. 위와 동일.

17. J. Mooallem, "The Self-Storage Self," *New York Times*, September 6, 2009, 다음 웹페이지에서 검색, http://www.nytimes.com/2009/09/06/magazine/06self-storage-t.html.

18. D. A. Redelmeier and E. Shafir, "Medical Decision Making in Situations That Offer Multiple Alternatives," *JAMA—Journal of the American Medical Association* 273, no. 4 (1995): 302-5.

19. M. Friedman and R. Friedman, *Free to Choose: A Personal Statement* (Orlando, Fla.: Mariner Books, 1990).

20. R. Buehler, D. Griffin, and M. Ross, "Exploring the 'Planning Fallacy': Why People Underestimate Their Task Completion Times," *Journal of Personality and Social Psychology* 67, no. 3 (1994): 366.

21. M. Sigman, "Response Time Distributions in Rapid Chess: A Large-Scale Decision-Making Experiment," *Frontiers in Neuroscience* 4 (2010). doi:10.3389/fnins.2010.00060.

22. A. Banerjee and S. Mullainathan, *The Shape of Temptation: Implications for the Economic Lives of the Poor* (Working Paper No. w15973, National Bureau of Economic Research, 2010).

23. 걸려 있는 내기의 판돈이 클 때 사람들의 행동이 달라진다는 사실은 사회 현상에 대한 심리학적 발견 사실들을 반박하는 논지였다. 그러나 지난 이십 년 동안에, 사람들이 가지는 심리적 편향들이 은퇴 혹은 죽음을 포함한 건강상의 문제들만큼이나 중요한 판단에 영향을 미친다는 사실이 연구조사를 통해서 밝혀졌다.

24. 여기에서 말하는 계산의 복잡함이라는 발상은 선형 계획법(linear programming)과 정수 계획법(integer programming)을 비교함으로써 쉽게 이해할 수 있다. 선형 계획법에서 각각의 항목들은 무한대로 쪼개질 수 있다. (입자성의 논리적 확대 개념이다.) 하지만 정수 계획법에서는 각각의 항목들을 고정된 단위로 즉 통째로 가방에 넣어야 한다. (부피의 논리적 확대 개념이다.) 컴퓨터학을 연구하는 학자들은 정수 계획법이 선형 계획법에 비해서 근본적으로 더 어렵다는 사실을 정밀한 수학적 차원에서 입증했다. 이와 관련된 상세한 내용은 다음 책에서 찾아볼 수 있다, Alexander Schrijver, *Theory of Linear and Integer Programming* (West Sussex, En gland: John Wiley & Sons, 1998).

25. 소로 자신은 이 관찰 내용에서 다른 교훈을 얻었다. 그는 부를 늘릴 게 아니라 욕망을 조절해야 한다고 주장했다. 우리 표현으로 바꾸면, 느슨함을 획득하는 두 가지 방법이 있다는 뜻이다. 보다 큰 가방을 마련하든가 아니면 가방에 넣을 물건의 가짓수를 줄이든가 하면 된다.

26. Henry David Thoreau, *Walden* (Yale University Press, 2006), 87.

4장 결핍이 만든 전문가들

1. 이 책에서 우리는 통상적인 환율을 사용할 것이다. 이 방식은 몇몇 경우에는 완벽하게 유용하다. 예를 들어서 알렉스가 루피화의 가치를 평가할 때 그렇다. 하지만 어떤 경우에는 오해를 불러일으킬 수도 있다. 환율이 두 나라 사이의 가격 차이를 정확하게 설명해주지 않기 때문이다. 예를 들어 1루피의 가치는 미국의 2센트의 가치보다 높다. 미국에 비해서 물가가 싸기 때문이다. 비교하는 나라들 사이의 소득 격차를 평가할 때 대부분의 경제학자들은 환율뿐만 아니라 구매력평가지수(PPP)도 함께 동원한다. 하지만 이 책은 정밀한 수치의 비교 분석을 목적으로 하지 않으므로, 우리는 통상적인 환율을 사용한다. 하지만 독자들로서는 이런 차이를 염두에 둘 필요가 있다.

2. 이것은 트버스키와 카너먼의 저 유명한 '재킷 계산기'를 인플레이션을 고려해서 약간 보정한 버전이다, A. Tversky and D. Kahneman, "The Framing of Decisions and the

Psychology of Choice," *Science* 211, no. 4481 (1981): 453 – 58. 아울러 참조, R. Thaler, "Mental Accounting Matters," *Journal of Behavioral Decision Making* 12 (1999): 183 – 206.

3. Ofer H. Azar, "Relative Thinking Theory," *The Journal of Socio-Economics* 36, no. 1 (2007): 1 – 14.

4. 몇몇 연구들은 인센티브를 사용해서 비슷한 효과를 발견했다. 한 연구에서 피실험자들에게 수학 문제를 풀게 하고 정답 하나당 6센트를 지불하겠다고 했다. 그리고 기본 보수를 따로 주겠다고 했는데, 이 기본 보수를 집단별로 각각 1달러, 3달러, 10달러로 약속했다. 기본 보수 1달러를 받기로 한 집단에서는 정답 하나당 6센트라는 인센티브가 상대적으로 크게 보인 반면에 기본 보수 10달러를 받기로 한 집단에서는 그 인센티브가 상대적으로 작게 보였다. 실제 결과도 그렇게 나왔다. 노력에 대한 보상이 '상대적으로 크게' 보이게 설계되었던 전자 집단은 열심히 문제를 풀어서 보다 많은 정답을 기록했다. 그런데 유머 감각이 뛰어난 몇몇 연구자들이 2003년 북미계량경제학협회여름회의에 참석해서 이 전문가들을 대상으로 해서도 비슷한 결과를 얻었는데, 이로써 경제학자들이라고 해서 다른 사람들과 다르게 합리적인 의사결정을 뛰어나게 잘 하는 것도 아님이 밝혀졌다.

5. 100달러짜리 물건과 1,000달러짜리 물건에 대해서 각각 지출을 아끼라는 조언을 하는 비율의 차이는 고소득자 집단에서는 상당히 컸지만 저소득자 집단에서는 그다지 크지 않았다. 이 연구조사에서 표본의 수는 123명이었다. C. C. Hall, *Decisions Under Poverty: A Behavioral Perspective on the Decision Making of the Poor* (PhD diss., Prince ton University, 2008).

6. 이런 결과는 가난한 사람들로서는 의지력을 높일 여지가 별로 남아 있지 않다는 (더 이상 올라가려고 해도 올라갈 데가 없어서 올라가지 못한다) '천장효과'(*측정도구가 측정하려는 특성의 상위수준에 속한 사람들을 변별하지 못하는 현상) 때문일 수도 있다. 이들이 여행의 수고로움을 기꺼이 감수하겠다는 의지의 비율은 부유한 사람들에 비해서 높긴 하지만, 그래도 어쨌거나 100퍼센트 미만이다.

7. H. E. Ross, "Weber Then and Now," *Perception* 24, no. 6 (1995): 599.

8. G. Trotta, "Some Laundry-Detergent Caps Can Lead to Overdosing," June 5, 2009, 다음 웹페이지에서 검색, http://news.consumerreports.org/home/2009/06/laundry-detergent-overdosing-caps-procter-and-gamble-method-sun-era-tide-cheer-all-consumer-reports-.html.

9. S. Grondin and P. R. Killeen, "Tracking Time with Song and Count: Different Weber Functions for Musicians and Nonmusicians," *Attention, Perception, and Psychophysics* 71, no. 7 (2009): 1649 – 54.

10. B. Wansink and K. Van Ittersum, "Bottoms Up! The Influence of Elongation on Pouring and Consumption Volume," *Journal of Consumer Research* 30, no. 3 (2003): 455 – 63.

11. I. M. Rosa-Diaz, "Price Knowledge: Effects of Consumers' Attitudes Towards Prices, Demographics, and Socio-cultural Characteristics," *Journal of Product and Brand Management* 13, no. 6 (2004): 406 – 28. doi:10.1108/10610420410560307.

12. 저소득층 응답자와 고소득층 응답자 사이에 나타난 정답 비율의 차이는 통계적으로 유의미성을 가졌다. (p<0.05, N(표본의 수)=104.)

13. Jacob Goldin and Tatiana Homonoff, "Smoke Gets in Your Eyes: Cigarette Tax Salience and Regressivity" *American Economic Journal: Economic Policy* 5, no. 1, (February 2013): 302 – 36.

14. 만일 이런 모습을, 걸려 있는 돈이 보다 크기 때문에 가난한 사람이 보다 많은 주의를 기울인다는 식으로 해석한다면, 이런 해석은 전체의 일부밖에 설명하지 못한다. 여기에 함축되어 있는 흥미로운 점은 보다 큰 이 주의력 집중이 의사 결정 과정을 바꾸는 방식, 폭넓은 계층이 가지고 있는 것으로 입증된 그 '편견들'을 바꾸는 방식이다.

15. J. K. Binkley and J. Bejnarowicz, "Consumer Price Awareness in Food Shopping: The Case of Quantity Surcharges," *Journal of Retailing* 79, no. 1 (2003): 27 – 35. doi:10.1016/S0022-4359(03)00005-8.

16. *Consumer Reports*), "Sold Short? Are You Getting Less Than You Think? Let Us Count the Ways," February 2000, 24 – 26.

17. 위와 동일

18. 댄 애리얼리는 다음에서 트레이드오프 생각하기의 어려움을 분명한 목소리로 이야기한다, http://bigthink.com/ideas/17458.

19. Shane Frederick, Nathan Novemsky, Jing Wang, Ravi Dhar, and Stephen Nowlis, "Opportunity Cost of Neglect," *Journal of Consumer Research* 36, no. 4 (2009): 553 – 61.

20. 인식의 맥락 의존성(context dependence)을 설명하는 도구들은 많이 나와 있다. 테드 아델슨이 만든 이 이미지는 우리가 즐겨 인용하는 것들 가운데 하나이다. 이 이미지는 그의 허락을 받아서 다시 만든 것이다. 이것을 포함해서 착시 현상을 경험할 수 있는 다른 이미지들을 확인하려면 다음 웹페이지를 찾아가면 된다, http://web.mit.edu/persci/people/adelson/checkershadow_illusion.html. 이런 착시의 바탕에 깔려 있는 인식과 관련된 여러 기제들을 보다 상세하게 알고 싶다면 다음을 참조, Edward H. Adelson, "Lightness Perception and Lightness Illusions," *The New Cognitive Neurosciences* (1999): 339.

21. 이 내용은 다음을 논문을 토대로 한 것이다, Richard Thaler, "Mental Accounting and Consumer Choice," *Marketing Science* 4, no. 3 (1985): 199 – 214. 자료는 Anuj Shah와 함께 2012년에 수집했다. 부유한 사람들은 두 개의 설정 상황 사이에서 상당한 차이를 드러냈지만 가난한 사람들은 그렇지 않았다. p<0.01 (N=148).

22. J. Hastings and J. M. Shapiro, *Mental Accounting and Consumer Choice: Evidence from Commodity Price Shocks* (Cambridge, Mass.: National Bureau of Economic Research, Working Paper No. 18248, 2012).

23. Anuj Shah와 함께 2012년에 수집한 자료가 이런 예측을 뒷받침한다. 우리는 피실험자들에게 다양한 버전의 '세금 환급-주식 가치' 상황들을 제시했다. 부유한 사람들은 두 개의 상황 아래에서 상이한 지출 성향을 보인 반면에 가난한 사람들은 그렇지 않았다. p<0.05 (N=141).

24. 자료는 Anuj Shah와 함께 2012년에 수집했다. 부유한 사람들은 역사적 비용("어떤 것에 실

제로 지불한 비용)을 선택하는 경향을 보였고 가난한 사람들은 대체비용(*어떤 것을 다시 구입하는 데 들어가는 비용)을 선택하는 경향을 보였다. 두 겨우 모두 p⟨0.05 (N=98).

25. E. Shafir and R. H. Thaler, "Invest Now, Drink Later, Spend Never: On the Mental Accounting of Delayed Consumption," *Journal of Economic Psychology* 27 (2006): 694–712.

26. Paul J. Ferraro and Laura O. Taylor, "Do Economists Recognize an Opportunity Cost When They See One? A Dismal Performance from the Dismal Science" (2005).

27. 이것의 출처는 다음 블로그 'Marginal Revolution'이다. http://marginalrevolution.com/marginalrevolution/2005/09/opportunity_cos.html.

5장 끊임없이 빌리는 사람들

1. J. A. Riis, *How the Other Half Lives* (Boston, Mass.: Bedford/St. Martin's, 2010).

2. 산드라 해리스의 이야기는 다음에서 찾아볼 수 있다. http://www.responsiblelending.org/payday-lending/tools-resources/victims-2.html

3. M. Fellowes and M. Mabanta, *Banking on Wealth: America's New Retail Banking Infrastructure and Its Wealth-Building Potential* (Washington, D.C.: Brookings Institution, 2008).

4. 맥도날드의 국가별 매장 비교 통계—NationMaster, 다음 웹페이지에서 검색, http://www.nationmaster.com/graph/foo_mcd_res-food -mcdonalds -restaurants.

5. Loxcel Starbucks Store Map FAQ, 다음 웹페이지에서 검색, http://loxcel.com/sbux-faq.html.

6. Fast Facts, 2012년 10월 24일에 다음 웹페이지에서 검색, http://www.responsiblelending.org/payday-lending/tools -resources/fast-facts.html. 이 산업에서는 재구매가 워낙 일반적인 현상이라서 전체 대출금의 98퍼센트가 재대출자에게 돌아간다.

7. 이들 쟁점에 대한 멋진 논의는 다음에서 찾아볼 수 있다. Michael Barr, *No Slack* (Washington, D.C.: Brookings Institution Press, 2002).

8. K. Edin and L. Lein, *Making Ends Meet: How Single Mothers Survive Welfare and Low-Wage Work* (New York: Russell Sage Foundation Publications, 1997). 미국 빈민층의 경제적 삶에 대한 매혹적인 정보 갱신 내용에 대해서는 다음을 참조, Sarah Halpern-Meekin, Kathryn Edin, Laura Tach, and Jennifer Sykes, *It's Not Like I'm Poor: How Working Families Make Ends Meet in a Post-Welfare World* (Berkeley: University of California Press, forthcoming).

9. 참조, Abhijit Banerjee, "Contracting Constraints, Credit Markets, and Economic Development," in *Advances in Economics and Econometrics: Theory and Application,* Eighth World Congress of the Econometric Society, vol. 3, ed. Mathias Dewatripont, Lars Hansen and S. Turnovsky (Cambridge: Cambridge University, 2004), 1–46.

10. 과도한 대출과 관련해서 인용된 또 다른 보편적인 원인은 특정한 어떤 형태의 근시안이다. 이 이야기에서 흥미로운 점은 여기에서의 근시안(즉, 터널링)은 일반화된 어떤 개인적인 특징이 아니라는 사실이다. 모든 사람은 결핍에 사로잡힐 때 터널링에 사로잡힌다. 터널링을 생성하는 바로 그 힘이 집중배당금도 생성한다.

11. 이 연구 사항들은 다음에서 찾아볼 수 있다, Anuj Shah, Sendhil Mullainathan, and Eldar Shafir, "Some Consequences of Having Too Little," *Science* 338 (2013): 682 –85.

12. 현재 편향 및 시간 할인(time discounting)의 다른 여러 모델에 대한 멋진 개괄은 다음에서 찾아볼 수 있다, Shane Frederick and George Loewenstein, "Time Discounting and Time Preference: A Critical Review," *Journal of Economic Literature* (2002).

13. R. E. Bohn and R. Jaikumar, *Firefighting by Knowledge Workers* (Information Storage Industry Center, Graduate School of International Relations and Pacific Studies, University of California, 2000), 다음 웹페이지에서 검색, http://isic.ucsd.edu/pdf/fi refighting.pdf.

14. S. R. Covey, *The Seven Habits of Highly Effective People* (New York: Free Press, 2004).

15. *Bridges—Report Card for America's Infrastructure*, 다음 웹페이지에서 검색, http://www.infrastructurereportcard.org/fact-sheet/bridges.

16. 계획 오류를 다룬 논문들은 많이 있다. 다음은 이 주제와 관련된 좋은 비평글들이다, Roger Buehler, Dale Griffin, and Michael Ross, "Inside the Planning Fallacy: The Causes and Consequences of Optimistic Time Predictions," in *Heuristics and Biases: The Psychology of Intuitive Judgment*, ed. Thomas Gilovich, Dale Griffin, and Daniel Kahneman (Cambridge: Cambridge University Press, 2002), 250 –70; D. Lovallo, and D. Kahneman, "Delusions of Success," *Harvard Business Review* (2003): 1 –8. 결핍의 충격을 명시적인 주제로 다룬 논문은 없지만, 특히 터널링 상태에 놓인 사람들 가운데서 (다시 말해서 결핍이라는 상태 아래에서) 계획 오류가 보다 많이 나타남은 자연스러운 결론이다.

6장 결핍의 덫

1. 다음에 나오는 스티븐 라이트Steven Wright의 말, W. Way, *Oxymorons and Other Contradictions*, (Bloomington, Ind.: Author House, 2005).

2. 이 자료들의 출처는 다음이다, Dean Karlan and Sendhil Mullainathan, "Debt Traps" (working paper, 2012).

3. 이 책에서 달러 환산치를 사용할 때는 환율로만 계산해서 표기한다. 하지만 많은 전문가들은 이런 방식이 잘못된 인식을 불러일으킬 수 있다고 생각한다. 환율이 두 나라 사이의 가격 차이를 정확하게 반영하지 않기 때문이다. 그래서 예를 들어 인도의 노점상은 선진국의 소비자에 비해서 식품을 비롯한 그 밖의 여러 상품들을 보다 낮은 가격에 살 수 있다. 그래서 통상적인 달러화로 환산할 경우 인도 노점상의 소득은 그의 실질 구매력을 적절하게 반영하지 못한다. 이런 이유로 해서 경제학자들은 환율보다는 구매력평가지수(PPP)를 사용한다. 인도 노점상의 경우로 보자면 구매력평가지수는 환율 환산치보다 대략 2.5배 높다.

4. 경제학자들, 특히 개발경제학자들은 가난하게 시작한 사람은 나중에도 그 가난한 상태에서 벗어나지 못한다는 이른바 '빈곤의 덫(poverty trap)'이라는 개념에 초점을 맞추어왔

저자 주

다. 이 개념에서 흔히 논의되는 메커니즘은 특정하게 고정된 양의 자본을 요구하는 값비싼 투자기회이다. 부자는 이런 투자를 쉽게 할 수 있을 만큼 충분히 많은 자본을 가지고 있는 데 비해서 빈자는 그런 돈을 모으기 쉽지 않다는 것이다. 이것 외에 또 다른 메커니즘은 열망의 부족과 근시안이다. 이와 관련된 언급들은 다음에서 찾아볼 수 있다, Debraj Ray, "Development Economics," *The New Palgrave Dictionary of Economics*, ed. Lawrence Blume and Steven Durlauf (2007).

5. 이 작업은 다음에서 찾아볼 수 있다, Michael Faye and Sendhil Mullainathan, "Demand and Use of Credit in Rural India: An Experimental Analysis" (working paper, Harvard University, 2008).

6. Daryl Collins, Jonathan Morduch, Stuart Rutherford, and Orlanda Ruthven, *Portfolios of the Poor: How the World's Poor Live on $2 a Day* (Prince ton, N.J.: Prince ton University Press, 2010).

7. 시간 소비와 관련된 개발 도상국 자료는 찾기가 어려운데 이런 점에서 다음 저작은 매우 훌륭하다, Quentin Wodon and Mark Blackden, *Gender, Time Use, and Poverty in Sub-Saharan Africa* (Washington, D.C.: World Bank Press, 2006).

8. M. Muraven and R. F. Baumeister, "Self-Regulation and Depletion of Limited Resources: Does Self-Control Resemble a Muscle?" *Psychological Bulletin* 126, no. 2 (2000): 247 –59. doi:10.1037//0033-2909.126.2.247.

9. K. D. Vohs and T. F. Heatherton, "Self-Regulatory Failure: A Resource-Depletion Approach," *Psychological Science* 11, no. 3 (2000): 249 –54.

10. D. Collins et al., *Portfolios of the Poor*.

11. New Amsterdam Consulting, "Stability First Pi lot Test: Pre-Test Interviews Narrative Report" (March 2012).

12. A. Lusardi, D. J. Schneider, and P. Tufano, *Financially Fragile House holds: Evidence and Implications* (National Bureau of Economic Research, 2011), 다음 웹페이지에서 검색, http://www.nber.org/papers/w17072.

13. 이와 관련된 여러 실험들을 멋지게 묘사한 내용은 다음에서 찾아볼 수 있다, John T. Cacioppo and William Patrick, *Loneliness: Human Nature, and the Need for Social Connection* (New York: W. W. Norton, 2009).

14. J. Friedman, "How Did Tom Amberry Set the World Free Throw Record?" *Sports Illustrated*, 1994년 10월 17일, 다음 웹페이지에서 검색, http://sportsillustrated.cnn.com/vault/article/magazine/MAG1005796/index.htm.

15. Bruce Bowen, Basketball-Reference.com, 2012년 10월 31일에 다음 웹페이지에서 검색, http://www.basketball-reference.com/players/b/bowenbr01.html.

16. S. L. Beilock, A. R. McConnell et al., "Stereo type Threat and Sport: Can Athletic Performance Be Threatened," *Journal of Sport and Exercise Psychology* 26, no. 4 (2004): 597 –609.

17. R. M. Yerkes and J. D. Dodson, "The Relation of Strength of Stimulus to Rapidity of Habit-Formation," *Journal of Comparative Neurology and Psychology* 18, no. 5

(1908): 459 – 82.

18. Daniel M. Wegner, David J. Schneider, Samuel R. Carter, and Teri L. White, "Paradoxical Effects of Thought Suppression," *Journal of Personality and Social Psychology* 53, no. 1 (1987): 5 – 13; D. M. Wegner, *White Bears and Other Unwanted Thoughts: Suppression, Obsession, and the Psychology of Mental Control* (New York: Viking, 1989).

7장 빈곤이라는 결핍

1. J. Carr and L. Greeves, *Only Joking: What's So Funny About Making People Laugh?* (New York: Gotham Books, 2006).

2. *Levels and Trends in Child Mortality* (Washington, D.C.: The UN Inter-Agency Group for Child Mortality Estimation [IGME], 2010).

3. http://www.globalissues.org/article/26/poverty-facts-and-stats.

4. 세계은행은 하루 생계비 2.50달러를 빈곤의 기준으로 삼는다. 이처럼 세계은행은 '절대적인' 빈곤에 초점을 맞춘다. 이 기준에 따르면 미국에서 빈곤한 어린이는 단 한 명도 없다. 이런 내용 및 전 세계의 빈곤과 관련된 그 밖의 다른 사실들은 다음에서 찾아볼 수 있다, Anup Shah, "Poverty Facts and Stats," *Global Issues* 26 (2008). 세계적인 차원의 빈곤 문제에 특히 예리한 통찰력이 빛나는 다음 저서를 참조, Abhijit Banerjee and Esther Duflo, *Poor Economics: A Radical Rethinking of the Way to Fight Global Poverty* (New York: PublicAffairs, 2011).

5. 참조, Mark R. Rank and Thomas A. Hirschl, "Estimating the Risk of Food Stamp Use and Impoverishment during Childhood," *Archives of Pediatrics and Adolescent Medicine* 163, no. 11 (2009): 994.

6. 참조, Alisha Coleman-Jensen et al., "House hold Food Security in the United States in 2010," *USDA-ERS Economic Research Report* 125 (2011).

7. B. Ritz and F. Yu, "The Effect of Ambient Carbon Monoxide on Low Birth Weight Among Children Born in Southern California Between 1989 and 1993," *Environmental Health Perspectives* 107, no. 1 (1999): 17.

8. 빈곤 뒤에 놓여 있는 몇 가지 요소들 및 빈곤이 퇴치되지 않고 계속 이어지는 현상에 대한 독창적이고 설득력 있는 관점에 대해서는 다음을 참조, Charles Karelis, *The Persistence of Poverty: Why the Economics of the Well-Off Can't Help the Poor* (New Haven: Yale University Press, 2009).

9. International Diabetes Federation(국제당뇨병연맹), *Atlas.* http://www.diabetesatlas.org/content/some-285-million-peopleworldwide-will-live-diabetes-2010.

10. 추정치의 오차 범위가 이렇게 큰 것은 지속적인 약 투여율은 조사대상 개체군의 크기에 좌우되기 때문이다. 지속적인 투여를 측정하는 방식도 추정치에 영향을 미친다. 입문 내용으로는 다음을 참조, Eduardo Sabate, ed., *Adherence to Long-Term Therapies: Evidence for Action* (Geneva: World Health Organization, 2003). 이 책에는 또한 다양한 유형의 질병

저자 주

의 지속적인 약 투여율 자료도 실려 있다.

11. 2009년 10월 15일. 어떤 한 농부가 잡초를 제거함으로서 얻는 이득은 이런 연구들을 통해서 일반화하기는 어렵다. 이 연구들은 모델로 삼은 여러 개의 경작지나 횡단자료(*연구대상의 한 시점에서의 단면을 명확하게 하기 위해 취한 자료)에 의존하기 때문이다. 이 경우에는 잡초를 제거하는 농부들을 무작위 표본으로 삼아 관찰하는 방식이 유용할 것 같다. 아프리카에서의 현재 추정치에 대해서는 참조, L. P. Gianessi et al., "Solving Africa's Weed Problem: Increasing Crop Production and Improving the Lives of Women," *Proceedings of "Agriculture: Africa's 'engine for growth'—Plant Science and Biotechnology Hold the Key," Rothamsted Research, Harpenden, UK, October 12–14, 2009* (Association of Applied Biologists, 2009).

12. 참조, D. E. Johnson, "Weed Management in Small Holder Rice Production in the Tropics," *Natural Resources Institute, University of Greenwich Ghatham, Kent, UK* 11 (1996), retrieved from http://ipmworld.umn.edu/chapters/johnson.htm.

13. J. Lexmond, L. Bazalgette, and J. Margo, *The Home Front* (London: Demos, 2011).

14. 초기의 연구로는 다음, J. Garbarino, "A Preliminary Study of Some Ecological Correlates of Child Abuse: The Impact of Socioeconomic Stress on Mothers," *Child Development* (1976): 178–85. 보다 많은 자료를 동원한 보다 최근의 연구 내용은 다음에 담겨 있다, Christina Paxson and Jane Waldfogel, "Work, Welfare, and Child Maltreatment," *Journal of Labor Economics* 20, no. 3 (July 2002): 435–74.

15. J. S. Lee and N. K. Bowen, "Parent Involvement, Cultural Capital, and the Achievement Gap Among Elementary School Children," *American Educational Research Journal* 43, no. 2 (2006): 193–218.

16. A. T. Clarke and B. Kurtz-Costes, "Tele vi sion Viewing, Educational Quality of the Home Environment, and School Readiness," *Journal of Educational Research* (1997): 279–85.

17. A. Drewnowski and S. E. Specter, "Poverty and Obesity: The Role of Energy Density and Energy Costs," *The American Journal of Clinical Nutrition* 79, no. 1 (2004): 6–16.

18. R. Tabberer, "Childhood Poverty and School Attainment, Causal Effect and Impact on Lifetime Inequality," in *Persistent Poverty and Lifetime Inequality: The Evidence—Proceedings from a Workshop Held at HM Treasury, Chaired by Professor John Hills, Director of the ESRC Research Centre for Analysis of Social Exclusion* (1998).

19. N. Adler, J. Stewart, S. Cohen, M. Cullen, A. D. Roux, W. Dow, and D. Williams, "Reaching for a Healthier Life: Facts on Socioeconomic Status and Health in the U.S.," *The John D. and Catherine T. MacArthur Foundation Research Network on Socioeconomic Status and Health* 43 (2007).

20. 소득과 손 씻기 사이 혹은 소득과 식수의 정수 처리 사이의 상관성은 여러 곳에서 관찰되었다. 페루에서 한 연구는 아이들을 돌보는 어머니 및 다른 사람들의 행동을 관찰한 끝에, 아이들을 돌보는 사람들 가운데서 화장실에 다녀온 뒤에 손을 씻는 비율은 46퍼센트밖에 되지 않음을 확인했다. 심지어, 동일한 자료 속에서 손 씻기 습관과 소득 사이의 상관

성도 강하게 존재했다. 최상위 계층에서는 56.5퍼센트가 화장실에 다녀온 뒤에 손을 씻었는데, 최하위 계층에서는 이 비율이 34퍼센트밖에 되지 않았다. 또 어린 아이의 기저귀를 갈아준 뒤에 혹은 아이에게 모유를 비롯한 음식을 주기 전에 손을 씻는 데서도 비슷한 차이가 있음을 확인했다. 참조, Sebastian Galiani and Alexandra Orsola-Vidal, "Scaling Up Handwashing Behavior," Global Scaling Up Handwashing Project, Water and Sanitation Program (Washington, D.C., 2010).

21. Adler et al., "Reaching for a Healthier Life."

22. John M. Darley and Paget H. Gross, "A Hypothesis-Confi rming Bias in Labeling Effects," *Journal of Personality and Social Psychology* 44, no. 1 (1983): 20–33.

23. R. L. Repetti, "Short-Term and Long-Term Processes Linking Job Stressors to Father–Child Interaction," *Social Development* 3, no. 1 (2006): 1–15.

24. L. A. Gennetian, G. Duncan, V. Knox, W. Vargas, E. Clark-Kauffman, and A. S. London, "How Welfare Policies Affect Adolescents' School Outcomes: A Synthesis of Evidence from Experimental Studies," *Journal of Research on Adolescence* 14, no. 4 (2004): 399–423.

25. M. Siahpush, H. H. Yong, R. Borland, J. L. Reid, and D. Hammond, "Smokers with Financial Stress Are More Likely to Want to Quit but Less Likely to Try or Succeed: Findings from the International Tobacco Control (ITC) Four Country Survey," *Addiction* 104, no. 8 (2009): 1382–90.

26. Jens Ludwig, et al. "Neighborhoods, Obesity, and Diabetes—A Randomized Social Experiment," *New En gland Journal of Medicine* 365, no. 16 (2011): 1509–19.

27. R. T. Gross and T. D. Borkovec, "Effects of a Cognitive Intrusion Manipulation on the Sleep-Onset Latency of Good Sleepers," *Behavior Therapy* 13, no. 1 (1982): 112–16.

28. F. N. Watts, K. Coyle, and M. P. East, "The Contribution of Worry to Insomnia," *British Journal of Clinical Psychology* 33 no. 2 (2011): 211–20.

29. J. T. Cacioppo, L. C. Hawkley, G. G. Berntson, J. M. Ernst, A. C. Gibbs, R. Stickgold, and J. A. Hobson, "Do Lonely Days Invade the Nights? Potential Social Modulation of Sleep Efficiency," *Psychological Science* 13, no. 4 (2002): 384–87.

30. N. P. Patel, M. A. Grandner, D. Xie, C. C. Branas, and N. Gooneratne, "Sleep Disparity in the Population: Poor Sleep Quality Is Strongly Associated with Poverty and Ethnicity," *BMC Public Health* 10 (2010): 475–75.

31. G. Belenky, T. J. Balkin, D. P. Redmond, H. C. Sing, M. L. Thomas, D. R. Thorne, and N. J. Wesensten, "Sustaining Performance During Continuous Operations: The U.S. Army's Sleep Management System," in *Managing Fatigue in Transportation. Proceedings of the 3rd Fatigue in Transportation Conference* (1998).

32. 참조, Alaska Oil Spill Commission, *Spill: The Wreck of the Exxon Valdez*, vol. 3 (State of Alaska, 1990). 온전한 수면 관련 논문으로서 접근이 가능한 논의는 다음에서 찾아볼 수 있다, William C. Dement and Christopher Vaughan, *The Promise of Sleep: A Pioneer*

저자 주

in Sleep Medicine Explores the Vital Connection Between Health, Happiness, and a Good Night's Sleep (New York: Dell, 1999).

33. 참조, Hans PA van Dongen et al., "The Cumulative Cost of Additional Wakefulness: Dose-Response Effects on Neurobehavioral Functions and Sleep Physiology from Chronic Sleep Restriction and Total Sleep Deprivation," *SLEEP* 26, no. 2 (2003): 117–29. 다음 논문은 만성적 수면 부족을 개괄적으로 잘 정리하고 있다, D. F. Dinges, N. L. Rogers, and M. D. Baynard, "Chronic Sleep Deprivation," *Principles and Practice of Sleep Medicine* 4 (2005): 67–76.

34. 어린 시절의 경험이 뇌 발달에 영향을 줄 수 있다는 주장을 하는 논문들은 점점 더 많이 나오고 있다. 예를 들어 가장 최근의 다음 연구를 참조, Clancy Blair et al., "Salivary Cortisol Mediates Effects of Poverty and Parenting on Executive Functions in Early Childhood," *Childhood Development* 82, no. 6 (November/December 2011): 1970–84. 우리가 확인한 결과는 이런 종류의 영향들 외에도 빈곤은 심지어 노년의 인지기능에 매우 크고 직접적인 영향을 준다는 사실을 암시한다.

8장 가난한 사람들의 삶을 개선하는 법

1. A. Chapanis, "Psychology and the Instrument Panel," *Scientific American* 188 (1953): 74–82.

2. 미국의 교육 훈련 프로그램을 주제로 한 논문들을 모은 다음 책이 이런 과제들을 잘 드러내고 있다, Burt S. Barnow and Christopher T. King, eds., *Improving the Odds: Increasing the Effectiveness of Publicly Funded Training* (Washington, D.C.: Urban Institute Press, 2000).

3. 소액금융에 대한 최근의 충격적인 두 논문이 이와 관련된 문제들을 지적한다, Dean Karlan and Jonathan Zinman, "Microcredit in Theory and Practice: Using Randomized Credit Scoring for Impact Evaluation," *Science* 332, no. 6035 (2011): 1278–84; Abhijit Banerjee et al., "The Miracle of Microfinance? Evidence from a Randomized Evaluation" (MIT working paper, 2010).

4. 이 주장의 몇몇 부분은 굳이 결핍의 심리학에 기대지 않더라도 얼마든지 가능하다. 정책 설계의 많은 부분이 합리성을 전제조건으로 설정하고 있다. 사람들이 심리적인 한계를 가지고 있음을 그냥 인정하는 것만으로도 정책 내용을 개선할 수 있다. 이 견해는 최근에 다음 저서에서 훌륭하게 개진되었다, Richard H. Thaler and Cass R. Sunstein, *Nudge: Improving Decisions about Health, Wealth, and Happiness* (New Haven, Conno: Yale University Press, 2008). 아울러 참조, Eldar Shafir, ed., *The Behavioral Foundations of Public Policy* (Prince ton, N.J.: Princeton University Press, 2012). 우리는 이미 예전에 이 논리를 바탕으로 해서, 모든 사람이 영향을 받을 수 있는 바로 그 심리적 변덕이 가난한 사람들에게서 나타날 수 있음을 이해하는 것만으로도 빈곤 문제를 보다 더 잘 이해할 수 있다고 주장했다, Marianne Bertrand, Sendhil Mullainathan, and Eldar Shafir, "A Behavioral-Economics View of Poverty," *American Economic Review* (2004):

419 – 23. 결핍은 대역폭이라는 개념을 동원함으로써 이런 주장들을 확장하며 또한 상세하게 부연설명하는데, 심리학적인 깨우침이 바탕에 깔려 있는 정책은 빈곤 문제에서 특히 중요하다.

5. D. Ellwood and R. Haskins, *A Look Back at Welfare Reform*, *IPRNews* (Winter 2008), 다음 웹페이지에서 검색, http://www.ipr.northwestern.edu/publications/newsletter/iprn0801/dppl.html.

6. A.V.Banerjee,, E. Duflo, R. Glennerster, and D. Kothari, "Improving immunisation coverage in rural India: clustered randomised controlled evaluation of immunisation campaigns with and without incentives," *BMJ: British Medical Journal* 340 (2010).

7. L. B. Rawlings and G. M. Rubio, "Evaluating the Impact of Conditional Cash Transfer Programs," *The World Bank Research Observer* 20, no. 1 (2005): 29 – 55.

8. A. Drexler, G. Fischer, and A. Schoar, *Keeping It Simple: Financial Literacy and Rules of Thumb* (London: Centre for Economic Policy Research, 2010).

9. 참조, *Emergency Hand Loan: A Product Design Case Study*, Financial Access Initiative, ideas42 and IFC. 관련 논의와 문건은 다음 웹페이지에, http://www.financialaccess.org/blog/2011/05/product-design-poor-emergency-hand-loan.

10. S. Baird, J. De Hoop, and B. Ozler, "Income Shocks and Adolescent Mental Health," *World Bank Policy Research Working Paper Series*, no. 5644 (2011).

11. 미국의 여러 복지 프로그램들의 수익률은 그동안 연구자들이 폭넓게 다루는 연구 대상이었다. 예를 들어 다음을 참조, J. Cao, "Welfare Recipiency and Welfare Recidivism: An Analysis of the NLSY Data," *Institute for Research on Poverty Discussion Papers* 1081 – 96, University of Wisconsin Institute for Research on Poverty (March 1996).

12. '새로운 기회를 찾아 떠나는 이사(MTO)' 프로그램은 복지에는 긍정적인 영향을 미쳤지만 경제적 자립을 확보하는 데는 전혀 영향을 주지 못했다. 참조, J. Ludwig, G. J. Duncan, L. A. Gennetian, L. F. Katz, R. Kessler, J. R. Kling, and L. Sanbomatsu, "Neighborhood Effects on the Long-Term Well-Being of Low-Income Adults," *Science* 337 (September 21, 2012): 1505 – 10, online edition.

13. 소액금융의 충격을 다룬 기존의 연구 성과를 종합한 저서로는 다음이 있다, M. Duvendack, R. Palmer-Jones, J. G. Copestake, L. Hooper, Y. Loke, and N. Rao, "What Is the Evidence of the Impact of Microfinance on the Well-Being of Poor People?" (London: EPPICentre, Social Science Research Unit, Institute of Education, University of London, 2011).

9장 조직의 결핍을 관리하라

1. 세인트존스병원과 관련된 이야기는 주로 다음을 근거로 했다, S. Crute, "Case Study: Flow Management at St. John's Regional Health Center," *Quality Matters* (2005). 아울러 참조, "Improving Surgical Flow at St. John's Regional Health Center: A Leap of Faith," Institute for Healthcare Improvement. 최종수정 07/13/2011. 다음 웹페이지에

게재, http://www.ihi.org/knowledge/Pages/ImprovementStories/ImprovingSurgica lFlowatStJohnsRegionalHealthCenterSpringfieldMOALeapofFaith.aspx. 이 사례를 포함한 여러 사례들은 다음 문건이 충실하게 잘 다룬다, E. Litvak, M. C. Long, B. Prenney, K. K. Fuda, O. Levtzion-Korach, and P. McGlinchey, "Improving Patient Flow and Throughput in California Hospitals Operating Room Services," Boston University Program for Management of Variability in Health Care Delivery. Guidance document prepared for the California Healthcare Foundation (CHCF), 2007.

2. 세인트존스병원은 예외적인 경우가 아니다. 정밀하고 분석적인 사례를 원한다면 다음을 참조, Mark van Houdenhoven et al., "Improving Operating Room Efficiency by Applying Bin-Packing and Portfolio Techniques to Surgical Case Scheduling," *Anesthesia and Analgesia* 105, no. 3 (2007): 707-14. 보다 나은 병상 운용 계획을 다룬 논문들을 개괄적으로 파악할 수 있는 논문으로는 다음, Brecht Cardoen, Erik Demeulemeester, and Jeroen Belien, "Operating Room Planning and Scheduling: A Literature Review," *European Journal of Operational Research* 201, no. 3 (2010): 921-32.

3. John Gribbin, *Deep Simplicity: Bringing Order to Chaos and Complexity* (New York: Random House, 2005).

4. 톰 데마르코는 조직에서의 느슨함이 가지는 중요성과 관련해서 매력적인 주장을 한다. "어떤 조직을 보다 낫게 만들지 않은 채로 이 조직을 보다 효율적으로 만들 수 있다. 느슨함을 제대로 관리하기만 하면 된다. 또한 어떤 조직을 현재보다 조금은 비효율적으로 만듦으로서 이 조직을 상당한 수준으로 개선할 수도 있다. 이렇게 하려면 조직을 충분하게 느슨하게 만들어서 조직이 숨을 쉬고 스스로를 개혁하고 필요한 변화를 수행할 수 있도록 하면 된다." 참조, Tom DeMarco, *Slack: Getting Past Burnout, Busywork, and the Myth of Total Efficiency* (New York: Broadway, 2002).

5. 차입매수(LBO) 논의는 다음에 잘 정리되어 있다, Steven N. Kaplan and Per Stromberg, "Leveraged Buyouts and Private Equity," *Journal of Economic Perspectives* 23, no. 1 (Winter 2009): 121-46.

6. F. R. Lichtenberg and D. Siegel, "The Effects of Leveraged Buyouts on Productivity and Related Aspects of Firm Behavior," *Journal of Financial Economics* 27, no. 1 (1990): 165-94.

7. 경제적인 충격이 있을 때 LBO가 어떤 기업을 위험하게 만들 수 있는 가능성에 대해서는 폭넓은 논의가 있었다. 예를 들어 다음을 참조, Krishna G. Palepu, "Consequences of Leveraged Buyouts," *Journal of Financial Economics* 27, no. 1 (1990): 247-62.

8. 참조, Arthur G. Stephenson et al., "Mars Climate Orbiter Mishap Investigation Board Phase I Report, 44 pp.," NASA, Washington, D.C. (1999). 다음 글은 일독할 가치가 있는 논의를 담고 있다, James Oberg, "Why the Mars Probe Went Off Course," *IEEE Spectrum* 36, no. 12 (1999): 34-39.

9. 우리는 급한 불 끄기 관련 사례 및 이 분야의 전반적인 내용을 이해하는 과정에서 다음 책으로부터 많은 도움을 받았다, Roger E. Bohn and Ramchandran Jaikumar,

435

Firefighting by Knowledge Workers (Information Storage Industry Center, Graduate School of International Relations and Pacific Studies, University of California, 2000).

10. N. P. Repenning, "Reducing Cycle Time at Ford Electronics, Part II: Improving Product Development," case study available from the author (1996).

11. 이 수치는 다음에서 재인용, Bohn and Jaikumar, *Firefighting by Knowledge Workers*. 그런데 이것은 사실 마이크로소프트가 61,000개의 알려진 버그가 들어 있는 제품을 선적했을 지도 모른다는 논란의 한 부분이다. 여기에 대해서는 다음에서 볼 수 있는 엄청난 논의를 참조, *Gripes about Windows 2000*, 다음 웹페이지에서 검색, http://www.computergripes.com/Windows2000.html#28000bugs.

12. 최근의 어떤 논문은 판사들이 지나치게 많은 사건을 저글링하는 모습을 생생하게 보여준다. 여기에 대해서는 다음을 참조, Decio Coviello, Andrea Ichino, and Nicola Persico, "Don't Spread Yourself Too Thin: The Impact of Task Juggling on Workers' Speed of Job Completion" (National Bureau of Economic Research Working Paper No. 16502, 2010).

13. 헨리 데이비드 소로의 말. 참조, H. D. Thoreau, *A Week on the Concord and Merrimac Rivers*.

14. *State Cell Phone Use and Texting While Driving Laws* (November 2012), 다음 웹페이지에서 검색, http://www.ghsa.org/html/stateinfo/laws/cellphone_laws.html.

15. Cell Phone Accident Statistics and Texting While Driving Facts, edgarsnyder.com, 2012년 11월 2일에 다음 웹페이지에서 검색, http://www.edgarsnyder.com/car-accident/cell-phone/cell-phone-statistics.html.

16. J. Wilson, M. Fang, S. Wiggins, and P. Cooper, "Collision and Violation Involvement of Drivers Who Use Cellular Telephones," *Traffic Injury Prevention* 4, no. 1 (2003): 45–52.

17. D. L. Strayer, F. A. Drews, and D. J. Crouch, "A Comparison of the Cell Phone Driver and the Drunk Driver," *Human Factors: The Journal of the Human Factors and Ergonomics Society* 48, no. 2 (2006): 381–91. 그 뒤 추가로 계속 이어진 연구들은 고성능 수신기를 장착한 시뮬레이터를 이용해서 핸즈프리 전화기를 사용하는 운전자와 술에 취한 운전자를 비교한 끝에, 전화기 사용으로 정신이 산만해짐에 따른 위험의 증가치는 법정 허용치를 상회하는 혈중 알코올 농도의 운전자의 위험 증가치와 맞먹는다는 결론을 내렸다.

18. 다음에 훌륭한 논의 내용이 담겨 있다, E. Robinson, "Why Crunch Mode Doesn't Work: 6 Lessons," *IGDA* (2005), 2009년 2월 17일에 검색. 이것 말고 또 다른 괜찮은 논문으로는 다음을 들 수 있다, Sara Robinson, "Bring Back the 40-Hour Work Week," *Slate*, March 14, 2012. 이 두 문건 모두 보다 짧은 주간 노동 시간에 대해서 명확한 입장을 견지하며, 각자의 사례를 멋지게 잘 제시한다.

19. Robinson, "Why Crunch Mode Doesn't Work."

20. 참조, "Scrum & Overtime?", 블로그 *Agile Game Development*, June 9, 2008.

21. Diwas S. Kc and Christian Terwiesch, "Impact of Workload on Service Time and

저자 주

Patient Safety: An Econometric Analysis of Hospital Operations," *Management Science* 55, no. 9 (2009): 1486 – 98.

22. Seonaidh McDonald, "Innovation, Organizational Learning and Models of Slack," *Proceedings of the 5th Organizational Learning and Knowledge Conference* (Lancaster University, 2003).

23. D. T. Wagner, C. M. Barnes, V. K. Lim, and D. L. Ferris, "Lost Sleep and Cyberloafing: Evidence from the Laboratory and a Daylight Saving Time Quasi-Experiment," *Journal of Applied Psychology* 97, no. 5 (2012): 1068.

24. 위와 동일.

25. "Manage Your Energy, Not Your Time," *Harvard Business Review*, 2012년 11월 3일에 다음 웹페이지에서 검색, http://hbr.org/2007/10/manage-your-energy-not-your-time/ar/1.

26. 위와 동일.

27. 이것이 이른바 '20-20-20 원리'이다. 예를 들어 다음을 참조, http://www.mayoclinic.com/health/eyestrain/DS01084/DSECTION=prevention.

28. J. De Graaf, D. Wann, and T. H. Naylor, *Affluenza: The All-Consuming Epidemic* (San Francisco, Calif.: Berrett-Koehler, 2005).

29. 간략한 전기적 사항에 대해서는 참조, http://www.rockyhaoki.com/biography.html for a brief biography.

30. 이 내용은 베니하나의 경영 모델을 대상으로 한 다음의 하버드대학교 비즈니스스쿨의 멋들어진 사례연구를 바탕으로 했다, W. Earl Sasser and J. Klug, *Benihana of Tokyo* (Boston: Harvard Business School, 1972). 아울러 참조, Ernst Ricardo and Glen M. Schmidt, "Benihana: A New Look at an Old Classic," *Operations Management Review* 1 (2005): 5 – 28.

31. S. E. Kimes, "Restaurant Revenue Management Implementation at Chevys Arrowhead," *Cornell Hotel and Restaurant Administration Quarterly* 45, no. 1 (2004): 52 – 67.

32. Y. Berra, *The Yogi Book* (New York: Workman Publishing, 1997).

10장 일상 속의 결핍

1. D. Karlan, M. McConnell, S. Mullainathan, and J. Zinman, *Getting to the Top of Mind: How Reminders Increase Saving* (National Bureau of Economic Research, Working paper No. w16205, 2010).

2. "Impulse Savings," ideas42 case study.

3. *Snopes.com: Massachusetts License Renewal* (November 4, 2008), 다음 웹페이지에서 검색, http://www.snopes.com/politics/traffic/massrenewal.asp.

4. J. J. Choi, D. Laibson, B. C. Madrian, and A. Metrick, "For Better or for Worse: Default Effects and 401(k) Savings Behavior," in *Perspectives on the Economics of*

Aging, ed. D. A. Wise (Chicago: University of Chicago Press, 2004), 81 – 126.

5. http://www.bankofamerica.com/promos/jump/ktc_coinjar/.

6. Bank of America's Keep the Change program: "Keep Your Savings Elsewhere," *BloggingStocks*, 2012년 11월 1일에 다음 웹페이지에서 검색, http://www. bloggingstocks.com/2007/04/23/bank-of-americas-keep-the-change-program-keep-your-savings-e/.

7. L. E. Willis, "Against Financial Literacy Education," (2008), 다음 웹페이지에서 검색, http://works.bepress.com/lauren_willis/1/.

8. R. H. Thaler and S. Benartzi, "Save More Tomorrow™: Using Behavioral Economics to Increase Employee Saving," *Journal of Political Economy* 112, no. S1 (2004): S164 – 87.

9. M. Bertrand and A. Morse, "Information Disclosure, Cognitive Biases, and Payday Borrowing," *The Journal of Finance* 66, no. 6 (2011): 1865 – 93.

10. R. Levine, *A Geography of Time: The Temporal Misadventures of a Social Psychologist, or How Every Culture Keeps Time Just a Little Bit Differently* (New York: Basic Books, 1997).

11. J. Mata, P. M. Todd, and S. Lippke, "When Weight Management Lasts. Lower Perceived Rule Complexity Increases Adherence," *Appetite* 54, no. 1 (2010): 37 – 43. doi:10.1016/j.appet.2009.09.004.

12. E. Duflo, M. Kremer, and J. Robinson, *Nudging Farmers to Use Fertilizer: Theory and Experimental Evidence from Kenya* (No. w15131, National Bureau of Economic Research, 2009).

13. 위와 동일.

14. 이 연구자들은 이것을 '쌍곡선절감모델'이라는 맥락 속에서, 만족을 지연시키는 인간의 일반적인 문제에 대한 해결책이라고 해석한다.(*심리학에서 '절감'이란 나중에 들어오는 정보가 기존 정보에 비해 가볍게 취급되는 현상을 가리킨다) 수확 무렵에 대역폭이 커지는 현상이 나타남을 보여주는 우리의 자료는, 농부가 최대의 대역폭을 가지는 시점에 어떤 의사 결정을 할 때 그 결정의 질이 개선될 수 있음을 암시한다.

15. K. Haycock, "Promise Abandoned: How Policy Choices and Institutional Practices Restrict College Opportunities" (Washington, D.C.: Education Trust, 2006).

16. E. P. Bettinger, B. T. Long, P. Oreopoulos, and L. Sanbonmatsu, *The Role of Simplification and Information in College Decisions: Results from the H&R Block FAFSA Experiment*. National Bureau of Economic Research, (2009), 다음 웹페이지에서 검색, http://www.nber.org/papers/w15361.

17. D. Ariely and K. Wertenbroch, "Procrastination, Deadlines, and Performance: Self-Control by Precommitment." *Psychological Science* 13, no. 3 (2002): 219 – 24.

18. C. F. Camerer, and H. Kunreuther, "Decision Processes for Low Probability Events: Policy Implications," *Journal of Policy Analysis and Management* 8, no. 4 (1989): 565 – 92.

결론

1. John A. Wheeler, 다음에서 재인용, J. Horgan, "The New Challenges," *Scientific American* 267, no. 6 (1992): 10.

2. 이 고민을 현재 비영리 기관인 '아이디어42(ideas42)'가 하고 있는데 (이 단체의 창립에는 우리도 일조했다), 이 기관은 행동과 관련된 이런저런 통찰을 활용해서 제품이나 정책을 만든다. 관심이 있는 독자라면 www.ideas42.com.를 방문해 보기 바란다.

3. *Vitality-About GlowCaps*. 다음 웹페이지에서 검색, http://www.vitality.net/glowcaps.html.

부족함이 만들어 내는 선택과 행동의 비밀

결핍은 우리를 어떻게 변화시키는가

초판 1쇄 발행 2025년 3월 27일
초판 2쇄 발행 2025년 5월 15일

지은이 센딜 멀레이너선·엘다 샤퍼
옮긴이 이경식
펴낸이 최현준

편집 강서윤, 홍지회
디자인 Aleph design

펴낸곳 빌리버튼
출판등록 2022년 7월 27일 제 2016-000361호
주소 서울시 마포구 월드컵로 10길 28, 201호
전화 02-338-9271
팩스 02-338-9272
메일 contents@billybutton.co.kr

ISBN 979-11-92999-73-9 (03320)